21世纪高等学校国际经济与贸易系列教材

钟昌标 叶劲松＝主编

汪琦 黄晖 姜书竹＝副主编

国际贸易实务

INTERNATIONAL TRADE PRACTICE

U0745693

INTERNATIONAL
I **E**CONOMY **& T**RADE

人 民 邮 电 出 版 社

北 京

图书在版编目（ＣＩＰ）数据

国际贸易实务 / 钟昌标，叶劲松主编. -- 北京：
人民邮电出版社，2016.8
21世纪高等学校国际经济与贸易系列教材
ISBN 978-7-115-42838-7

Ⅰ．①国… Ⅱ．①钟… ②叶… Ⅲ．①国际贸易-贸
易实务-高等学校-教材 Ⅳ．①F740.4

中国版本图书馆CIP数据核字(2016)第154903号

内 容 提 要

本书以外贸操作实践为主线，以国际贸易惯例和法律规则为依据，介绍了国际货物买卖合同订立和履行的基本环节与一般做法以及合同的具体内容。

全书共分十章。第一章绪论介绍了"国际贸易实务"课程的研究对象、范围和主要内容，国际贸易与国内贸易的区别，以及国际货物买卖合同适用的法律规范。第二章从出口业务和进口业务两个角度介绍了外贸业务的基本流程。第三章介绍了国际货物买卖合同的磋商与订立。第四章～第九章为交易磋商和国际货物买卖合同的内容，分别介绍了国际货物买卖合同的交易条件及其在合同中的规定方法——合同条款以及有关的国际惯例和法律规则等。第十章介绍了在国际货物贸易中经常采用的几种贸易方式——包销、代理、寄售、补偿贸易、加工贸易、对等贸易、招标与投标、拍卖、展销、租赁贸易以及商品期货交易，同时介绍了电子商务在国际贸易中的应用。

本书既可作为国际贸易专业本科学校的教材，也可作为有志于从事国际商务工作的各类人员的参考书。

◆ 主　编　钟昌标　叶劲松
　　副主编　汪　琦　黄　晖　姜书竹
　　责任编辑　孙燕燕
　　责任印制　杨林杰

◆ 人民邮电出版社出版发行　　北京市丰台区成寿寺路 11 号
　　邮编　100164　　电子邮件　315@ptpress.com.cn
　　网址　http://www.ptpress.com.cn
　　北京九州迅驰传媒文化有限公司印刷

◆ 开本：787×1092　1/16
　　印张：18.5　　　　　　　　　　2016 年 8 月第 1 版
　　字数：526 千字　　　　　　　　2024 年 8 月北京第 6 次印刷

定价：45.00 元

读者服务热线：(010)81055256　印装质量热线：(010)81055316
反盗版热线：(010)81055315
广告经营许可证：京东市监广登字 20170147 号

前 言 Preface

随着我国外贸体制改革的不断深入，对外贸易取得了长足发展。2008 年国际金融危机爆发，全球贸易在经历了 2009 年的下降之后步入缓慢复苏阶段。在日益严峻的国际经济形势中，我国对外贸易依然保持增势，2012 年我国的贸易总额首次超过美国，成为世界贸易规模最大的国家之一。目前，我国货物贸易进出口总额在世界贸易中所占的比重超过 11%，已成为一个贸易大国。为适应外贸发展及教学需要，编者特地组织编写了这本突出外贸操作的教材。

与国内同类教材相比，本书突出以下两个特点。

（1）引导性强。本书围绕进出口贸易业务操作编写，首先介绍了进出口贸易流程，使读者对外贸实践有一个全局的认识；接着从找客户入手，阐述了交易磋商的各个环节，同时强调了货物买卖合同的重要性；之后，以系统性和可操作性为原则，详细剖析了各项合同的条款；最后介绍了国际贸易方式以及电子商务的相关知识。从整体编排上看，本书采用了层层剥离的方式，引导读者逐步了解并掌握外贸实践的相关知识。

（2）实用性强。除了反映最新业务理论知识点外，本书在编写过程中突出"以人为本"，以方便学生和教师使用为基本原则。在难点、重点部分，插入案例分析，方便读者理解相关知识；在引用相关惯例及法规时，采用链接图示的方式，加深读者印象；对一些系统性的知识点，采用列表的方式明示，方便读者掌握；各章节末尾的习题突出操作性，以能解决实际问题为主要导向。

本书由宁波大学商学院钟昌标教授和叶劲松副教授任主编，汪琦、黄晖、姜书竹任副主编。各章编写分工如下：第一章、第十章由钟昌标执笔；第二章、第三章、第八章由叶劲松执笔；第四章、第五章由汪琦执笔；第六章、第七章由黄晖执笔；第九章由姜书竹执笔；全书由钟昌标、叶劲松校对及统稿。

本书编写人员长期担任外贸教学工作，部分编写人员还一直从事外贸实践工作，可以说本书是编者多年业务知识积累的总结。在编写过程中，编者得到了各方面专家教授的热情支持和协助，特此表示衷心感谢。

编者

2016 年 5 月

目 录 Contents

参考文献

学习国际贸易实务，首先要搞清楚国际贸易实务这门学科研究的对象、范围和内容，懂得国际贸易和国内贸易的区别，了解国际货物买卖合同适用的法律规范。这对读者深入地学习国际贸易实务的原理和知识、国际贸易实务的操作技能有着重要的指导意义。

一、本课程的研究对象

国际贸易实务可分为广、狭两义。广义的国际贸易实务包含国际货物买卖、加工贸易、租赁贸易、技术贸易和劳务输入/输出业务等；狭义的国际贸易实务则专指国际货物买卖业务。本课程的研究对象是指狭义的国际贸易实务，即研究国际性商品交换的具体运作过程，包括该过程经历的环节、操作方法和技能，应遵循的法律和惯例等行为规范。

货物贸易是否具有"国际性"，是区分国际贸易与国内贸易的一个重要标准。在货物贸易中，有时会出现一些争议或违约，解决争议或违约处理往往会涉及所适用的法律。国际贸易和国内贸易所适用的法律是有所不同的。因此，明确贸易是否具有"国际性"，具有很重要的实际意义。

何谓"国际性（Internationality）"？许多国家的法律和国际条约对其界定采用了不同的标准，综合而言主要包括以下判定标准：（1）买卖双方当事人的营业地处于不同的国家；（2）当事人具有不同的国籍；（3）订立合同的行为完成于不同的国家；（4）货物需由一国运往另一国。

对这些标准，有的国家采用其中一个来判定"国际性"，有的国家采用多个判定。例如，英国《1977年不公平合同条款法》（Unfair Contract Act，1977）中规定，如订约当事人的营业地处于不同的国家，而且符合下列情况之一时，即认为具有国际性：（1）货物将由一国领土运往另一国领土；（2）构成要约和承诺的行为完成于不同国家的领土之内；（3）合同所供应的货物需交付到完成上述行为的国家以外的其他国家。英国法律做此规定，目的在于对卖方能否排除其对货物的默示担保义务有不同的要求。如果属于国际性的贸易，卖方可以在合同中排除其对货物所承担的各项默示担保义务；但对非国际贸易，则不允许卖方以合同排除其对货物的默示担保义务。

联合国国际贸易法委员会在 1980 年制定的联合国《联合国国际货物销售合同公约》（以下简称《公约》）（The United Nations Convention on Contracts for the International Sale of Goods，CISG）中采用单一的"营业地标准"，即以买卖双方的营业地点是否处于不同国家为标准。按此规定，如果买卖双方的营业地点均设立在同一个国家，即使他们所订立的合同要求将货物由一国运往另一个国，或交付到另一个国家，或要约与承诺行为完成于不同的国家，该合同仍不被认为具有国际性；反之，只要双方当事人的营业地是设立在不同国家，即使他们所订立的合同是工厂交货，无须运出国境交付，这种合同仍被视为具有国际性，适用该公约。

如果当事人拥有多处营业地，规定采用最密切联系原则。例如，卖方在 A、B 两国均有营业地，买方只在 B 国有营业地，双方签订的贸易合同是否具有国际性需要看该合同及合同履行与卖方哪一处营业地的关系最密切。如果与卖方 A 国营业地联系最密切，则该合同具有国际性，反之则不具有国际性。

【案例 1-1】"国际性"的判定

如果甲国某A公司在乙国设立了一个分公司B，乙国C公司与A公司签订了一份来料加工合同，合同规定乙国C公司从A公司购买机器设备，从B公司购得原材料并加工为成品，由B公司负责将加工后的成品回购再转卖给A公司，由A公司在国际市场销售。这项涉外经贸活动中所包括的货物贸易是否具有"国际性"？

[案例分析]

  这项涉外经营活动中包括多层货物贸易关系：（1）C公司从A公司购买机器设备；（2）C公司从B公司购买原材料；（3）B公司从C公司回购产成品；（4）B公司将回购的产成品再卖给A公司。根据《联合国国际货物销售合同公约》，采用单一的"营业地标准"，本案例中的第（2）、第（3）两笔交易，买卖双方的营业地均在同一国家，因而不具有国际性，属于国内贸易；而第（1）、第（4）两笔交易则属于营业地不在同一国家的两公司间交易，具有国际性，属于国际贸易。

二、本课程的研究范围和内容

  国际贸易实务是一门具有涉外活动特点、实践性很强的综合性应用学科。它涉及国际贸易理论与政策、国际贸易法律与惯例、国际市场营销、国际金融、国际运输与保险等学科的基本原理与基本知识的运用。它的研究内容主要有以下几个方面。

1. 国际贸易程序

  国际贸易程序是指进出口贸易实务操作是按照怎样的顺序进行的。该程序大体上可分为四个阶段：第一个阶段是交易前准备阶段，这个阶段的内容是开展国际市场调研、建立业务关系、办理相关手续以及制定经营方案；第二个阶段是交易磋商和订立合同，这个阶段的内容主要是谈判成交的过程，其中包括询盘、发盘、还盘、接受和订立合同等环节；第三个阶段是履行合同阶段，这个阶段的内容主要是怎样去履行合同，在履行合同中要注意哪些问题，怎样避免违约；第四个阶段是业务善后阶段，出口业务善后涉及出口退税，进口业务善后涉及索赔和进口付汇核销。

  国际贸易实务的内容很丰富，要做的工作也很多。了解各环节及相互之间的关系，有重点、有顺序地进行，对于开展外贸实务工作有着重要的意义。

2. 国际贸易条件

  贸易商为了实现各自的经济目的，在贸易中必然要提出一系列的贸易条件。国际贸易就是围绕这些贸易条件进行的。贸易商之间的谈判主要是针对这些条件展开的；当各项贸易条件在贸易商之间达成一致意见后，则以合同的形式把这些条件确定下来；合同达成后，贸易商各自按照事先商定的贸易条件履行义务、完成交易，并最后获得期望的利益。因此，贸易条件是国际贸易实务活动的基本内容。

  在国际贸易实务中，各种贸易术语对一部分基本的贸易条件做了规定。除此之外，通常还要规定以下几个方面的条件。

  （1）商品条件。商品条件用来约束出口方应提交什么商品及怎样的商品，包括商品品名、品质、数量和包装。

  （2）价格条件。价格条件往往与国际贸易术语联系起来加以确定，还包括计价货币、计量单位和单价金额，有时也会有佣金或折扣条件。

  （3）装运条件。装运条件用来确定出口方怎样把商品交给进口方，包括装运时间、地点、运输方式、是否分批装运和转运、运输单据等。

  （4）货物运输保险条件。商品在国际运输中可能会遇到各种风险乃至商品受损，因而需要办理货物运输保险。货运险条件包括由谁办理、投保什么险别、保险费由谁支付等。

  （5）支付条件。支付条件用来确定进口方如何向出口方支付价款，包括支付时间、支付方式、支付工具等。

（6）争议和违约处理条件。这方面包括商品检验、索赔与理赔、不可抗力和仲裁。

3. 国际贸易法律规范

国际贸易实务活动需要在一定的法律规范下开展，这样才能保证国际贸易持久、有序地发展，才能保证贸易商的权益不受侵害。因此，国际贸易法律规范是开展国际贸易实务的基本条件，掌握这方面的知识是很有必要的。

4. 国际贸易方式

国际贸易方式也是国际贸易实务中的一个重要内容。随着国际贸易的不断发展，国际货物买卖的状况和促销手段、销售渠道也在不断变化与发展，国际贸易方式正日益多样化，涌现了不少综合性的经营方式。在国际贸易实践中，除了传统的单边进口和单边出口交易外，还产生了融货物、技术、劳动和资本移动于一体的多种贸易方式。例如，以稳定贸易双方长期关系的包销、代理和寄售；以引起买家之间或卖家之间竞争的招标、投标和拍卖；以生产与贸易相结合的加工贸易；以进口和出口相结合的易货贸易、互购贸易、补偿贸易；以有特定组织形式和买卖公开竞争为特点的期货贸易等。

三、国际贸易和国内贸易的区别

国际贸易和国内贸易都是指商品交换。两者的原理、运作过程和操作方法基本上是相同的。但由于国际贸易中一般伴随着商品的出口或进口，因此，国际贸易比国内贸易更为复杂。具体的表现有以下几个方面。

（1）国际贸易所适用的法律规范比较广泛。在国际贸易中，根据双方当事人的意愿，所适用的法律可以是某一方当事人所在国的法律，也可以是其他国家的法律，还包括国际贸易条约、国际贸易惯例。在国内贸易中，所适用的法律只能是该国国内的法律。

（2）政府对国际贸易具有更多的管理措施。国际贸易中有商品的进口或出口。各国政府对进出口有各种各样的限制或鼓励措施，如关税、配额、许可证、出口补贴、出口信贷等。另外，还要接受海关的监管、政府有关管理部门的审批以及法定的进出口商品检验。支付货款或接受货款也要接受有关管理部门的监控，办理进口付汇和出口收汇的核销。而国内贸易就没有这些方面的管理。

（3）国际贸易面临较大和较多的风险。国际贸易的交易数量和金额通常都比较大，从交易磋商、订立合同开始，直到履行合同，间隔时间一般比较长，货物从一国运往另一国大都需经长途运输，有的还需多种运输方式，所以交易双方要承担较大的风险。再者，国际贸易中一般不易做到交货和付款同时对流，不能采用像国内贸易中的带款提货，往往是交货在先，付款在后，因而存在着支付风险。另外，国际贸易中还存在价格风险、汇率风险、政治风险。

（4）国际贸易业务操作上较复杂。由于国际贸易的业务环节多、涉及面广，因此需要办理的手续就多，如进出口审批申请、商检、运输、保险、报关、退税、获取产地证等；此外，还要制作各种单据，要解决语言不同的问题、度量衡制度不同的问题，要适应不同的风俗习惯、价值观念、宗教信仰、商业惯例和习惯做法等。

（5）国际贸易对经营者要求更高。由于以上国际贸易与国内贸易的种种不同，因而对从事国际贸易业务的企业和人员的要求就比较高。国际贸易经营者必须具备广泛的专业知识、较高的外语和计算机应用水平以及良好的基本素质，另外还应该具有相关的产品专业知识，才能胜任国际贸易实务工作。

四、国际货物买卖合同适用的法律规范

国际货物买卖合同是合同的一种类型。根据《联合国国际货物销售合同公约》的规定，国际货物买卖合同是指营业地处于不同国家的当事人之间所订立的货物买卖合同，也称国际货物销售合同

或国际货物进出口合同。

国际货物买卖合同是国际贸易中最为重要和最基本的合同。在对外经济活动中，签订完国际货物买卖合同，为了履行该合同，需要与承运方订立国内或国际运输合同，与保险公司订立货物运输保险合同，与银行订立托收货款、支付价款合同等。这些合同是以国际货物买卖合同为中心建立的，但又独立于国际货物买卖合同，不受其约束。然而，其他的各种合同是为了履行国际货物买卖合同服务的，都要与国际货物买卖合同条款规定一致，是辅助性的合同。

国际货物买卖合同是营业地处于不同国家的当事人之间订立的货物买卖合同，体现了当事人的经济关系，需要运用法律来调整当事人之间的关系。因此，国际货物买卖合同不仅是当事人之间的经济关系，而且是当事人之间的法律关系。但是，由于国际货物买卖合同当事人分别处于不同的国家，并且各国的有关法律存在着某些差异，一旦发生合同纠纷，就涉及该合同适用哪个国家的法律问题，即究竟是适用国内法，还是适用外国法，或是适用某一国际公约。这就是国际货物买卖合同的法律适用问题。适用不同的法律，可能导致不同的法律结果，对合同双方当事人的切身利益有着重大影响。因此，在签订国际货物买卖合同时，比较有经验的当事人都很重视法律适用问题。

在国际贸易中，解决法律适用问题通常有两种方法：第一种方法是由合同当事人经过磋商，在合同中订立法律适用条款，明确规定该合同适用的法律；第二种方法是当双方当事人未在合同中规定该合同的适用法律，一旦发生争执，就由受理案件的法院或仲裁机构依据法律适用规则确定该合同所适用的法律。无论是在哪种情况下，国际货物买卖合同适用的法律一般包括国内法、国际贸易惯例和国际公约三类。

1. 合同有关国家国内的相关法律

国际货物买卖合同首先必须符合国内法，即符合合同当事人所在国的国内法律。但是，国际货物买卖合同双方当事人处于不同国家，他们各自都需要遵守所在国的法律，而各国的相关法律规定往往不一致，从而导致"法律冲突（Conflict of Law）"。为了解决"法律冲突"，各国法律通常都对国际货物买卖合同的法律适用原则做出具体规定。我国法律对涉外经济合同的法律适用原则也与国际通用规则接轨。在我国《中华人民共和国合同法》（以下简称《合同法》）第一百二十六条中规定："涉外合同的当事人可以选择处理合同争议所适用的法律，但法律另有规定的除外。涉外合同的当事人没有选择的，适用与合同最密切联系的国家法律。"

下面是一些有关货物买卖合同的适用法律：

（1）《法国民法典》

（2）《德国民法典》

（3）《日本民法典》

（4）英国《货物贸易法》（1979）

（5）美国《统一商法典》（1977）

（6）《中华人民共和国合同法》（1999）

【案例 1-2】适用法律

有一份CIF合同在美国订立，由美国商人A出售一批IBM计算机给中国香港地区的商人B，按CIF中国香港地区的条件成交。双方在执行合同的过程中，对合同的形式及合同有关条款的解释发生争议。请分析解决此项纠纷应适用中国香港地区法律还是美国法律？

［案例分析］

本案例应适用于美国法律。

理由：合同与美国关系最密切，因为订约地和履约地都在美国。在按CIF中国香港地区的条件成交的合同中，出口方在出口地装运港履行交货义务，所以履约地在美国装运港，而非目的港中国香港地区。（有关CIF条件的内容参见"贸易术语"部分）

2. 国际条约

国际条约是两个或两个以上主权国家为确定彼此间经济、贸易、航海等方面的权利和义务而缔造的诸如公约、协定、议定书等各种协议的总称。对缔约国来说，国际条约是该国涉外经济贸易法的组成部分。根据"条约必须遵守"的国际法惯例，国际货物买卖合同的订立和履行还必须符合当事人所在国缔结或参加的与合同有关的双边或多边国际条约；如果缔约国的企业或个人在对外经济活动中违反了这些条约的规定，该企业或个人所在缔约国司法机构必须予以制约。

有关国际货物买卖合同的国际公约主要是 1988 年生效的《联合国国际货物销售合同公约》（United Nations Convention on Contracts for the International Sale of Goods，CISG）（若无特别说明，本书下文所提《公约》均指本公约）。它是与我国对外经济贸易活动关系最大、最重要的一项国际贸易条约。

《联合国国际货物销售合同公约》是联合国贸易法委员会在《国际货物买卖统一法》和《国际货物买卖合同订立统一法》基础上，广泛听取了各方面的意见，经过认真研究、准备和草拟，于 1980 年在维也纳召开的外交会议上讨论修改和通过的，并于 1988 年 1 月 1 日生效。该《公约》共分为四个部分：（1）适用范围和总则；（2）合同的订立；（3）货物销售；（4）最后条款。全文共 101 条。

我国是《联合国国际货物销售合同公约》的最早缔约国之一。我国政府曾派代表参加了 1980 年的维也纳会议，并在 1986 年 12 月批准了该《公约》。但应当注意的是，我国在核准该《公约》时，根据该《公约》的第九十五条和第九十六条规定提出了两点重要的保留。

（1）关于公约适用范围的保留。《联合国国际货物销售合同公约》第一条（1）款（b）项规定：双方当事人的营业地处于不同的国家，即使他们的营业地所在国不是该公约的缔约国，如果按照国际私法规则导致适用某一缔约国的法律，则该公约也将适用于这些当事人之间订立的国际货物买卖合同。对于这一点，我国在核准该公约时提出了保留，即我国不同意扩大该公约的适用范围，并指出我国认为该公约的适用范围仅限于营业地处于不同缔约国的当事人之间订立的国际货物买卖合同。

（2）关于合同形式的保留。《联合国国际货物销售合同公约》第十一条规定："销售合同无须以书面订立或书面证明，在形式方面也不受任何其他条件的限制。销售合同可以用包括人证在内的任何方法证明。"即该公约对国际货物买卖合同没有提出任何特定的形式要求，无论采取口头形式或采用书面形式订立合同都是有效的。这一规定以及其他类似内容的规定，同我国当时的《中华人民共和国涉外经济合同法》关于涉外经济合同必须采取书面形式的规定不一致。因此我国对此提出了保留，即该公约的上述规定对中国不适用。但在 1999 年颁布实施的新《中华人民共和国合同法》（以下简称《合同法》）中对此进行了修订，并与该公约相一致，即"当事人订立合同，有书面形式、口头形式和其他形式"。不过，《合同法》也规定"法律、行政法规规定采用书面形式的，应当采用书面形式。当事人约定采用书面形式的，应当采用书面形式"。

3. 国际贸易惯例

国际贸易惯例（International Trade Practice）也是国际货物买卖合同应当遵循的法律规范，它涉及国际贸易实务活动的许多方面，对国际贸易实务活动具有重要的指导和制约作用。它是在国际贸易长期实践的基础上逐渐形成的一些较为明确的和固定内容的贸易习惯和一般做法，包括一些成文或不成文的通则、准则、规则。国际贸易惯例的特点是不具有法律的强制性，而是以当事人的意思自治为基础。如果合同当事人在合同中同意采用某种惯例来约束该项交易或是合同当事人在合同中既未排除也未注明合同适用某项惯例，则在合同执行中发生争议时，受理法院或仲裁机构引用该国际贸易惯例进行判决或裁决，国际贸易惯例就具有了法律约束力，这是因为各国法律或国际公约赋予了它法律效力。如果合同当事人在合同中做出与某项惯例不符的规定，则该项惯例对合同没有法律约束力。

在实践中，国际贸易惯例通常为大多数国家的贸易界人士所熟知、经常运用和遵守。国际贸易惯例虽不是国际性法律，但某些规则或解释经长期的运用和发展，已经被写入法律之中，成为法律条款；有些惯例成为国际上或区域性条约和协定的内容，这些惯例就上升为法律规定了。

知识链接

《中华人民共和国民法通则》第一百四十二条明确规定："中华人民共和国法律和中华人民共和国缔结或参加的国际条约没有规定的涉外民事关系，可以适用国际惯例。"

常用的国际贸易惯例有：

（1）《国际贸易术语解释通则 2010》（International Rules for the Interpretation of Trade Terms 2010，INCOTERMS 2010）；

（2）《跟单信用证统一惯例》（Uniform Customs and Practice for Documentary Credits，2007 revision，I. C. C. Publication No.600，UCP600）；

（3）《托收统一规则》（Uniform Rules for Collections，I. C. C. Publication No.522，URC522）。

国际货物买卖合同的订立和履行，必须符合有关法律规范的规定。合同、法律、国际惯例之间的关系可以归结为三点：①凡在依法成立的合同中明确规定的事项，应当按照合同规定办理；②如合同中没有明确规定的事项，则应当按照有关的法律或国际条约的规定来处理；③如果合同和法律中都没有明确规定的事项，应当按照有关的国际惯例来处理。

思考题

1．如何确定国际货物贸易的"国际性"？
2．国际贸易和国内贸易有哪些区别？
3．如何看待合同、法律、国际惯例之间的关系？

案例分析题

某年 5 月 10 日，中国华东地区 A 进出口公司电报通知美国 B 贸易公司，以 CIF 价格术语向美方出口成品制衣，总价为 100 万美元，以不可撤销的信用证支付货款。A 公司 5 月 16 日收到美方 B 公司回电，同意购买，但要求降价至 95 万美元。A 公司于 5 月 19 日电报通知对方并同意其要求，美方 B 公司于 5 月 20 日收到此电报。A 公司将货物运至宁波港，交由某省 C 远洋运输公司承运，整批货物分装在三个集装箱内。6 月 10 日承运船舶在公海航行时，由于船员疏忽，船上发生火灾，A 公司托运的一个集装箱被烧毁。6 月 15 日货物运抵纽约港，但美方 B 公司拒绝接受货物，并向 A 公司提出索赔。双方诉至我国某法院。

问题：（1）双方的合同争议是否可适用《联合国国际货物销售合同公约》解决？（2）该合同于何时成立？为什么？（3）货物被毁受损，美方 B 公司能否要求中方 A 公司给予赔偿？为什么？

技能实训题

选择一个具体的外贸实务案例，说明国际贸易的复杂性。

国际贸易业务基本流程 | 第二章

国际贸易的业务环节很多，各个环节之间均有密切的、内在的联系。在实际业务中，不同的交易、不同的交易条件，其业务环节也不尽相同。在具体工作方面，各个环节又常需要先后交叉进行，或者出现齐头并进的情形。但是，无论是出口贸易还是进口贸易，就它们的基本业务程序而言，均可概括为以下四个阶段：交易前准备阶段、交易磋商和订立合同阶段、履行合同阶段、业务善后阶段。

本章分别从出口贸易与进口贸易两个方面，介绍各自基本的业务程序和不同阶段的主要工作内容。

第一节 | 出口贸易流程

出口贸易的目的是将国内商品转移给国外买主，收取外汇。从具体操作看，首先本方要有可供销售的产品，同时要找到有意购买本方商品的国外客户，与其开展贸易洽谈并达成双方均愿意的合同，之后按照约定安排货物出口并争取安全收汇。出口贸易的基本业务程序如图 2-1 所示。

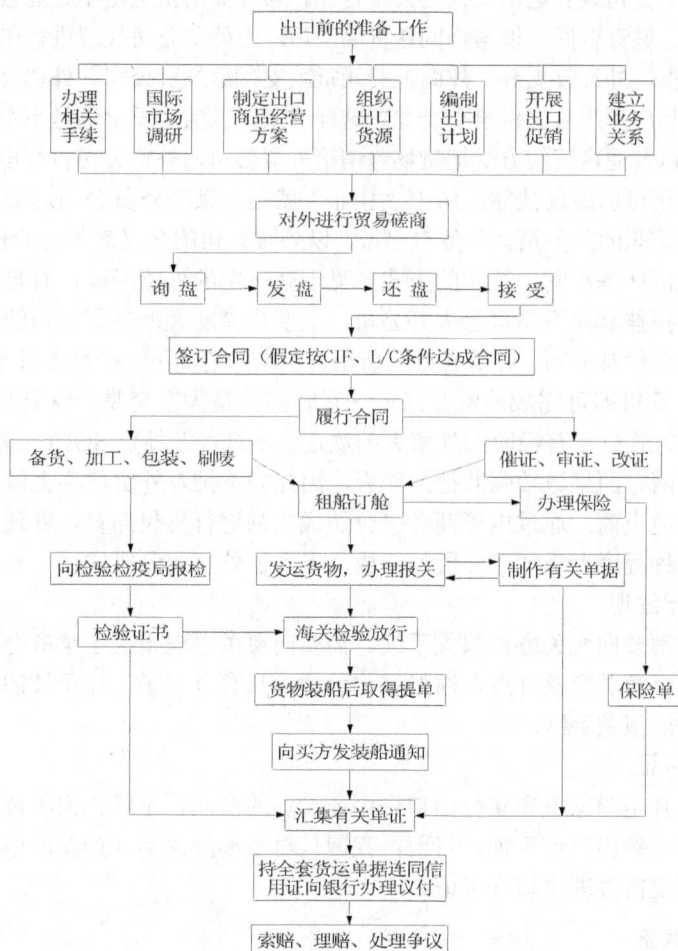

图 2-1　出口交易程序

一、出口交易前准备工作

在出口贸易中，交易对象都是国外商人，而国际市场情况又是错综复杂和变化多端的，因此，在开展出口业务时，一定要充分做好各项前期准备工作。这些准备工作主要包括：对国际市场的调查研究和出口营销；寻找客户和建立业务关系；落实货源、制订出口商品的生产（收购）计划；制定出口商品经营方案；开展出口促销活动等。

（一）办理相关手续

出口交易前出口企业要履行办理进出口经营权、办理海关登记注册、办理出口许可证等相关手续。

1. 办理进出口经营权

自中国加入 WTO 以后，国家鼓励企业申报进出口经营权，申办的手续日益简单而开放。但对企业的规模、生产能力、人员配备等仍有相当的要求。取得进出口经营权的企业通常也需要接受相对严格的政府职能机构行政管理。根据《中华人民共和国对外贸易法》（2004）规定，自然人、法人和其他组织依法登记后，可以从事货物和技术的进出口贸易。

未获进出口经营权或无该项商品进出口经营权的企业，如需进出口，必须委托有该商品进出口经营权的企业代理进出口。对众多的民营小企业而言，通过外贸公司代理出口更为简便可行。所谓代理出口，就是找一家外贸公司或有进出口权的公司合作。与外商的生意由小企业自己去洽谈，谈定后，以外贸公司的名义与之签订合同。根据合同备货妥当后，由外贸公司代理进行出口事宜，如商品进出口检验检疫、海关申报、外汇收支等。外商把美元货款支付给外贸公司，外贸公司再按照约定的比例折合成人民币，扣除相应费用后支付给小企业。这样一来，虽然实质上仍是小企业做外贸，但操作形式上就变成：小企业以普通内贸的方式把货物赊销给外贸公司，外贸公司自行出口后支付货款。

对于个人做外贸还可以通过挂靠。所谓"挂靠"就是与某个外贸公司达成协议，成为此外贸公司名义上的业务员或兼职的业务员。业务自己做，以外贸公司的名义对外签合同、交货、结算货款，自己则按照约定的比例计提利润。挂靠的方式多见于有一定的外贸经验，有自己的进货和销售渠道的人。之所以个人选择挂靠而不是自己去开公司，主要是借助大型外贸公司的知名度和商业信用，以期在购销过程中得到优惠便利，并节省办公费用。在这种情况下，挂靠者甚至不需要到公司上班，在自己家中用一台计算机即可完成外贸交易——有时甚至是大宗交易。这种自由的 SOHO（Small Office Home Office）方式颇受有经验的外贸人的欢迎。不过，做外贸 SOHO 需要比较深厚的外贸知识技巧，有对进、销两方面渠道较强的把控能力，因此并不推荐外贸新手去做。

近几年兴起的跨境电商，通过电子商务平台达成交易进行支付结算，并通过跨境物流完成商品交易。跨境电商在某种程度上降低了外贸的门槛，丰富了外贸业务模式。

2. 办理海关登记注册

所有进出口货物都要向海关办理报关手续。需要向海关办理报关手续的企事业单位，应向当地海关提出书面申请，经海关审核并办理注册登记手续。只有办理了上述手续的单位，才可以直接向海关办理进出境货物的报关手续。

3. 办理出口许可证

根据国家规定，凡是国家宣布实行出口许可证管理的商品，不管任何单位或个人，也不管任何贸易方式，出口均需申领出口许可证。目前，我国只对少部分商品（如供应中国港、澳地区的鲜货冷冻商品）的出口规定需办理出口许可证。

（二）国际市场调研

这里所说的国际市场调研，是指出口商所进行的以国外客户的信息为中心的调查研究活动。该活动要解决的问题有：现有客户由哪些人或组织构成？潜在市场顾客由哪些人或组织构成？这些顾客需要购买哪些产品或服务？为什么购买？何时何地以及如何购买？等。国际市场调研的具体内容主要包括两个方面：一是关于市场的调研；二是关于客户的调研。

1. 关于市场的调研

在对外洽谈之前，企业应对国外市场做深入、细致、准确、多方面的调查研究，以便从中择优选定出适当的目标市场。这些调研主要包括：对进口国别（地区）的调研；对商品市场的调研；对商品销售的调研。

对进口国别（地区）的调研，主要是调查研究有关国家或地区的经济状况、对外政策、进出口商品的结构、贸易对象国、贸易与外汇管制、有关对外经济往来的情况及其特点、市场惯例、政治财政状况、生活习惯等。通过这些调研，企业主要是为了达到贯彻国别政策、选择适宜的市场、创造有利条件以及发展贸易关系的目的。

对商品市场的调研，主要是调查研究有关商品的供需情况及相关商品的品种、质量、包装、成本、价格，主要的供需国别（地区）及其发展状况。通过这些调研，主要是为了摸清适销市场，使本方的商品销售在有利的条件下进行。

对商品销售的调研，主要是调查研究有关产品的销售渠道、广告宣传、计价货币和售前售后服务等。通过这些调研，主要是为了学会做贸易的技巧，运用有效的推销手段，扩大商品出口。

知识链接

从消费习惯来看，商品市场可大致分为美加（美国和加拿大）市场、欧洲市场、日韩市场、东欧市场、中东市场、非洲市场这几类。具体到每个客户固然各有所好、风格不同，但一般来说，日韩市场特别是日本市场，偏爱精致优质的产品，高、精、尖、小巧美观，喜好中国传统文化，一些具有民族特色的产品常能得到理解与欢迎，也能接受高价格，但数量不会太大；美加与西欧、北欧、南欧等英语国家市场一般对品质要求适中，喜欢简洁流畅、新奇多变的产品风格，价格适中，量比较大，是中国出口商喜爱的客户。中东市场对品质要求不高，对产品的审美方面较为朴实甚至俗气，价格也低，数量也比较大；非洲市场弹性最大，本土文化与外来文化交织，口味复杂，各种层次的产品都能接受。

（资料来源：精英外贸论坛 http://bbs.cnexp.net）

2. 关于客户的调研

关于客户的调研，也就是对交易对象的调查研究。其主要是调查已经或有可能经营本企业出口产品的客户或潜在客户的资信情况、经营范围、经营能力以及客户与我国贸易往来的情况等，以便于根据企业自身的特点有区别地选择和利用客户。

出口商投入时间调查和研究，是为了在国际市场上增加其产品成功的机会。调查和研究潜在市场有助于确定产品在哪里最容易销售，确定细分市场，确定国内和国外的竞争对手，为产品确定合理的市场价格。该项工作可以由企业内部的调研人员完成，也可以委托企业外部专业调研公司完成。

知识链接

按经营业务的特点来划分，国际客户可分为以下几种类型。

综合性大企业： 这种企业大多数是某个市场经营某些大宗商品进出口业务的垄断商，其业务范围很大，在防止受其垄断销售的情况下，我方可与这种企业保持一定的买卖关系。

进出口商： 即专门从事进出口业务、自买自卖的商人。这些进出口商与当地批发商、零售商、国外出口商或厂商有一定的关系，其业务以某几项专业传统商品为主，也兼营其他商品。进出口商是我方出口业务中的主要往来对象之一。

零售商：主要是指自己进口的大百货公司、超级市场和连锁商店、购物中心。它们的销售额很大，占市场零售量的比重也很大。在发达国家里，它们是我方出口业务中需要沟通的重要渠道之一。

经纪商：即从事进出口业务的代客买卖或从中撮合收取佣金的中间商。新商品进入市场时，我方可通过他们促成交易。

制造商：主要是指自己进口一些原料用于生产的厂商。他们是我方初级产品出口的实际用户。

批发商：他们不是我方出口业务的主要对象。但在某些情况下，利用他们打开销路还是可取的。

（资料来源：王斌义，顾永才. 出口贸易操作20步. 北京：首都经济贸易大学出版社，2006）

（三）制定出口商品经营方案

外贸企业在对国际市场调查研究的基础上，一般均应对所经营的出口商品制定经营方案。出口商品经营方案是根据国家的方针政策和本企业的经营意图对该出口商品在一定时期内所做出的全面业务安排。一个企业在分析市场、选定自己的目标市场以后，就要针对目标市场的需求、影响市场销售的不可控的宏观因素以及本企业可以控制的销售因素，最有效地利用本身的人力、物力资源，趋利避害、扬长避短，设计企业的销售策略，制定最佳的综合销售方案，即出口商品经营方案，以便达到企业的预期目标。

不同的商品，经营策略的方法、步骤不一样，经营方案的内容繁简也不一样，商品经营方案所涉及的产品可以是一种，也可以是一类。一般来说，对大宗商品通常是逐个制定出口商品的经营方案。目前，我国外贸企业所制定的出口商品经营方案内容，通常包括国内货源情况、国外市场与目标市场情况、历史经营情况、计划安排和实现计划的措施，如市场安排、物色客户、广告宣传、贸易方式、价格、支付等交易条件的选择、运用和掌握，以及成本和经济效益的核算等。对于某些一时情况难以全面掌握、不易制定经营方案的新小商品，可暂定价格方案。价格方案的内容一般比较简单，局限于成本核算与出口定价。

由于国际市场情况复杂多变，有时所制定的出口商品经营方案不可能完全符合市场实际情况；因而，外贸企业应结合市场变化及时修订经营方案，使之符合市场实际并能有效地指导企业的经营活动。

（四）落实货源

组织货源是出口交易前的必要工作。没有货源就无法交货，根本谈不上出口。对制造企业或其他非专业外贸公司而言，要制订好出口商品的生产计划，生产适合于目前国际市场需要的产品，同时注意试制新品种，扩大出口货源。对专业外贸公司而言，则要制订收购计划。

专业外贸公司应结合国外市场的要求，如质量、规格、花色、型号、品种、包装和需求量等要求，与国内生产企业签订购销合同。签订合同后，外贸企业要经常深入生产部门，了解存在的问题，协助生产部门解决，以保证收购顺利完成。

（五）开展出口促销

出口促销活动包括的内容很多，这里主要介绍商标注册、广告宣传、展览会促销和自建网站宣传。

1. 商标注册

商标作为一种工业产权，在国际贸易中有其特殊的作用，特别是名牌商品的商标更是企业的无形资产。外贸公司要注意加强商标管理，在进入某个市场前要及时将自己出口货物的商标按市场所在国的有关法规向有关部门申请注册。否则，耗费人力、财力、物力创出的名牌被他人抢先注册，后果将不堪设想。向国外办理商标注册，可以委托国外代理人代办，也可以委托中国国际贸易促进委员会商标代理处代办。该代理处还为外贸企业办理商标变更或转移注册，提供有关商标侵权纠纷的诉讼或其他有关商标咨询的各项服务。商标注册的有效期一般为10年，如期满可续展注册的有效期。

出口商品的商标，在商标设计上必须符合各国在商标方面的一些规定，要符合各销往国的风俗习惯，要结合产品的性质，便于记忆；要考虑到译名的感情色彩和心理作用及效果，在国外已经成为众所周知的译名不应随意变动。

【案例2-1】两则商标侵权案

某年我某出口公司对西班牙出口"桃花牌"（PEACH BLOSSOMS BRAND）床单，该床单在西班牙市场上比较畅销。但日本某服装株式会社向该公司提出抗议：该株式会社对西班牙销售"桃花牌"领带历史已久，而且已在西班牙政府当局注册备案。该出口公司冒用"桃花牌"销售床单，占领西班牙市场，是侵犯商标权，要求立即停止出售并赔偿该株式会社的损失。我国出口公司不服：我们所用的"桃花牌"是床单，日本的"桃花牌"是领带，毫不相关。日本商人即向法院起诉。判决结果认为，该出口公司没有侵犯商标权。

韩国W公司对英国出口"PHILIP"（飞利浦）牌旅游鞋，在英国市场销售不到半年就被荷兰飞利浦公司发现，即向韩国W公司提出该公司侵犯商标权。因"PHILIP"是荷兰在世界享有盛誉的名牌，有相当的知名度，在英国使用多年，要求韩国W公司立即停止使用该商标，并赔偿损失。韩国W公司不同意这种意见，认为"'PHILIP'虽是你们的名牌，但你们的'PHILIP'牌是电器，而我们的'PHILIP'牌是旅游鞋，按国际一般惯例，不同类的商品允许使用同名的商标。"荷兰商人即向法院起诉韩国W公司侵犯商标权。最后法院判决：韩国W公司侵犯商标权。

［案例评析］

按照国际惯例，对不同类的商品允许使用同一商标。因此，我出口公司所用的"桃花牌"床单商标并没有侵犯日本商人所用的"桃花牌"领带的商标权。

但即使不同类商品也不能使用他人已经驰名的商标。"PHILIP"是荷兰驰名商标，即使不同类商品，使用者也应算为侵犯商标权。所以，判决韩国W公司侵犯商标权。

所以，出口商品在使用商标前要掌握该商标是否属于他人驰名商标，如果属于他人已驰名商标，则不能使用，否则将构成侵犯商标权的行为。

（资料来源：王斌义，顾永才．出口贸易操作20步．北京：首都经贸大学出版社，2006）

2. 广告宣传

在交易前，为了扩大产品知名度，增加销量，对外广告宣传的重点应放在介绍出口商品的特点和用途方面。广告宣传的内容要生动、传神、说明力强，要使消费者相信所宣传的商品正是他们所需要的。要想取得满意的广告效果，需要注意以下几个问题。

（1）进行广告宣传的商品必须慎重选择，一般来说，应是质量稳定、货源充足、能保证持续供应，并且在国际市场上有销路和发展前途的商品。因为国际市场上广告宣传费很高，并且必须经过一段时间的持续不断的宣传才能奏效，如果所宣传的商品质量时好时坏，货源时断时续，那就会使宣传效果大打折扣。

（2）针对不同的市场、不同的商品，采用不同的宣传媒介和方式，通过各种途径来达到促进销售的目的。

（3）注意各国政府对商业广告的各种限制，了解不同国家具有的不同风俗和生活习惯。

（4）要合理使用代理商或广告商。一般来说，出口商不可能在所有的外销市场都做广告，另外，根据商品的销售情况，有的市场有独家经销或包销，而有的市场没有。因此，广告宣传的做法也不应一样。没有独家经销、包销商的市场，可以通过广告商进行广告宣传。而有独立经销、包销商的市场，最好由他们来做。因买卖双方的利益是一致的，这些独立经销、包销商为了扩大产品销售，都会积极地去进行广告宣传的。关于宣传费和宣传方式的问题，可由双方研究决定。

3. 展览会促销

展览会以其独具的专业性、针对性的特点逐渐成为企业直接面对客户，展示自己的极好工具。通过参加展会宣传自己，使其逐渐成为出口企业的营销理念。尤其是海外展会已成为企业开辟新市场的理想方式，能给企业带来很多好处。

知名展会相当于一次行业年会，能吸引本行业最具影响力的公司参与。我国企业可借此了解市场，开阔视野，有助于激发企业改进、开发产品。然而，参展尤其是参加国际大型展览会，并非易事，从展前准备、展览期间的应对至展后的后续工作，都与参展的效果息息相关。

操作技巧提示

展会结束并不等于参展工作画上句号。要及时与在展会上结识的客户保持联系，做好反馈信息的收集与分析工作。只有这样，下次参展才能收到更好的效果。可能的话，准备些有中国特色的小纪念品给国外客户，礼品不要太值钱，但一定要精致而又富有中国风情。这种不经意的小礼物往往会给客户留下很深刻的印象。

4. 自建网站宣传

在现代贸易中，网上有自己的固定主页，某种意义上就如同传统贸易中拥有一个固定门面，贸易机会增加了几倍。这样做的目的是不但我们可以找客户，更重要是有需求的客户也可以找到我们。同时，有固定的网站，客户在一定程度上也增加了对我们的信心。

目前大多数企业都有了自己的网站。可是，很多人抱怨说网站并没有给他们带来什么明显的效果。事实上也是这样，根据统计，目前国内超过80%的企业网站是日均访问量低于1人次的"死网站"。

如何激活自己的网站呢？首先要利用一切机会来做推广，在所有的公司宣传资料，无论是媒体广告、产品目录、传真、电子邮件、名片上都加上公司的网址。其次要重视网站的建设，据经验分析，"活网站"的四大关键因素为：醒目明确的标题、实质性内容、被搜索引擎列在比较靠前的位置、稳定且浏览速度快。炫目的网页往往打开速度慢，而且有的主流搜索引擎，如 Google，不支持复杂的动态网页。因此，应不断充实实质性的内容，提供专业详实的信息，才能受搜索引擎和访问者的喜爱。

（六）建立业务关系

出口商通常在寻找新的进口商前，先根据本方的营销策略，对潜在市场的基本情况进行一些调查了解。如果潜在市场的基本情况符合本方的要求，就将这个市场定为目标市场，并在目标市场上寻找潜在的进口商作为交易对象，与之建立业务关系。

1. 寻找客户

寻找潜在客户是建立业务关系的第一步，在确定本方的市场区域后，就要找到潜在客户在哪里并与其取得联系。有时，我们会遇到一些主动找上门的或经朋友介绍过来的客户，但更多的时候要靠本方主动去寻找。寻找客户主要有以下三类方法：网络搜寻法、资料分析法、利用现实平台法。

（1）网络搜寻法

当今世界已经进入网络经济时代，互联网改变了一切，包括外贸。凭借一台上网的计算机，我们几乎可以获取所需的一切知识和信息，处理与外贸相关的绝大部分工作。目前，通过互联网寻找客户已经成为方便、快捷、有效的一种途径。尤其对于缺乏经费的小企业来说，在网上直接找到客户是日常工作的首选目标。

网络上的资信极为丰富，但过于杂乱。目前，出口商查找客户主要利用以下几个渠道。

① 大型的搜索引擎。如 Google、Yahoo、Excite 等，一般用关键词搜索。

② 商务网站。如我国商务部的世界买家网 http://win.mofcom.gov.cn、在线广交会 http://www.cecf.

com.cn 等，登录这些网站还可以链接到更多更新的商务网站上去。

③ B2B 网站。如阿里巴巴网、环球资源网 http://www.globalsources.com 等。B2B 网站里免费看到的求购信息通常没有联系方式，但不少会显示公司名称，那么以这个公司名称作为关键字去搜索，就有可能找到这个公司的网站，从而获得其联系方式。

④ 行业网。如纺织品交易网 http://www.texindex.com 等。

⑤ 通过大型的搜索引擎查找目标国的黄页网站和工商企业目录。

⑥ 名录网站。如北美制造企业名录 http://www.thomasnet.com，提供北美覆盖 7 万多种产品的超过 17 万家工业产品制造商的企业名录资料，包括基本联系信息和产品信息。这些工业产品制造商每年从中国采购大量的原料和配件。

（2）资料分析法

资料分析法是指通过分析各种资料来寻找潜在客户的方法。这些资料包括相关部门的统计报告、行业在报刊或期刊等上面刊登的统计调研资料、行业团体公布的调查统计资料，还有国内外出版的企业名录、会员名录、协会名录、电话黄页、公司年鉴、企业年鉴等。

（3）利用现实平台法

除了网络搜寻、资料分析，有时我们可以利用一些现实中的机构、场所寻找客户。

① 通过参加国内外展览会、交易会，与客户直接见面。

② 请国内外的贸易促进机构或友好协会介绍客户，如我国的贸促会也办理介绍客户的业务。

③ 请我国驻外使馆商务处或外国驻华使馆介绍合作对象。一般来讲，我国驻外使馆对当地主要厂商的经营范围、能力和资信较为熟悉和了解。

④ 请国外银行介绍客户。

⑤ 利用国内外的专业咨询公司介绍客户。国内外都有许多专业咨询公司接受委托代办介绍客户，他们的业务关系中有许多具有一定影响力、专业经验和能力的客户，请他们介绍客户，一般效果较好。

2. 建立业务关系

在寻找到潜在的交易对象的公司名称和联系方法后，就可以采用以下两种基本途径与其建立关系：一是派出代表到目标市场去物色和接洽交易对象，直接进行面对面的联系；二是通过函电或发送资料建立联系。

随着现代通信业的不断发展，信函的范围不断扩大，从传统的书信、电报、电传发展到传真、电子邮件、EDI 等，不仅提高了通信速度，也降低了通信成本，从而"缩短"了国际货物买卖双方地理位置上的距离。因此，通过信函联系就成为了国际货物买卖中交易双方的主要联系方式。

建交函首先要表达出建立业务关系的愿望，包括阐述如何获得对方的信息、说明写信的目的并写明希望早日得到对方答复。之后，向对方介绍本方情况、建立业务关系的阶段是买卖双方从陌生到熟悉、再到信任的阶段，因此，介绍本公司情况、让对方尽可能了解自己是很重要的，有时可单独附上一份较为详细的公司简介。

✎ 操作技巧提示

公司简介可以应有关潜在客户的要求寄发，也可以在首次发出建交函的同时随函寄发，还可以将其公布在公司网页上或通过其他方式向潜在客户分发。

另外，通常还要向对方介绍相关产品，这类介绍可分两种情况：一是当明确对方需求时，宜选择某类特定产品进行具体的推荐；二是当不明确对方需求时，宜对企业产品整体情况做笼统介绍，可能的话可以附上商品目录。

需要注意的是，建交函应言之有物，凸显公司与产品的优势，提高吸引力。但也不宜太过详细，长篇大论。其目的是引起客户的注意和兴趣，引诱客户回复联系。

为了做到知己知彼、减少交易风险，在建立业务关系的过程中必须对客户的资金、信誉、经营商品的品种及地区范围、从业人员的人数、技术水平及拥有的业务设施、经营管理水平、提供售后服务和市场情报能力等进行综合分析，选择经营作风好、有经营能力的客户作为企业的基本客户并与之建立业务关系。

二、出口交易磋商和合同订立

外贸企业在与选定的国外客户建立业务关系以后，即可就出口交易的具体内容与对方进行实质性谈判，即交易磋商。磋商的内容主要是买卖货物的各种交易条件。交易磋商既可通过交换书信、数据电文（包括电报、电传、传真、EDI 和电子邮件）等书面形式进行，也可以通过电话、当面谈判的口头形式进行。交易磋商一般要经过询盘、发盘、还盘、接受等环节，但是要达成交易、订立合同的基本程序是：一方向另一方发盘和另一方对该发盘做出接受。除另有约定外，国际货物买卖合同于对发盘的接受生效时即告订立。然而，在实际业务中，为了明确责任，便于履行，或使口头谈成的合同生效，通常还需当事人双方签署一份有一定格式的书面合同，如出口销售合同或售货确认书。

有关出口交易磋商和合同订立的详细内容参见本书第三章。

三、出口合同的履行

出口贸易合同签订后，买卖双方按合同规定在享有各自权利的同时必须承担各自的义务。合同履行是实现买卖双方当事人各自的经济目的，实现货物和资金按约定方式转移的过程，既是经济行为又是法律行为。因此，在履行出口合同时，出口企业必须遵循重合同、守信用的基本原则，严格按合同规定对外履行其本身应尽的义务。

出口合同履行程序的繁简取决于所使用的贸易术语和付款方式等。在我国的出口业务中，多数采用 CIF 条件成交，并且一般采用信用证付款方式。以采用 CIF 价格条件成交，并采用信用证付款为例，出口合同履行程序如图 2-2 所示，主要经过货（备货、申报检验）、证（催证、审证、改证）、运（租船、订舱、报关和保险）、款（制单结汇）等环节。

操作技巧提示

出口合同履行过程中的"四排""三平衡"。

"四排"是以买卖合同为对象，根据履行合同的进程卡片反映的情况，其中包括信用证是否开到、货源是否落实，进行分析排队，并归纳为四类：即"有证有货、有证无货、无证有货、无证无货"。通过四排，发现问题，及时解决。

"三平衡"是指以信用证为对象，根据信用证规定的货物装船期和信用有效期的远近，结合货源和运输能力的具体情况部署，分清轻重缓急，力求做到证、货、船三方面的衔接和平衡。尽力避免交货期不准、拖延交货期或不交货等现象的产生。

（一）备货

按照《联合国国际货物销售合同公约》（以下简称《公约》）的规定，按合同交付货物、移交单据和转移货物所有权是卖方三项基本义务。其中交付货物又是最主要的义务，而做好备货工作则为履行交货义务奠定了物质基础。

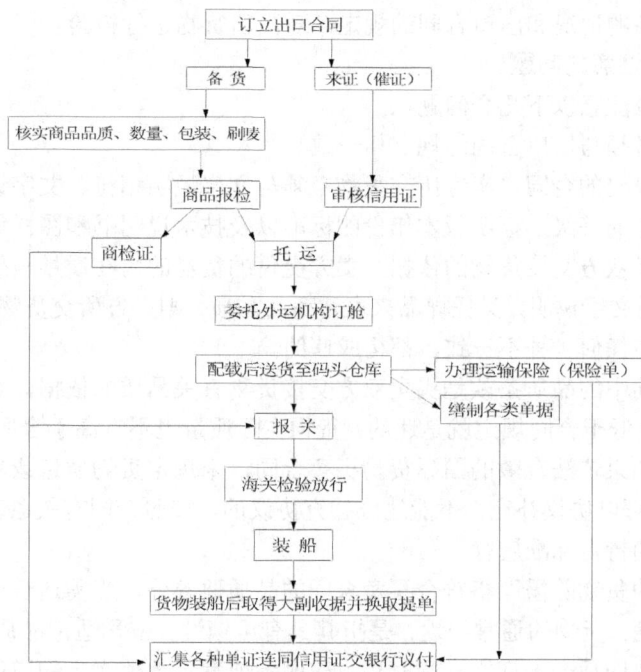

图 2-2　出口合同履行程序

1．组织货源

为了保证按时、按质、按量交付约定的货物，在订立合同之后，出口方必须及时落实货源，备妥应交的货物。这一阶段的主要工作，是依合同中规定的交易商品和交易条件，组织生产、收购、调拨、调运以及仓储保管。

（1）组织生产或收购。对于自营出口商，订立合同后，应立即组织好生产。产品的品质、性能、包装、规格、外型等都要与合同条款保持一致；保证原辅料、中间产品的及时供应，确保按时交货。对于代理出口业务，出口商订立合同后，应做好国内的收购、调拨。

（2）组织调运。调运是将组织好的出口货物运往选定的出口地，如港口、车站、机场、物流仓库等。调运过程中要合理安排流向，选择从产地到出口地的最便利、最省时的运输路径。

（3）仓储保管。货物运到出口地不能马上出运时，应妥善保管。仓储时间要尽量缩短，因为仓储货物的价值不能马上实现，是一种资金的占用，同时还要支付仓储费，造成双重损失。为此，应及时与外运公司取得联系，使货物尽快装运出口。

2．备货工作的主要内容

备货工作的主要内容如下。

（1）向生产或供货部门安排生产或催交货物，然后核实检查应收货物的品质、数量和包装状况，并对货物进行验收。

（2）有的商品进仓后，还需根据出口合同规定再次进行整理、加工和包装，并在外包装上加刷唛头和其他必要的标志。

（3）必要时领取出口许可证。一般来说，为了鼓励出口，我国对绝大多数外销商品不加限制，出口企业在出口其经营范围内的商品时，无须申报出口、申领出口许可证。但有时国家为了特定的目的，也对某些商品实行出口许可证管理制度。若出口这些商品，必须在货物出口前向管理部门（商务部及其驻各地特派员办事处和各省、自治区、直辖市及计划单列市经贸厅（委、局）领取货物出口许可证，并于货物出口报关时提交海关。

（4）针对不同商品的情况和出口合同的规定，对出口货物进行检验。

3. 备货过程中应注意的问题

在备货工作中，应注意以下几个问题。

（1）货物的品质必须与出口合同的规定相一致

对于凭文字说明成交的合同，卖方所交货物必须与文字说明相符。文字说明包括品质指标、行业公认或买卖双方认定的等级，标明版本年份的标准以及技术说明书和图样等。对于凭样品成交的合同，该样品应是买卖双方交接货物的依据，卖方交付的货物的内在质量与外观形态都应和样品一致。如果在交易中既凭文字说明，又凭样品来表示商品品质，则卖方所交货物既要和文字说明相符，又要和样品一致，其中任何一种不一致，都构成违约。

有必要指出，合同中的品质条款是买卖双方交接货物有关品质的依据，卖方所交货物的实际质量不能低于合同规定，低于合同规定就是违约；货物实际质量也不宜高于合同规定，高于合同规定，有时也会构成违约。如果依法有效的国际货物买卖合同，未规定货物质量或者规定不明确，按照我国《合同法》，当事人可以协议补充，不能达成补充协议的，按照合同有关条款或者交易习惯、行业标准或符合合同目的的特定标准履行。

此外，卖方交付的货物除需严格符合买卖合同的品质要求外，尚需适合通常的用途和订立合同时买方通知的特定用途。货物的通常用途，是指其具有可销性（或称适销品质），这是法律要求卖方承担的默示条件。货物应适合于订立合同时买方曾明示或默示地使卖方知道的特定用途，这也是法律所要求的默示担保责任。当买方事先使卖方知道购买货物的特定用途时，卖方如不能保证所交货物适合于该特定用途，应于订约前通知买方。如果情况表明买方并没有依赖卖方的技能和判断力来挑选或提供适合特定用途的货物，或者这种依赖对卖方是不合理的，则卖方不承担责任。

【案例 2-2】 以好顶次

青岛某出口公司向日本出口一批苹果。合同规定是三级品，但到发货时才发现三级苹果库存告急，于是该出口公司以二级品交货，并在发票上加注："二级苹果仍按三级计价。"请问这种以好顶次的做法是否妥当？

［案例评析］

青岛公司这种以好顶次的做法很不妥当。在国际贸易中，卖方所交货物必须与合同规定完全一致，否则买方有权提出拒收或索赔要求。青岛公司在此次交易中虽然以好顶次，但因货物与合同规定不符，在出现价格下跌的情况下买方仍可能提出拒收或索赔。此时我方应采取主动措施，将情况电告买方，与买方协商寻求解决的办法，或者将合同规定交货的三级品改为二级品，在必要的时候可以给予买方一定的经济补偿或价格折让，但是数额以二、三级苹果的价格差额为限，尽量减少我方的经济损失。需要加以注意的是，无论采取哪种解决措施，发货前都要征得买方的同意和确认，以免日后发生合同纠纷。

（2）货物的数量必须符合出口合同的规定

对于卖方在交货数量上应承担的义务，各国法律都有具体的规定，但并不一致。由于世界各主要贸易国都是《联合国国际货物销售合同公约》（以下简称《公约》）的缔约国，因而不论其国内法如何规定，我国企业在与其贸易时，均按《公约》规定处理。《公约》规定，如果卖方多交，则买方对于多交的部分，可以拒收，也可以接收一部分或全部。如果卖方少交，则买方有权要求卖方补交，并请求损害赔偿。如果卖方少交货物的后果构成了根本违反合同，则买方可宣告合同无效并有权索赔。

备货首先应按合同规定备足数量。如果以件数计量，要核实件数是否足够。如果以重量计量，要分清以毛作净还是以净重计算，分别核实毛重和净重，每件重量是否足量，避免买方提出短量索赔。因此，在可能的情况下，备货的数量要充裕。在装船时如发生落海几件或船方挑出包装破损不让装船等情况，备货有余就可以临时补充或调换。

由于船舶的舱位、货物的体积、装载的技术等关系，在装运时不能按原定的数量准确地装上运输工具，可能比原订数量多装或少装百分之几，所以在国际运输上有溢短装的要求，尤其大宗散装商品更是如此。

【案例2-3】无法按时按量交货

我国某公司A向孟加拉国某公司B出口一批货物，合同价值约为USD20 000.00，货物为汽车配件，共有10个型号，其中有四个型号要求根据客户样品制造。付款方式为，客户先支付定金1 000美金，剩余部分30%和70%分别以L/C和T/T支付（在货物生产完毕通知客户支付）。客人随即开来信用证，A公司按合同和L/C要求开始生产货物，但发现其中按客人样品要求订做的货物不能完成，由于客人订货的数量比较少，开发该产品十分不合算。因此打算从其他厂家购进该产品，但遗憾的是，却一直无法找到生产该产品的厂商。而此时已接近装船期了，其他货物亦相继生产完毕。A公司只好告诉B公司上述问题。B公司要求取消所有的货物并退还定金和样品，它的理由是，它要求订做的货物是十分重要的，不能缺少，因A公司没有按时完成货物，错过它的商业机会。A公司也感到无可奈何，确实理亏，只好答应客户的要求，承担一切货物积压的损失。

[案例评析]

A公司应反省一下，为什么会造成如此被动的局面。

① 对客户的样品没有做仔细研究，就简单地认为自己可以生产或从其他地方购买，以致确认客户的定单。

② 对于客户特别重要的货物，应该给予重视。因为客户将样品从国外带到中国交给A公司订做，A公司确认可以生产，最后却没有生产出来，客户当然感到十分失望。要是换成其他产品不能完成，或许客户会勉强答应不至于取消合同。

③ 根据《公约》的规定，一方当事人重大违约时，另一方当事人可以取消合同并要求赔偿损失。本案的卖方已构成重大违约（数量不足），对方的要求是合理的。

（3）货物的包装必须符合出口合同和法律的规定

按照某些国家的法律规定，如卖方交付的货物未按约定的条件包装，或者货物的包装与行业习惯不符，买方有权拒收货物。如果货物虽按约定的方式包装，但却与其他货物混杂在一起，买方可以拒收违反规定包装的那部分货物，甚至可以拒收整批货物。由此可见，搞好包装工作和按约定的条件包装，具有重要的意义。

合同中对包装的要求有繁有简，凡是合同中有明文规定的，出口方必须严格照办。如果合同条款已接受个性包装，也应严格照办。

对于合同没有明文规定的，应注意符合以下有关法律的要求。

第一，《公约》规定："货物按照同类货物通用的方式装箱或包装，如果没有此种通用方式，则按照足以保全和保护货物的方式装箱或包装。"在合同包装条款不明确时，这是对卖方在包装方面的最低要求。

第二，各国国内法对包装及包装上的文字说明的相应规定。对包装上的文字说明以及外包装材料和填充物等，各国均有相应的规定。例如，美国规定，进口到美国的所有外国原产地的商品（或其包装）均需在一个显著的位置上用英文以清楚易读、不可消除和持久的形式把原产地加以标出，以便美国的最终购货人了解商品的原产地。卖方必须在包装方面遵守这些强制性的规定。

【案例2-4】未按合同规定包装

上海出口公司A与香港公司B按CIF条件成交自行车1 000辆，由A缮制合同一式两份，其中包装条款规定为"Packed in wooden case"（木装箱）。将此合同寄至 B方，然后由B签回。B签回的合同上于原包装条款"Packed in wooden case"后加了"C．K．D．"字样，但未引起A公司注意。此后，B公司按合同规定开证，A公司凭信用证规定制单结汇完毕。在此过程中，得知B已将提单转让给另一个商人C，货到目的港，C发现系整辆自行车木箱装、与单据所载不符。由于自行车整辆进口需缴纳 20%进口税，因此，C拒收货物并要求B退还货款。B公司转而向我A公司提出同样要求。但是，A公司认为B公司已将提单转让给第三者，该行为表明买方对卖方的所有权已做出了相抵触的行为，即已构成对货物的接受。由此，双方产生了争议。

[案例评析]

本案主要涉及以下3方面问题。

① 卖方忽略C．K．D．造成实际装载与合同和单据不符，负有不可推卸的责任。C．K．D．是Complete Knock Down的缩写，意思是将一件成品完全拆散。本例买方回签的包装条款意思是将整辆自行车完全拆散成零件装入木箱，而卖方却整车包装，但单据与合同完全相符。

② 卖方虽然已经结汇，但买方仍有拒收货物的权利。根据CIF合同的性质，卖方具有提供符合合同规定的货物和单据这两项不同的义务，相应也构成了买方的两次拒收的权利，即拒收货物的权利和拒收单据的权利。

③ 买方对提单的转让不构成与卖方所有权相抵触的行为。本案中，B公司将代表货物所有权的提单转让给了C公司，这种转让只是处置了货物的有条件的所有权，即以货物应与合同相符为条件的所有权。也就是说，当单据的权利移交给买方的时候，买方所取得的货物所有权是有条件的，如果经检验发现货物与合同不符，买方仍有条件拒收，这种条件属于事后条件，因此，B公司对提单的处置并未构成与卖方的所有权相抵触的行为，但是，如果B公司不是转让提单，而是将实际货物卖给或抵押给第三者，结果就完全不同。

综上所述，本案中A公司首先负有单据不符的责任，B公司在不知情的情况下付了款，并获得单据，而且处置了单据，放弃了处置单据的权利，但并不意味着失去要求退货、退款的权利。为了补救这一失误，A公司应采取的措施是与B公司协商，或承担20%的进口税，或以其他办法妥善解决，以求得B公司的谅解，及时提货，以免造成更大的损失。

（4）卖方对货物具有完全的所有权并不得侵犯他人权利

卖方对所出售的货物应当拥有完全的所有权，并保证不侵犯他人的权利是卖方必须承担的又一项默示的合同义务。

《公约》第四十一条明确指出：卖方所交付的货物，必须是第三方不能提出任何权利和要求的货物。所谓"第三方的权利和要求"主要是指货物的所有权、担保利益或其他类似权益。在履行合同过程中，如果出现第三方对货物提出上述权利要求时，卖方必须采取适当步骤，在买方认为合理的时间内，接触第三方的这些要求，以保证不影响买方对货物的占有和支配，并确保买方不因此而遭受可能引起的损失。

所谓不侵犯他人的权利，主要是指不得侵犯他人的工业产权和其他的知识产权。《公约》第四十二条明确指出：卖方所交付的货物，必须是第三方不能根据工业产权或其他知识产权主张任何权利或要求的货物。

🏛 **知识链接**

所谓知识产权（Intellectual Property），是一种无形的财产所有权，它包括版权（Copyright）和工业产权（Industrial Property）。工业产权又包括商标（Trade Mark）、专利（Patent）、实用新型（Utility Model）、外观设计（Design）、服务标记、商号名称等。现在全世界有150多个国家（地区）实行专利制度，通过专利法对上述无形的财产所有权加以保护，不容侵犯。

工业产权和其他知识产权是有地域性限制的。根据《公约》第四十二条规定，如买卖双方在订立合同时预期货物将在某一国境内转售或做其他使用，则以该国对有关工业产权和其他知识产权的法律为准，或者，在任何情况下，根据买方营业地所在国家的法律。但是，如果卖方是按照合同规定并根据买方提供的技术图样、图案、程式或其他规格生产和交付的货物，是否侵犯他人的权利，卖方一般并不知情，所以，按照常理卖方可不承担侵犯他人工业产权和其他知识产权的责任，而其责任应由买方承担。但是，为了避免不必要的纠纷，当接受外商来样制作、来料来件加工装配业务时，最好在合同中规定"关于任何违反涉及工业产权与其他知识产权的行为概由买方负责，与卖方无关"的条款。

（5）货物备妥时间应与合同和信用证装运期限相适应

交货时间是买卖合同的主要条件。延迟装运或提前装运均会导致对方拒收或索赔。合同中如未规定分批装运或转运，则应理解为不允许分批装运或转运。合同中如规定允许分期/分批装运的，但同时又规定了每批的数量，则卖方必须严格照办。如果其中一期未按规定时间或数量装运，买方可按违约情况要求损害赔偿直至解除该期合同，甚至解除该期以后各期的合同。

（二）落实信用证

在凭信用证支付的交易中，落实信用证是履行出口合同不可缺少的重要环节。落实信用证通常包括催证、审证、改证三项内容。从理论上讲，信用证若能按合同开立，落实信用证的工作并不是非做不可。但从实际业务看，催证、审证和改证的工作仍然是经常需要进行的。

1. 催证

所谓催证，是指卖方通过信件、电报或其他电信工具通知或催促国外买方按合同规定迅速通过开证银行开出信用证，以便卖方能按时交货。催证并不是一个必不可缺少的业务环节，如果卖方已经发货或即将发货却仍未收到买方开立的信用证时，就有催开信用证的必要了。

在采用信用证方式结算货款的交易中，按时开立信用证是买方的一项义务。但在实务中，买方由于资金等种种原因，延误开证时间的事时有发生。在下列情况下，卖方应注意向买方发出函电提醒或催促对方开立信用证。

（1）在合同规定的期限内，买方未及时开证这一事实已构成违约。如卖方不希望中断交易，可在保留索赔权的前提下，催促对方开证。

（2）签约日期和履约日期相隔较远，应在合同规定开证日之前，去信表示对该笔交易的重视，并提醒对方及时开证。

（3）卖方货物已经备妥，并打算提前装运，可去信征求对方同意提前开证。

（4）买方资信欠佳，提前去信提示，有利于督促对方履行合同义务。

在实际业务操作中，用快捷的通信方式催证是很普遍的。其内容有以下几点：说明所涉及的商品名称、合同、确认书名称；说明尚未收到信用证；催促对方开证。

【例2-1】催证信函示例

<u>Our Sales Confirmation No.0523</u>

Dear Sirs,

Referring to the 4 000 pieces of poplin under our Sales Confirmation No.0523, we wish to call your attention to the fact that the date of delivery is drawing near, but up till now, we have not received the covering Letter of Credit. Please do your utmost to expedite its establishment, so that we may execute the order within the prescribed time.

For your information, S. S. Peace is due to sail for your port around the middle of next month, according to the shipping company here. If we have your L/C before the end of this month, we might catch that steamer.

In order to avoid subsequent amendments, please see to it that the L/C stipulations are in strict conformity with the terms of the contract. We look forward to receiving your favorable response at an early date.

Yours faithfully,

×××

操作技巧提示

如果担心对方置之不理，有时可以在催证函中加一些劝告性的句子，向对方晓以利害，以加强催证的力量。例如，If your L/C fails to reach us by the end of May, we may be forced to cancel your order, however we'd prefer you issue your L/C as stipulated, so that we can continue our friendly business relations.

【案例2-5】买方拖延开证案

我A公司向中东B公司按CIF中东口岸每磅1.38美元出口某商品，即期信用证付款，合同规定11月装运，未规定买方具体开到信用证的日期。合同签订后，该商品市场价格趋降，B公司便拖延开证。我方从10月中旬起多次电催B公司开证，终于使该商在11月16日开来了信用证。但由于开证太晚，我方安排装运发生困难，于是我公司要求买方对信用证的装运期和议付有效期进行修改，分别推迟一个月。但B公司拒不同意，并以我方未能按期装运为由单方面宣布解除合同，我方也就此作罢。

［案例评析］

我方处理不当。应吸取的教训有：①在合同中未规定信用证开到日期不妥；②按惯例，即使合同中未规定开证期限，买方也应于装运月前开到信用证，现经我方多次催促，买方未及时开到信用证，我方应保留索赔权；③对于外商以我方未能按时装运为由，单方面宣布解除合同，我方能就此作罢。

2. 审证

审证即是对信用证进行审核，这是信用证业务中极其重要的环节。在实际业务中，由于种种原因，如工作的疏忽、电文传递的错误、贸易习惯的不同、市场行情的变化，或进口商有意利用开证的主动权加列对他有利的条款等，往往会出现开立的信用证条款与合同条款不符的情况。许多不符点单据的产生或者提交单据后被银行退回，大多是由于出口商对收到的信用证事先检查不够造成的，这往往使一些本来可以纠正的错误由于审证不仔细没能及时地加以修改。因此，出口商一般应在收到信用证的当天，对其进行认真仔细的检查，这样可以及早发现错误，采取相应的补救措施，以便安全收汇。

（1）审核信用证的依据

出口商审核信用证条款的主要依据是买卖合同，同时还需结合国际商会现行的《跟单信用证统一惯例》。

① 审核信用证要依据合同。信用证是根据买卖双方所订买卖合同开立的，所以其内容应与买卖合同的内容相符。但信用证本身又是一个独立的法律文件，在信用证业务中，银行只凭信用证而不受买卖合同约束。卖方如不能履行信用证条款，就意味着无法凭信用证兑款，更不能援用买卖合同的规定将信用证条款予以补充或变更。因此，审核信用证上的条款是否与买卖合同的内容相符，是

卖方收到信用证时首先要做的工作。如发现有疑义，应立即咨询通知行。

【例2-2】合同规定："Letter of Credit shall be available by draft（s）at sight…"（见票即付……），来证规定："Draft（s）at 30 day's sight"（见票后30天付款）。来证规定对出口商不利，除非出口商愿意给予对方让步，否则应该提出修改。

【例2-3】合同规定："数量为1 000公吨，允许溢短装5%，由卖方决定"，来证仅规定数量为1 000公吨，未规定溢短装条款。如果仅从字面对照，来证规定与合同不同。然而，按照《UCP600》第30条b款规定"在信用证未以包装单位件数或货物自身件数的方式规定货物数量时，货物数量允许有5%的增减幅度，只要总支取金额不超过信用证金额"，如果信用证金额足够，可以认为上述信用证条款与出口合同的规定无差异而不做修改。

② 审核信用证要遵循《UCP600》。有些信用证未载明遵守现行信用证统一惯例办理。这种信用证易引起误解，不宜接受。以前的SWIFT信用证是自动遵循《UCP500》的，2006年11月18日SWIFT升级，在MT700、MT705等报文中增加了40E这一必选项，来表明所开立的信用证适用的规则。该项有6种可供使用的选择，最好选择"UCP LATEST VERSION"。

《UCP600》是确保在世界范围内将信用证作为可靠支付手段的准则，也是各国银行处理结算业务必须遵循的基本准则。出口商在审核信用证时应遵循《UCP600》的规定来确定是否可以接受信用证的某些条款。例如，受益人在审核信用证种类及性质、到期日及地点、交单期等或某些直接表明与《UCP600》相关的条款时，应遵循《UCP600》的规定。

③ 审核信用证要全面考虑业务实际情况。对于合同中未做规定或无法根据《UCP600》来做出判断的信用证条款，出口商应根据业务实际情况来审核。这里的业务实际情况，是指信用证条款对安全收汇的影响程度、进口国的法令和法规以及申请人的商业习惯等。

【例2-4】来证规定："Transshipment is allowed by Evergreen Line at Hongkong port only."这可能是申请人的一个商业习惯，出口商应事先与船运公司联系了解转运能否满足上述要求，再来确定是否接受该条款。

（2）信用证审核要点

对信用证内容的审核（包括对修改通知书内容的审核），主要包括以下几个方面。

① 开证银行的资信及信用证的有效性。信用证是由开证银行来承担第一性付款责任的，所以出口商应特别留意开证行是否为国际上著名银行。根据《UCP600》，信用证都是不可撤销的，但如果开证行无履行付款的信用或能力，信用证也无异于一张废纸。因此，出口商在收到信用证时，应先审查开证行的信用情况，或有无经由信用良好的银行保兑。具体到国外银行的财务状况，可向本地银行查询，也可以参考有关银行年鉴。

信用证最好由本地银行来通知。若为信开信用证，通知行会核对签字的真伪，并通常加盖"印鉴符合"章和本行"信用证通知专用章"。若为电传开立的信用证，通知行会核对密押，并加盖密押符合章和本行"信用证通知专用章"。若为SWIFT信用证，通常是开证行与通知行已建立关系，通知行只需加盖本行"信用证通知专用章"。若通知行无法确认信用证的表面真实性，通常会在发给出口商的信用证通知书上注明"本信用证上签字无法证实"或"我行无法确认信用证的表面真实性"，以提醒出口商注意。

对于有条件生效的信用证，出口商应该谨慎对待。例如，如果信用证"待获得进口许可证后才能生效"，出口商则不可冒失将货物装船。此外，如果信用证是由开证人直接寄送，则要小心为上，这类信用证多半是假的。

② 开证人的名称、地址。确认开证人的名称、地址是否准确无误。如来证误开，应及时联系修改，以免寄单时发生困难。

③ 受益人的名称、地址。受益人的名称、地址如果有误，会给制单带来不必要的麻烦和无法解决的困难。所以，应审核信用证的受益人是否与合同相符。

④ 付款期限是否与合同一致。信用证的付款期限在信用证中往往不是直接通过信用证本身反映出来，而是反映在汇票的期限上。例如，合同规定"凭即期信用证付款"，信用证则表达为"L/C available by draft at sight"。

检查信用证的付款时间是否与合同规定相一致，应特别注意下列情况。

A．信用证中规定有关款项需在向银行交单后若干天内或见票后若干天内付款等情况。对此，应检查此类付款时间是否符合合同规定的要求。

B．信用证在国外到期。信用证到期地点最好为"IN CHINA"。若规定信用证国外到期，有关单据必须寄送国外，由于我们无法掌握单据到达国外银行所需的时间且容易延误或丢失，有一定风险。通常我们要求在国内交单、付款，在来不及修改的情况下，应提前一个邮程以最快方式寄送。

C．如信用证中的装运期和有效期是同一天，即通常所称的"双到期"，在实际业务操作中，应将装期提前一定的时间（一般在有效期前 10 天），以便有合理的时间来制单结汇。

⑤ 检查装期的有关规定是否符合要求。超过信用证规定装期的运输单据将构成不符点，银行有权不付款。检查信用证规定的装期应注意以下几点。

A．能否在信用证规定的装期内备妥有关货物并按期出运。如果来证收到时装期太近，无法按期装运，应及时与客户联系修改。

B．实际装期与交单期时间相距不能太短。

C．信用证中规定了分批装运的时间和数量，应注意能否办到。若任何一批未按期装运，其后各期即告失效。

D．检查能否在信用证规定的交单期交单。如来证中规定向银行交单的日期不得迟于提单的日期后若干天，过了期限交单银行有权不付款。

⑥ 商品的描述是否与合同一致。对商品的说明包括商品的品牌、数量、包装、规格、单价、价格术语等。如合同品名用英文，而来证品名用其他文字，应检查是否为同一货物。应检查信用证金额的大小写以及货币名称是否与合同一致。如果数量上允许有一定幅度的溢短装，那么信用证也应相应规定在支付金额时允许有一定幅度的伸缩。

⑦ 运输条款是否可以接受。具体注意以下事项。

A．起运地及目的地必须与合同一致。如果目的港有改变，在我方负担运费的贸易术语下，应相应调整价格；或者规定变更地点与原目的港运费差价由买方负担。

B．如来证指定运输方式、运输工具或运输路线，要求承运公司出具船龄证明或船级证明之类，应及时与有关承运单位联系，如办不到应立即通知修改。

C．如来证规定装货用集装箱规格，要视货量是否合适，还要看所去港口有无该规格的集装箱。

⑧ 保险条款是否符合合同规定。根据成交的贸易术语确定投保方。FOB、CFR 情况下由进口方投保，CIF 情况下由出口方投保。因此，按 FOB、CFR 成交的交易，信用证中如果出现要求卖方投保，提供保单的条款，应要求删除。按 CIF 成交时，则应比照合同审核投保的风险、金额等是否与合同相符。

⑨ 银行费用条款能否接受。银行费用包括议付费、通知费、修改费、邮费、开证费等，约为货款的 0.3%。如有可能应争取由开证人负担。一般来证规定"ALL BANKING CHARGES OUTSIDE ×××AND REIMBURRING BANK CHARGES ARE FOR ACCOUNT OF BENEFICIARY"，即银行费用由买卖双方各承担一部分，可以接受。

⑩ 检查信用证中有无陷阱条款。例如，有时信用证要求受益人将 1/3 正本提单直接寄送开证人，若接受此条款，将随时面临货款两空的风险。再有，将客检证作为议付条件，若接受此条款，受益人正常处理信用证业务的主动权很大程度上掌握在对方手上，影响安全收汇。

【例2-5】来证要求"商品由进口代理人检验，并出具没有抱怨的检验证书，交单据到议付行议付"。事实上，检验报告中往往少不了大量的技术术语，议付行很难准确判断是否有抱怨，容易造成单证不符。

（3）信用证审核中常见的问题

实际业务中，信用证审核中遇到的主要问题归结如下。

① 有关信用证本身。信用证未生效或有条件生效，信用证中没有保证付款的文句，信用证中未加列受《UCP600》约束的条款。

② 信用证中有关当事人。受益人的名称或地址有误，开证申请人的名称或地址有误。

③ 有关货物方面的条款。品质、规格等与合同不一致；货物数量与合同不符；货物包装的数量、种类或方式等与合同规定不符；货物的唛头与已刷唛头不一致；商品的单价与合同不符；使用的贸易术语与合同不一致；货物的单价、数量与总金额不吻合；信用证金额不足；信用证有关金额及币种与合同规定不符；援引合同号码有误等。

④ 有关运输、保险方面的条款。起运港与合同规定或成交条件不符；目的港与合同规定或成交条件不符；分批装运或转运与合同规定不符；保险险别、保险金额与合同规定不符等。

⑤ 信用证有关期限方面的条款。信用证中没有规定有效期；信用证到期地点不在受益人所在地；信用证的到期日与装运期有矛盾；装运期、到期日或交单期与合同规定不符；交单期时间过短。

⑥ 单据条款。汇票的付款期限与合同规定不符；在信用证方式下，汇票的付款人为开证申请人；发票种类不当；提货收货人一栏填制要求不妥；提单抬头与背书要求有矛盾；提单运费条款规定与成交条件有矛盾；要求提单的出单日期比装运期早，受益人无法做到；正本提单全部或部分直接寄交开证申请人；对运输工具、方式或路线的限制无法接受；产地证明书出具机构有误；要求提交的检验证书与实际不符；要求提供客检证书；有关银行费用规定不合理。

知识链接

《UCP600》第六条c款：信用证不得规定汇票以开证申请人为付款人。

⑦ "软条款"问题。所谓"软条款"，是指可能导致开证行解除信用证项下付款责任的条款。常见的"软条款"问题主要有：信用证暂不生效条款；信用证规定必须由开证申请人或其指定的人签署有关单据的条款；信用证对银行的付款、承兑行为规定了若干前提条件，若货物清关后才付款；信用证前后条款相互矛盾等。

【案例2-6】"软条款"案

某市中国银行分行收到新加坡某银行电开信用证一份，金额为100万美元，购花岗岩石块，目的港为巴基斯坦卡拉奇，证中有下述条款：

（1）检验证书于货物装运前开立并由开证申请人授权的签字人签字，该签字必须由开证行检验；

（2）货物只能待开证申请人指定船只并由开证行给通知行加押电通知后装运，而该加押电必须随同正本单据提交议付。

问：该信用证可不可以接受？

[案例评析]

此为"软条款"欺诈信用证，不可以接受。

从上述信用证条款中可以看出，由开证申请人验货并出具检验证书及开证申请人指定装船条款，实际上是开证申请人控制了整笔交易，受益人（中国出口公司）处于受制于人的地位，信用证项下开证行的付款承诺是毫不确定和很不可靠的。

3. 改证

在对信用证进行了全面细致的审核以后，如发现有任何与合同规定不符并影响到合同的顺利履行和安全收汇的不符点时，应该对这些内容提出修改，或者要求取消某些不能接受的条款。

（1）修改信用证的一般程序

信用证的修改形式虽由买方向开证行请求，但实际上，多数情况下是由卖方要求买方向开证行申请修改。改证的一般程序如图 2-3 所示。

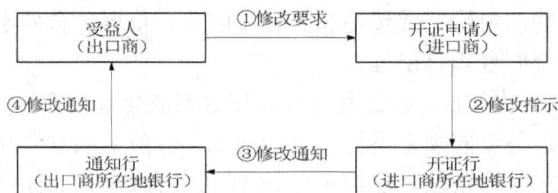

图 2-3　修改信用证流程

说明：①出口商提出要求对信用证进行修改，可以通过电话、传真、电子邮件和面谈提出修改要求；②如果进口商同意修改，就指示开证行开立修改信用证；③开证行修改信用证，并将修改信用证通知给通知行；④通知行将修改信用证通知给出口商。

操作技巧提示

出口商联系进口商对信用证进行修改时，需要撰写一封规范的修改函，通常应包括三个方面的主要内容。

开头部分。感谢对方开来的信用证，并引出信用证号码。

主要修改内容。列明开证行开来的信用证中存在的不符点、不能接受的条款，并说明如何修改。

结束部分。感谢对方的合作，提醒信用证修改应于某日前到达。

（2）修改信用证应注意的问题

在改证工作中，需注意以下问题。

① 凡需要修改的各项内容，应做到一次向国外客户提出，尽量避免由于我方考虑不周而多次提出修改要求。否则，会使履约受到影响，而且手续烦琐，改证费用过高，会引起国外客户不满。

② 对通知行转来的"信用证修改通知书"的内容，经审核后，只能全部接受或全部拒绝，不能只接受一部分而拒绝其余部分。

③ 接到国外银行寄来的信用证修改通知书后，应仔细审核。如发现修改内容仍难以接受，应及时与开证申请人联系，说明有关情况。

知识链接

《UCP600》第十条a款规定："除本惯例第38条另有规定外，凡未经开证行、保兑行（如有的话）以及受益人同意，信用证既不能修改也不能撤销。"

《UCP600》第十条f款规定："修改书中做出的除非受益人在某一时间内拒绝接受修改，否则修改将开始生效的条款将被不予置理。"

④ 对提出修改的信用证，必须在收到修改通知书并已审核同意后，方可将货物装船出运，否则，会使我方陷入被动，影响收汇安全。

⑤ 对来证不符合合同规定的各种情况，还需做出具体分析，不一定坚持要求对方办理改证手续。只要来证内容不违反政策、原则并能保证我方安全迅速收汇或经过适当努力可以办到而并不造成损失的，我方也可以酌情处理。

（3）信用证展期与补证

① 信用证展期。信用证展期也称展证。在国际贸易中，一般而言，展证的要求总是由卖方也就是出口商提出的。因为买方的心情是迫切希望早日收到货物，所以进口商一般是不会主动提出要求展证的。造成出口商要求展证的原因是多方面的，如由于货源不足、生产事故、运输脱节等，或社会动乱，或进口商未能在合同规定的期限内把信用证开到等。为了保证合同的顺利履行，出口商要促使进口商同意展证。

展延信用证，涉及两个期限：装运期和有效期。由于展证就等于改动双方已达成的合同，因此，买方完全有理由拒绝展证，所以要求展证的信一定要写得委婉客气。展证信的中心内容是提出具体的展证要求，即要求展延多少天或展延到具体某一天，同时一定要充分说明原因和理由。

② 补证。出口商若不慎遗失信用证，应马上向银行提出，填写遗失信用证补发申请书，请求其补发信用证副本。该申请书中应声明，受益人愿意承担补发信用证而发生的一切责任。补证请求可向通知行或开证行提出。

通知行接到申请人的补发申请书后，视申请人的信用可靠程度，决定是否受理。通知行并无必须补发信用证的义务。但为满足客户的需要，在得到担保或抵押后，可向受益人补发信用证副本。补发的信用证，最好在补发银行办理议付手续，但补发银行并无必须承担议付的义务。

信用证遗失时，请求开证行补发，本来是正常途径，但是开证行常常担心发生重复议付的情况，往往拒绝受理。开证行补发信用证时，通常在补发的信用证上加注以下字样："In substitution for the lost credit, the issuing bank has reissued duplicate of this letter of credit through this office to replace original credit which has been declared lost."

【案例 2-7】审证、改证不当案

某进出口公司向非洲某商出口一批自行车，对方开来信用证按合同规定8月装运，但计价货币与合同规定不符。由于我公司备货不及，无法在8月装运，审证时未加注意。直至9月对方来电催装时，我方才发现信用证有误，忙向对方提出按合同货币改证，同时要求展延装运期和信用证的有效期。次日非商复电："证已改妥。"我方据此将货发运，但信用证修改书始终未到，我公司提交的货运单据寄达开证行时因单证不符遭到拒付。我方为及时收回货款，避免在目的港的仓储费用支出，接受非商要求，同意改为D/P托收，并允许非商向代收行凭信托收据（T/R）借单提货，非商提货后却无力支付货款，我方遭受重大损失。问：我方在这笔交易中有哪些失误？

［案例评析］

我方在这笔交易中的失误有：①合同中规定的装运期过早，没有考虑自己的备货实际，结果导致无法按期交货，陷于被动；②审证疏忽，要求改证太迟；③信用证的修改必须以正式修改书为准，修改书未到，先行发货，必然出现单证不符开证行拒付的情况；④买方电告信用证已修改，但修改书迟迟未到，说明买方有欺诈可能，在此情况下再同意改托收并同意由买方凭信托收据借单提货是不应该的。

（三）出口报检

凡属国家规定，或合同、信用证规定必须经中国出入境检验检疫局检验出证的商品，在备货完毕后，应及时向检验检疫局申请检验。对于出口量大、批次多的商品，出口企业可以在收到信用证前向商检局申请预检，若预检不合格，出口企业也有较充足的时间对货物进行重新加工整理，或重新寻找货源进行备货。

1. 出口报检的一般规定

我国出入境货物检验检疫实行"一次报检、一次抽（采）样、一次检验检疫、一次卫生除害处理、一次收费、一次发证放行"的工作模式和先报检后报关的工作程序。对实施检验检疫的货物，只有经检验合格、检验检疫机构签发检验检疫证书，在入境货物通关单和出境货物通关单上加盖"检验检疫专用章"，海关才予放行。

法定检验检疫的出境货物的发货人或其代理人应当在检验检疫机构规定的地点和期限内向出入境检验检疫机构报检，未经检验合格的，不准出口。输出动植物、动植物产品及其他检疫物，经检疫合格或者经除害处理合格的，准予出境；检疫不合格又无有效方法做除害处理的，不准出境。出境的人员、交通工具、运输设备以及可能传播传染病的行李、货物、邮包等物品，都应当接受检疫，经检验检疫机构许可方准出境。

对于已生产的整批出口货物，生产厂已检验合格且经营单位已验收合格，货已全部备齐，堆存于仓库，但尚未签订外贸合同或虽已签订合同，但信用证尚未到达，不能确定出运数量、运输工具、唛头的，为了使货物在信用证到达后及时出运，可以办理预报检。检验检疫机构对预报检的出境货物实施检验检疫，合格的签发《出境货物换证凭单》，不合格的签发《出境货物不合格通知单》。正式对外出境时，报检单位到报关地检验检疫机构，凭《出境货物换证凭单》办理查验放行手续。

报检人对出入境检验检疫机构做出的检验结果有异议的，可以向原出入境检验检疫机构或者其上级出入境检验检疫机构以至国家出入境检验检疫局申请复验，由受理复验的出入境检验检疫机构或者国家出入境检验检疫局做出复验结论。报检人对检验检疫机构、国家质检部门做出的复验结论不服，可以依法申请行政复议，也可以依法向人民法院提起诉讼。报检人或其他关系人向法院起诉，法院已经受理的，不得申请复验。报检人申请复验，应在收到出入境检验检疫机构的检验结果后15天内提出。

操作技巧提示

在我国出口业务中有两种情况需要办理出口商品申报检验：

（1）凡列入《出入境检验检疫机构实施检验检疫的进出口商品目录》的进出口商品，必须经国家出入境检验检疫机构检验，取得合格证书后，海关才准予放行。

（2）合同双方为了明确各自的责任，避免在交货品质上出现纠纷，有时也会注明卖方交货之前需办理商品检验。即对合同货物于装运之前合理的一段时间内，在出口国由制定交易方委托的、交易各方认可的检验检疫机构进行检验检疫。

2. 出口报检的时限和地点

出境货物最迟应在出口报关或装运前7天报检，对于个别检验检疫周期较长的货物，应留有相应的检验检疫时间；需隔离检疫的出境动物在出境前60天预报，隔离前7天报检；出境的运输工具和人员应在出境前向口岸检验检疫机构报检或申报。

法定检验检疫货物，除活动物需由口岸检验检疫机构检验检疫外，原则上应坚持产地检验检疫。需由内地转到出境口岸的动植物、动植物产品及其他检疫物，除活动物需在出境口岸报检外，其他均在产地报检；出境的运输工具及其人员应在出境口岸报检或申报；出境人员应在所在地检验检疫机构申办卫生检疫手续。

3. 出境货物检验检疫的工作程序

出境货物的检验检疫工作程序是先检验检疫，后通关放行。首先是出境货物的发货人或者其代理人在规定时限内填写"出境货物报检单"，附上合同副本、信用证副本、有关合同货物品质来往通信内容、凭样成交的样品等，向检验检疫机构申报检验。检验检疫机构受理报检和计收费后，转检验检疫部门实施检验检疫。对产地和报关地相同的出境货物，经检验检疫合格的，出具《出境货物通关单》。对产地和报关地不一致的出境货物，出具《出境货物换证凭单》，由报关地检验检疫机构换发《出境货物通关单》。出境货物经检验检疫不合格的，出具《出境货物不合格通知单》。

出境货物检验检疫流程可概括为以下环节：

报检（审单）→施检部门接单→现场查验或取样检验、检疫、鉴定、除害处理→出具检验检疫结果→检务审单→计费（收费）→出证。

出口方经检验合格并取得证书后，应在检验证书规定的有效期限内将货物装运出口。一般货物的检验证书从发证日起两个月内有效；鲜果、鲜蛋类的检验证书 14 天内有效；动植物检疫证书 20 天内有效；鲜活商品证书 14 天内有效。如果超过有效期装运出口，应向检验检疫机构申请展期，由检验检疫机构复验合格后，才能出口。

知识链接

国家质检总局2014年5月28日发布《关于加大帮扶企业力度促进外贸稳定增长的意见》，明确在2013年取消1 551个HS编码出口商品检验的基础上，全部取消一般工业制成品的出口商品检验，共涉及机电产品、食品接触产品等222个HS编码商品。

（四）租船订舱、投保、报关与装运

在备妥货物和落实信用证后，如是 CIF、CIP 或 CFR、CPT 合同，出口商应做好租船订舱、投保、报关与装运等工作。下面以最常用的海运出口方式为例，介绍出口方组织出口装运的程序，基本流程如图 2-4 所示。

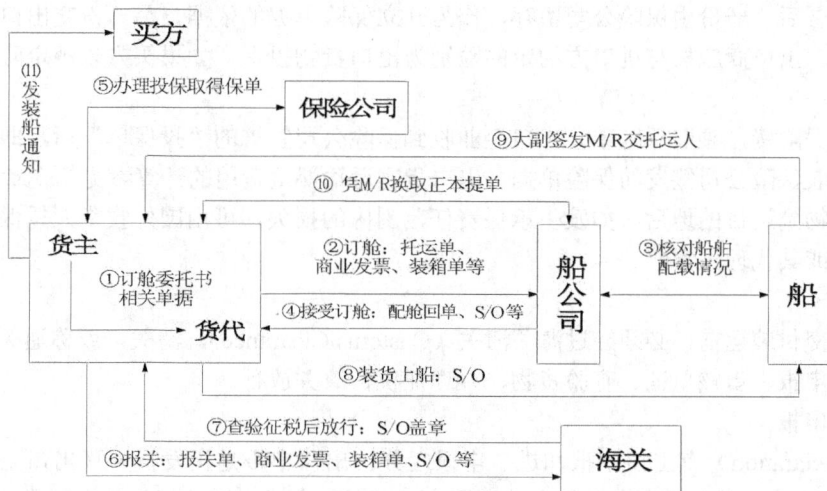

图 2-4　装运货物流程

1. 租船订舱

在 CIF 或 CFR 条件下，租船订舱是卖方的主要职责之一。如出口货物数量较大，需要整船装运的，则要对外办理租船手续；如出口货物数量不大，无须整船装运的，可洽订班轮或租订部分舱位运输。

出口商（在此环节又称托运人）应根据合同规定的装运期、货源情况以及船公司或其代理定期编制的船期表来安排定舱事宜。出口商既可以直接找船公司或船公司的代理人（以下称承运人）洽订舱位，也可以委托货运代理公司（以下称货代公司）代其洽订舱位。在实际业务中，出口商通常委托货代公司代为办理货物运输。下面以此做法为例介绍租船订舱这过程。

（1）出口商委托货代公司为其办理订舱出运业务时，需填写并向货代公司提供订舱委托书。该委托书是双方之间委托代理关系的证明文件。另外，还需向货代公司提供商业发票、装箱单及其他单证。

（2）货代公司接受代理后，缮制托运单、装货单、配舱回单、收货单等，一式数份，分别用于货主、货代和船公司留底。之后货代公司持托运单等向承运人办理货物订舱手续。船公司如接受订舱，则在托运单的几联单据上编制提单号码，填上船名、航次并签字，表示确认托运人的订舱，并签发装货单（Shipping Order，S/O）。装货单又称关单，俗称下货纸，是船公司或其代理在接受托运人的托运申请后签发给托运人或货运代理人的单证。其作用有三个方面。一是确认承运货物的证明，一经签发，运输合同即告成立。二是通知托运人货物已配妥××航次××船及装货日期，让其备货装船；另作为通知船长接受该批货物装船的命令。三是便于托运人向海关办理出口申报手续，海关凭以验放货物。洽妥舱位后，托运人或其代理应在规定的时间内将出口货物装箱并发运到港区内指定的仓库或货场，以便于装船工作的进行。

在上述租船订舱工作完成之后，托运人可凭装货单等办理投保、报关手续。

2. 投保

凡是按 CIF 价格成交的出口合同，在配舱就绪以及确定船名、航次和装运日期后，出口商应于货物运离仓库或其他储存处所前，按出口合同和信用证的规定向保险公司办理货物运输保险。出口商品的投保手续通常都是逐笔办理的，其基本程序如下。

（1）申请投保。出口商或其代理人申请投保时，需按保险公司规定的格式逐笔填写"投保单"。所填内容应与信用证中的有关规定一致，而且所申报的情况必须属实。投保单一般一式两份，经保险公司审核签署后，一份由保险公司留存，作为开立保险单据的依据，另一份交出口企业作为已接受承保的凭证。出口商应按与进口方约定的险别为出口货物投保，如果买方未规定险别，只需投保平安险。

（2）缴纳保险费，领取保险单。出口企业收到保险公司签署的"投保单"后，即按规定缴纳保险费，然后领取保险公司签发的保险单据。出口货物运输保险费用的计算参见第七章相关内容。

被保险货物到达目的地后，如发生承保责任范围内的损失，可由国外收货人凭保险单等有关凭证向保险公司或其代理人索赔。

3. 报关

出口货物交付装运前，必须经过海关清关（Customs Clearance）。清关，或称通关，通常需经五个环节：出口申报、审核单证、查验货物、办理征税、清关放行。

（1）出口申报

申报（Declaration）有出口申报和进口申报之分。出口申报是指发货人（出口企业）或其代理（货运代理）在出口货物时，在海关规定的期限内，以书面方式向海关报告其出口货物的情况，并随之附有关货运和商业单据，申请海关审查放行，并对所报告内容的真实准确性承担法律责任的行为。

出口申报，习称"出口报关"。

我国《中华人民共和国海关法》（以下简称《海关法》）对出口货物的申报（报关）资格、时间、单证、内容等方面，均做有明确规定。

① 申报资格。必须是经海关审核准予注册的专业报关企业、代理报关企业和自理报关企业及其报关员。为了简政放权，自 2014 年起海关总署不再组织报关员资格全国统一考试。报关从业人员由企业自主聘用，由报关协会自律管理（海关总署 2013 年第 54 号公告）。

② 申报时间。出口货物的报关时限是在装货的 24 小时以前（海关特准的除外）。

③ 申报单证。指出口货物报关单、与出口货物直接相关的商业和货运单证，以及国家有关法律、法规规定实行特殊管制的证件等。

如果出口企业凭据出口货运代理委托书委托货运代理代为订舱并安排装运货物出口，一般也包括委托代办出口报关手续。在此情况下，货运代理既是货运代理企业也是代理报关企业。货代接受出口企业的委托后，在安排运送货物至集装箱堆场的同时，应及时准备好各项报关单证。报关所需单证，除出口货物报关单外，通常有商业发票、装箱单（但大宗散装货及单一品种且包装内容一致的件装货物，不需装箱单）、装货单（S/O）等。此外，还有国家有关法律、法规规定实行特殊管制的证件，如配额证明、出口许可证、商品检验证等。

出口集装箱货物进入集装箱堆场后，货运代理作为报关单位，应及时向海关递交出口货物报关单，随附上述其他报关单证。报关员向海关递交报关单，即意味着清关（通关）工做正式开始。报关单位及其报关员必须承担相应的法律和经济责任。

（2）审核单证

海关接受出口申报后，应对报关员所递交的所有单证进行审核。审单通常是以出口货物报关单为基础，根据《海关法》及有关法律、行政法规的规定，核对所收到的报关单证是否齐全、正确、有效，内容是否一致。如果所审核的单证符合国家法律、法规规定，所交验的单证齐全、无误，海关随即着手对出口货物进行查验。

（3）查验货物

查验出口货物是指海关以出口货物报关单和其他报关单证为依据，在海关监管区域内对出口货物进行检查和核对。

在查验过程中，海关检查出口货物的名称、品质规格、包装状况、数量重量、标记唛码、生产或贸易国别等事项是否与出口报关单和其他证件相符，以防止非法出口、走私及偷漏关税等。

海关查验集装箱货物，一般在集装箱堆场和港区码头堆场。在特定情况下，可经海关同意派员去发货人的仓库或工厂查验。如果采用这种方式，海关将按规定的收费标准收取一定费用。

海关查验货物时，报关单位应派员到场提供协助，负责搬移货物，开拆和重封货物的包装，并应海关要求随时提供有关单证、文件及必要的资料。

（4）办理征税

征收出口税是海关的基本业务之一。由于征收出口税必将增加出口货物成本，影响其在国际市场上的竞争力，因此，许多国家对其出口货物大部分不征收出口税。我国目前征收出口税的货物也较少，但有少数出口货物由于种种原因仍需征收出口税。所以，按规定应当缴纳出口税的出口货物，当海关查验货物认为情况正常后，由海关根据《中华人民共和国进出口关税条例》和《中华人民共和国海关进出口税则》规定征收出口税。出口企业或其代理在向海关按规定税率缴清税款或提供适当担保后，海关方可签章放行。

计算关税时，应先确定计算税额的价格，即完税价格。《海关法》规定，出口货物以海关审定的正常离岸价格（FOB 价格）扣除出口税后为完税价格。离岸价格不能确定时，完税价格由海关估定。

应纳出口税税额的计算公式为：

$$完税价格＝货物FOB价÷（1＋出口税率）$$

$$出口税额＝完税价格×出口税率$$

出口货物以 FOB 条件成交的，可按上面两个公式直接计算出税款；如出口货物以其他条件成交，需先将价格中的国际运输费用、保险扣除，得到 FOB 价，再计算税款。

【例2-6】某公司对香港地区出口甲苯4 500桶，每桶净重100kg，毛重102kg，每公吨售价CFR香港7 610元港币，申报运费为每公吨850元人民币。已知税款缴纳证填发之日的外汇牌价为1港元＝0.974 0元人民币。则该批甲苯的出口税额计算如下：

① 根据税则归类，甲苯归入税号2902·3000，出口税率为30%。

② 将CFR价折算为人民币报价：CFR价＝7 610×0.974 0×450＝3 335 463（元）

③ 按毛重计算出运费：运费＝850×（4 500×0.102）＝390 150（元）

④ 求出完税价格：FOB价＝CFR价－运费＝3 335 463－390 150＝2 945 313（元）

完税价格＝FOB价÷（1＋出口税率）＝2 945 313÷（1＋30%）＝2 265 625（元）

⑤ 求出口关税额：出口税额＝完税价格×出口税率＝2 265 625×30%＝679 687.60（元）

（5）清关放行

清关放行是海关对出口货物进行监管的最后一项业务程序。出口企业或其代理（货运代理）按海关规定办妥出口申报（报关），经海关审核单证、查验货物和征收出口税后，海关解除对货物的监管，准予装运出境。在放行前，海关派专人负责审查核批货物的全部报关单证及查验货物记录，并签署认可，然后在装货单（在海运情况下）上盖放行章，货方才能凭该装货单（S/O）要求船方装运出境。

4．装运

海关放行后，托运人或其代理即可凭盖有海关放行章的装货单，与有关的港务部门和理货人联系，核查已发至码头的货物并做好装船准备工作，待轮船到达后，凭装货单装船。在装船的过程中，尤其是在不采用集装箱运输的情况下，托运人或其货运代理必须亲临现场，如发现货物短少、包装破损、污染等情况，应设法补齐、换货、修理或更换包装。

货物装船后，由承运船舶的船长或大副或其委托人向托运人或其货运代理签发收货单。收货单也称"大副收据（Mate's Receipt）"，它是船方表示已收到货物并已将货物装船的收据。托运人或其货运代理持收货单向船公司交付运输费用后，即可换取已装船提单。

为了便于进口方及时收货和付款，托运人或其代理应在货物装船后，及时向买方发出"装船通知（Shipping Advice）"。装船通知的内容包括信用证或销售确认书号码、品名、重（数量）、金额、船名、起航日期等，以便对方付款赎单，办理进口报关和接货手续。如出口交易使用 FOB、CFR 条件，出口方务必及时向进口方发出装船通知，以便对方办理保险。

【例 2-7】装运通知示例

<u>Shipping Advice</u>

Dear Sirs,

We are pleased to advise you that the wine you ordered was dispatched by M/S "Sun" today, which is due to arrive at Manila on March 15. In spite of every care in packing, unfortunately, about twenty barrels are broken during transit. If there are any breakage or other causes for complaint, please let us know as soon as possible.

Our Invoice No. 112 are enclosed in three copies. In order to cover this shipment, we have drawn you a draft under an L/C and negotiated it through the Ban of China, Ltd., HK with the relative shipping documents.

We trust that the goods will reach you safely and meet your requirements.

Yours faithfully,

×××

（五）制单结汇

1. 制作单据

单据与货款的对流原则已成为国际贸易中商品买卖支付的一般原则。不论采用哪种支付方式，买卖双方都要发生单据的交接，尤其是在象征性交货的情况下，卖方交单意味着交货，而买方也是凭单据付款。出口单证是卖方收汇的基础，也是履行合同的必要手段。进出口贸易合同签订后，在合同履行过程中的每一个环节都有相应的单证缮制、组合及运行。

若合同确定按信用证方式结算，出口单据的流转可归纳为以下 14 个步骤。

审核信用证→缮制商业发票及装箱单→缮制出入境检验检疫出境货物报检单并申报检验→缮制出口托运单并办理托运手续→缮制投保单并投保→缮制出口货物报关单并报关→缮制运输单据→发出装船通知→签证、认证→缮制汇票→综合审核→交单结汇→改单→存档。

（1）制作单据的要求

不同的业务环节所要求提交的单据种类和数量各不相同，可根据信用证或合同的具体规定来制单。制作单据的规范是"三一致"和"五要求"。

"三一致"是指单据内容要求做到单证一致、单单一致和单货一致。

① 单证一致。单证一致，即要求信用证的条款必须在单据上体现，信用证的要求必须在单据上体现。

A．开证行开证后信用证条款没有修改，则应按信用证条款制单。其主要涉及以下问题：同一商品品名，不同信用证会有不同的翻译方法，制单时需按本信用证的规定填写。因不同的买方国家使用的语言不同，在目前尚未实现信用证全部用英语开立的情况下，不同国家的来证可能使用不同的语言，对此，制单时必须使用信用证的语言。对信用证规定的商品品名制单时应全文照写，不应随意增加或删减字符（尤其在制发票时，名称应严格相符）。在包装规格上，不可随意折算改称。如果信用证中规定有唛头，应严格按照规定缮制，不能随意改动。例如，我国内地某进出口公司向香港地区进口商出口一批货物，香港地区开来的信用证中的唛头为三角形中一个"東"字，出口公司缮制唛头时使用了简体"东"字，结果遭到开证行的拒付，理由是唛头属于货物包装上的标志，原则上必须和指定的字体和符号相同，不得随意更改，后经开证行联系开证人后方予付款，收汇延迟了一个月。出具的各种单据的名称、份数、出证机关、特殊语句均应与信用证一致。

B．开证行开证后，若对信用证主要条款做了多次修改，需将原证规定与后来的修改作为制单的依据，特别是对在原证描述的基础上补充修改的情形，应仔细分辨有关条款的完整规定。

C．制单时应注意来证中对单据与货物有无特殊规定。因进口国特殊的贸易习惯和法令规定，来证中往往会有一些特殊条款。例如，巴基斯坦某些来证规定，承运人提供的海运提单需经手签才有效，拒绝接受盖章的海运提单。对这些特殊的规定，出口人应照办，如难以办到，需及时提出修改。

【案例 2-8】单证不符案

某A进出口公司向欧洲某国L公司出口85公吨冻沙半鸡。5月13日由G银行开来一份即期付款信用证，证中对部分单据条款规定：……手签的商业发票一式三份。A公司接到信用证后经审查并未发现问题．于6月28日按时办理了装运，6月30日向议付行交单议付。7月15日接到议付行转来开证行拒付通知，理由是，"信用证规定：手签的商业发票一式三份，而你方提供的商业发票并未进行手签，却盖以图章代替签名，所以不符合信用证的要求。"问：开证行拒付是否有理？为什么？

[案例评析]

开证行拒付有理。根据《UCP600》第十八条a款iv项规定：商业发票可不必签字，但有时来证规定发票需要手签的，则不能盖以胶皮签字章，必须手签。本案中，A公司提交的商业发票并未进行手签，却盖以图章代替签名，不符合信用证的要求，因此，银行有权拒付。

② 单单一致。单单一致，即各种单据之间必须相互一致，不能彼此矛盾。为此应把握以下两点。

A．提单日期是确定其他各种单据签发日期的焦点，各种单据签发日期应保持合理，具有逻辑性，并符合国际惯例。具体而言，体现为以下几个方面。

汇票是根据发票开立的，所以汇票日期应等于或晚于发票日期，且不能先于提单日期，以符合先发货后收款的一般交易原则。

商业发票的日期一般可早于、等于或晚于提单日期，但必须在交单日期内。海关发票的签发日期不应迟于提单日期；形式发票日期应先于装运日期；领事发票的日期不得迟于汇票和提单日期，以满足其提前办理进口手续或出口报价的需要。

提单日期不得迟于信用证装运期，也不得早于规定的最早装运期。

保险单日期一般应早于或等于提单日期，以符合装运前投保的要求。若投保日期晚于提单日期，应经信用证特别许可，注明保险责任何时生效。

装箱单、重量单日期应等于或略迟于发票日期，但不得早于发票日期。

一般产地证日期不应迟于提单日期。普惠制产地证书号码和日期需按正式商业发票填写，签证当局签署日期和出口商签署日期不得早于发票日期。

为确定货物经检验合格后才装船，商检证书日期不应晚于提单日期，但也不能过分早于提单日期，特别是某些鲜活商品和容易变质的商品，以免使买方因检验时间太早而怀疑商品质量与检验结果不符。

出口许可证日期应早于或等于提单日期。

受益人证明或声明往往在装船后出具。因此，其日期应等于或晚于提单日期。

信用证中若规定"卖方装船后立刻发电报给买方"，则电报抄本日期应等于或晚于提单日期，且必须在提单日期之后的3天之内（对于"立刻、马上"词，中国银行规定为3天时间），若证中规定"卖方至少在装船后××天发电报给买方"，则电报抄本日期不能晚于装船后××天。

因装船后才能证实已装数量、重量的，船长收据或证明及需提供具体数据的有关单据日期应等于或晚于提单日期。

船运公司证明证实船籍、船龄、航程的日期应早于或等于提单日期；运费收据日期也应早于或等于提单日期。

B．出口单据的缮制一般以发票为基础展开。海关发票、产地证、投保单及报关需要的托运单、报关单等单证一般都是按发票内容缮制的。各单据的填制内容除提单用概括性的商品统称外，需在措辞和用语方面保持一致。例如，发票上述及的产地应与产地证上的产地相同；发票上运费金额应与运费单据或运费发票上所列一致；各单据相应的重量或数量应完全相同等。此外，涉及商品数量、尺码、重量、总价等方面计算的，制单前应按信用证要求和装运实际详细核算。

【案例2-9】对货物描述不统一案

我方凭即期信用证向某荷兰商人出口节能灯一批，合同规定的装运期为6月。荷兰商人依合同规定及时开来信用证，我方也根据信用证的要求及时将货物装运出口。但在制作单据时，制单员将商业发票上的商品名称及数量依信用证的规定缮制为：

SAVING ENGERGY 22W 2000PCS

SAVING ENGERGY 11W 2000PCS

SAVING ENGERGY 9W 2000PCS

而海运提单上仅填该商品的统称：SAVING ENGERGY。问：付款行可否以此为由拒付货款？为什么？

［案例评析］

银行不可以此为由拒付货款。根据《UCP600》第十四条e款的规定："除商业发票外，其他单据中的货物、服务或行为描述若需规定，可使用统称，但不得与信用证规定的描述相矛盾。"本案中，制单员将商业发票上的商品名称依信用证的规定缮制，而海运提单仅填该商品的统称"SAVING ENGERGY"的做法与《UCP600》的规定相符，银行不可以此为由拒付货款。

③ 单货一致。单货一致，即指单据上记载的内容应与实际货物内容相一致。单货不一致极易造成所交货物与合同不相符，从而导致违约情况的发生。另一方面，单货不一致也会在报关、检验时遇到麻烦。

"五要求"是指缮制单据过程中要做到正确、完整、及时、简明和整洁。

① 正确。单证制作首先要求正确，否则就不可能达到安全收汇的目的。在以信用证方式收取货款的交易中，出口单证尤需坚持"严格符合的原则"，即单证相符、单单相符。在信用证业务中，单证的正确性要求精确到不能有一字之差。

② 完整。首先是单据种类齐全，不能缺少；其次是单据份数的完整；再次是单据本身内容的完整，即单据本身的必要项目的内容都必须完整。

③ 及时。单证的及时性首先反映在各种单证的出单要及时，出单日期要合理，符合商务习惯和商务要求，否则将被视为单证不符。其次，单证的及时性还表现在交单议付上。

④ 简明。单证的内容应力求简化，力戒烦琐，如果画蛇添足，反而有可能弄巧成拙。

⑤ 整洁。单证的整洁要求单证格式的设计和缮制力求标准化和规范化，要美观大方；单证内容的编排要行次整齐，字迹清晰，重点项目要突出醒目；各种单据的更改都要有一限止点，重要单据的主要项目不宜更改。

（2）常用的出口单据

出口贸易中涉及的单证很多，而且每一笔交易所需的单证也不尽相同，但总的来说，常用单据可以划分为四大类（见表2-1）。

表2-1 单据的种类

项目	基本单据
资金单据	汇票（Bill of Exchange/Draft）、本票（Promissory Note）、支票（Cheque/Check）
商业单据	商业发票（Commercial Invoice）、重量单（Weight List/Certificate）、数量单（Quantity Certificate）、装箱（Packing List）、保险单（Insurance Documents）、海运提单（Ocean Bill of Lading）、船运公司证明（Shipping Company's Certificate）、铁路运单（Rail Waybill）、承运货物收据（Cargo Receipt）、航空运单（Air Waybill）、邮包收据（Parcel Post Receipt）、联合运输单据（Combined Transport Document，CTD or CT B/L）

项目	基本单据
官方单据	海关发票（Customs Invoice）、领事发票（Consular Invoice）、出口许可证（Export）、商检证书（如品质检验证书、重量检验证书、数量检验证书、卫生检验证书、消毒检验证书、产地检验证书、残损鉴定证书等）、原产地证明书（Certificate of Origin）、普惠制产地证
其他证明	受益人证明（Beneficiary's Certificate）、电报抄本（Copy of Cable/Telex/Fax）、船籍证明（Certificate of Vessel's Nationality）、航运路线证明（Itinerary Certificate）、船长收据（Captain's Receipt）、运费收据（Freight Receipt）

下面我们对信用证支付下的几种主要结汇单据及制单时常出现的问题，做一简要介绍。

① 汇票。汇票是由一个人向另一个人签发的一张无条件的书面支付命令，要求接受命令的人见票或在特定的或可以肯定的将来某一时期，支付一定金额给特定的人或其他指定人或持票人。汇票按出票时是否附有货运单据可分为光票和跟单汇票，信用证下的汇票一般是跟单汇票。按照汇票由商业企业还是银行承兑，汇票可分为商业承兑汇票和银行承兑汇票，《UCP600》禁止信用证申请人为汇票付款人，所以信用证下的汇票一般为银行承兑汇票。

在缮制汇票时，应注意避免以下几个问题。

A．付款人误填。付款人名称必须填写完整。信用证项下汇票通常以开证行或其指定银行为付款人。《UCP600》规定信用证不应开立申请人为付款人的汇票，如开立了该汇票也仅视作一种附加单据，而不能作为金融单据。

B．期限与信用证不符。

C．漏填日期或日期不符合惯例。出票日期应在提单日期之后（交货后付款），但不能迟于信用证规定的交单有效期限。

D．出票人不是信用证受益人或出票人漏签字。

E．漏列或错列信用证号码。

F．没有按规定列出出票条款或利息条款。

G．金额与发票金额不一致，或金额大、小写不一致。

② 发票。发票的种类有很多，通常指的是商业发票。商业发票是出口商开立的凭以向进口商索取货款的价目清单和对整个交易和货物有关内容的总体说明。发票的主要作用是供进口商凭以收货、支付货款和作为进出口商记账、报关交税的依据。发票无统一的格式，但主要内容及项目都基本一致，主要包括发票编号、开制日期、数量、包装、单价、总值等。在缮制商业发票时，应注意避免以下几个问题。

A．受益人名称不符。发票顶端应有醒目的出单人名称、地址且必须与信用证上的受益人名称、地址一致。

B．抬头上与信用证上付款人不同。

C．货物描述与信用证规定不同。货物数量、单价或发票总金额在不允许幅度内。

D．交货条款或单价与信用证不同。

E．发票列入了信用证没有规定的费用（如佣金、仓租等）。

F．未按信用证规定细分费用支出。

G．未经信用证规定的机构证实。

H．没有按信用证要求加列声明文句。信用证要求加注细节条款或特殊条款的，制单时应照打。

I．货物包装或标志著有未经信用证许可的"用过""旧货""重新装配"字样。

J．发票的参考号与信用证上的不一致。

除商业发票外，发票还有形式发票、样本发票、领事发票、海关发票、厂商发票等。

出口商有时应进口商的要求，发出一份有出口货物的名称、规格、单价等内容的非正式参考性发票，供进口商向其本国贸易管理当局或外汇管理单据等申请进口许可证或批准给予外汇等之用，这种发票叫形式发票。形式发票不是一种正式发票，其价格仅为估价，不能作为结算单据。若信用证规定需"PROFORMA INVOICE"制单时名称照打，且发票内注明"供进口商申请许可证"或"本交易以卖方最终确认为有效"等字样。

出口商在交易前发送样本，说明推销商品的品质、规格、价格，此时开出的为样本发票。样本发票不同于商业发票，只是便于客户了解商品的价值、费用等，便于向市场推销，便于报关取样。

有些国家法令规定，进口货物必须领取进口国在出口国领事签发的发票，作为有关货物征收进口关税的前提条件之一。领事发票是一份官方单证，与商业发票是并行的单据。有些国家规定了领事发票的固定格式，这种格式可从领事馆获得。在实际工作中，比较多的情况是来证中规定由其领事在商业发票上认证，认证的目的是证实商品的确实产地，收取认证费。关于信用证上认证条款的内容，不同国家有不同的要求，是否必须认证需视具体情况而定。

海关发票是进口国海关当局规定的进口报关必须提供的特定格式的发票，主要作为估价完税，确定原产地、征收差别税或征收反倾销税的依据。海关发票在不同国家有不同的专门固定格式，使用时要注意不能混用。有些国家只要求海关发票，不再要求商业发票，这时海关发票就起到了商业发票和海关发票的双重作用。在缮制时应注意：如成交价为 CIF，应分别列明 FOB、F、I 三块价格，且其应与 CIF 货值相等；签字人和证明人均需以个人身份出现，二者不能为同一个人，个人签字需手签方有效。

厂商发票是生产厂商给出口商的销售货物的凭证，其目的是供进口国海关估价和检查是否有削价倾销行为，征收反倾销税时使用。若海关规定 MANUFACTURERS INVOICE，发票名称应该照打，且缮制时应注意：其一，出票日期应早于商业发票日期；其二，价格为以出口国货币表示的国内市场价。价格应按发票货价适当地打个折扣，如打九折或八五折，以免进口国海关视为压价倾销而征收倾销税。抬头人为出口商，出单人为制造厂商。除非有明确规定，不必缮制唛头。

③ 海运提单。在使用海运运输时，海运提单是最常见的一种单据，也是各项单据中最重要的单据，通常由出口企业或委托运输代理制作，在货物装船后由船公司签署后交出口企业。在缮制海运提单时，应注意以下几个问题。

A. 提单种类不能接受。

B. 提交货物承运收据而非提单。

C. 提交"收妥备运"提单。

D. 收货人名称、通知人名称与信用证规定不符。

E. 货名不符。

F. 装运港、转运地不符。

G. 信用证禁止转运而实际发生转运。

H. 没有"已装船"批注或货装甲板。

I. "已装船"批注未签字并加注日期。

J. "已装船"批注日期迟于信用证规定的装运日期。

K. 信用证为 CIF 价而提单上无"运费预付/付讫"的说明。

L. 提交不清洁提单。

④ 保险单。保险单据即保险公司在接受货主投保后签发的承保凭证，该凭证既是保险人对被保人的承保证明，又是双方之间权利义务的契约。在 CIF 或 CIP 交易条件下，保险单是卖方必须向买方提供的出口单据之一。在缮制保险单时，应注意以下几点。

A. 被保险人即保险的抬头应符合信用证规定。一般谁投保谁为被保险人，但遇特殊规定时，应根据信用证具体规定填制。若信用证规定以买方为被保险人则卖方在收汇有保障的前提下，可以接受，将保单抬头填为进口方名称；若信用证规定以开证银行抬头（或受益），则保单抬头应填具开证行名称；若信用证规定以第三者为抬头人，也应照制。

B．保险金额及货币应与信用证规定一致。如信用证没有规定，一般按 CIF 或 CIP 价值或发票毛值加一成投保，至少等于发票金额（不足额投保除外）。保额尾数进位取整，金额大、小写必须一致，投保及赔款的货币名称必须与信用证的货币一致。

C．出单日期不应迟于提单装运日期，除非信用证有另有规定，或保险单表明保险责任最迟于装船日起生效。

D．《UCP600》第二十八条 b 款规定：如果保险单据表明其以多份正本出具，所有正本均需提交。

⑤ 产地证明书。产地证明书是证明货物原产地与制造地的文件，也是进口国海关采取不同的国别政策和关税待遇的依据。产地证分为普通产地证、普惠制产地证。

普通产地证又称原产地证。通常不使用海关发票或领事发票的国家，要求提供产地证明可确定对货物征税的税率。有的国家为限制从某个国家或地区进口货物，要求以产地证来确定货物来源国。原产地证一般由出口地的公证行或工商团体签发，在我国，可由中国进出口商品检验检疫局或中国贸易促进会签发。

普惠制产地证（Generalized System of Preference Certificate of Origin Form A）是普惠制的主要单据。凡是对给惠国出口一般货物，需提供这种产地证，由我进出口公司填制，并经中国进出口商品检验局出具，作为进口国减免关税的依据。目前采用普惠制"Form A"产地证的有 41 个国家，但美国及欧盟成员目前不给予中国普惠制待遇。普惠制产地证书由出口人填制后连同普惠制产地证申请书和商业发票一份，送交出入境检验检疫局签发。

⑥ 装箱单和重量单。这两种单据是用来补充商业发票内容的不足，便于国外买方在货物到达目的港时供海关检查和核对货物。

装箱单又称色码单，列明每批货物的逐件花色搭配；重量单则列明每件货物的毛、净重。

⑦ 检验证书。检验证书是由公证机构签发的证明商品检验结果的书面证明文件，一般由国家质量监督检验检疫部门指定的检验检疫机构包括设在各省、市、自治区的质量监督检验检疫局与其他专业检验机构出具。另外，如买卖双方同意，也可采用由出口商品的生产单位或进口商品的使用单位出具证明的办法。

操作技巧提示

出口单据工作的操作程序可归纳为以下四步。

第一步：核算。 在制单前，需将单证中很多需要计算的数据，如货物的尺码、毛重、净重，发票的单价、总价，中间商的佣金等，逐项认真加以核算。

第二步：备单。 根据信用证要求把本批出口货物所需各种空白单据，按需要的份数逐一配妥备用，仔细备单既可以防止某一单据的漏制，又能提高制单工作的效率。

第三步：制单。 完成了上述工作以后，即可以着手制单。制单一般可先从发票和装箱单开始，因为发票记载的内容比较全面，它是一切单证的中心。发票制妥后，就可以参照发票的内容缮制其他单证。

第四步：审单。 单据制妥后，要求制单人员自审一遍，如有差错立即更正，以保证迅速有效地向银行交单，并确保企业安全、及时收汇。

2．交单结汇

信用证交易，是纯粹的单据买卖，出口人要想及时、安全地收回货款，在按信用证要求发运完毕货物后，应随即缮制信用证规定的全套单据，开立汇票与发票，连同信用证正本（如经修改的还需连同修改通知书）在信用证规定的交单期和信用证的有效期内，递交信用证限定的银行或通知行或自己有往来的其他银行请求议付。

（1）受益人的交单方式

受益人（出口商）制单、审单工作完毕后，应尽快向银行交单。实务中，交单的方式有以下两种。

① 分两次交单。即在运输单据签发前，受益人可先将运输单据副本和其他单据送银行预审，如发现问题应及时予以更正，待运输单据正本收到后立即补交议付，并对外寄单。这种方法有利于快速审单，对加速企业资金周转很有好处，但会增加银行的配单工作量（银行需将每份运输单据配入第一次交单的单据中），因此，预审交单的方式需在银行的配合和支持下进行。

② 一次性交单。即受益人将全套单据备齐后一次性提交银行。这种方式下，如果银行发现"不符点"进行退单修改，将会延长交单时间，甚至造成逾期交单，影响安全收汇。

知识链接

《UCP600》第十四条c款规定："提示若包含一份或多份按照本惯例第十九条、二十条、二十一条、二十二条、二十三条、二十四条或二十五条出具的正本运输单据，则必须由受益人或其代表按照相关条款在不迟于装运日后的二十一个公历日内提交，但无论如何不得迟于信用证的到期日。"

【案例2-10】交单时间案

我国A公司向加拿大B公司以CIF术语出口一批货物，B公司于4月5日开来信用证。证内规定：装运期不得晚于4月15日，交单期为4月24日前。信用证有效期为5月4日。我A公司赶在4月14日装船，提单签发日4月14日，4月22日我公司备齐单据向银行交单，恰逢4月22日、23日为银行非营业日，只好在4月24日将全套符合信用证规定的单据交银行办议付。问：我A公司能否顺利议付？为什么？

［案例评析］

我国A公司在4月24日交单，可以顺利议付。本案中，信用证规定在4月24日前交单，A公司备齐单据于4月22日向银行交单，恰逢4月22日、23日为银行非营业日。根据《UCP600》规定，该公司交单的时间将顺延至银行开业的第一个营业日即4月24日。因此，A公司4月24日将全套符合信用证规定的单据交银行办议付是可以顺利议付的。

（2）出口方对"单证不符"情况的处理

在实际业务中，凭信用证成交的货物，在出运后，如发现单证不符，又由于时间限制来不及改单，无法在信用证到期日和交单期限内做到单证相符，则可根据情况灵活处理，一般来说可采取以下办法。

① 授权国内被指定银行将不符单据采用航空邮寄的方式寄交国外开证行。银行要在收到开证行接受单据的通知后，才根据该信用证的种类，予以付款、承兑或议付。假若开证行拒绝接受不符单据，出口企业只能寻求其他途径解决。

② 采用"电提"方式征求意见。为了尽快知道国外开证行对不符单据的态度，出口企业可以授权被指定的国内银行采用电传等电信方式，将单据中的不符点通知开证行，国内银行在收到国外开证行授权通知后，才按授权通知的内容付款、承兑或议付，这种做法称为"电信提出"，简称"电提"。

③ 采用担保议付的办法。当国内议付行审单发现不符点时，如情节不严重，在征得进口方同意后，出口企业可向议付行出具担保书，要求凭担保付款或议付，同时电请开证人迅即授权开证行付

款。这时议付行向国外开证行寄单时，在随附单据的表盖上注明不符点和"凭保议付"字样。此种做法称作"表盖提出"，简称"表提"。如果开证行拒付货款，议付行则有权要求担保人履行担保书中所做出的承诺。

④ 改为跟证托收。在单证不符情况下，国内议付行不愿采用以上三种办法或虽已采用但国外开证行仍拒付时，出口企业只能采用托收方式委托国内银行作为托收银行向国外开证行寄单收款。由于这种托收与原信用证有关，为了使进口方易于了解该项托收业务的来由，托收行仍以原开证行作为代收银行，请其代为收款。这种做法称为"跟证托收"。

值得指出的是，当采用上述几种处理办法时，出口企业已经失去了开证银行在信用证上所做出的付款保证，从而使出口收汇从凭银行信用变成了凭商业信用，致使出口企业完全陷于被动地位。因此，出口企业应该认真缮制单据，仔细预审单据，尽量将问题解决在货物出运之前。

（3）出口结汇的常用方法

① 收妥结汇。收妥结汇是指议付行收到出口商的出口单据后，经审查无误，将单据寄交国外付款行索取货款，待收到付款行将货款拨入议付行账户的贷记通知书时，即按当日外汇牌价，折成人民币，扣除有关费用后拨给出口商。

目前，我国大多采用收妥结汇的方法。银行一般在扣除议付费后拨给出口商，议付费用中资银行一般以人民币扣费，外资银行一般以外汇扣费。因此，当议付行为外资银行时，核算出口外汇净收入时应减去以外汇扣除的议付费。

② 出口押汇。出口押汇又称"买单结汇"，是指议付行在审单无误的情况下，按信用证条款买入受益人的汇票和单据，从票面金额中扣除从议付日到估计收到票款之日的利息，将余款按议付日外汇牌价折成人民币，拨给外贸公司。出口押汇是议付行向信用证受益人提供的资金融通，可加速出口人的资金周转，有利于扩大出口业务。

③ 定期结汇。定期结汇是指出口地银行在收到受益人提交的单据并经审核无误后，将单据寄给国外银行索偿，并自交单之日起算，在事先规定的期限内将货款结算成人民币，贷记受益人账户或交付给受益人。此项期限是分不同国家（地区），根据银行索汇邮程的时间长短确定的。一般规定的天数约 7～12 天，例如，开证行在中国香港地区，可定为一周左右；而远洋地区，如美国等，可较长些，定为 10～12 天。不管实际在什么时候寄来贷记通知书，议付行均按指定的日期给受益人垫款。

四、出口业务善后

出口企业只要按照信用证规定的条款完成发货任务，在单单相符、单证相符的情况下，就可以安全取得货款，至此出口企业就完成了出口活动。但是，还有一些国内的善后手续需要办理，这里主要介绍出口收汇核销和出口退税两项工作。

（一）出口收汇核销

我国自 1991 年 1 月 1 日起实施出口收汇核销制度，它是国家加强出口收汇管理，确保国家外汇收入，防止外汇流失，指定外汇管理部门对出口企业贸易下的外汇收入情况进行监督检查的一种制度。制度规定，对于一般贸易、易货贸易、租赁、寄售、展卖等一切出口贸易方式，只要涉及出口收汇，都必须进行出口收汇核销。经商务部批准有权接受 1 万美元以下旅游纪念品、工艺品的小批量出口订货的国有企业出口货物，视同一般贸易出口，也需办理收汇核销手续。援外项目物资、捐赠物、暂时出口物、样品、广告品等非贸易性的货物出口，无须凭核销单办理报关手续。

2012 年，国家外汇管理局、海关总署和国家税务总局联合颁布《关于货物贸易外汇管理制度改革的公告》（国家外汇管理局公告 2012 年第 1 号），决定自 2012 年 8 月 1 日起在全国范围内实施货物贸易外汇管理制度改革，并相应调整出口报关流程，优化升级出口收汇与出口退税信息共享机制。

自改革之日起，取消出口收汇核销单（以下简称核销单），企业不再办理出口收汇核销手续。国家外汇管理局分支局（以下简称外汇局）对企业的贸易外汇管理方式由现场逐笔核销改变为非现场总量核查。外汇局通过货物贸易外汇监测系统，全面采集企业货物进出口和贸易外汇收支逐笔数据，定期比对、评估企业货物流与资金流总体匹配情况，便利合规企业贸易外汇收支；对存在异常的企业进行重点监测，必要时实施现场核查。

外汇局根据企业贸易外汇收支的合规性及其与货物进出口的一致性，将企业分为 A、B、C 三类分类管理，并根据企业在分类监管期内遵守外汇管理规定情况进行动态调整。

出口企业申报出口退税时，不再提供核销单；税务局参考外汇局提供的企业出口收汇信息和分类情况，依据相关规定，审核企业出口退税。

（二）出口退税

1. 出口退税政策

我国出口退税政策规定，凡出口产品在国内生产和流通环节中已被征收产品税、增值税、营业税、特别消费税的，在该产品报关出口后，国家税务机构向出口单位直接退回已征税款。

出口退税的目的是降低出口成本，使出口商品以不含税价格进入国际市场，避免对跨国流动物品重复征税，从而促进出口贸易增长。出口退税机制作为一项国际通行的财政激励机制，已被 WTO 诸多成员广泛应用，是各国为增强出口产品竞争力的重要税收措施。

我国对出口退税的管理实行先征后退政策，出口退税的主要凭证如表 2-2 所示。

表 2-2   出口退税的主要凭证

凭证名称	出具人	证明作用
增值税专用发票（抵扣联）或普通发票	生产商或供货商	购进出口货物
出口货物专用缴款书（第二联）或出口货物完税分割单（第二联）	国税局	供货环节已按规定纳税
出口货物报关单（出口退税专用联）	海关	货物已经离境出口
出口销售发票（副本）	出口商	货物出口销售
结汇水单（或收账通知）	银行	取得国外付款已结汇

知识链接

出口结汇水单：结算银行按当日外汇牌价将出口货款折算成人民币并贷记开户单位人民币账户的通知。

收账通知：结算银行将出口货款原币或折成的某种外币直接贷记开户单位的通知。

2. 一般贸易出口货物退税计算方法

一般贸易出口货物当期应纳税额和应退税额的计算方法为：

当期应纳税额＝当期内销货物的销项税额＋当期出口货物FOB价×外汇人民币牌价

×征税率－当期全部进项税额

当期应退税额＝出口货物FOB价×外汇人民币牌价×退税税率

以上计算公式的有关说明如下：

① 当期进项税额包括当期全部国内购料、水电费、允许抵扣的运输费、当期海关代征增值税等税法规定可以抵扣的进项税额。

② 外汇人民币牌价应按财务制度规定的两种办法确定，即国家公布的当日牌价或月初、月末牌

价的平均价。计算方法一旦确定，企业在一个纳税年度内不得更改。

③ 企业实际销售收入与出口货物报关单、外汇核销单上记载的金额不一致时，税务机关按金额大的征税，按出口货物报关单上记载的金额退税。

④ 应纳税额小于零的，结转下期抵减应交税额。

如果企业以 CIF 价对外出口成交，在货物离境后，应扣除发生的由企业负担的国外运费、保险费佣金和财务费用；以 CFR 价成交的，应扣除运费。

知识链接

准予退（免）税的出口货物，除另有规定者外，必须同时具备以下四个条件：

① 必须是增值税、消费税征收范围内的货物；②必须是报关离境出口的货物；③必须是财务上做出口销售处理的货物；④必须是已收汇的货物。

【例2-8】某鞋厂3月出口鞋30 000打，其中：28 000打以FOB价成交，每打200美元，人民币外汇牌价为1：7.590 8元；2 000打以CIF价格成交，每打240美元，并每打支付运费20美元、保险费10美元、佣金2美元，人民币外汇牌价为1：7.590 8。当期实现内销鞋19 400打，销售收入为34 920 000元，销项税额为5 936 400元，当月可予抵扣的进项税额为10 800 000元，鞋的退税率为13%。用"先征后退"方法计算应纳税额和应退税额。

解析：

出口自产货物销售收入＝FOB价×外汇人民币牌价＋（CIF－运费－保险费－佣金）
$$×外汇人民币牌价$$
$$=28\ 000×200×7.590\ 8+2\ 000×（240－20－10－2）×7.590\ 8$$
$$=45\ 666\ 252.8（元）$$

当前应纳税额＝当期内销货物的销项税额＋当期出口货物FOB价×外汇人民币牌价
$$×征税率－当期全部进项税额$$
$$=5\ 936\ 400+45\ 666\ 252.8×17\%－10\ 800\ 000$$
$$=2\ 899\ 662.98（元）$$

当期应退税额＝出口货物FOB价×外汇人民币牌价×退税税率
$$=45\ 666\ 252.8×13\%$$
$$=5\ 936\ 612.86（元）$$

3. 出口退税流程

出口退税是一项政策性强、涉及部门多、流程较为复杂的工作，出口企业一般都设有财会部门或专人负责办理出口退税事宜。

（1）登记

① 有关证件的送验及登记表的领取。企业在取得有关部门批准其经营出口产品业务的文件（复印件）和工商行政管理部门核发的工商登记证明（副本）后，应于30日内到当地主管退税业务的税务机关办理退税登记，领取《出口企业退税登记表》。②退税登记的申报和受理。企业领表后，按登记表及有关要求填写，加盖企业公章和有关人员印章后，连同出口产品经营权批准文件、工商登记证明等资料一起报送税务机关。税务机关经审核无误后，即受理登记。③填发出口退税登记证。税务机关接到企业正式申请，经审核无误后，填写相关内容，如退税公式、退税方法、申报方式等，并按规定的程序批准后，核发给企业"出口退税登记证"。④出口退税登记的变更或注销。当企业经营状况发生变化或某些退税政策发生变动时，应根据实际需要变更或注销退税登记。

（2）申报

① 核对出口报关单电子信息。出口企业收到海关签退的出口货物报关单（出口退税专用）后，通过"电子口岸"核对海关报关单电子信息。如发现海关编号、出口日期、商品代码、出口数量、离岸价等与纸质报关单不一致，由出口企业提出申请，退税机关向海关发核实函并按有关规定处理。②出口货物退税申报。出口企业在出口货物报关单右下角海关签发的验讫放行日期90天内收齐退税单据，审核无误后，使用国家税务总局认可的出口货物退（免）税电子申报系统，按每一笔出口业务进货与出口对应的原则，集中在出口退税申报系统内依次如实录入有关数据，并仔细核对确保无误地生成电子申报数据，然后按操作规程在出口退税申报系统中处理数据，生成申报软盘。打印出口退税进货凭证申报明细表、出口货物退（免）税申报表、出口货物退税汇总申报表，随同其他必要凭证，向税务机关申报办理出口货物退（免）税手续。

出口企业一般按月申报一次出口退税，如出口量大、退税多，则企业应提出书面申请，经税务机关批准，可在一个月内申报两三次退税。逾期申报的，除另有规定者外，税务机关不再受理该笔出口货物的缴（免）税申报，该补税的应按有关规定补征税款。

（3）审批

接到出口企业申报出口货物退税后，税务机关使用符台规定的出口货物缴（免）税电子化管理系统及出口退税率文库，按照有关规定审核、审批。通过预审、稽核后，符合有关规定的，税务机关出具相关证明，负责退税管理的人员通过退税系统生成、打印出口税收退还书，退税资料、申报软盘交还企业，并安排退税资金，根据审核结果将出口退税资金划转出口企业。

我国出口退税的业务程序可参看图 2-5。

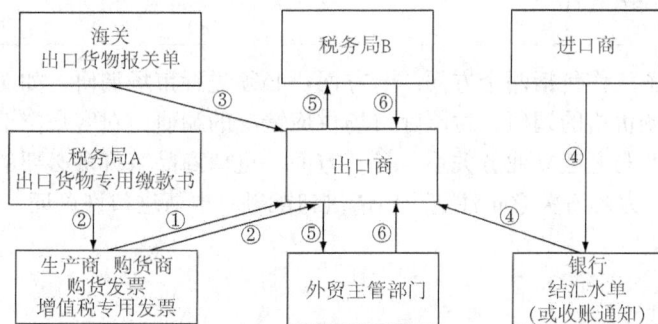

图 2-5　出口退税业务程序

说明：①出口企业从生产商、供货商处购进商品，取得出口购货发票、增值税专用发票。②生产商或供货商所在地的税务机关开具出口货物专用缴款书，并交出口企业。③出口企业将货物报关出口，取得出口货物报关单。④出口企业收取国外支付货款，取得银行出具的结汇水单或收账通知。⑤出口企业填写出口退税申报表，汇集退税单据凭证按月报请税务机关、外贸主管部门批准退还或免征有关税款。⑥外贸主管部门稽核、税务机关部门审核无误将应退税款退给出口企业。

第二节
进口贸易流程

进口贸易的业务程序也分为：交易前准备、交易磋商和合同订立、合同履行以及业务善后四个阶段。其具体工作内容不少与出口贸易相同，如市场调研、物色客户、建立业务关系、交易磋商、签订合同等。但是由于所处地位各异，各阶段的某些业务内容有所不同，本节侧重介绍不同的地方。进口贸易的基本业务程序如图 2-6 所示。

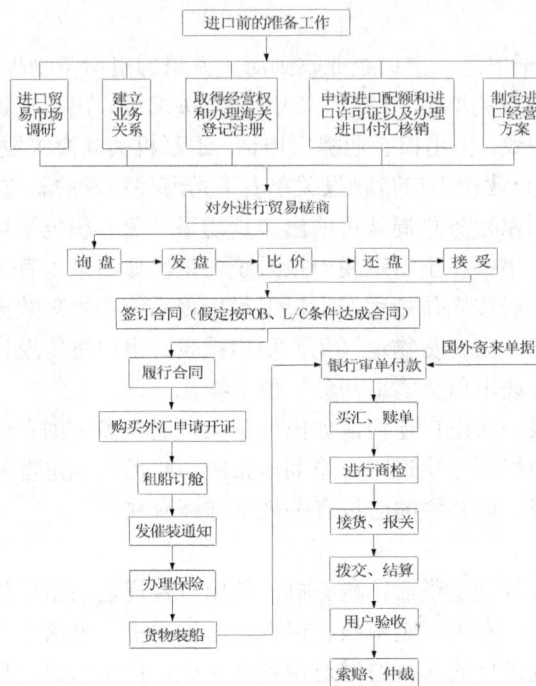

图 2-6　进口交易程序

一、进口交易前准备工作

进口交易前的准备工作包括两个方面：一方面，必须进行市场调研，如对所欲订购的商品的调研、对产品的国际市场价格的调研、对国际市场供应情况的调研、对客户资信情况的调研，并在调研的基础上选择客户并与之建立业务关系；另一方面，进口商品有许多必要的基础手续需要办理，如取得进出口经营权、办理海关登记注册、申请进口配额、申请进口许可证、领取进口付汇核销单、制定进口经营方案等。

（一）市场调研

在进口交易之前，进口商必须对国内外市场进行充分的调研，才能确保进口交易的顺利进行，并实现预期的经济收益和社会效益。因为同国内贸易相比，进口贸易具有更大的风险性。在绝大多数情况下，进口商不仅承担着在国际市场上采购进口商品所面临的一系列风险，还承担着在国内市场上销售该产品的风险。

进口交易前的市场调研，是进口商在进口贸易准备工作中面临的首要任务，一般而言，应围绕着以下信息的获取来展开：①国内市场上该产品的需求情况和用户信息；②主要生产国和主要生产厂商的供应情况；③拟进口商品的国际市场价格水平和具体质量标准；④拟与之建立关系的客户的资信状况与业务经营能力；⑤与进口该产品相关的政策和管理规定等。

1. 国内市场调研

开展进口贸易的最终目的是满足国内市场的需要。因此，进口商开展进口贸易前，首先要做好国内市场调研。进口商进行国内市场调研，主要是调研国内市场上某拟进口产品的需求情况和用户信息，落实国内使用单位，同时还要对与进口该产品相关的国内政策和管理规定展开调研。

关注与跟踪进口政策和管理规定的调整与变化的最好方式是经常浏览各部委（主要是商务部、国家发改委、财政部、海关总署、外汇管理局、国家质检总局等）和各地方行政管理部门、各行业协会、贸促会或商会的网站。另外要留意相关报刊的报道。

操作技巧提示

在进行国内市场调查的同时，进口商应积极争取国外出口商的全面支持，包括产品的宣传策略、广告发布、促销品提供、技术支持及指导等。由于进口商实际上是在为出口商开辟市场，二者之间是利益共同体的关系，进口商应说服出口商立足于长远利益，投入力量来共同开发市场，这样，进口商的经营风险也能够得到有效的降低。

2. 国际市场调研

由于商品产地、生产周期、产品销售周期、消费习惯和水平因素的影响，国际市场上我方欲购商品的供给与需求状况也会不断变化。为保证我方进口货源充足和其他有利条件，有必要对世界各地的进口市场的供求状况做详细研究，以便做出最有利的抉择。

一般而言，对拟进口商品国际市场情况的调研包括两个方面的内容：一是为选择供应国（地区）和供应商所做的调研；二是对拟购商品的国际市场价格走势及具体产品情况的调研。

对供应国（地区）的调研，重在考察该国（地区）的政治稳定性、经济发展水平、法律环境、与我国的政治与经济贸易关系及其供应商的情况等几个方面，最后选择那些与我国有友好贸易往来的、政治经济形势稳定、有较多能够满足我方产品需求的供应商的国家和地区进行交易。对供应商的调查重在考察其供应能力，即其商品质量的可靠性、正常供货的可靠性、价格的可靠性、售后服务的可靠性以及金融资信的可靠性等。

此外，应广泛了解欲购商品市场的供销状况、价格动态和各国有关的进出口政策、法规措施和贸易习惯做法，根据进口商品的不同规格、不同技术条件和不同供应地区进行分析比较，在贯彻国别地区政策的前提下，结合我方的购买意图，尽量安排在产品对路、货源充足、价格较低的国家（地区）市场进行采购。

操作技巧提示

对工业品的产品信息及其价格的调查可从以下几方面入手：①了解商品交易所挂牌交易的相关基础商品的价格，以推算出拟购商品的生产成本；②分析影响有关商品供需状况及价格变动的各项因素，以预测出产品的价格走势；③了解各个确定时期国内外其他买方所愿意接受的最高价格；④尽可能多地掌握国际市场上的供应商名单及各个供应商所供商品的质量、规格、特点及价格。

（二）建立业务关系

一笔具体的进口交易磋商通常是从进口商的一方向潜在的客户发函，建立业务关系开始，其后通过询盘、发盘、还盘、接受等磋商过程，最终达成交易。选择贸易伙伴直接关系着进口的得失与成败，是交易前准备工作中至关重要的环节。进口商应通过各种途径从各个方面对国外供应商进行全面了解，从而选择最合适、成交可能性最大的客户，并与之建立业务关系。

进口商在开展市场调研时往往能同时取得一些潜在供应商或出口商的基本资料，也会有主动找上门来的供应商或出口商，以及客户介绍的供应商，但主要靠自己主动去寻找。

寻找潜在供应商有以下三种通用的方法：一是直接发布采购信息法，二是介绍法，三是网络搜寻法。进口贸易中网络搜寻法操作原理与出口贸易中相似，只是按查找供货商反向操作。这里介绍另外两种方法。

1. 直接发布采购信息法

在目前的买方市场情况下，进口商直接发布采购信息，效果一般很好。直接发布采购信息，主动权在自己手里，能够与专业的国外厂商进行专业的沟通，避免了与不符合自己要求的企业进行解释说明，从而节约了时间，提高了效率。直接发布采购信息可以通过如下方式。

（1）在自己的网站上发布采购信息。这需要进口商在 Internet 上建立自己的 Web 站点。进口商可以为这些信息建立自己的搜索引擎，也可以向一些著名的公用搜索引擎网站提供自己的网站信息。

（2）在行业网站上发布进口采购信息。

（3）在国内外贸易门户网站或平台上发布进口采购信息。

2．介绍法

与国外供应商或出口商建立关系，通常可通过以下常用渠道。

（1）自我介绍。通过查阅国内外出版的企业名录、报刊杂志的广告、互联网等以函电或发送资料的方式自我介绍，建立关系。

（2）请国外银行介绍供应商或出口商。

（3）请国内外的贸易促进机构或友好协会介绍关系，如我国的贸促会。

（4）请我驻外使馆商务处或外国驻华使馆介绍合作对象。一般来讲，我驻外使馆对当地主要厂商的经营范围、能力和资信较为熟悉了解。

（5）通过参加国内外展览会、交易会建立关系。这类活动的优点是能和客户直接见面，联系的范围广。

（6）利用国内外的专业咨询公司介绍供应商或出口商。国内外都有许多专业咨询公司接受委托代办介绍客户，它们的业务关系中有各种类型的具有一定影响以及一定专业经验和能力的客户，请他们介绍客户，一般效果较好。

通过上面所述的各种方法寻找到潜在的交易对象的公司名称和联系方式后，就可以采用如下两种基本途径与之建立关系了：一是派出代表到供应商所在国接洽交易对象，直接进行面对面的联系；二是通过函电或发送资料的方式建立关系。其中发建交函是最常用的一种方式，其操作与出口贸易相似。

（三）办理进口相关手续

在进口贸易前，除进行前面所述的市场调研、与国外客户建立业务关系外，开展进口贸易还需办理许多必要的手续，如取得进出口经营权、办理海关注册登记手续、申请进口许可证、申请进口配额、申请外汇账户与领取进口付汇核销单等。取得进出口经营权和办理海关注册登记手续参见出口贸易流程。

1．申领进口许可证

（1）我国对进口货物的管理

根据管制程度的不同，我国的进口货物贸易管制分为禁止进口货物的管理、限制进口货物的管理、自由进口货物的管理。

对禁止进口的货物，国务院商务主管部门会同国务院其他有关部门制定、调整并公布禁止进口货物目录，海关依据国家相关法律、法规对禁止进口目录内商品实施监督管理。对列入该目录的商品及其他明令禁止或停止进口的商品，任何企业不得经营进口。

对限制进口货物的管理，我国在《中华人民共和国货物进出口管理条例》中规定为：国家规定有数量限制的进口货物，实行配额管理；其他限制的进口货物实行许可证管理；实行关税配额管理的进口货物，对关税配额内的进口货物，按配额内税率缴纳关税，对关税配额外的进口货物，按配额外税率缴纳关税。自 2005 年起，根据加入世界贸易组织时的降税承诺及其具体安排，我国已经取消了对于进口产品的数量限制规定，对于限制进口货物只实行许可证件管理。目前，我国的配额管理主要针对部分限制进口货物，如对羊毛、毛条、食糖、尿素、磷酸二铵、复合肥等实行进口关税配额；对部分货物（如原油、成品油、部分化肥等）的进口实行国际贸易管理；对钢材、天然橡胶、羊毛、腈纶、胶合板的进口实行进口指定经营管理。实行许可证管理的限制进口货物，进口经营者应当向国务院商务主管部门或者国务院有关部门提出申请。进口经营者凭进口许可证管理部门发放的进口许可证，向海关办理报关验放手续。

除上述国家禁止、限制进口货物外的其他货物，均属于自由进口范围。这类货物本身不属于国家限制进口的范围，但基于监测进口情况的需要，国家对部分属于自由进口的货物实行自动进口许可管理，对所有自由进口的技术实行进口技术合同登记管理。

（2）进口许可证的申请

如上所述，目前我国对于限制进口货物只实行许可证件管理，对部分属于自由进口的货物实行自动进口许可管理。因此，经营限制进口货物和部分属于自由进口的货物的经营者首先必须按规定申请进口许可证。

办理进口许可证的基本程序是：申请→审核、输入计算机→发证。

① 申请。即由申领单位（以下简称"领证人"）向发证机关提出书面申请函件。申领进口，应按照商务部规定的要求填写《进口许可证申请表》，在申请表中写明申请单位名称、进口商品名称、进口成交价格、贸易方式、进口国别（地区）、到运口岸等内容。同时，领证人还需根据进口货物情况，向发证机构提交进口许可证发证依据所规定的进口批准文件及相关材料。

② 审核、输入计算机。发证机关收到有关申请材料后进行审核。填好的《进口许可证申请表》，由申请单位加盖公章后送交发证机关。经审核符合要求的，将申请表各项内容输入计算机。

③ 发证。发证机构应当自收到申请之日起 3 个工作日内发放进口许可证。特殊情况，最多不超过 10 个工作日。发证机关签发《中华人民共和国进出口许可证》一式四联，将第一、第二、第三联交领证人，凭以向海关办理货物出口报关和银行结汇手续。

进口商领取进口许可证后，因故需要更改进口许可证时，应在有效期内填写《进口许可证更改申请表》进行申请。申请表连同原许可证第一、第二联交原发证机关。更改进口商、收货单位、商品名称、规格和数量等内容，需重新申领进口许可证。

现在，我国企业也可以直接在网上申领进出口许可证。

2. 领取进口付汇核销单

我国通过海关对进口货物实施监管，执行进口付汇核销制度。进口付汇核销制度就是外汇管理局在海关的配合和外汇指定银行的协助下，以跟"单"（核销单）的方式对进口单位的进口付汇直至报关到货的全过程进行监管、核查的一种管理制度。进口付汇核销的对象为：经商务部或其授权单位批准的经营进口业务的企业、事业单位和外商投资企业，简称进口单位。

进口单位在开展进口业务之前，应当凭外经贸主管部门的批件、工商管理部门颁发的执照、技术监督部门颁发的企业代码证书到所在地外汇管理局办理"对外付汇进口单位名录"登记。进口单位在被列入"对外付汇进口单位名录"并向主管海关领取付汇核销用的 IC 号后，就可以到外汇指定银行领取《贸易进口付汇核销单》，凭以办理进口付汇手续。

（四）制定进口经营方案

进口经营方案是指在对进口商品进行市场调研和成本核算的基础上为进口交易制定的经营方案和为实施这种方案而采取的各种措施。进口经营方案的主要内容包括：进口交易对象的选择、进口商品的品质和数量、进口的时间、进口价格、支付方式及贸易方式的掌握等。一般只对大宗商品的进口制定一个完整的进口经营方案，对少量商品的进口，可以不制定书面的经营方案或制定一个简单的方案即可。需要注意的是，在执行方案的过程中，应注意经常检查方案的执行情况，定期总结经营，及时修订方案中不再适用的内容。

【例2-9】A公司关于进口B商品的经营方案

进口商品的品名：B商品。

进口商品的数量：300公吨。

进口商品的时间：2007年第三季度。

进口商品的价格：B商品是国际性的大宗商品，其世界市场价格经常处于变动之中。该商品的价格第二季度是每公吨500美元，目前价格有上涨的趋势。因此，不宜集中对外询盘，应分别向不同的客户分次发出询盘，以争取对我方有利的价格。

交易对象的选择：B商品的主要产地在巴西，应从7月初开始分别向C、D、E几家公司发出询盘。

二、进口交易磋商

进口交易磋商的方式、程序与出口交易磋商基本相同，详见本书第三章。

三、进口合同的履行

进口贸易合同签订后，买卖双方按合同规定在享有各自权利的同时必须承担各自的义务。进口合同的履行使进口交易进入一个实质性的阶段，是合同当事人实现合同内容的具体行为。进口合同的履行是进口业务中的重要环节，它涉及进口商、银行、检验检疫机构、海关、运输、保险、有关政府机构等相关部门，只有各部门通力协作，合同履行才能顺利进行。若以FOB价格条件成交，以信用证方式结算货款的合同为例，买方履行合同的程序可以概括为证（申请、开立信用证）、船（租船订舱、保险）、款（审单付款）、货（报关、接货、检验），如图2-6所示。如果按CFR或CPT条件并采用托收方式签订进口合同，其履约过程则可免去开立、修改信用证和办理货物运输等环节；如属CIF或CIP合同，则又免去了办理货运保险这一环节。

（一）信用证的开立和修改

从图2-6可知，在采用信用证支付方式的进口业务中，进口商向银行申请开立信用证是其履行合同的首要环节，也是买方的一项基本义务。信用证开出后，如发现内容与申请书不符，应立即通知开证行修改；如出口商收到信用证后要求修改某些条款，则应根据情况区别对待。如同意修改，应由进口商及时通知开证行修改信用证；如不同意修改，也应及时通知出口商，并敦促其按原信用证条款履行。

1. 信用证的开立

信用证的开立是开证银行的工作，但进口商应提出开证申请。进口商申请开立信用证的手续是：递交有关合同的副本和附件、填写信用证开立申请书、缴付保证金、支付银行费用。进口企业申请开立信用证一般应注意：做好申请开立信用证的准备；正确把握开立信用证的时间；正确填写信用证开立申请书。

（1）开证方式

开立信用证通常采用以下三种方法。

① 信开信用证（L/C Opened by Mail）。信开信用证方式，是开证行根据开证申请人的要求，将信用证的全部内容用信函方式开出，邮寄到通知行，再通知受益人。开证行与通知行之间应事先建立代理行关系，互换签字样本和密押，以便通知行可凭签字样本核对信开信用证上开证行的签字。这种开证方式时间长，但费用较低。对于装运日期较长或金额较小的信用证通常以信开方式开出。

随着通信方式的发展，目前信开方式信用证已不多见。在当前的国际贸易中，主要采用电开（L/C Opened by Teletransmission）的形式。

② 简电开证。简电开证方式，是开证行根据开证申请人的要求，将信用证的主要内容发电预先通知受益人。这种简电信用证只供受益人备货订舱参考，不能凭以装运货物，它也不是有效的信用证文件，银行不能凭以付款/承兑/议付。发出简电通知的开证行必须毫不延迟地向通知行寄送有效信用证文件，受益人方可凭以议付单据。

③ 全电开证。全电开证方式，是开证行根据开证申请人的要求，将信用证的全部内容以加注密押的电信方式通知受益人所在地的银行，请其通知受益人的一种开证方式。目前，外汇指定银行大多用 SWIFT 电信方式开证。

（2）开证时间

进口合同签订后，进口商应按照合同规定，到开证行填写信用证申请书，向银行办理开证手续。如果合同未明确买方开立信用证的时间，通常，买方应在装运期前 15～20 天开出，以便卖方备货和办理其他手续，按时装运。

一般来说，进口采用信用证支付方式，合同签订后，进口商应该按照合同的规定向银行办理申请开立信用证的手续。但是，有的进口合同规定必须满足一定的条件才能开信用证，那么，只有在这些条件满足之后，进口商才能履行申请开立信用证的义务。诸如：

① 如果合同中规定买方应于合同规定的装运期前××日，或规定在本合同签订后××日内开出信用证，则买方应在该期限内开立信用证。

② 如果合同规定在卖方确定交货期后才开信用证，则进口商一定要在接到卖方交货期的通知后再申请开证。

③ 如果合同规定在卖方领到出口许可证后开立信用证，则进口商应该在接到卖方已领到许可证的通知后再申请开证，必要时应获取适当证明后再开证。

④ 如果合同规定在出口商支付履约保证金后才开证，进口商应在收到履约保证金后再申请开立信用证。

⑤ 如果合同规定进口商收到出口商提供的、由银行出具的履约保函之后开立信用证，则进口商应在收到上述履约保函并确认其内容与条款可以接受之后，再向开证行申请开立信用证。

操作技巧提示

如合同只规定了装运期的起止日期，则应让受益人在装运期开始前收到信用证；如合同只规定最迟装运日期，则应在合理时间内开证，以使卖方有足够时间备妥货物并予出运。时间通常掌握在交货期前一个月至一个半月左右。

（3）申请开证的程序

凡是向我国银行申请办理信用证的进口企业，必须具有进出口经营权。若为首次办理该业务，需向银行提供营业执照、经营权批准证书件的副本一份。如申请人是合资企业，还需提供合资企业的合同和章程。符合以上要求的进口企业可按以下五步程序向银行申请开立信用证。

① 填制开证申请书。开证申请书（Documentary Credit Application）是银行开具信用证的依据，是开证申请人与开证银行之间的有关开立信用证的权利与义务的契约。开证申请书是依据合同开立的，但信用证一经开出就成为独立于合同之外的自足的文件，因而在开立信用证时应审慎查核贸易合同的主要条款并将其列入开证申请书中。

开证申请书通常为一式两联，由银行专门印发。开证申请书有正面和背面两部分内容。正面主要内容包括：受益人名称和地址、信用证及合同号码、信用证的有效期及到期地点、装运期、信用证的性质、货物的描述、对单据的要求、信用证的金额和种类、信用证中的特别条款及其他一些条款等。背面内容是开证行与开证申请人之间的约定，一般由开证行根据相关的国际惯例和习惯做法事先确定并印制，申请人只需签字盖章即可。开证申请书的格式参见本章末尾习题中的样本。

操作技巧提示

申请开证，申请人应注意以下两点。

A. 信用证的内容应是完整自足的、明确的。信用证内容应严格以合同为依据，对于应在信用证中明确的合同中的贸易条件，必须具体列明，不能使用"按××号合同规定"等类似的表达方式。因为信用证是一个自足文件，有其自身的完整性和独立性，不参照或依附于其他契约文件。

B. 信用证的条件必须单据化。《UCP600》第十四条h款规定："如信用证载有某些条件，但并未规定需提交与之相符的单据，银行将视这些条件为未予规定而不予置理。"因此，进口方在申请开证时，应将合同的有关规定转化成单据，而不能照搬照抄。例如，合同中规定货物按不同规格包装，则信用证中应要求受益人提交装箱单；合同以CFR条件成交，信用证应要求受益人提交的已装船提单上应注明"运费已付"等。

② 提交进口合同复印件给开证行备案。虽然从理论上讲，信用证是独立的、自足的文件，一经开立，与进出口合同无关，但银行还是会要求进口商提供进口合同复印件作为参考和备案。此项要求对于进口商来讲，没有什么风险或难度，而且还有机会得到银行专业人士对于合约条款与内容的意见和建议，尤其是涉及有关金融条款和资金安全方面的内容，因此对进口商来讲，有利无害。

③ 提交进口许可证正本。如果合同项下进口的货物属进口许可证管理的商品，进口商一般需要在申请开立信用证之前完成进口许可证的申请工作，并将银行留存的一联正本提交开证银行作为开证信用证的先决条件。

④ 提供开证担保。进口商作为开证申请人需要提供开证担保。进口商所在地银行开出信用证是银行对进口商的一种授信行为，是一种资金融通的方式；银行为开证申请人做出付款保证，却并不需要进口商在开立信用证时缴纳100%的信用证金额。因此，银行为保障自身资金的安全必须采取一定的措施，这些措施包括对开证申请人的资信调查以及要求申请人于开证时提供一定的担保。

进口商用于提供开证担保的内容，可以是现金、动产或不动产，也可以是第三者提供的保证。现金保证即为开证押金，是实务中采用最多的形式。缴纳押金的具体做法，有的是提交一定金额的现款，有的是在存款账上扣除，目的均在于预防进口商失信或破产时不来赎单，从而给银行造成损失。

开证押金可以高达开证金额的80%～90%，也可能只有很低的比例，甚至不需押金。开证押金的多少与开证申请人的资信、市场动向、货物的畅销与滞销有关，也与市场上银根的松紧、利率的高低、汇率的升降等有间接或直接的关系，同时还取决于进口商和银行的关系及双方就开立信用证问题协商谈判的结果。具体到每一笔交易，以上的众多因素都不一样。所以，银行对于开证押金的掌握也是不尽一致的，对于不同的客户、不同的商品、不同的时期，开证押金的多少也会有不同的结果。

⑤ 支付开证手续费。申请人办理信用证开立手续，向银行支付的费用包括：开证手续费、邮电费、远期信用证下的承兑费等。信用证开出后银行将交给申请人一份信用证的副本，同时收取开证费（一般为开证金额的0.15%）。

⑥ 填写进口付汇核销单。这基本上属于例行公事，只要认真地按照银行的要求和自己进口合同的内容要求填写即可。

2. 信用证的修改

对进口商来说，信用证的修改主要发生在如下两种情况下：其一，信用证开出后，发现其内容与开证申请书不一致，需要信用证进行修改；其二，受益人（出口商）要求买方修改信用证。

（1）与开证申请书不一致的修改

信用证开立之后，开证银行通常将其先交给进口商审核。进口商应该及时地参照开证申请书核对信用证的内容，如果发现有不相符的内容，或者因情况发生变化需要对信用证进行修改的，应立即向开证银行递交修改申请书（进口商一般应该在接到信用证副本之日起两个工作日内通知开证银行是否需要修改），要求开证银行办理修改信用证的手续。如果进口商在上述期限内未通知银行，则认为信用证正确无误，开证银行即正式对外开出信用证。

（2）受益人（出口商）要求修改信用证

在实际业务中，信用证的修改多由卖方要求买方向开证行申请修改。

如果信用证与双方所签订的合同条款不一致，就会产生许多麻烦，而最大的麻烦则是开证行拒付货款，卖方最终落得"货物和货款两空"的境地。这是任何一个出口商都不愿意看到的。因此，受益人（出口商）对信用证各条目进行检查的时候，如果发现有任何遗漏或差错，一般都会要求修改信用证。最常见的修改内容有：展延装运期和信用证有效期、变更装运港口、加列特殊条款等。

信用证受益人（出口商）在收到信用证后若要求修改信用证中某些条款或内容，进口商应根据进口合同条款并视具体情况做出同意与否的决定。如果同意修改，进口商应该及时通知开证银行办理修改手续；如果不同意修改，也应及时通知受益人并说明原因，敦促其按原信用证条款履行。

信用证修改的一般程序参看出口贸易流程。

（二）租船订舱、催装、派船接货与投保货运险

采用 FOB 条件的进口合同，应由进口企业承担按时派船至约定地点接货的义务。为完成上述义务，进口企业必须切实做好租船订舱、催装、派船接货、投保货运险等一系列工作。

1. 租船订舱

履行以 FOB 贸易术语达成的进口合同，进口企业要负责办理租船或订舱事宜。进口货物需整船运输的情况下要办理租船手续，一般少量货物的进口，只需洽订舱位。进口企业既可以亲自向船东或班轮公司订舱，也可以委托货运代理代其办理。

在我国，这项工作通常是委托货运代理公司办理。其具体程序是，进口企业在接到卖方备货通知后（在合同未规定卖方发出备货通知的情况下，则在交货期前 45 天），填写好进口订舱联系单，连同合同副本，提交给货运代理公司委托其安排船只或舱位。订舱联系单是货运代理公司据以办理订舱、组织运输的必不可少的依据，所以在填制时必须做到准确无误。具体做法可参看出口贸易流程以及本书第六章。

2. 催装

船舶或舱位订妥后，进口企业或其代理还需做好催装工作。在进口业务中，有时出口供货商会因生产成本上涨或国际市场价格上扬无法按期安排生产等原因，使我方不能按期收到合格的货物。为了防止此类情况的发生，保证我方如期收到合格的货物，进口企业除在合同中争取订立迟交罚金等约束性条款外，还必须随时了解和掌握对方备货和装船前的准备工作的情况，督促对方按期装运。在交货期前的一定时间（通常是 45 天左右），即向对方发出"催装通知"。对于数量多、金额大或重要、急需的物资的进口，必要时进口企业可委托我驻外机构就近了解备货情况，督促出口商按照合同规定，按时、按质、按量履行交货义务。以防对方在装货时有作假行为。

3. 派船接货

买方在接到货运代理公司舱位已安排妥当的通知后，应及时向发货人（卖方）发出派船通知，将船名、预计到达日期、拟装载的重量（数量）、到达的港口、船舶的国籍等以电报方式通知卖方，以便卖方做好准备。

买方派船接货是一项重要的工作，必须做到以下几点。

（1）在约定时限内派船，否则卖方有权要求赔偿因船只延迟到达而造成的损失，甚至拒绝交货。

（2）如派出船只因故未能到达或受载，应尽力设法在规定装运期内另派代替船只。如有困难亦应及时向对方提出，说明原因，要求展期并力争避免发生损失。

（3）随时了解对方备货装运情况，力争船货衔接，以免耽误船期造成空舱损失。如万一发生，应及时向对方提出。对数量大或重要物资的进口，必要时可请我驻外机构就近协助。

（4）如对方尚未备妥货物要求延期，则根据具体情况酌情处理，但应明确对方应负担由此而产生的一切损失。按照国际惯例，买方如同意延期交货，即是同意修改合同，倘若同意延期的同时未提出损害赔偿，就以弃权论，这点务必注意。

4. 投保货运险

采用 FOB 或 CFR 价格条件成交的进口合同，货物装船后，出口方应及时向我进口方发出装船通知，以便我方办理货运保险及做好接货准备。我国进口货物保险有两种方式。

（1）预约保险

我国部分外贸企业和保险公司签订海运、空运和陆运货物的预约保险合同，简称"预保合同"（Open Policy）。这种保险方式，手续简便，对外贸企业进口货物的投保险别、保险费率、适用的保险条款、保险费及赔偿的支付方法等都做了明确的规定。

根据预约保险合同，保险公司对有关进口货物负自动承保的责任。对于海运货物，外贸公司接到外商的装运通知后，只需按要求填制进口货物"装货通知"，将合同号、起运口岸、船名、起运日期、航线、货物名称、数量、金额等必要内容一一列明，送保险公司，即可作为投保凭证。货物一经起运，保险公司就自动按预约保单所订的条件承保。

对于空运和邮包运输的货物，也要根据预约保险合同的内容和承保范围，在收到供货商的装运通知后，立即填制"装货通知"送交保险公司签章。

预约保险合同对保险公司承担每艘船舶（或每架飞机）每航次的最高保险责任一般都做了具体规定，如承运货物超过此限额时，应于货物装运前书面通知保险公司，否则，仍按原定限额作为最高赔付金额。

（2）逐笔投保

在没有与保险公司签订预约保险合同的情况下，对进口货物就需逐笔投保。外贸企业在接到卖方的发货通知后，应当立即向保险公司办理保险手续。在一般情况下，外贸企业填制"装货通知"代投保单交保险公司，"装货通知"中必须注明合同号、起运地、运输工具、起运日期、目的地、估计到达日期、货物名称、数量、保险金额等内容，保险公司接受承保后给公司签发一份正式保单。如外贸公司不及时向保险公司投保，货物在投保之前的运输途中发生损失时，保险公司不负赔偿责任。

保险公司对海运货物保险的责任期限，一般是从货物在国外装运港装上海轮时起开始生效，到保险单据载明的国内目的地收货人仓库或储存处所为止。如未抵达上述仓库或储存处所，则以被保险货物在最后卸载港卸离海轮后 60 天为止，如不能在此期限内转运，可向保险公司申请延期，延期最多为 60 天。应当注意的是：散装货物以及木材、化肥、粮食等一些货物，保险责任均至卸货港的仓库或场地终止，并以货物卸离海轮 60 天为限，不实行国内转运期间保险责任的扩展。少数货物如新鲜果蔬、活牲畜于卸离海轮时，保险责任即告终止。

（三）审单付款

审单付款是指银行收到国外寄来的汇票及单据后，对照信用证的规定，审查、核对单据的份数和内容，在审核无误后，对外进行付款或承兑的行为。按照国际惯例，付款人对不合格的单据付款或长期缄默，都可以被认为是对单据的接受而丧失拒付的权利。因此，在进口业务中，审核进口单据是一项十分重要的工作。

1. 审单

根据银行惯例，在信用证方式下，审核进口单据的工作是银行的职责，开证行审核单据无误后，就应当直接对外办理付款，不必事先征得开证申请人的同意。但在我国进口业务中，审核进口单据的工作是由银行和进口企业共同完成的。

开证银行（中国银行）接到国外议付行寄来的单据后，根据国外议付行的索偿通知书，从以下几方面对单据进行审核：

（1）检查信用证正本和所附修改及有关批注是否齐全，然后将单据与信用证逐条对照，审查单据的种类、份数是否齐全，签章背书是否完全等。

（2）审查各项单据的具体内容是否与信用证规定完全一致。例如，货物的名称、数量、重量、规格、单价、金额、包装、唛头、起运地、目的地，能否分批装运、转船，是否超过装运期和信用证有效期，是否保险，投保险别、保额等是否符合信用证规定，均需逐一核对。

（3）以发票为中心将各种单据互相对照，审查它们之间有无不相衔接或互相矛盾之处。

审单的要点可参看出口贸易流程中的制单环节。

2. 付款

银行审单后有两种情况。一种情况是对单据核对无误后，凭议付行寄来的索偿通知书，填制进口单据发送清单，并附全部单据送交进口企业验收。经进口企业对全套单据进行全面细致审核无误后，银行即根据信用证的种类，采用所规定的付款方式付款。与此同时，通知进口企业按当日国家外汇管理局公布的人民币外汇牌价，向银行付汇赎单。进口商付汇赎单后，凭银行出具的"付款通知书"向国内用货部门进行结算。

另一种情况是银行发现单据与信用证条款不符，通常会先征询进口企业的意见，看其是否愿意接受不符点。如果愿意接受，进口企业即可指示银行对外付款或承兑。如果拒绝接受不符点，进口企业可以采取以下几种处理办法。

（1）拒绝接受单据，拒付全部货款。在单据与信用证、单据与单据之间有明显不符点时，如货量不足、品质、规格不符，短缺必要的单据，货款金额计算错误，以及提交不清洁提单等，原则上可以采用这种方法。

（2）部分付款，部分拒付。单据与单据之间明显有不符点，但根据情节又不宜全部拒付者，可采取部分付款、部分拒付的方式。例如，单据所列货物有几种不同品质规格，每种规格的数量不同，如其中只有一两种规格存在问题，可只拒付有问题部分的货款。

（3）货到经检验后付款。由于单证或单单不符，买方可以通知银行要求货到验货付款。如果经检验，发现货物与合同规定完全相符，买方可以接受单据，支付合同全部货款，如果发现货物与合同规定有出入，买方可以拒付，或要求扣款。

（4）凭卖方或议付行出具的担保付款，或付款后开证行保留追索权。

总之，对于"不符点"的处理，开证行或开证申请人都应在合理时间内以最迅速的方式向议付行提出。长期缄默，可能导致丧失拒付的权利。但要注意的是，上述所指的拒付货款，前提是单据与信用证不符，如果货物与合同规定不符，则应由买卖双方根据合同进行处理。

知识链接

《UCP600》第十四条b款规定："按照指定行事的被指定银行、保兑行（如有的话）以及开证行，自其收到提示单据的翌日起算，应各自拥有最多不超过五个银行工作日的时间以决定提示是否相符。这一期限不因在交单日当天或之后信用证截止日或最迟交单日截至而受到缩减或影响。"

【案例 2-11】单证不符案

小张是一家私营进出口公司新聘的业务员，上班的第一天便接手审核开证行交来的一套单据，小张发现原信用证中要求卖方投保水渍险加战争险，但卖方在保险单中却注明投保的险别为"一切险加战争险"，这究竟算不算是一个不符点呢？小张一时无法做出最后的决定。请你帮小张做出决定。

［案例评析］

信用证中要求卖方投保水渍险加战争险，但卖方在保险单中却注明投保的险别为"一切险加战争险"。表面上看，这是一个单证不符点，但由于保险单上注明的险别，责任范围比信用证规定的大，对买方有利。所以，只要卖方愿意承担由此增加的额外保险费，代表买方的小张可以接受这个不符点。

（四）进口报检

进口商在付款赎单之后，便着手准备报关与接货。若是法定检验检疫商品，应在报关前办理检验检疫手续。

1. 入境检验检疫工作程序

进口报检一般有两种情况。一种为法定检验商品的报检，这种报检主要是判明进口商品的品名、品质、规格、数量或重量及技术性能等是否符合我国进口商品的有关规定，是否符合进口合同中对商品的具体要求。对于法定检验的进口货物，必须向到达地的商品检验检疫机构报检，未经检验的货物不准投产、销售和使用。另一种为进口合同规定货物卸船后若发现有残损或缺量，需经商检局出具证书向国外责任方索赔的报验，这种报验也可称为索赔报检。无论属于哪一种情况，报检人都要根据不同商品的特点，在规定的地点、时间内，填具《进口检验检疫申请单》，向商检部门申请检验检疫。

入境检验检疫工作程序是先放行通关后进行检验检疫，即法定检验检疫入境货物的货主或其代理人首先向卸货口岸或到达站的出入境检验检疫机构报检；检验检疫机构受理报检，转施检部门签署意见，计收费；对来自疫区的、可能传播检疫传染病、动植物疫情及可能夹带有害物质的入境货物的交通工具或运输包装实施必要的检疫、消毒、卫生除害处理后，签发《入境货物通关单》（入境废物、活动物等除外）供报检人办理海关的通关手续；货物通关后，入境货物的货主或其代理人需在检验检疫机构规定的时间和地点到指定的检验检疫机构联系对货物实施检验检疫；经检验检疫合格的入境货物签发《入境货物检验检疫证明》放行；经检验检疫不合格的货物签发检验检疫处理通知书，需要索赔的签发检验检疫证书。

入境检验检疫流程可归纳为：报检（审单）→计费（收费）→施检部门接单→现场查验或取样→检验、检疫、鉴定、除害处理→出具检验检疫结论→检务审单→出证。

2. 入境货物检验检疫报检方式

入境货物检验检疫报检方式可分为三类：进境一般报检、进境流向报检、异地施检报检。

（1）进境一般报检

进境一般报检，是指法定检验检疫入境货物的货主或其代理人，持有关单证向卸货口岸检验检疫机构申请取得《入境货物通关单》，并对货物进行检验检疫的报检。

对进境一般报检业务而言，签发《入境货物通关单》和对货物的检验检疫都由口岸检验检疫机构完成，货主或其代理人在办理完通关手续后，应主动与检验检疫机构联系落实施检工作。

（2）进境流向报检

进境流向报检，亦称口岸结关转异地进行检验检疫的报检，是指法定入境检验检疫货物的收货人或其代理人持有关单证在卸货口岸向口岸检验检疫机构报检，获取《入境货物通关单》并通关后由进境口岸检验检疫机构进行必要的检疫处理，货物调往目的地后再由目的地检验检疫机构进行检验检疫监管。

申请进境流向报检货物的通关地与目的地属于不同辖区。

（3）异地施检报检

异地施检报检，是指已在口岸完成进境流向报检，货物到达目的地后，该批进境货物的货主或其代理人在规定的时间内，向目的地检验检疫机构申请进行检验检疫的报检。因进境流向报检只在口岸对装运货物的运输工具和外包装进行了必要的检疫处理，并未对整批货物进行检验检疫，只有当检验检疫机构对货物实施了具体的检验、检疫，确认其符合有关检验检疫要求及合同、信用证的规定，货主才能获得相应的准许进口货物销售使用的合法凭证，完成进境货物的检验检疫工作。

异地施检报检时应提供口岸检验检疫机构签发的《入境货物调离通知单》。

3. 入境报检时的注意事项

（1）列入《实施质量许可制度的进口商品目录》的货物，必须取得国家检验检疫部门颁发的质量许可证并加贴"安全标志"方可申请报检。《强制性认证商品目录》内的货物，应取得证书并加贴"CCC"标志。

（2）下列入境货物需经国家检验检疫机关审批后方可报检。

① 来自疫区的动植物、动植物产品和其他检疫物。

② 国家禁止入境物的特许审批的检疫物。

③ 进境后不在入境口岸检验检疫机构管辖范围内进行加工、使用、销售的，或者仅由入境口岸动植物检验检疫机构进行现场检疫和外包装消毒后，再运往目的地口岸检验检疫机构进行进一步检疫监管的动物、动物产品。

④ 进境猪的产品等。

（3）已实施装运前检验的入境货物到达口岸后，仍然要按有关规定进行检验，以口岸检验检疫机构的检验结果为最终结果。对检验检疫不合格的货物，按规定办理对外索赔。

（五）进口报关

根据《中华人民共和国海关法》的规定，进出境货物必须通过设有海关的地方进境或出境，接受海关的监管。货到我国目的港后，进口商要根据进口单据填写《进口货物报关单》，连同商业发票、提单、装箱单或重量单、保险单及其他必要文件向海关申报进口，并在海关对货物及各种单据查验合格后，按国家规定缴纳关税。在此之后，海关在货运单据下签章放行。

目前，我国的一些海关实施了"提前报关、实货放行"的通关模式，即运输公司或其代理在运输工具进港前，向海关及时传输准确、完整并具有法律效力的电子舱单数据，包括空运分运单和海运分拨舱单。进口货物的收货人在海关得到空运运单或海运舱单数据后即可办理提前报关手续，在到货后即可办理货物放行手续。

一般进口货物通关可分为四个基本环节：申报、查验、征税和放行。具体办事程序可分为以下几个步骤。

1. 电子申报

货物的收货人或其代理人根据《中华人民共和国海关进出口货物报关单填制规范》和海关监管、征税、统计等要求录入电子报关数据，并通过网络传输方式向海关传输电子数据，进行电子申报。

2. 集中审单

（1）电子审单

海关计算机系统根据预先设定的各项参数对电子报关数据的规范性、有效性和合法性进行电子审核，审核结果将通过现场大屏幕显示器或计算机网络等通信手段通知申报人。

符合计算机自动审核条件的，计算机自动完成审证环节的全部作业，向现场海关下达作业指令，同时向申报人发出"到现场海关办理货物验放手续"的回执或通知。需人工审核的报关单数据，计算机将按设定的派单条件，将报关单数据派入通关管理处审单中心相应的人工审单岗位，同时向申报人员发出"等待处理"的回执或通知。申报不规范而不能通过计算机综合审核的，计算机自动退单并向申报人发出回执或通知并注明原因。

（2）人工审单

通关管理处审单中心对需人工审单的报关单数据进行人工审核，并将审核结果通知申报人。

符合海关审证作业要求的，通关管理处审单中心向业务现场海关发送有关指令和数据，同时向申报人发出"到现场海关办理货物验放手续"的回执或通知。对明显不符合海关业务要求且又不构成伪报瞒报的报关单电子数据，予以退单处理，申报人应根据有关退单原因做出修改，再重新申报。在审核过程中，审单关员认为有必要与申报人或有关部门联系，以了解或确定报关单数据有关内容的，可采用报关单挂起的措施，并向申报人发出"与海关联系"或"待海关通知"的通知或回执。申报人在收到"与海关联系"的通知或回执时应及时与通关管理处审单中心取得联系，说明有关情况或按通关管理处审单中心的要求提供有关资料；在收到"待海关通知"的通知或回执时，则应静待进一步的审核通知。

3. 现场接单

申报人到现场海关接单窗口或派单窗口递交书面单证，海关验核申报人的报关资格，验核通过的现场接单关员进行接单，有派单窗口的现场派单人员则核对书面单证是否齐全并分派接单窗口。现场接单关员根据有关规定验核书面单证，审核书面单证的各项内容是否单单（报关单与随附单证）、单机（报关单与电子数据）相符，对申报价格、商品归类等项目进行复核，按作业要求对有关单证进行批注。如发现单证不齐全、不合法，应及时查明原因，并按有关规定处理。

4. 查验

申报人持《查验通知单》、报关单备用联、提单场站收据、海运提单、发票、装箱单（复印件），到现场海关查验受理部门办理查验计划（一般当天安排第二天的查验计划）。在计划时间内，海关对需要查验的货物实施现场查验，收货人或其代理人应派员到场协助查验。查验结束后，申报人应在《查验记录单》上签名、确认。

5. 税费征收

对应税货物征收税款（关税、增值税、消费税）；对列为反倾销货物的征收反倾销税，并打印税款缴款书；对逾期纳税货物征收滞纳金，打印滞纳金缴款书；对减免税货物、保税货物按规定征收监管手续费；对超出规定期限向海关办理报关手续的进口货物征收滞报金，打印海关行政事业性专用票据，到指定银行缴款；对暂时进口货物或根据有关规定需征收保证金的，打印保证金收据；对缴纳的税费进行核销。

在计算关税时应注意以下几点：（1）进口货物以海关审定的正常 CIF 价格为完税价格，如 CIF 价格不能确定，由海关予以估定；（2）进口税款缴纳形式为人民币，进口货物以外币计价成交的应折算成人民币；（3）完税价格计算到元为止，元以下四舍五入；（4）一票货物的关税税额在人民币 10 元以下的免税。

6. 单证放行

接单现场单证复核关员对电子报关数据、书面单证及批注情况进行复核。对于情况正常，未设定查验的，办理单证放行手续，并在提货单或运单上加盖"单证专用章"及"工号章"，报关单备用联和提货单退还货主或其代理人；对已设定查验的，直接在提货单或运单上加盖"单证专用章"和"工号章"，报关单备用联和提货单退还货主或其代理人。接单现场对查验的单证不再制作关封。

7. 实货放行

在获得运输工具到港信息后，进口货主或其代理人持提货单或运单及报关单备用联交口岸风险管理/放行部门，根据计算机的提示进行放行处理。如计算机提示"货物未到港"，则不予办理放行手续；如计算机提示"与实卸情况不符或未找到实卸记录"，海关根据实际情况办理放行手续。对无须查验的，海关在处理完计算机操作后即在正本提货单或运单上加盖"放行章"，计算机自动将有关实货放行电子信息传送至港区或机场货代，货主即可办理放行手续；对需查验的货物，放行关员在提货单或运单上加盖"查验章"退还货主，由货主带至查验点接受海关对货物的查验。

8. 签发进口货物报关单

申报人到业务现场办理报关单证明联的签证手续。进口货物放行后，海关向申报人签发进口付汇证明联和加工贸易海关核销联。

（六）拨交货物

无论是进口企业自营进口，还是代理进口，货物在港口卸货并经海关查验放行后，都需办理货物拨交手续。拨交方法有两种：一种是在口岸拨交，凡属必须在卸货港检验的商品，需经检验部门检验合格后，方可办理拨交，如果用货单位在卸货港所在地，则可就地拨交货物；另一种是用货单位目的地拨交。如果用货单位不在卸货地区，则委托货运代理将货物运至用货单位所在地拨交。至于进口货物的有关税费，进口企业应先与货运代理结算后，再向用货单位办理结算手续。

四、进口业务善后

（一）进口索赔

进口商提货后，如果发现货物品质、数量、包装等与合同规定不符，应及时获取商品检验部门开具的商检证书、残损证明以及货物的发票、装箱单、提单副本，在合理期限内向责任方提出索赔。

1. 造成索赔的原因和索赔对象

（1）由于船方过失，使清洁提单项下的货物发生残损短缺，或货物少于提单所载的数量。这类损失，根据租船合约有关条款规定可向轮船公司索赔。

（2）在运输过程中，由于自然灾害、意外事故或运输中其他事故的发生致使货物受损，而且又在保险公司承保范围内，应及时向保险公司提出索赔。

（3）如货物的品质、规格与合同规定不符，货物原装短少，包装不良造成货损，不如期交货或拒不交货等，都应依法向国外卖方及时提出索赔。一般来说，进口索赔中属于国外卖方责任的居多。这是因为国外有些不法商人唯利是图，不守信用，在交货时，往往投机取巧、弄虚作假、以次顶好、以假冒真、以少报多，不按合同规定履行交货义务。实际业务中此类案例甚多，我们必须提高警惕，认真对待。

2. 进口索赔中应注意的问题

（1）提供索赔证据

及时做好对进口货物的检验和鉴定，一旦发现问题要及时制备有关单据作为索赔证据。索赔证据主要包括索赔清单、商检机构签发的检验证书、发票、装箱单、提单副本等。另外，对不同的索赔对象还应附加其他文件证明。例如，向卖方索赔，若采用 FOB、CFR 等价格条件，需另附保险单一份；向轮船公司索赔时，需另附船长、港务理货签字的短缺或残损证明；向保险公司索赔时，需另附保险公司与买方的联合检验报告。还要注意的是，在索赔问题尚未解决之前，索赔的商品应当保持原状，有的还要拍照以便必要时做举证之用。如果索赔货物易腐烂变质，买方应先请公证部门检验并出具证明文件，然后再处置货物。

（2）确定索赔金额

对不同对象进行索赔，索赔金额的计算就不尽相同。根据国际贸易惯例，买方向卖方索赔的金额，应与因卖方违约所造成的实际损失相等，即根据商品的价值和损失程度计算，另外还应包括支出的各种费用，如商品检验费、装卸费、银行手续费、清关费用、税捐、仓租费用、利息等，合理的预期利润也应计入索赔金额。向船公司索赔时，应按照提单（班轮运输方式下）或租船公约（租船方式下）的有关规定计算索赔金额；如果向保险公司索赔，则应根据保险合同中规定的方法计算索赔金额。

（3）避免逾期索赔

进口索赔要在规定的有效期内提出，否则对方有权不予受理。根据索赔对象的不同，提出索赔的有效期限也有所不同。向出口商索赔时，应在进口合同规定的索赔期限内提出。倘若商检工作所需时间较长，可向对方要求延长索赔期限，或提出保留索赔权。如果合同中未规定索赔期限，根据《联合国国际货物销售合同公约》的规定，买方向卖方索赔的最长期限为自实际收到货物起不超过两年。向船公司索赔时，按《统一提单的若干法律规定的国际公约》（以下简称《海牙规则》）的规定，最长期限为货物到达目的港交货后一年内。向保险公司索赔的期限，根据中国人民保险公司《海运货物保险条款》的规定，为被保险货物在卸载港全部卸离海轮后两年。在实际业务中，对于一般货物，通常规定索赔期限为货到目的地后 30～45 天，对机械设备则可定得长些，一般为货到目的地后 60～90 天，通常不超过 6 个月。

（4）防止卖方借故推卸责任

当有外商对我方提出的索赔要求置之不理，或借故推卸责任，拒绝赔偿时，我们也可将争议诉诸仲裁或诉讼，避免争议悬而不决。

（5）要求卖方采取补救措施

如卖方未按合同规定交付货物，或卖方所交货物的品质、数量、包装不符合合同规定，卖方应根据不同的违约情况，承担不同的法律责任。买方除可表示拒收货物并要求损害赔偿或只要求损害赔偿外，还可以要求卖方采取补救措施，如要求卖方减价、换货、修理货物等。至于究竟采用哪一种方法，由买卖双方根据具体情况协商决定。

目前，我国的进口索赔工作，属于船方和保险公司责任的一般由货运代理公司代办；属于国外卖方责任的则由我进口公司直接办理。为了做好进口索赔工作，需要进口企业、货运代理公司、商检机构等各有关单位密切协作，不但要有维护企业权益的高度责任心，还要熟悉国际惯例和有关法律规定，具体做到检验结果正确，证据属实，理由充分，并要及时向有关责任方提出索赔，力争使所受的损失如数取得补偿。

【例 2-10】索赔函范例

Dear Sirs,

Re: Contract AH643 for 1000 M/T Chemical Fertilizer

Further to our cable dated 26 August reading "CHEMICAL FERTILIZER MV REDSTAR 36BAGS FOUND BROKEN MATERIAL IRRETRIEVABLY LOST SHORTAGE ESTIMATED 1800LBS AWAITING SURVEY REPORT", we have just received the survey report from the Shanghai Commodity Inspection Bureau（SCIB）evidencing the short weight of 1800 lbs. A thorough examination showed that the broken bags were due to improper packing, for which the suppliers should be definitely responsible.

On the basis of the SCIB's survey report, we hereby register our claim with you as follows:

our claim on short-delivered quantity:　　　　STG.　　357.00

plus survey charges:　　　　　　　　　　　　STG.　　25.00

Survey report No. SH(2006)735 is herein enclosed and we look forward to your settlement at an early date.

　　　　　　　　　　　　　　　　　　　　　　　　　　　Yours faithfully,

　　　　　　　　　　　　　　　　　　　　　　　　　　　　(sgd.)

　　　　　　　　　　　　　　　　　　　　　　　　　　　　Encl.

【案例2-12】进口索赔案

某公司以CIF鹿特丹出口食品1 000箱，即期信用证付款。货物装运后，凭已装船清洁提单和已投保一切险和战争险的保险单，向银行收妥货款。货到目的港后经进口人复验，发现下列情况：（1）该批货物共有10个批号，抽查20箱，发现其中2个批号涉及200箱内含沙门氏细菌超过进口国标准；（2）收货人共收998箱，短少两箱；（3）有15箱货物外表状况良好，但箱内共短少货物60千克。试分析以上情况，进口商应分别向谁索赔，并说明理由。

［案例评析］

（1）应向卖方索赔，属于原装货物有内在缺陷；（2）属于短量险，应向保险公司索赔；也可向承运人索赔，因承运人签发清洁提单，货到目的港后应如数交货；（3）可以向保险公司索赔，属承保范围以内的损失；但如进口人能举证原装数量不足，也可向卖方索赔。

（二）进口付汇核销

进口付汇核销就是进口货款付出后，国家外汇管理局对相应的到货进行核销。进口单位在进口付汇前，需向付汇银行申领国家外汇管理局统一制发的"进口付汇核销单"，凭此办理付汇核销。货物进口时，需多填写一联供付汇核销用的进口货物报关单，进口单位凭盖有海关"放行"或"验讫"章的报关单和"进口付汇核销单"，向国家外汇管理局委托办理进口付汇核销手续的外汇银行办理进口付汇核销手续。进口付汇核销业务流程可以归纳为以下五个步骤。

第一步，进口单位经商务部或其授权单位批准或备案取得进出口经营权。

第二步，进口单位持有关材料向注册所在地外汇管理局申请列入"对外付汇进口单位名录"。

第三步，外汇管理局审核无误后，为进口单位办理列入"对外付汇进口单位名录"手续。

第四步，进口单位付汇或开立信用证前，判断是否需向外汇管理局办理进口付汇备案手续。如需要持有关材料到外汇管理局办理进口付汇备案手续，则领取进口付汇备案表；如不需要，则进口单位持有关材料到外汇指定银行办理开证或购汇手续。

第五步，进口单位在有关货物报关后1个月内到外汇管理局办理进口核销报审手续。

从整体上看，进口单位的进口付汇核销程序，从申请对外付汇开始到办完核销手续为止，整个付汇核销工作可以分为三个阶段：第一阶段，付汇前申请列入"名录"和办理"备案表"；第二阶段，付汇时申领核销单和付汇；第三阶段，付汇后到货办理核销手续。

知识链接

进口付汇核销的范围主要包括以下三类：①进口商品货款主要包括进口货物及用于转口贸易而对外支付的外汇款项；②预付款不超过合同总值15%或绝对金额不超过10万美元的预付外汇货款；③尾款及其他因多次付汇造成的余款，也是原进口付汇总额的一部分。

下列情况不在核销范围之内：①非贸易项下的付汇；②无须付汇而到货的；③保税区内进口单位的付汇。

思考题

1. 出口贸易流程主要包括哪几个阶段？
2. 国际市场调研涉及哪些内容？
3. 寻找客户主要有哪些渠道？
4. 出口商备货时应注意哪些问题？
5. 出口方如何落实信用证？
6. 何谓信用证中的到期日、交单期和装运期？这三者的关系如何？
7. 简述出口装运货物的基本流程。
8. 何谓制单工作中的"三一致""五要求"？
9. 出口业务中，在信用证结算方式下若出现单证不符该如何处理？
10. 目前我国银行对出口结汇主要采用哪些方法？
11. 申报出口退税需要提交哪些凭证？
12. 进口商申请开立信用证包括哪些程序？
13. 买方在派船接货时需做好哪些方面的工作？
14. 进口保险一般有哪几种办理方式？
15. 进口方如果发现单据与信用证条款存在不符点，应如何处理付款问题？
16. 入境货物检验检疫报检方式包括哪几种？
17. 进口报关程序包括哪几个步骤？
18. 进口索赔工作中应注意哪些问题？

案例分析题

1. 某出口公司和非洲某商有多年印花布交易往来，常由该客户提供实物样品，由我方按所供实物花样生产供应。某年我公司组团出访欧洲，有一欧商约见我方代表，提出我方对非洲出口的印花布中有部分花样侵犯其知识产权并出示有关花型的专利证书，要求我方对此承担赔偿责任。我方代表答称："我方出口的这些花布，均按非洲买主提供的花样生产，对侵犯你欧商知识产权的事并不知情，因而不能承担责任，但为了防止今后类似侵权行为，请将你方享有知识产权的花样寄给我们，我们保证不再发生类似事情。"

问题：我方的答复是否适当？

2. 我A公司向加拿大B公司以CIF条件出口一批货物，合同规定4月装运。B公司于4月10日开来信用证，证内规定按《跟单信用证统一惯例》规定办理，装运期不得晚于4月15日。此时A公司已来不及办理租船订舱，主动要求B公司将装运期延至5月15日。随后B公司来电称：同意展延船期，有效期也顺延一个月。A公司于5月10日装船（提单签发日为5月10日），并于5月14日将全套信用证规定的单据交银行办理议付。

问题：我A公司能否顺利结汇？为什么？

3. 出口合同规定××商品数量1 200万米，7至12月每月各装运200万米，即期议付信用证付款，装运月份开始前 15 天买方负责将信用证开至卖方。买方按约如期于 6 月 15 日将信用证开给卖方，经审查信用证总量与总金额以及其他条款均与合同规定一致，但装运条款仅规定"允许分批"和最后装运日期为 12 月 31 日。由于出口企业备有库存现货，为争取早出口、早收汇，遂先后于 7 月 20 日和 10 月 5 日将货物分两批各 600 万米装运出口，由于提交的单据符合信用证条款规定，付款行及时履行了付款义务。但事后不久，收到国外进口人电传，声称我出口企业违反了合同，提出索赔。

问题：对此，你认为应如何处理？

4．我某外贸公司以 CIF 鹿特丹与外商成交出口一批货物，按发票金额 110%投保一切险及战争险。售货合同中的支付条款只简单填写"Payment by L/C"（信用证方式支付）。国外来证条款中有如下文句："Payment under this Credit will be made by us only after arrival of goods at Rotterdam"（该证项下的款项在货到鹿特丹后由我行支付），但受益人在审证时未发现，因此未请对方修改删除。该外贸公司在交单结汇时，银行也未提出异议。不幸的是 60%货物在运输途中被大火烧毁，船到目的港后开证行拒付全部货款。

问题：银行这种做法是否有理？

5．有一国外开来的信用证，规定议付有效期为 2 月 28 日，装运期为 1～2 月。该信用证受益人于 2 月 4 日将全部货物装船．并取得 2 月 4 日签发的"已装船清洁提单"。当受益人于 2 月 26 日凭各项单据向银行议付时，议付银行却以单据日期不符为由，拒绝接受单据并拒绝付款。

问题：在上述情况下，银行有拒付的权利吗？为什么？如果国家规定春节有三天法定假日，而 2 月 25 日过大年，受益人最近应于哪天交单结汇？

6．我 C 公司拟从日本 D 公司进口一套设备，双方经过谈判未能在价格上达成一致意见。后来，D 公司愿意接受 C 公司的还价，但同时要求 C 公司同意在交货前半年付款。由于 C 公司的谈判代理缺乏业务经验，当场表示同意。事后经核算，这笔交易不但亏了而且还将面临很大的风险。

问题："这笔交易不但亏了而且还将面临很大的风险"具体指的什么？

7．2014 年 11 月，我国内地某公司与香港地区一公司签订了一个进口香烟生产线合同。设备是二手货，共 18 条生产线，由 A 国某公司出售，价值 100 多万美元。合同规定，出售商保证设备在拆卸之前均在正常运转，否则更换或退货。设备运抵目的地后发现，这些设备在拆运前早已停止使用，在目的地装配后也因设备损坏、缺件根本无法马上投产使用。但是，由于合同规定如要索赔需商检部门在"货到现场后 14 天内"出证，而实际上货物运抵工厂并进行装配就已经超过 14 天，无法在这个期限内向外索赔。这样，工厂只能依靠自己的力量进行加工维修。经过半年多时间，花了大量人力物力，也只开出了 4 套生产线。试分析该案例。

技能实训题

<hr>

1．假设你本人创办了一个企业，生产经营某类产品出口。请尝试着对自己经营的产品进行一番考察（社会实践调查、上网查询），然后根据你的分析判断，制定出口货物经营方案。

2．根据下列合同条款填写开证申请书。

SALES CONFIRMATION

No. 2015BTU001

Date：Mar. 18.2015

Signed at：Beijing, China

The Buyer：Messers Tomas & Brother Co., Ltd.

40500 Detroit Ave. 205, Westlake, Ohio 33415

U. S. A.

The Seller：Beijing Textiles Imp. & Exp. Corp.

No. 58 Jianguomen Road,

Beijing, China

This is to confirm the transaction made by and between the Buyers and the Sellers for the undermentioned goods on the terms and conditions as set forth here below：

Name of Commodity：　100% cotton terry tea towels

Art. No. K13009HA-A

Specification：	Checked designed
	In red, yellow, blue, green, purple and brown colors
	"18×28"　37.40/doz
Quantity：	4,000 dozen total with colors equally assorted
Packing：	In cartons of 25 doz, each, one doz. in a polybag
Unit Amount:	USD5.50 per doz. CIFC2 NEW YORK
Total Amount:	USD22,000.00 only
Shipment：	From China port to NEW YORK. During May，2015
	Partial shipments and transshipment are not allowed
Payment：	The buyer shall open through a bank acceptable to the seller an letter of credit at sight to reach the seller 15 days before the month of shipment valid for negotiation in China until the 15th day after the date of shipment
Insurance：	To be covered by the seller for 110% of the invoice value against All Risks and SPCC as per the relevant ocean marine cargo clauses of the People's Insurance Company of China dated 01/01/1981
Shipping Marks：	At Seller's option
Remarks：…	

Seller　　　　　　　　　　　　　　　Buyer

（Authorized Signature）　　　　　　（Authorized Signature）

IRREVOCABLE DOCUMENTARY CREDIT APPLICANTION

TO：　　　　　　　　　　　　　　　　　　　DATE：

Beneficiary (full name and address)	L/C NO. Contract No.
	Date and place of expiry of the credit

Partial shipments □allowed □not allowed	Transshipment □allowed □not allowed	□Issue by airmail □With brief advice by teletransmission □Issue by express delivery □ Issue by teletransmission (which shall be the operative instrument)
Loading on board/dispatch/taking in charge at/from not later than for transportation to		Amount (both in figures and words)

Description of goods：	Credit available with
	☐by sight payment ☐by acceptance
	☐by negotiation
	☐by deferred payment
Packing	Against the documents detailed herein
	☐and beneficiary's draft for % of the invoice
	value at
	On
	☐FOB ☐CFR ☐CIF
	☐or other terms

Documents required： (marked with √)

1. (   ) Signed Commercial Invoice in   copies indicating L/C No. And Contract No.

2. (   ) Full set of clean on board ocean Bills of Lading made out to order and blank endorsed, marked " freight [   ] to collect/[   ] prepaid [   ] showing freight amount" notifying

3. (   ) Air Waybills showing "freight [   ] to collect/[   ] prepaid [   ] showing fright amount" and consigned to

4. (   ) Memorandum issued by   consigned to

5. (   ) Insurance Policy / Certificate in   copies for   % of the invoice value showing claims payable in China in currency of the draft, blank endorsed, covering ([   ] Ocean Marine Transportation / [   ] Air Transportation / [   ] Over Land Transportation) All Risks, War Risks.

6. (   ) Packing List / Weight Memo in   copies indicating quantity / gross and net weights of each package and packing conditions as called for by the L/C.

7. (   ) Certificate of Quantity / Weight in copies issued by an independent surveyor at the loading port, indicating the actual surveyed quantity / weight of shipped goods as well as the packing condition.

8. (   ) Certificate of quality in copies issue by [   ] manufacturer /[   ] public recognized surveyor / [   ]

9. (   ) Beneficiary's certified copy of cable / telex dispatched to the accountees within hours after shipment advising [   ] name of vessel /[   ] fight No. / [   ] wagon no. , date, quantity, weight and value of shipment.

10. (   ) Beneficiary's Certificate certifying that extra copies of the documents have been dispatched according to the contract terms.

11. (   ) Shipping Co.'s Certificate attesting that the carrying vessel is chartered or booked by accountee or their shipping agents.

12. (   ) Other documents, if any：

Additional instructions：

1. (   ) All banking charges outside the opening bank are for beneficiary's account.

2. (   ) Documents must be presented within days after the date of issuance of the transport documents by within the validity of this credit.

3. (   ) Third party as shipper is not acceptable. Short Form / Blank Back B/L is not acceptable.

4. (   ) Both quantity and amount   % more or less are allowed.

5. (   ) Prepaid freight drawn in excess of L/C amount is acceptable against presentation of original charges voucher issued by shipping Co. / Air Line / or it's agent.

6.(   ) All documents to be forwarded in one cover, unless otherwise stated above.

7. (   ) Other terms, if any：

Account No.：   with   (name of bank)

Transacted by：   (Applicant; name, signature of authorized person)

Telephone No：   (with seal)

3. 根据技能实训第 2 题的合同条款审核下列国外来证，找出不符点。

ZCZC BDQ123QHD999

PS SDAAOC

HJ HOC

FROM： THE FIRST CITIZEN BANK OF NEW YORK, NEW YORK
ADVISING BANK：

        BANK OF CHINA BEIJING BRANCH
        NO. 1 EAST CHANGAN STREET EAST CITY DISTRICT
        BEIJING 100738 CHINA

WE HEREBY ISSUE THE DOCUMENTARY CREDIT IN YOUR FAVOUR. IT ENGAGES US IN ACCORDANCE WITH THE TERMS THEREOF. THE NUMBER AND THE DATE OF THE CREDIT AND THE NAME OF OUR BANK MUST BE QUOTED ON ALL DRAFTS REQUIRED. IF THE CREDIT IS AVAILABLE BY NEGOTIATION, EACH PRESENTATION MUST BE NOTED ON THE REVERSE OF THIS ADVICE BY THE BANK WHERE THE CREDIT IS AVAILABLE.

40A： FORM OF DOCUMENTARY CREDIT
    IRREVOCABLE
20： DOCUMENTARY CREDIT NUMBER
    0006LCC150123
31C： DATE OF ISSUE
    30-MAR. 2015
31D： DATE AND PLACE OF EXPIRY
    MAY 31, 2015 AT OUR COUNTER
32B： CURRENCY CODE, AMOUNT
    USD22, 000.00 （SAY U.S. DOLLARS TWENTY TWO THOUSAND ONLY）
41D： AVAILABLE WITH…BY…
    ANY BANK
    NEGOTIATION
42C： DRAFT AT…
    30 DAYS AFTER DATE OF B/L
42D： DRAWEE
    MESSRS TOMAS & BROTHER CO…LTD…
43P： PARTIAL SHIPMENT
    PROHIBITED
43T： TRANSSHIPMENT
    ALLOWED
44C： LATEST DATE OF SHIPMENT
    15 MAY, 2015
45A： DESCRIPTION OF GOODS AND/OR SERVICES
    100% COTTON TERRY TEA TOWELS
    Art. No. K23009HA-A
46A： DOCUMENTS REQUIRED
    + BENEFICIARY'S SINGNED COMMERCIAL INVOICE IN DUPLICATE PLUS
    ONE PHOTOCOPY

+ PACKING LIST IN DUPLICATE

+ FULL SET OF ORIGINAL CLEAN ON BOARD OCEAN BILLS OF LADING PLUS 1 N/N COPY MARKED FREIGHT COLLECT MADE OUT TO ORDER AND NOTIFY APPLICANT WITH NAME AND FULL ADDRESS

+INSPECTION CERTIFICATE ISSUED BY APPLICANT CERTIFYING THAT GOODS HAVE BEEN INSPECTED BY THEM AND FOUND CONFORM IN ALL POINT

47A： ADDITIONAL CONDITIONS

+A FEE OF USD50.00 OR ITS EQUIVALENT WILL BE DEDUCTED FROM THE PROCEEDS OF EACH SET OF DISCREPANT DOCUMENTS, WHICH REQUIRE OUR OBTAINING ACCEPTANCE FROM APPLICANT

+INSURANCE TO BE COVERED BY ULTIMATE BUYER

+5 PERCENT MORE OR LESS BOTH IN CREDIT AMOUNT AND QUANTITY OF EACH ITEM ACCEPTABLE

71B： CHARGES

ALL BANKING CHARGES OUTSIDE NEW YORK ARE FOR THE ACCOUNT OF BENEFICIARY

48： PERIOD OF PRESENTATION

DOCUMENTS TO BE PRESENTED WITHIN 21 DAYS AFTER THE DATE OF SHIPMENT BUT WITHIN THE VALIDITY OF THE CREDIT

49： CONFIRMATION INSTRUCTIONS

WITHOUT

78： INSTRUCTIONS TO PAYING/ACCEPTING/NEGOTIATING BANK

+UPON RECEIPT OF DOCUMENTS CONFORMING TO THE TERMS AND CONDITIONS OF THIS CREDIT. WE SHALL PAY THE PROCEEDS AS DESIGNATED

+ NEGOTIATING BANK MUST FORWARD ALL DOCUMENTS TO US IN ONE LOT

+ REIMBURSEMENT UNDER THIS L/C, IF APPLICABLE, IS SUBJECT TO ICC UNIFORM RULES FOR BANK TO BANK REIMBURSEMENTS

THE FIRST CITIZEN BANK OF NEW YORK. NEW YORK

（盖章）

第三章 国际货物买卖合同的磋商与订立

一家贸易公司与国外客户建立业务关系后，彼此自然会就具体业务进行交易磋商。很多情况下，双方成交不是一蹴而就的，需要相互合作，彼此让步、互相妥协，并进行价格核算。这就是交易磋商的过程，即交易双方当事人就贸易合同的各项条件进行协商，以期达成一致意见。其间经过询盘（Inquiry）、发盘（Offer）、还盘（Counter-Offer）、接受（Acceptance）等基本环节，甚至经过多轮回合的讨价还价（Rounds of Bargaining），谈判最终才会取得成功。交易磋商是过程，订立合同是结果。从法律角度上讲，发盘和接受分别构成要约和承诺，是合同成立的要件。

第一节 交易磋商概述

一、交易磋商的意义

交易磋商（Business Negotiation），是指进出口双方就商品的各项交易条件进行谈判，以期达成交易的过程。在业务中，也称作商务谈判。在国际贸易中，交易磋商占有十分重要的地位，是国际贸易业务活动中非常重要的一个环节。交易磋商的重要性体现在以下两个方面。

1. 交易磋商是国际贸易合同的基础

交易磋商是为了达成交易，而达成交易的表现形式是在交易双方之间建立合同关系。因此，合同是交易磋商的结果。在交易磋商中，双方就各项交易条件寻求意见的一致。若对于某一条件，双方意见不一致，则应修改该条件，直至双方的意见一致为止，讨价还价是最典型的例子。当双方对法律或国际惯例中规定合同成立的各项交易条件表示的意见都一致时，合同关系便建立了，这些交易条件对双方就产生了法律约束力。可以说，交易磋商的过程是合同形成的过程，没有交易磋商也就没有合同。

2. 交易磋商关系到交易成败和经济效益

在交易磋商中，如果双方对某些交易条件的意见表示始终不一致，就达不成交易。如果为了达成交易，对交易条件做无节制的让步，即使达成交易，却达不到应有的经济效益，也就违反了交易的初衷。或者，交易磋商中若不考虑对方的履约能力，而一味坚持某种交易条件，以致以后的履约不能顺利进行，这也是交易的失败，并会带来一定的损失。因此，如何进行交易磋商，在磋商中坚持什么原则，采用什么策略和方法，在国际贸易中是非常重要的。

二、交易磋商方式及其选用

（一）磋商方式

交易磋商的方式可以分为口头的和书面的两类。

1. 口头磋商

口头磋商主要指进出口双方面对面的谈判。如参加国际商品交易会，在交易会上双方进行面对面的口头磋商；由我方派遣贸易团体出访对方进行口头磋商；或邀请国外客户来访我方进行口头磋商。另外，进出口双方通过国际长途电话进行谈判也属于口头磋商形式。

口头磋商的特点是：（1）信息传递迅速，效率较高。一方提出某项交易条件或要求对某项交易条件进行修改，马上可以获得对方对此要求的反馈信息，或表示同意，或表示不同的意见。（2）面对面的谈判可以观察对方的表情、举止等，揣摸对方的心理，见机行事，调整谈判策略和方法。（3）口头磋商有利于交流感情，促进双方良好关系的发展。这一点在国际贸易中，对于建立长期的业务关系是很重要的。（4）通过参加交易会和互访进行面谈所要花费的费用，如参展费、差旅费等比较高，这对企业来说是一笔不小的支出。（5）口头磋商对谈判人员的素质要求也比较高。例如，谈判人员要有丰富的业务知识，对对方提出的交易条件或对某些交易条件提出不同的意见时，要及时做出反应，不能进行长时间的思考和商量。

2. 书面磋商

书面磋商是指通过信函、传真、电子邮件等通信方式来进行交易磋商。在各种通信方式中，传真具有突出的优点，因此，现在有些企业使用传真进行磋商，还有不少企业使用电子邮件或利用网上"洽谈室"磋商交易。

书面磋商的特点是：（1）交易磋商有凭证，当双方之间产生争议时，有据可查；（2）书面磋商所要支出的费用比口头磋商要低得多。随着现代通信技术的发展，书面磋商也越来越简便易行，书面磋商已成为日常业务中的通常做法。

（二）磋商方式的选用

通常口头磋商方式用于大宗的、交易条件复杂的商品的交易，以及新产品、对新客户的初次交易中。这是因为面对面的口头磋商便于双方充分交流和使用谈判技巧，有利于双方建立信任和发展长远的业务关系。书面磋商方式则用于交易条件清楚明确或有普通习惯做法的商品、技术交易中。例如，信函常用于行情变化较小、预期利益较低的产品在某一市场的推销；再如，电报、传真、电子邮件或互联网则用在行情变化快、交易条件明确的商品谈判中。

在实际业务中，每一笔交易不可能只用单一的磋商方式，大多数情况下是几种方式结合使用，各取所长，以达到最佳的效果。尤其应注意，口头磋商达成的交易或任何口头的承诺，必须以书面形式（如谈判备忘录、电话商谈记录等）确定下来，并经双方会谈确认，才能最大限度地保证履约。

三、交易磋商的内容

国际贸易合同中的交易条件是交易磋商的主要内容。交易条件可以分为五类：（1）商品条件，包括商品的名称、品质、数量、包装等；（2）价格条件，包括商品的单价、总价、价格术语、佣金或折扣等；（3）交货条件，包括交货的时间、地点、运输方式、运输保险等；（4）支付条件，包括支付工具、支付时间、地点及支付方式等；（5）争议处理条件，包括索赔、不可抗力、仲裁等。

从理论上讲，只有就以上各项内容逐一磋商，达成一致的意见，才能充分体现"契约自由"的原则。但是，在实践中并不是每笔交易业务都要对上述各项内容逐一磋商的。因为从合同成立的角度来看，法律上没有要求只有明确上述全部内容，合同才有效。只要明确了主要交易条件，合同就成立。

从实践操作的角度来看，在上述交易条件中，有一部分内容在各笔交易业务中相对比较固定。为了简化交易磋商的内容，提高贸易效率，很多进出口商往往对这部分内容事先达成一个协议，确定以后的各笔交易所涉及的这些方面的内容都如此规定。只要任何一方没有提出异议，就不必重新磋商。这些交易条件称为一般交易条件（General Terms and Conditions）。

一般交易条件应按所经营的商品大类（如轻工业品、粮油食品、机械等）或按商品品种（如棉布、呢绒、真丝织品等），分别予以拟订。一般交易条件的内容，虽各有不同，但就我国出口企业所拟订的一般交易条件而言，通常包括以下几方面：（1）有关预防和处理争议的条件（如关于货物检验、索赔、不可抗力和仲裁的规定等）；（2）有关主要交易的补充说明（如品质机动幅度、数量机动幅度、允许分批/转运、保险金额、险别和适用保险条款、信用证开立的时间和有效期的规定等）；

（3）个别的主要交易条件（如通常采用的包装方法、凭即期信用证支付的规定等）。

一般交易条件大都印在由贸易商自行设计和印制的合同格式的背面或格式正面的下部。有的则将其拟订的一般交易条件单独印制成文，以供分发给可能与之交易的客户用。

操作技巧提示

面对新客户及老客户时磋商的内容是有区别的。例如，我们在与老客户谈生意时，无论是采用函电的方式，还是采用面对面的方式，所洽谈的内容都比较简单，不一定涉及某些交易条件。这些未涉及的交易条件中，常见的有不可抗力、仲裁和索赔等，有的甚至对包装、支付方式也没有涉及。这并不是说未涉及的交易条件不存在或者不重要，而是由于我们同这些老客户事前已就"一般交易条件"达成协议，或者双方在长期交易过程中已形成了一些习惯做法。

但是对一个新客户，交易磋商的内容一般应包括上述各项交易条件，否则容易引起纠纷。例如，在交货数量的确定上，按实际交付或装运的数量计算，一般没有多大困难。但对于有些带包装并按重量计价的商品，在确定支付价款的金额时，就有一个按净重还是按毛重计算重量和计价的问题。如果出口方出售某种商品习惯上是按毛重计量计价的，就必须在与新客户洽谈时，在合同中做出明确规定，否则，进口方如以不了解出口方的习惯做法为由，坚持按净重计价，则会产生不必要的纠纷和损失。

（资料来源：王斌义，顾永才. 出口贸易操作20步. 北京：首都经济贸易大学出版社，2006）

第二节 交易磋商的一般程序

国际货物买卖中，交易磋商的一般程序有询盘、发盘、还盘和接受四个环节，其中发盘和接受是达成交易的决定性环节，是合同成立的重要条件。

一、询盘

询盘（Inquiry），也称询价，是指交易一方欲出售或购买某项商品而向交易的另一方询问买卖该项商品的有关交易条件。它可用口头或书面方式表示。

在实际业务中，询盘只是探询买或卖的可能性，所以不具有法律上的约束力，询盘的一方对能否达成协议不负有任何责任。由于询盘不具有法律效力，所以可作为与对方的试探性接触，询盘人可以同时向若干个交易对象发出询盘。

询盘也不是每笔业务的必经程序。如交易双方彼此都了解情况，不需要向对方探询成交条件或交易的可能性，则不必使用询盘，可直接向对方发盘。

1. 询盘的内容与种类

询盘的内容包括商品的品质、规格、数量、包装、价格、装运等成交条件，或者还会索取样品。在实际业务中，询盘的内容可繁可简，可只询问价格，也可询问其他有关的交易条件。

由于询盘人的地位不同，询盘可分为两种：买方询盘和卖方询盘。

买方询盘也称"邀请发盘"，如：Please offer flying pigeon brand bicycles.（飞鸽牌自行车请报盘。）

卖方询盘，如：Can supply 1 000 pieces Flying Pigeon brand bicycles May shipment please bid.（可供应 1 000 辆飞鸽牌自行车，5 月装运，请发盘。）

在实际业务中，询盘一般多由进口方向出口方发出。

2. 处理询盘的技巧

询盘往往是一笔交易的起点，所以，我们对接到的询盘应给予重视，要尊重对方的询价，无论是否交易，最好应及时处理与答复对方询价。

（1）询盘邮件的分类与甄别

现在，大家都在开展国际贸易网络营销，如果你开展了一系列的网络推广工作，就会不断地收到各种电子邮件。在这些邮件中，有一部分可能就是你期盼的询盘邮件。询盘邮件的质量是有很大差别的，对询盘邮件分类、甄别，将你最好的资源投入真正的潜在客户上会大大提高你的工作效率。

归纳起来，询盘邮件有以下几类。

① 寻找卖家（或买家）型。这种类型的询盘人，正在寻找（或推销）相关产品，他们正在执行着采购（或销售）计划，他们也在为完成采购（或销售）任务而奔忙。这类询盘最大的特点是：目标明确，例如，有品名、要货（或供货）数量、交货条款等；信息全面，例如，有公司名称、地址、电话、传真、联系人等；询问专业；问题详尽。你的及时回复无疑是雪中送炭。对于这类询盘要高度关注，及时、准确、全面、专业的答复和有竞争力的报盘是达成交易的关键。

② 准备入市型。这种类型的询盘人，也许在他的国家已经有经营经验，但对你的情况还不够了解；也许他的客户已经向他询盘；也许他已经知道通过与你交易，可以获得较好的利润……总而言之，他们已经准备和你做生意，但有许多具体问题需解决。在这类人的询盘中，一般信息比较全面（例如，有公司名称、地址、电话、传真、联系人等），询问比较专业但不是很详尽。这类客户是你的潜在客户，他们需要你的培育。耐心、专业的回答和恰当的跟踪，有利于不断培养他对你的信任，不断增强他和你做生意的信心。

③ 无事生非型。现在有很多在线交易市场或其他的贸易平台，为了便于用户查询，提供一种组合查询的功能。用户使用这种功能，只要点击感兴趣的产品后，就可以给有关企业发去标准格式的询盘邮件。对于这样的询盘（一般在邮件格式中都有说明它是来自什么网站），撰写一封通用格式的电子邮件，表达你非常希望和他建立业务关系，并请他更多地介绍自己的信息。将这样的邮件发给对方，过不了多久你就会将这类人"过滤"掉，因为他们大多不会回复你。

④ 信息收集型。他们是技术人员，他们现在正要开发或仿造相关产品，他们需要了解市场、了解产品、得到更多的同行信息。这类询盘十分专业。他们永远不会成为你的客户，相反还有可能成为你在他们国家的竞争对手。回复这类人的邮件要把握专业尺度，要设法有礼貌地回避。

⑤ 索要样品型。这类人的目标是索要免费样品，他们多是欠发达国家或地区的客户。经过交流，你会发现他对价格、质量等并不关心，他关心的只是给他送样品。坚持让他付样品费和邮费，会使他远离你。

⑥ 窃取情报型。他是你的竞争对手，他们有备而来，利用互联网的特点，装扮成外国客户来刺探你的价格、交易条款等信息，从而制定出他们更有竞争力的策略。这是最难回复的邮件。对这种类型的人，除了有互联网经验的人用技术手段鉴别外，多是通过多次往复的交流，主观地加以甄别。

（2）如何识别客户询盘的价值

外贸企业发布信息之后，通常会有许多人来询盘，然而在众多的询盘者中有几个是真正的客户呢？在现实生活中的询盘，我们可以通过观察、提问和交谈来了解客户的心理，但在网络贸易中又该如何分辨呢？

首先，我们从他的询盘内容来看。一般专业客户对相关产品的描绘会比较具体，往往不是一类的产品而是某个具体的产品，并且对产品的称谓是行业内人士的常用称谓。下面的一些买方询盘可能是真实的。

① 他要求你就某一种产品报价时，同时具体到数量、规格、包装、产地、质量标准、交货时间、

提供相关证书、到货港口等。

② 他提出你的公司网站或产品目录里没有的相近产品，询问你是否可以提供生产。同时，他提供所需要的相近产品的款式、规格、颜色等其他方面的信息。对这类询盘要给予特别的重视。这往往是一个很好的机会，至少可以了解到新产品的市场需求。

③ 他直接提供你公司完全可以做的产品，并且附上图片，目标价格等详细产品说明资料。

其次，可以从署名和网址上看。比较专业的有诚意的贸易商会留下完整的联系方式，尤其是网址，让你去了解他们。专业贸易商一般都会用自己公司的 E-mail 地址，如果用 hotmail 等邮件地址，该客户一般非假即小。有时对方询盘时忘了写明他们公司的网址，看看他的 E-mail 地址"@"后面的内容，再加上"www."就可以去访问一下。

如果由以上方面仍不能判断，那么可以通过交谈（电话、传真、E-mail）来辨别，前提是客人对你所提的问题要有所反应。只要问他几个关键性的问题，例如，产品的规格、技术参数，希望接受的价位，打算交易的数量，和中国的哪些企业有过生意往来，和中国做生意有多长时间等。通过这些问题大致可以判别客户的价值。

（3）如何回复询盘

从表面上看，回复询盘是一个比较简单的问题，但实际上很复杂，因为这关系到能不能发展这个客户的问题。对于确实有价值的询盘，为了抓住商机，外贸企业要认真对待。

① 首先要调整好心态，不能因为工作忙或询盘多而不及时回复。

② 注意区分是询盘还是发盘，避免将询盘当作发盘而急于接受，从而暴露本方交易的迫切愿望，使自己在交易条件的具体磋商中处于不利地位。

③ 适当站在对方的角度思考问题，做好细致的准备工作。

④ 对询盘的回复尽量做到准确、全面、具体、清楚和礼貌。

⑤ 注意语言技巧，主动联络对方，做好沟通的准备工作。

【例 3-1】回复买方询盘范例

执事先生：

你好！

很高兴再次收到你的查询！你在去年9月15日曾向我们查询过竹篮，那时我们曾给你寄过公司目录，如你需要，我们可再寄一份给你。

你并不是巴西唯一向我们查询过竹篮的进口商，我们也曾收到来自巴西的ABC、Universal等进口商的查询，但他们总是查询另一种竹篮。如你有需要，我们可以向你介绍那一类的竹篮，你是否希望我们为你的巴西市场做些特别的样品呢？

我们是有15年专业竹制品经验的中国制造商，提供超过1 000种各式的竹制品，月产量达600万个，是你最值得信赖的中国竹制品供应商，你查询的产品如附图资料。我们明天会给你寄一份目录，若你能提供你的快递账号，我们将把样品一同寄给你！

期待尽快收到你的回复。

3. 对外发出询盘应注意的问题

（1）询盘不一定要有"询盘"字样，凡含有探询交易条件或价格方面的意思表示的均可做询盘处理。

（2）询盘人在询价时除询问商品价格外，也应注意询问其他交易条件，如商品的款式、型号、数量、包装以及付款方式、交货时间、估价等。

（3）在选定了询盘的国别或地区后，要选择其中几家交易对象向他们发出询盘，而不是同时向所有的潜在交易对象发出询盘，以免暴露我方销售或购买意图。

（4）因买卖双方处于平等地位，所以询盘不必使用过分客气的词句。同时，买卖是公司间的交易，而不是私人间交易，因此询盘应寄送给公司，而不应寄给个人，这样也可避免信件被耽搁。

（5）询盘必须简洁、清楚，用词要得体。询盘是交易磋商的第一步，在法律上对询盘人和被询盘人均无约束力。

二、发盘

1. 发盘的含义及形式

发盘（Offer）也称报盘、发价、报价，法律上称为"要约"。根据《联合国国际货物销售合同公约》（以下简称《公约》）第十四条第（1）款的规定："向一个或一个以上特定的人提出的订立合同的建议，如果其内容十分确定并且表明发盘人有在其发盘一旦得到接受就受其约束的意旨，即构成发盘。"在实际业务中，发盘对发盘人具有法律上的约束力，即在发盘有效期限内，发盘人不得随意撤销或修改其内容。如果在发盘有效期内，发盘人表示接受发盘，发盘人必须承担按发盘条件与对方订立合同的法律责任。

发盘的方式可以是书面的，也可以是口头的。外贸企业既可以直接向国外客户发盘，也可以在收到客户的询盘后发盘，前者要考虑发盘的准确性和吸引力，后者要注重针对性，但无论如何其内容必须明确无误，语气则需诚恳、委婉，且有说服力，以赢得顾客的信任和好感。

从发盘人的地位不同分，发盘可分为两种：一是由卖方发盘，或称"售货发盘"（Selling Offer）；二是由买方发盘，或称"购货发盘"（Buying Offer），俗称"递盘"。但大多数的发盘是由卖方发出，习惯上称为"卖方发盘"（Selling Offer）。

根据内容和条件是否完整、明确等情况，发盘又分为实盘与虚盘。实盘（Firm Offer）是指卖方提出的内容和条件是肯定的、明确的、完整的、无任何保留条件的一种报价。虚盘（Unfirm Offer）则是发盘人有保留地向受盘人发出交易条件，愿意签订合同的建议。例如，"800 箱红梅牌苹果罐头，2 724×6 tins 每箱 CIF 伦敦 15 英镑，纸箱装，2007 年 6 月装运，即期信用证，以我方最后确认为准"，其中"以我方最后确认为准"就是保留条件，所以该发盘应属于虚盘。虚盘对双方都没有约束力。受盘人即使接受上述发盘，也要经过发盘人的最后确认才能生效，而且发盘人在最后确认之前还可以随便撤销或者修改交易条件。因虚盘不受法律的约束，所以又叫"无约束力的发盘"。

实盘和虚盘各有其用处。在市场价格不稳定时，发盘人本身就想观望一下，或出口商货源不足，需要向进口商做试探性的了解，一般多使用虚盘，使发盘人处于灵活、主动的地位。如果货源有保证，价格稳定而且不会有什么变化，发盘人又想从速达成交易；或由于市场价格有变动趋势，发盘人想在价格变动前快速成交，在这些情况下使用实盘比较合适。

通常所说的发盘主要是指实盘，本书以下若不做特别说明，所提发盘均指实盘。

【例3-2】我轻工业品进出口公司根据伦敦客户9月8日的询盘，于9月10日做出下列发盘：Yours eighth offer subject reply reaching us fifteenth whitecats washing-powder art No. 101 packed in cartons of six doz each sterling thirty-two per gross CIF London December shipment irrevocable sight credit.

2. 构成发盘的条件

根据《公约》，构成发盘应具备以下四个条件。

（1）发盘应向一个或一个以上特定的人提出。即发盘必须指定受盘人，可以是一个人也可以是多个人，但必须向有名有姓的公司或个人提出，受盘人不指定，只能视为发盘的邀请。一般的商业广告不是对特定的人提出，故不是一项发盘。

（2）发盘内容必须十分确定。一项发盘若包含下列三个基本要素：①明示货物的名称；②明示或者默认地规定货物的数量或规定确定数量的方法；③明示或者默认地规定货物的价格或者规定确定价格的方法，即被认为其内容"十分确定"。关于构成一项发盘究竟应包括哪些内容，各国法律解释不一致，我国实际业务中，为了避免发生争议，在对外发盘时，应明示或暗示至少六项主要交易条件，即货物的品质、数量、包装、价格、交货和支付条件。

【案例 3-1】合同是否有效案

某粮油食品进出口公司与曼哈顿贸易公司签订一份为期两年的供货合同。规定："由卖方每月供应 10 吨一级花生油，价格每三个月议定一次。"又规定："如双方发生争议，应提交仲裁处理。"但合同执行了半年后，买方提出："因合同的价格未明确，主张合同无效。"后经仲裁裁决，确认该合同继续执行。问：在上述情况下，合同的价格条件是否明确？买方能否以此为理由主张合同无效？

［案例评析］

合同的价格条件是明确的。由于这份合同是为期两年的供货合同，不可能一次把两年的价格定死，因而只能采取活价条款，即合同中明确规定的每三个月由双方议定价格一次，这种作价方法是合理的。买方不能以此为理由主张合同无效。

（3）发盘应表明订约的意旨。即发盘人必须表明：其发盘一旦被受盘人接受，就承担与受盘人按发盘条件订立合同的责任。如果只是订立合同的建议，根本没有"承受约束"的意思，就不能被认为是一项发盘。例如，在订约建议中加注"仅供参考""以……确认为准"等保留条件，都不是一项发盘，只是邀请对方发盘。

（4）发盘应传达到受盘人。发盘只有被送达到受盘人时才生效。

3. 发盘的有效期

发盘的有效期对发盘人和受盘人而言，既是一种限制又是一种保障。发盘的有效期是指受盘人接受发盘的期限，超过发盘规定的时限，发盘人即不受其约束，也就是说，受盘人在有效期内接受发盘，发盘人需承担按发盘条件与之订立合同的责任；而受盘人超过有效期做出接受，发盘人就不承担与之订立合同的义务。

在国际货物买卖中，对发盘的有效期可做明确规定，也可以不做明确规定。不明确规定有效期的发盘，按法律在"合理时间"内有效。合理期限的理解，应根据商品特点、发盘方法等因素而定。对以信件、电报发盘，其合理期限前者长，后者短；对初级产品、工业制产品，其合理期限前者短，后者长。由于"合理时间"国际上并无统一规定，容易引起纠纷，我国对外发盘一般采用明确有效期的方法。

在实际业务中，常见的明确规定有效期的方法有以下两种。

（1）规定最迟接受期限。例如，OFFER SUBJECT REPLY HERE OCTOBER 5TH.（发盘限 10 月 5 日复到。）

（2）规定一段接受的期限。例如，OFFER VALID 5 DAYS.（发盘有效期为 5 天。）这种规定方法，必须明确"一段时间"的起止。《公约》规定，以电报交发时刻或信上载明的发信日期起算；如信上未载明发信日期，则从发盘送达受盘人起算。如接受期限的最后一天是发盘人营业地的正式假日或非营业日，则应顺延至下一个营业日。

【案例 3-2】发盘有效期案

外国 B 商行代表于 5 月 17 日上午来访我某电子工艺品公司洽购某商品，我方口头发盘后 B 商未置可否。次日上午该商再次来访，表示无条件接受我公司 17 日上午的发盘。此时，我方获悉该项商品的国际市场价格有趋涨的迹象。根据《公约》的规定，我方如何处理？

[案例评析]

根据《公约》的解释，在没有其他约定的情况下，口头发盘应立即接受方为有效。本案中，我方17日上午口头发盘，B商当时未置可否，该口头发盘即失效，我方不再受此发盘约束，B商次日的接受也是无效的，双方合同不能成立。鉴于市价趋涨，我方可以拒绝或提高价格后重新发盘。当然，如果当时我方急于求售，或其他原因，同意按原发盘条件与对方达成交易也是可以的。

4. 发盘的生效、撤回、撤销与失效

（1）发盘的生效

对于发盘何时生效的问题，《公约》第十五条第（1）款规定，发盘于送达受盘人时生效。不论是书面的或是口头的发盘，只有传达至受盘人时才能对发盘人产生约束力。如果发盘人用信件或电报向对方发盘，该信件或电报遗失或送错，对方没有收到，则该项发盘无效。另外，发盘的生效也是受盘人做出接受行为的起始时间，受盘人只有在收到发盘后，也就是在发盘生效后，才能做出接受，否则，不具有法律效力。

（2）发盘的撤回

发盘的撤回是指发盘人在发盘送达受盘人之前，即在发盘尚未生效时，阻止该项发盘生效。根据《公约》第十五条第（2）款的规定，如果撤回发盘的通知先于发盘或与发盘同时送达受盘人，则该项发盘可以被撤回。换言之，任何发盘，包括不可撤销的发盘，在其送达受盘人之前，即在其生效之前，一律允许撤回。但如果发盘的通知已送达受盘人，发盘人若想修改或废除发盘，那就不是撤回的问题了，而是发盘的撤销。

（3）发盘的撤销

发盘的撤销是指在发盘到达受盘人，即发盘已经生效后，发盘人取消该项发盘。因此，发盘的撤销不同于发盘的撤回。

根据《公约》第十六条第（1）款的规定，在合同订立以前，发盘可以撤销，如果撤销的通知于受盘人发出接受通知之前送达受盘人，也就是说，在发盘已经送达受盘人之后，即发盘已经生效之后，在受盘人发出接受通知以前的这段时间内，发盘原则上仍可以撤销，但撤销的通知必须在受盘人发出接受通知之前送达受盘人。

此外，《公约》第十六条第（2）款规定，下列两种情况下的发盘，一旦生效不得撤销：①在发盘中规定了有效期，或以其他方式表示该发盘是不可撤销的；②受盘人有理由信赖该发盘是不可撤销的，并本着对该发盘的信赖采取了行动。

【例3-3】美国A供应商10月2日向我国B进口公司发盘，以每打86美元CIF纽约的价格提供全棉男衬衫500打，限10月15日复到有效。该盘于10月7日抵达B进口公司，10月8日美国A供应商发现问题，向B进口公司发传真要求撤销该发盘。

该项发盘不能撤销。因为发盘中明确规定了期限，即10月15日复到有效，而订有期限的发盘是不能撤销的。

（4）发盘的失效

对于发盘在什么情况下失去效力的问题，《公约》第十七条规定："一项发盘，即使是不可撤销的，于拒绝通知送达时终止。"这就是说，当受盘人认为自己不能接受发盘中提出的条件，并且将拒绝的通知送到发盘人手中时，原发盘即失去效力，发盘人也就不再受其约束。例如，受盘人在答复发盘人的电报中写道："贵方价格太高，无兴趣。"这就是明确的拒绝。如果受盘人拒绝后又反悔，重新表示接受，除非发盘人表示同意，否则合同不能成立。

在国际贸易惯例中，下列情况下可造成发盘的失效。

① 过期。在实盘规定的有效期内未接到受盘人的表示，期限已过而失效。

② 拒绝。受盘人表示对实盘不接受或拒绝，不管原发盘的有效期是否已过，其实盘均失效。

③ 撤销。发盘人在受盘人做出接受之前对发盘进行了有效的撤销，该发盘即失效。

④ 还盘。受盘人做出还盘后，原发盘即失效。

⑤ 法律实施。原发盘因某种原因引起法律的实施而使发盘失效。例如，发盘人死亡或因其他原因丧失行为能力；发盘人是法人，在发盘备接受前，该法人被依法宣告破产，并将有关破产的书面通知送达受盘人；特定标的物毁灭，如一件珍贵的独一无二的艺术品，发盘做出后在火灾中焚毁；在发盘后有关政府当局宣布该商品禁止进出口；等等。在以上任意情况下，发盘将依据法律而失效。

【案例 3-3】发盘失效案

我某纺织品公司向国外S公司发盘，报棉纺300公吨，每公吨3万元人民币。几天后，S公司复电称，对该批货物感兴趣，但希望将有效期延长10天，我方同意。5天后，S公司来电，要求将货物数量增至400公吨，价格降至2.9万元人民币。7天后我公司将这批棉纺卖给另一外商，并在第9天复电S公司，通知货已售出。但外商坚持要我方交货，否则以我方擅自撤约为由，要求赔偿。问：我方应否赔偿？为什么？

[案例评析]

我方不应赔偿。因为S公司5天后的来电中改变了交货数量、价格，构成对我公司发盘内容的实质性变更，实为还盘。我公司未答复，应视为对S公司的还盘未接受，双方合同不能成立，我方有权将货另售。

5. 发盘时应注意的问题

（1）发盘时要遵循有关的法律规范。例如，对于发盘撤销的问题，应按照《公约》的规定，在有效期内不得随意撤销发盘。

（2）发盘时要慎重，切忌盲目对外发盘。发盘是对发盘人具有法律约束力的行为，因此在交易磋商中，对外发盘要根据自身情况、市场行情以及受盘人的情况而慎重考虑。有的情况下可以选择询盘的方式，因为询盘的灵活性强且不受法律的约束，保留了最后确认的权利，在市场行情变化时可以及时调整，有较大的回旋余地。

（3）发盘要确定合理的有效期。发盘有效期的长短应综合考虑货物的种类、国际市场行情及交易额大小等诸多因素。对于市价稳定、交易额小的商品，如小批量的电子元器件等，有效期可适当长一些，一般可规定 10 天、半个月或一个月，某些商品可达两三个月。但对于如原料、初级产品等行情波动频繁及交易额大的商品，如粮谷、油脂、有色金属、橡胶、棉花等敏感性商品，有效期则应规定得相对较短为好，一般为一天，长的也不过两三天，有时甚至规定对方必须在发盘的当天或当日几点以前回复。另外，对于发盘的有效期不应轻易延长，以免让外商坐等良机而使我方风险增加，甚至造成巨大损失。

三、还盘

还盘（Counter Offer），也称还价，在法律上称为反要约，是指受盘人对发盘内容不同意或不完全同意，而提出修改或补充的表示。还盘可用口头或书面方式表示，书面方式表示如 YOUR CABLE2 COUNTER OFFER STERLING30 CIF LONDON REPLY HERE 8TH（你方 2 日电还盘 30 英镑 CIF 伦敦限 8 日我方时间复到有效。）

还盘不是每一笔交易磋商的必经环节，但多数情况下，一笔交易的达成往往离不开还盘。还盘是对原发盘的拒绝，发盘一经对方还盘，原发盘即失去效力，即使在发盘的有效期内，对发盘人也不再具有法律上的约束力。《公约》第十九条第（1）款规定："对发盘表示接受但载有添加、限制或其他更改的答复，即为拒绝该项发盘并构成还盘。"

还盘是一项对还盘人有约束力的新发盘。在交易磋商中，由于双方需要磋商的交易条件很多，因此，在还盘时一般只对发盘中不同意的部分提出修改的表示，而对于表示同意的部分，则不必在还盘中提出。但是，即使是对某一项交易条件，有时候双方也可能要反复磋商多次才能达成一致，因此在一方还盘后，另一方往往会做出再还盘。再还盘就是对还盘的还盘。一项交易的达成往往要经过若干次的反复还盘。

四、接受

接受（Acceptance），即受盘人完全地、无保留地、无条件地接受发盘（包括还盘）中的交易条件，同意按该条件签订合同的一种书面或口头表示。接受在法律上称为"承诺"，它与发盘一样，接受一经做出，也就承担了与对方订立合同的法律责任。接受是交易磋商的最后一个环节，也是交易磋商必经的一个环节。

1. 接受必须具备的条件

接受在法律上和国际贸易惯例上有特定的规则。根据《公约》规定，构成法律上一项有效的接受必须具备以下条件。

（1）接受必须由特定的受盘人做出。发盘是向特定人提出的，因此，只有特定的受盘人才能对发盘做出接受。由第三者所做出的接受是无效的接受，不具有法律效力，只能作为一项新的发盘，必须由原发盘人予以确认，合同才能成立。

【案例 3-4】非特定受盘人接受案

我国内地某贸易公司应香港中间商A商行之邀，于7月9日向其发盘供应羽绒一批并限7月16日复到有效。13日我公司收到A商行来电称："你9日发盘已转美国B公司。"同时收到美国B公司按我方发盘规定的各项交易条件开来的信用证。而此时国际羽绒市场价格猛涨，于是我方将信用证退回开证行，再按新价直接向B公司发盘。B公司拒绝接受新价，并要求我方接受信用证按原价发货，否则将追究我方违约责任。问：B公司的要求是否合理？为什么？

［案例评析］

B公司的要求不合理，我方不应发货。构成接受应具备的条件之一是接受必须由特定的受盘人做出，而本案中，我方发盘的特定受盘人是中国香港地区的中间商A商行，只有他做出的接受才具有接受效力。美国B公司开来的信用证可视为一项发盘，该发盘需得到我方的接受，双方合同才能成立。在合同未成立的情况下，B公司要求我方发货是没有依据的。

（2）接受必须表示出来。接受必须由受盘人以一定的方式表示出来。即接受可以采取口头或书面的声明，也可以用行为表示出来。例如，受盘人收到发盘后在其有效期内发运货物或支付货款或开出信用证，这些都属于用行为表示接受发盘的各项交易条件。

（3）接受必须在发盘有效期内送达发盘人。发盘中通常都有有效期，受盘人必须在发盘规定的有效期内（若发盘未规定具体有效期，则在"合理时间"内）做出接受的表示并送达发盘人，才具有法律效力。在发盘有效期之后才到达发盘人的接受称逾期接受，它构成一项新的发盘。

（4）接受的内容必须与发盘完全相符。如前所述，《公约》第十九条第（1）款规定："对发盘表示接受但载有添加、限制或其他变更的答复，即为拒绝该项发盘并构成还盘。"接受内容应当与发盘内容完全一致，并不提出任何更改、添加或限制的意见，也无任何保留条件，否则该项"接受"无法律效力，只能构成一项还盘。但是，《公约》对载有添加、限制或变更发盘条件的接受又有实质性和非实质性变更之分。例如，对发盘中商品价格、质量、数量、支付条件、交货地点和时间、赔偿责任范围及争端解决办法的更改，均视为对原发盘的实质性修改，此类"接受"均无法律效力。如果添加或变更的条件不属于上述内容的变更之列，则视为非实质性修改，不影响接受的法律效力，除非发盘人毫不迟延地以口头或书面方式表示反对其间的差异。例如，发盘中写明"用完好麻袋包装"，受盘人表示接受，但要求"用新麻袋包装"，这属于非实质性变更发盘的条件，接受有效，除非原发盘人及时表示反对，否则合同成立。

【案例3-5】添加条件接受案

我A贸易公司于5月17日向德国B公司发盘出售一批货物："报W325 300公吨，即期装船，即期信用证付款，每公吨CIF汉堡USD900，5月24日前复到有效。"5月22日B公司复电："你5月17日电，接受W325 300公吨，即期装船，即期信用证付款，每公吨CIF汉堡USD900，适合海运的良好包装。"A公司未回复。5月29日B公司来电询问是否收到其5月22日接受电。5月30日我A公司复电："你22日电收悉，由于你方变更了我方5月17日发盘，致使发盘失效。十分抱歉，由于世界市场价格变化，收到你22日电后，我货已另行出售。"B公司坚持双方合同已经成立，要求我方履行合同。问：B公司5月22日的接受是否可使合同成立？为什么？

［案例评析］

B公司5月22日的接受可使合同成立。因为，根据《公约》的规定，B公司5月22日的接受通知中对包装条件的添加并不构成对A发盘的实质性的改变，除非发盘人在合理的时间内及时表示不同意受盘人的添加，否则该接受仍具有效力。本案中，A公司收到B公司5月22日的来电并没表示反对，因此，B公司5月22日的接受具有合同效力，双方合同成立。

2. 接受的生效

关于接受在什么情况下生效，各个国家的不同法律体系存在明显的分歧。英美法系实行"投邮生效"的原则，这是指在采用信件、电报等通信方式表示接受时，只要发出的时间是在有效期内，接受的函电一经发出立即生效，即使函电在邮途中延误或遗失，也不影响合同的成立。在大陆法中，以德国法为代表采用的是"到达生效"原则，即表示接受的函电需在规定的时间内送达发盘人，接受方能生效。因此，函电如果在邮递途中发生延误或遗失，合同不能成立。《公约》采用的是到达生效的原则。《公约》第十八条中明确规定："接受发盘于表示同意的通知到达发盘人时生效。"这是针对书面形式的接受的规定。如果双方以口头方式磋商，《公约》规定："对口头发盘必须立即接受，但情况有别时不在此限。"这里所说的"情况有别"指的是发盘中有特殊的规定或双方另有约定。如果受盘人以行为表示接受，那么这种接受何时生效呢？《公约》第十八条第（3）款规定："（受盘人）无须向发盘人发出通知，接受于该项行为做出时生效，但该项行为必须在上一款所规定的期间内做出。"

【案例3-6】行为接受案

我某进出口公司在9月1日向日本三井会社发出询价，拟购320公吨聚丙烯，并在询价中说明："若在我方收到你方报价一周内，未得到我方答复，可视为接受。"9月5日我公司收到日本三井会社报价。由于该商品市价变化，9月15日我公司电告三井会社，拒绝其报价。双方就合同是否已成立发生激烈争执。问：双方合同是否成立？为什么？

[案例评析]

双方合同已经成立。根据《公约》的规定，本案中因双方事先已有约定，我方9月5日收到报价后，直至9月15日才通知拒绝，其答复已经超过了事先约定的收到对方报价后一周的期限，其行为可视为已接受了对方报价，已构成有效的接受，因此双方合同成立。

3. 逾期接受

在国际贸易中，由于各种原因，导致受盘人的接受通知有时晚于发盘人规定的有效期送达，这在法律上称为"逾期接受"。逾期接受在法律上不具有法律效力，对发盘人不具有约束力。

但是，根据《公约》的解释，逾期接受在以下两种情况下仍具有效力。

（1）发盘人毫不迟延地用口头或书面的形式将表示同意的意思通知受盘人。

（2）如果载有逾期接受的信件或其他书面文件表明，它在传递正常的情况下是能够及时送达发盘人的，那么这项逾期接受仍具有接受的效力，除非发盘人毫不迟延地用口头或书面方式通知受盘人，他认为发盘已经失效。

【案例3-7】逾期接受案

我农产品进出口公司根据国外B公司询盘，发盘销售50公吨蜂蜜，限B公司5日复到有效。B公司于次日上午以特快专递向我公司发出接受通知，但由于邮递延误，该接受通知于第6日上午才送达我公司。此时，我方鉴于市价趋涨，当即回电拒绝，但B公司以接受通知迟到不是他的责任为由，坚持合同有效成立，要求我方按期发货。问：B公司的要求是否合理？为什么？

[案例评析]

B公司的要求不合理。根据《公约》规定，如果载有逾期接受的信件或其他书面文件表明，它在传递正常的情况下是能够及时送达发盘人的，那么这项逾期接受仍具有接受效力，除非发盘人毫不延迟地用口头或书面形式通知受盘人表示拒绝。本案中，我方收到B公司的逾期接受后当即回电拒绝，因此，该逾期接受无效，合同不能成立，B公司无权要求我方发货。

4. 接受的撤回

《公约》第二十二条规定："接受可以撤回，如果撤回通知于接受原应生效之前或同时送达发盘人。"也就是说，接受与发盘一样，在发出后可以撤回，但必须是在其生效前。如果接受生效，合同即告成立，受盘人则不能撤回其接受。但在英美法系中，由于对接受的效力采用"投邮生效"原则，接受一经投邮就已生效，合同即告成立，因而不存在撤回的问题；大陆法的规定则与《公约》一致，受盘人在做出接受后，原则上是可以撤回的，只要撤回的通知先于或同时与接受的通知到达发盘人。在实际业务中，我们应注意各国法律规定上的这种差别，以免产生误解或争议。

5. 接受应注意的问题

在对外贸易中，表示接受的既可以是买方，也可以是卖方。

（1）如果是我方表示接受，一般应注意以下几个问题。

① 应对洽商的函电或谈判记录进行认真核对，经核对认为对方提出的各项交易条件已明确、完整、无保留条件和肯定时，才予以接受。

② 表示接受应在对方发盘或还盘的有效期之内进行，并应严格遵守有关时间的计算规定。

③ 在表示接受之前应详细分析对方报盘的真实意思，准确识别其函件是发盘还是询盘，如果将对方的询盘误认为发盘表示接受，可能暴露我方接受的底价和条件，使我方陷于被动；如果将对方的发盘误认为询盘，可能误失成交良机。

（2）由国外客户表示接受时，应注意以下问题。

① 要认真分析国外客户的接受是一项有效的接受，还是一项有条件的接受。如果是前者，交易即告达成；如果是后者，对方在表示接受时，对主要的交易条件有修改或提出保留条件，即属于还盘性质，对此种情况，可根据我方的经营意图决定是同对方继续交易洽商还是停止洽商。

② 在国外客户接受我方发盘时，对一些非重要条件做轻微的改动，按照国际贸易惯例，应视为有效的接受。

③ 注意贯彻"重合同、守信用"的原则，只要对方接受有效，即便出现了对我方不利的变化，如货价上涨或下跌、支付汇率上扬或下浮等，仍应同国外客户达成交易，订立合同，以维护我方信誉。

以上所述，询盘、发盘、还盘、接受是指业务交易磋商的一般程序。但应注意在实际业务中，询盘并不是每笔交易磋商所不可缺少的环节，买方或卖方都可不经对方提出询盘，而直接向对方做出发盘。还盘也不是交易磋商的必经环节，如受盘人接到发盘后，立即接受，那么也不存在还盘；即使受盘人做出还盘，它实际上也是拒绝原发盘的一项新发盘，再还盘同样是拒绝还盘后的一项新发盘。因此，在法律上，发盘和接受是交易磋商不可缺少的两个环节，是合同成立的两个最基本要素。

第三节 合同的订立

按照国际贸易习惯，买卖双方通过磋商达成协议后，通常还要签订外贸合同。外贸合同是当事人双方就各项贸易条件达成协议，规定各自的权利和义务并具有法律效力的书面文件。

一、合同成立的时间

确定合同成立的时间是十分重要的。因为合同一经成立，买卖双方即存在合同关系，彼此都要受合同的约束。按《公约》的规定，接受生效的时间，就是合同成立的时间。此外，交易双方当事人也可在洽商交易时约定合同成立的时间，如以制定合同时所写明的日期为准，或以收到对方确认合同的日期为准，如属必须经国家批准的合同，则以获得批准的时间为合同成立的时间。

二、合同有效成立的条件

合同对当事人构成的约束力是建立在法律基础上的。因此，合同必须符合法律规范才能得到法律的承认和保护。各国的法律对于合同的成立，都要求具备一定的条件，即所谓合同有效成立的条件。但各国的要求不完全相同。综合起来看，主要有以下几项。

1. 合同当事人必须具有订立合同的行为能力

国际贸易合同一般是在法人之间签订的。《中华人民共和国对外贸易法》中规定我国的涉外经济合同当事人必须是企业或者其他经济组织。但是法人是由自然人组织起来的，它必须通过自然人才能进行活动。因此，代表法人的自然人必须具备订立合同的能力。

另外，法人本身也必须具有一定的行为能力。法人采取的最普遍的具体形式是公司。例如，英国的《公司法》规定，公司的行为不得越权。公司的订约能力要受公司章程的约束。如果公司订立的合同超出了公司章程规定的目的，即属越权行为，这种合同在法律上是无效的。

2. 当事人必须在自愿和真实的基础上签订合同

合同是双方当事人意思表示一致的结果。根据各国的法律规定，如果由于各种原因或事实，构成当事人表示的意思不是自愿和真实的，合同则不成立。这些原因和事实大致有以下几种。

（1）凡在胁迫下订立的合同，受胁迫的一方可以主张合同无效。

（2）凡因受欺诈而订立合同时，蒙受欺诈的一方可要求损害赔偿并撤销合同。

（3）当事人意思表示有错误，会导致意思表示不真实，从而影响合同的有效性。但如果任何意思表示的错误，都使合同无效，交易就会缺乏必要的保障。因此，各国法律对这个问题采取了慎重的态度。一般都按照错误的不同性质和可能产生的后果，采取区别对待的原则。

3. 合同当事人意思表示要一致

这种意思表示一致是通过要约（Offer）和承诺（Acceptance）而达成的。也就是说，一方向另一方提出要约，另一方对该项要约表示承诺，双方的意思表示达成了一致，合同即告成立，对双方均产生法律约束力。如果有要约，没有承诺，合同就不成立。即使双方相互要约（Cross Offer），意思表示正好一致，合同仍不成立。

要约和承诺在国际贸易实务中分别被称做发盘和接受。在有关国际贸易的法律中，对发盘和接受这两个行为的定义非常严格。判定国际贸易合同是否成立，不仅要看有无发盘和接受，还要看发盘和接受这两个行为是否成立。

4. 合同必须有对价或约因

对价（Consideration）是英美法中有关合同成立所必须具备的一个要素。按英美法解释，合同当事人之间存在着我给你是为了你给我的关系。这种通过相互给付，从对方那里获得利益的关系称作对价。例如，在货物买卖合同中，买方付款是为了获得卖方的货物；而卖方交货是为了获得买方的货款。

约因（Cause）是大陆法中提出的合同成立要素之一，是指当事人签订合同所追求的直接目的。例如，在货物买卖合同中，买卖双方签订合同都要有约因，买方的约因是获得货物，卖方的约因是获得货款。

在国际贸易合同中，要有对价或约因，法律才承认合同的有效性；否则，合同得不到法律的保障。

5. 合同标的和内容必须合法

各国法律都规定合同不得违反法律，不得违反公共政策和公共秩序。我国《合同法》规定：订立合同，必须遵守法律，并不得损害社会公共利益。这里的公共利益是广义的，包括公众安全、优良习惯和道德规范。在国际贸易中，对违禁品，如毒品、走私物品、严重败坏社会道德风尚的物品等签订贸易合同是不合法的；与敌国或国家明令禁止的贸易对象国签订贸易合同也是不合法的。

6. 合同必须符合法律规定的形式

在大陆法中，把合同形式分为要式合同（Formal Contract）和不要式合同（Informal Contract），在商业活动中，其合同是以不要式为原则。在英美法中，没有要式和不要式的划分，但根据要式合同这种概念，可以找出相近的概念。例如，在英美法的分类中，有所谓签字蜡封的合同。

联合国《国际货物买卖合同公约》（以下简称《买卖合同公约》）对于国际货物买卖合同的形式，原则上不加以任何限制。《买卖合同公约》第十一条明确规定："销售合同无须以书面订立或书面证明，在形式方面也不受任何其他条件的限制。销售合同可以用包括人证在内的任何方法证明。"所以，国际贸易合同可以是口头形式、书面形式和其他形式。《买卖合同公约》的这一规定，既是兼顾西方国家的习惯做法，也是为了适应国际贸易发展的特点。因为许多国际贸易合同是以现代通信方法订立的，不一定存在书面合同。但《买卖合同公约》允许缔约国对该条的规定提出声明予以保留。

三、签订书面合同的意义

如前所述，合同的成立取决于一方的发盘和另一方对发盘的接受的程序。买卖双方为达成交易所交换的载有发盘和接受内容的函电可以构成有效的书面合同。成交后，另行签署一份合同书或确认书不是合同有效成立的必备条件。但是，在国际贸易实践中，在当事人双方经过磋商一致，达成交易以后，一般均需另行签订一份具有一定格式的书面合同。因为签订书面合同具有以下重要意义。

1. 合同成立的证据

根据法律要求，凡是合同必须能得到证明，提供证据，包括人证和物证。在用信件、电报或电传磋商时，书面证明自不成问题。但是，通过口头磋商成立的合同，举证就难以做到。因此，口头磋商成立的合同，如不用一定的书面形式加以确定，就将由于不能被证明而不能得到法律的保障，甚至在法律上成为无效。对此，有的国家还在法律上做出明文规定，例如，美国《统一商法典》2-201条规定：凡 500 美元以上的货物买卖合同必须有书面文件为证，否则不得由法律强制执行。我国法律一贯认为涉外经济合同是重要的合同，应当采用书面形式。《合同法》第十条虽然允许合同的订立可采用口头形式和其他形式，但它同时规定："法律、行政法规规定采用书面形式的，应当采用书面形式。当事人约定采用书面形式的，应当采用书面形式。"1986 年 12 月我国政府在向联合国交存对《买卖合同公约》的核准书时，对《买卖合同公约》第十一条、第二十九条及有关规定提出了保留，即我国不同意国际货物买卖合同采用书面以外的形式订立、更改或终止。因此，我国外贸企业在与国外客户订立买卖合同时，应当采用书面形式。如果交易是通过口头磋商达成的，双方签署一份书面合同更是必不可缺的。

2. 合同生效的条件

书面合同虽不拘泥于某种特定的名称和格式，但是，假如在买卖双方磋商时，一方曾声言以签订书面合同为准时，即使双方已对交易条件全部协商一致，在书面合同签订之前，合同也不能生效。在此情况下，签订书面合同就成为合同生效的条件。按照我国法律，当事人采用合同书包括确认书形式订立合同的，自双方当事人签字或者盖章时合同成立。签字或者盖章不在同一时间的，按当最后签字或者盖章时合同成立。此外，按规定需经一方或双方所在国政府审核批准的合同，也必须是有一定格式的书面合同。

3. 合同履行的依据

在国际贸易中，货物买卖合同的履行涉及企业内外的众多部门和单位，过程也很复杂。口头合同，如不形成书面，几乎无法履行。虽然双方在磋商过程中交换的信件、电报或电传可作为合同成立的证据，但是，如不将分散于多份函电中的双方协商一致的条件，集中归纳到一份有一定格式的书面合同上来，也难以得到准确的履行。所以，不论通过口头或是书面形式磋商达成的交易，均需把协商一致的交易条件综合起来，全面、清楚地列明在一份有一定格式的书面合同上，这对进一步明确双方的权利和义务，以及为合同的准确履行提供更好的依据，具有重要意义。

四、书面合同的形式

在国际上，对货物买卖合同的形式，没有特定的限制。从事进出口贸易的买卖双方，可采用正式的合同、确认书、协议，也可采用备忘录等形式。此外，还有意向书、订单和委托订购单等。

1. 合同和确认书

在实际工作中，我外贸企业所采用的书面合同的形式，主要是合同（Contract）和确认书（Confirmation）。从法律效力来看，这两种形式的书面合同没有区别，所不同的只是格式和内容的繁简有所差异。合同的内容全面，条款齐全，对买卖双方的权利、义务以及发生争议后的处理都有全面的规定，适用于大宗商品或成交金额较大的交易。确认书的条款比较简单，一般省略了索赔、不可抗力、仲裁等条款，适用于金额不大的交易，如轻纺产品、土特产品的交易。

合同又可为销售合同（Sales Contract）和购货合同（Purchase Contract），前者是指由卖方草拟提出的合同，后者是由买方草拟提出的合同。确认书是合同的简化形式，它又可分为销售确认书（Sales Confirmation）和购货确认书（Purchase Confirmation），前者是卖方出具的确认书，后者是买方出具的确认书。

我国外贸企业一般都印有固定的格式，成交后由业务员按双方谈定的交易条件逐项填写即可。合同和确认书虽然在格式、条款项目的设立和措词上有所不同，但作为合同主体的双方协议一致的交易条件，都应完整、明确地加以订定。经买卖双方签署的合同和确认书，都是法律上有效的文件，对买卖双方有同样的约束力。

2. 协议

"协议"或"协议书"（Agreement），在法律上是"合同"的同义词。因为合同本身就是当事人为了设立、变更或终止民事权利义务关系而达成的协议。书面合同如冠以"协议"或"协议书"的名称，只要它的内容对买卖双方的权利和义务已做了明确、具体和肯定的规定，它就与合同一样对买卖双方有约束力。如果买卖双方所洽谈的交易比较复杂，经过谈判后，商定了一部分条件，还有一部分条件有待进一步商洽，在此情况下，双方可先签订一个"初步协议"（Preliminary Agreement）或"原则性协议"（Agreement in General）把双方已商定的条件确定下来，其余条件容后再行洽谈；还应在这种协议内订明"本协议属初步性质，正式合同有待进一步洽商后签订"（This Agreement is of preliminary nature, a formal contract will be signed after further negotiation），或做出其他类似意义的声明，以明确该协议不属正式有效的合同性质，防止引起误解。

3. 备忘录

备忘录（Memorandum）也可作为书面合同的形式之一，虽然在我国外贸实际工作中较少使用。如果买卖双方商定的交易条件明确、具体地在备忘录中一一做了规定，并经双方签字，那么，这种备忘录的性质与合同无异。但是，如双方经洽谈后，只是对某些事项达成一定程度的理解或谅解，并将这种理解或谅解用"备忘录"的形式记录下来，作为双方今后交易或合作的依据，或作为初步协议供将来进一步洽谈的参考，这种备忘录可冠以"理解备忘录"或"谅解备忘录"（Memorandum of Understanding）的名称，它在法律上不具有约束力。

4. 意向书

在交易磋商尚未最后达成协议前，买卖双方为了达成某项交易，将共同争取实现的目标、设想和意愿，有时还包括初步商定的部分交易条件，记录于一份书面文件上，作为今后进一步谈判的参考和依据。这种书面文件可称为"意向书"（Letter of Intent）。意向书只是双方当事人为了达成某项协议所做出的一种意愿的表示（Expression of Intentions），它不是法律文件，对有关当事人没有约束力。但根据意向书，有关当事人彼此负有道义上的责任，在进一步洽谈时，一般不应与意向书中所做的规定偏离太远。

5. 订单和委托订购单

订单（Order）是指由进口商或实际买户拟制的货物订购单。委托订购单（Indent）是指由代理商或佣金商拟制的代客购买货物的订购单。在出口业务中，我外贸企业于交易达成后，都主动缮制销售合同或确认书正本一式两份，经签署后寄送国外客户，要求其签署后退回一份，以备存查。但是，国外客户也往往将他们拟就的订单或委托订购单寄来一份，以便我方据以履行交货和交单等合同义务；有的还寄来正本一式两份，要求我方签署后退回一份。这种经磋商成交后寄来的订单或委托订购单，实际上是国外客户的购货合同或购货确认书。有时，事先并未与我进行过磋商，国外客户径自寄来订单或委托订购单。对这类订单或委托订购单，我方就得按照其具体内容区别其为发盘还是发盘邀请，认真研究其内容后，决定是否与之交易，并及时答复对方。如果国外客户是在与我达成交易、订立合同后寄来的订单或订购单，我方即使不予签退，也应仔细审阅其内容，若发现其中有些条款与双方磋商协议一致的条件不符或另有添加、更改的，则应分别按情况予以处理。若不符或添加、更改的情况并不严重、性质轻微，我方可以考虑接受。但如果涉及实质性改变、出入较大，我方不能接受的，就应及时向对方明确提出异议，而不能保持沉默，置之不理。否则，就会被对方认为我方已默认其订单或订购单中所列的条款。有些国外商人签发的订单或订购单上还列有限期提出异议，逾期不提出异议作为已同意的条款。对这种订单或订购单，如我方审阅后发现问题，更应在限期内尽快提出异议，以免造成被动。

五、书面合同的内容

合同的内容要求订得完整、全面，一般包括三个部分：约首、本文和约尾。

1. 约首

约首包括开头部分或序言、合同名称、编号、缔约日期、缔约地点、缔约双方的名称和地址等。

在合同的开头或序言部分，一般表明双方签约的依据，如根据××年××月××日来电、××订单、报价单等。

合同的编号，应根据自己企业的实际需要自行编组，最后形成一定的次序，便于以后查找。一般而言，编号可以由公司简称、年份及序号三部分构成，如 XY-07-008。应该注意的是，合同号码不能重复使用，否则在出口退税等业务中将会产生麻烦。

缔约地点应明确规定，因为如果在合同中未对合同适用的法律做出规定，根据有些国家的法律规定和贸易习惯的解释，可适用合同缔约地国家的法律。

缔约双方的名称和地址应列明全称和详细地址，有些国家法律规定这是合同正式成立的条件。

2. 本文

本文是合同的主体部分，规定了双方的权利和义务，包括主要的交易条款和一般交易条件两个方面。

主要的交易条款是每笔交易买卖双方权利义务关系的具体内容，必须在合同中列明，缺一不可，它们是合同的实质性条款。主要的交易条款有：品名和品质规格条款、数量条款、包装条款、价格条款、运输条款和支付条款。

买卖双方初次交易时，可先就一般交易条件取得协议。一般交易条件主要有：商品检验、保险、仲裁、人力不可抗拒和索赔等。这些是适用于各笔交易的条款。买卖双方首次交易就上述各项的解释和范围等取得一致意见，其后每笔交易都可沿用，不必再逐笔进行磋商。习惯上一般交易条件在空白合同的背面印就。

3. 约尾

约尾包括合同的份数、所使用的文字和效力，以及双方的签字，有的合同还规定了合同的生效日期。如果合同需要一些附录，如商品的说明书和功能，则应在约尾写明"××构成合同不可分割的一部分"。

为了提高履约率，我们在规定合同内容时，应当考虑周全，力求使合同中的条款明确、具体、严密和相互衔接，且与磋商的内容一致，以利于合同的履行。

思考题

1. 交易磋商的方式有哪几种？在实际业务中应如何选用？
2. 处理询盘时应注意哪些问题？
3. 构成发盘的条件有哪些？
4. 《公约》对发盘的撤销是如何规定的？
5. 发盘在哪些情况下会失效？
6. 有效接受应具备哪些条件？
7. 合同有效成立应具备哪些条件？
8. 签订书面合同有何意义？
9. 书面合同有哪些形式？

10. 国际货物买卖合同一般包括哪些内容？

案例分析题

1. 我某公司于 5 月 5 日以特快专递向马来西亚 B 公司发盘，出售一批电子管。5 月 6 日上午，我公司因在发出发盘通知后发现该商品行情趋涨，即传真通知 B 公司，要求撤回其发盘。5 月 7 日下午 B 公司收到我公司发盘，即答复我公司，表示接受发盘内容。事后双方就该项合同是否成立发生纠纷。

问题：按《公约》规定，双方合同是否成立？

2. 我某外贸公司拟向国外购进特种钢一批，5 月 20 日我公司收到国外某公司的发盘，有效期至 5 月 26 日。5 月 22 日我方复电："如能把单价降低 6 美元，可以接受。"对方没有回复。此时国内用货工厂催货心切，又鉴于该商品行市看涨，我方随即于 5 月 25 日又去电表示同意对方 5 月 20 日发盘的各项条件，对方仍未回复。

问题：根据《公约》的规定，双方合同是否成立？

3. 我某外贸进出口公司向菲律宾 B 商行发盘报冷轧钢板，发盘有效期至 11 月 5 日止。B 商行收到我方发盘后，由于市场情况不稳定，延至 11 月 6 日才发传真表示接受我公司发盘。

问题：对此我公司如何处理？

技能实训题

请阅读以下案例，并根据来往电传判断其属于交易磋商过程中什么性质的行为，并制定一份合同（售货确认书）。

2015 年 1 月初，浙江某纺织品进出口公司接到新加坡 XYZ 贸易公司来信，要求建立业务关系，并表明对货号为 654 的麻棉布感兴趣。该纺织品进出口公司于 3 月 20 日回信给 XYZ 公司表示愿意与之建立业务关系，并介绍货号为 654 的麻棉布的有关情况。XYZ 公司收到 3 月 20 日去信以后，于 4 月 3 日来电要求发盘，于是双方开始了交易磋商。自 4 月 3 日至 4 月 13 日，经过七次电传来往双方达成交易。其过程如下。

（1）中方收到新方 4 月 3 日来电，电文如下：

你3月20日函收到请发实盘654。

（2）中方给新方 4 月 4 日去电，电文如下：

你3日电发盘限7日复到654如购80 000码布以上每码2.40美元CIF新加坡2007年7月装不可撤销即期信用证。

（3）新方回复中方，4 月 6 日来电，电文如下：

你4日电126 000码5月2.20美元CIFC3D/P即期请9日复。

（4）中方回复新方，4 月 8 日去电：

你6日电订货拥挤只能供应100 800码6月2.40美元CIFC2不可撤销即期信用证11日复到。

（5）新方回复中方，4 月 10 日来电：

你8日电其他来源类似品种报价2.25美元竞争激烈因此至多2.30美元信用证见票60天电复。

（6）中方回复新方，4 月 12 日去电：

你10日电鉴于首次交易特别考虑2.35美元信用证30天14日复到。

（7）新方回复中方，4 月 13 日来电：

你12日电接受信用证将由新加坡××路108号AIXI银行开立。

第四章 商品的名称、质量、数量和包装

货物买卖合同的合同行为是转移货物的所有权。行为的客体就是被转移所有权的货物，行为的主体通常是买方、卖方。

合同行为的客体/客观对象即合同的标的物，包括商品的名称、质量、数量和包装，这些内容是国际货物买卖当事人首先需要商定的交易条件，是买卖双方进行交易的物质基础。如果商品的名称、质量、数量和包装不明确，买卖双方就失去了洽商的依据，无法开展交易。因此商品的名称、质量、数量和包装是国际货物买卖合同中的主要条款之一。

第一节 商品的名称

一、商品名称的涵义以及法律意义

（一）涵义

商品的名称（Commodity Name ）或称为"品名"，是指能使某种商品区别于其他商品的一种称呼或概念。商品的名称在一定程度上体现了商品的自然属性、用途以及主要的性能特征。

品名及规格条款是构成商品说明的重要组成部分，体现了商品的自然属性、用途以及主要的性能特征，也是交易双方在交接货物时对货物品质界定的主要依据。

现实中，商品的品牌也具有一定的标识性。品名与品牌的区别如表 4-1 所示。

表 4-1 品名和商标的区别

	从产生角度	作用	特点
品名	为了沟通而产生，自然产生	区别不同类商品	大众性
商标	法定程序产生	区别同类商品中不同供应商	排他性

（二）法律意义

约定品名条款具有重要的法律和实践意义。

1. 品名条款是交付商品的有效判断

品名条款是卖方明确卖什么，买方明确买什么。

2. 品名条款是仲裁的前提条件

进出口业务合同的履行是一种实物买卖，是以某种商品的实际交付为要件，即买卖的对象是看得见、摸得着的，具有一定外观形态并占有一定空间的有形商品。

在交易的过程中，若买卖双方对交付的货物是否符合约定的商品产生异议且争执不下，法院或仲裁庭首先考虑的就是品名条款规定的准确性及对标的物描述的准确性。先从品名条款切入，判定合同的执行情况。

二、商品的命名方法

（一）以商品主要用途命名

这种方法在于突出商品用途，便于消费者按需购买，如洗洁精、旅游鞋等。

（二）以商品所使用的主要原材料命名

这种方法能通过突出所使用的主要原材料反映出商品的质量，如涤棉、羊绒衫。

（三）以商品主要成分命名

这种方法可使消费者了解商品的有效内涵，有利于提高商品身价，如西洋参蜂皇浆。

（四）以商品外观造型命名

这种方法有利于消费者从字义上了解该商品的特征，如红小豆、喇叭裤。

（五）以商品制作工艺命名

这种命名方法的目的在于提高商品的威望，增强消费者对该商品的信任，如精制油。

（六）以人物命名

这种命名方法目的在于引起消费者的注意和兴趣，如孔府家酒、李宁运动服。

三、在合同条款中注意事项

（1）内容必须明确、具体，避免空泛、笼统的规定，避免引起不必要的麻烦。例如，TAPIOCA CHIP 和 TAPIOCA STARCH 看上去只有一个单词的差别，但是在关税和监管条件上有很大差别，前者进口关税为 0，需要许可证，而后者关税为 10%，进口不需要许可证。如果把名字弄错了，带来的麻烦可想而知。

（2）条款中约定的品名，必须是卖方能够供应且买方所需要的商品，凡做不到或不必要的描述词句都不应列入，关系到合同能否顺利执行。

（3）尽可能使用国际上通用的名称。这里有两层含义：第一是商品名称应该力求规范，符合有关国家的政策、法律和法规；第二是商品的命名与相应的商品编码（H.S.CODE）匹配，否则，与商检部门和海关的网络系统不识别或匹配，将影响商品进口或出口的顺利进行。

（4）注意选用合适的品名，以利于减低关税、方便货物的进出口并可以节省运费。

✎ 操作技巧提示

合同中拟定品名条款的常见方法如下。

1. 采用国际上通用的商品名称来表示品名

例：Rice，Sewing machine.

2. 对商品进行定义或者描述

例：Blowroom with cards：a processing line for cotton cleaning and carding, from bale opening to sliver coiling. 清钢联：从开棉至圈条的清花及梳棉加工成套设备。

3. 简略品名＋供货范围附件

例：Blowroom with cards—Detailed Scope of Supply as per Attachment No.1. 清钢联——详见合同附件1。

【案例4-1】商品名称纠纷案

2002年年初，我某出口公司对外签订一份合同，合同规定：商品品名为"手工制造书写纸"（Handmade Writing Paper）。买方收到货物后，经检验发现货物部分制造工序为机械操作，而我方提供的所有单据均表示为手工制造，对方要求我方赔偿，而我方拒赔，主要理由是：

（1）该商品的生产工序基本是手工操作，而且关键工序完全采用手工；

（2）该交易是经买方当面先看样品成立的，并且实际货物品质又与样品一致。因此，应认为所交货物与商定的品质一致。

［案例评析］

责任在我方。因为出口合同规定的商品品名为"手工制造书写纸"，而我方实际所交的货物部分制造工序为机械操作，我方显然违反了合同中的规定。虽然该交易是经买方当面先看样品成交的，但此交易并非凭样品买卖，只能算参考样品，因此，卖方仍不能推卸其必须按合同交货的义务。对于该案例我方首先应认识到自己确已违反了合同，不应在是否违反合同上与对方纠缠；其次，我方应主动承认错误，晓之以理，以求得买方的谅解，并赔偿由此给买方造成的损失。

（资料来源：吴百福. 进出口贸易实务教程. 上海：上海人民出版社，2003：28）

第二节 商品的质量

一、商品质量的涵义及作用

（一）商品质量的涵义

商品质量（Quality of Goods）即品质，是指商品的外观形态和内在品质的综合。商品的外观形态是通过人们的感觉器官可以直接获得的商品的外形特征，如商品的大小、长短、结构、造型、款式、色泽、光彩、宽窄、轻重、光滑粗糙以及味觉、嗅觉等。商品的内在品质则是指商品的物理性能、化学成分、生物特征、技术指标和要求等。一般需要借助各种仪器、分析设备分析测试才能获得，如黏度、水分、灰分、细度等。

（二）商品的质量的作用

（1）品质条款是国际货物买卖合同中不可缺少的一项主要交易条件，是买卖双方交接货物的基本依据。根据《联合国国际货物销售合同公约》规定：卖方交货必须符合约定的质量，如卖方交货不符约定的品质条件，买方有权要求损害赔偿，也可要求修理或交付替代货物，甚至拒收货物和撤销合同。

（2）商品质量直接关系到买卖双方的利益。当今国际市场是以消费者需求为中心的买方市场，随着各国消费者消费水平和消费结构的变化，消费者最关心的已不再是价格，而是商品质量，并且对品质的要求越来越高。因此，提高商品质量、保证商品质量的稳定性，已成了各国出口商增强自身竞争力、打败竞争对手的重要手段。

（3）商品质量决定商品的价格。在进出口商品实际交易中，买卖双方对品质的要求是综合性的，既要求商品质量的一般质量特征，也要求商品的实际使用价值。品质的优劣，直接影响到商品使用价值，而使用价值的高低，又决定了商品价格的高低。

（4）商品质量高低影响经营者的声誉和生意。出口商如果能够使自己经营的商品始终如一地保持良好的品质，会给人以安全感，其声誉自然就会好，其生意相对会更兴隆。在国际市场上有个好名声那就是财富的源泉。一旦某个出口商出口的货物质量一般或低劣，那在行业内的定位也就定下来了，要改变客户对他的原来看法非常困难。所以质量是生存之本，在国际贸易中，绝非一句空洞的口号。

二、对进出口商品质量的要求

如上所述，商品质量的高低不仅关系到买卖双方的权利，而且关系到商品、企业以及国家的声誉，因此，必须认真对待。

（一）对进口商品质量的要求

进口商品质量的优劣，直接关系到国内用户和消费者的切身利益，必须严格把好质量关，凡品质、规格不符合要求的商品，不应进口。对于国内生产建设、科学研究和人民生活急需的商品，进口时要货比三家，切实把好质量关，使其品质、规格不低于国内的实际需要，以免影响国家的生产建设和人民的消费与使用。选购进口商品时，还应考虑我国国内现实的消费水平，不应盲目追求高规格、高档次、高质量而造成不必要的浪费。另外，严格品质检验，尤其要防止那种危害国家安全或者社会公共利益的商品、破坏生态环境的商品，以及对人民生命和健康产生危害的商品进入国门。总之，对进口商品质量的要求，要从我国现阶段的实际需要出发，分不同情况，实事求是地予以确定。

（二）对出口商品质量的要求

我国出口商品要同全世界广大用户和消费者见面，为了适应他们的需要，我们必须贯彻"以销定产"的方针和坚持"质量第一"的原则，大力提高出口商品质量，使其符合下列具体要求。

（1）强化出口商品生产厂商或销售商的品质观念。品质观念的转变体现在不断提高商品信誉，严格把好检验关，凡品质不过关的商品，决不轻易出口，强化以质取胜的经营理念。

（2）针对不同市场和不同消费者的需求来确定出口商品质量。由于世界各国经济发展不平衡，各国生产技术水平、生活习惯、消费结构、购买力和各民族的爱好互有差异，因此，我们要从国外市场的实际需要出发，搞好产销结合，使出口商品质量、规格、花色、式样等适应有关市场的消费水平和消费习惯。

（3）重视科技开发，加速出口商品的更新换代。对品质较好的出口商品不能满足现状，要本着精益求精的精神不断改进，提高出口商品质量，加速更新换代；重视科技开发，提高出口商品的科技含量，加强新产品的研制，以赶上和影响世界的消费潮流，增强商品在国际市场上的竞争能力。

（4）适应进口国的有关法令规定和要求。各国对进口商品质量都有某些法令规定和要求，凡品质不符合法令规定和要求的商品，一律不准进口，有的还要就地销毁，并由货主承担由此引起的各种费用，因此，我们必须充分了解各国对进口商品的法令规定和管理制度，以便使我国商品能顺利地进入国际市场。

（5）适应国外自然条件、季节变化和销售方式。由于各国自然条件和季节变化不同，销售方式各异，商品在运输、装卸、存储和销售过程中，其品质可能产生某种变化。因此，注意自然条件、季节变化和销售方式的差异，掌握商品在流通过程中的变化规律，使我国出口商品质量适应这些方面的不同要求，也有利于增强我国出口商品的竞争能力。

（6）建立行之有效的企业质量、环境管理体系，努力按照国际标准组织生产。采用国际标准进行生产，有利于企业吸收国外先进的科学技术，提高出口产品的品质和技术水平；有利于企业促进出口企业管理水平、生产水平的不断提高；有利于企业消除国际贸易中的技术壁垒，开拓国际市场，扩大产品的出口。

三、商品质量的规定方法

在出口交易中，约定商品质量的方法一般有以下两种。

（一）用实物来表示出口商品质量

具体表现为以下几点。

1. 看货成交

看货成交即由卖方在货物存放地点向买方展示拟出售的货物，经买方现场检验满意后达成交易。看货成交一般只适合于一些古董、工艺品及首饰等贵重物品交易。

2. 凭样成交

凭样成交即以样品来说明商品质量并约定以样品作为交接货物的品质依据。凭样成交又可分为"凭卖方样品成交""凭买方样品成交"和"回样"。凭样成交通常适用于那些品质难以用文字描述商品的买卖，如服装、玩具及某些轻工产品和矿产品等。涉及到样品时要注意样品的封存。

实物样品通常是从一批商品中抽取出来或者是由生产部门设计、加工出来的。当样品由卖方提供时，称为"凭卖方样品买卖"（Sale by Seller's Sample）；当样品由买方提供时，称为"凭买方样品买卖"（Sale by Buyer's Sample）。一般来说，国际货物买卖中的样品，大多由卖方提供。但凭买方样品达成交易的也不少见。

（1）"凭卖方样品买卖"时，卖方所提供的能充分代表日后整批交货品质的少量实物，可称之为代表性样品（Representative Sample）。代表性样品也就是标准样品（Type Sample）。在向买方送交代表性样品时，应留存一份或数份同样的样品，即复样（Duplicate Sample），或称留样（Keep Sample），以备将来组织生产、交货或处理质量纠纷时做核对之用。卖方应在原样和留存的复样上编制相同的号码，注明样品提交买方的具体日期，以便日后联系、洽谈交易时参考。留存的复样应妥善保管，对于某些易受环境影响而改变质量的样品，还应采取适当措施，诸如密封、防潮、防虫害、防污染等，贮藏保存好，以保证样品质量的稳定。

（2）"凭买方样品买卖"，在我国也称为"来样制作"。由于买方熟悉目标市场的需求状况，买方提供的样品往往更能直接地反映出当地消费者的需求。买方出样在我出口交易中有时也有采用，但在确认按买方提交的样品成交之前，卖方必须充分考虑按来样制做特定产品所需的原材料供应、加工技术、设备和生产安排的可行性，以确保日后得以正确履约。此外，还需防止被卷入侵犯第三者工业产权的纠纷。其具体方法是，在合同中明确规定：如果发生由买方来样引起侵犯第三者工业产权的事情，概由买方负责，与卖方无涉。

（3）"对等样品"（Counter Sample）或"回样"（Return Sample）。在实际业务中，如卖方认为按买方来样供货没有切实把握，卖方可根据买方来样仿制或从现有货物中选择品质相近的样品提交买方确认，这种样品称"对等样品"或称"回样"。如买方同意凭对等样品洽谈交易，则就等于把"凭买方样品买卖"转变成了"凭卖方样品买卖"。

（4）"部分样品"（Partial Sample）。作为样品，一般都反映其所代表的商品的整体质量。但也有一些样品，它们只被用作反映某些商品的一个或几个方面的部分质量，而不反映全部质量。例如，色彩样品（Color Sample）只表示商品的色彩；花样款式样品（Pattern Sample）只表示商品的花样款式。至于该商品的其他质量内容，则用文字说明来表示。卖方将文字说明的质量内容连同上述样品提交买方，凭以磋商交易；一旦成交，该文字说明和样品将作为日后制作成品、履行交货义务的质量依据。

（5）"封样"（Sealed Sample）。为了避免买卖双方在履约过程中产生质量争议，还可使用封样，即由第三方或公证机关（如商品检验机构）在一批货物中抽取同样质量的样品若干份，每份样品采用铅丸、钢卡、封条、封识章、不干胶印纸以及火漆等各种方式加封识别，由第三方或公证机关留存一份备案，其余供当事人使用。有时，封样也可由出样人自封或买卖双方会同加封。样品无论是由买方提供的，还是由卖方提供的，一经双方凭以成交便成为履行合同时交接货物的质量依据，卖方承担交付的货物质量与样品完全一致的责任（Strictly as Same as Sample）。否则，买方有权提出索赔甚至拒收货物。这是凭样品买卖的基本特点。因此，在凭样品买卖时，如果由于所买卖商品的特性或生产加工技术的原因，卖方难以保证交货质量与样品完全相同，则应在磋商订约时与买方约定交货质量与样品相似或大致相同，并在合同中做出明确规定。

凭样品买卖应注意以下事项。

（1）选择的样品一定要有代表性。样品既不能选择最好的，也不能选择最差的，而只能选择适中的。因为如果选择了最好的，买方一旦确认了，卖方就必须严格按照这些最好的样品品质交货。而这些样品又并不代表卖方实际的生产力平均水平，卖方最终勉为其难地生产出来的大货整体上必然很难达到确认样品的水平，极易引起争议和索赔。而如果选择了最差的，一种可能是买方看不上这些样品，他们不会与卖方成交；另一种可能是，买方即使勉强订了货，价格也一定会压得很低，数量也不会订得很多，最终对于卖方的生意造成很大的负面影响。

（2）卖方交货的品质必须与确认样品完全一致。如果弄虚作假，提供的样品质量好，而提交的货物质量差，即使可以哄人一时，最终还是要露出破绽来的。大货与样品品质不一致，往往是引发贸易纠纷的导火索之一，同时，对于卖方的声誉也有所损毁。

（3）如果卖方对交货品质没有绝对把握，应事先在合同中说明。

例：① "Quality shall be about equal to the samples."（品质与样品大致相同。）；② "Quality is nearly same as the samples."（品质与样品近似。）

（二）用文字说明表示商品质量的方式

1. 凭规格买卖

商品的规格是指用来反映商品质量的主要指标，如化学成分、含量、纯度、容量、性能、大小、长短、粗细等。商品不同，表示商品质量的指标不同；商品用途不同，要求的品质指标也会有所差异。在国际贸易中，买卖双方洽谈交易时，对于适于规格买卖的商品，应提供具体规格来说明商品的基本品质状况，并在合同中订明，这种用商品的规格来确定商品质量的方法称为"凭规格买卖"（Sale by Specification）。凭规格买卖适用于那些科技含量相对较高或价值比较贵重，仅凭外观难以全面反映商品质量，或且无法用实物说明的商品质量的商品。此种方法因简单方便、准确具体，在国际贸易中使用最为广泛。

例：TAPIOCA STARCH.

SPECIFICATION：ASH 0.3% MAX；PH 5-7.

2. 凭等级买卖

商品的等级（Grade）是指同类商品，按其规格上的差异，分为各不相同的若干等级。

例：冻带骨兔（去皮、去头、去爪、去内脏）

特级	每只净重	≥1 500克
大级	每只净重	≥1 000克
中级	每只净重	≥600克
小级	每只净重	≥400克

再如淀粉贸易中，淀粉分食品级和工业级；优级、一级和二级。

同类商品不同等级的产生是长期生产与贸易实践的结果，为了便于履行合同和避免争议，在品质条款列明等级的同时，最好一并规定每一等级的规格，即"凭等级买卖"（Sale by Grade）。这对简化手续、促进成交和体现按质论价等方面都有一定的作用。

关于规格等级的某些特定指标，一般都是买卖双方事先已达成共识的。也就是说，一些专业性、技术性很强的行话（Businese Jargon），买卖双方都清楚明白，不需要专门解释和说明。

3. 凭标准买卖

商品的标准是指将商品的规格、等级予以标准化并以一定的文件表示出来。有些商品，人们往往使用某种标准作为说明和评定商品质量的依据，这种用商品的标准来确定商品质量的方法称为"凭标准买卖"（Sale by Standard）。商品的标准一般由标准化组织、政府机关、行业团体、商品交易所等规定并公布。我国外贸实践中，除使用国际标准（ISO、IEC）和某些外国的标准外，也有使用我国国家标准的。

按照标准买卖应该遵循的原则有：（1）我国已有标准的商品，就以我国的标准为依据；（2）我国没有标准的商品，以具有权威的某些国际标准为依据；（3）在采用国外标准时，应注明采用的标准的年份和版本，以免引起争议。随着科学技术、生产技术的发展，商品的标准不断地被修改或变动。同一组织颁布的某类商品的标准往往有不同年份的版本，版本不同，品质标准内容也不同。在合同中援引标准时，应注明采用标准的版本名称及其年份。

【案例4-2】商品标准纠纷案

A公司从国外进口一批青霉素油剂，合同规定该商品质量"以英国药局1953年标准为准"，但货到目的港后，发现商品有异样，于是请商检部门进行检验。经反复查明，在英国药局1953年版本内没有青霉素油剂的规格标准，结果商检人员无法检验，从而使A公司对外索赔失去了根据。

[案例评析]

此案说明在进口贸易中，一定要认真制定商品质量条款，如需要用标准来说明商品质量时，为了便于安排生产和组织货源，通常以采用我国有关部门所规定的标准成交为宜。此外，也可根据需要和可能，酌情采用国际标准化组织或出口国规定的品质标准。但要密切注意各种标准修改和变动的情况，以免引起争议，造成损失。

（资料来源：吕红军. 国际货物贸易实务. 北京：对外经济贸易出版社，2011：23）

在国际货物贸易中对于某些品质变化较大而难以规定统一标准的农副产品，往往采用"良好平均品质"（Fair Average Quality, F. A. Q. ）和"上好可销品质"（Good Merchantable Quality, G. M. Q. ）两种标准来表示其品质。

（1）"大路货"——良好平均品质（Fair Average Quality, F. A. Q. ）

（2）"精选货"——上好可销品质（Good Merchantable Quality, G. M. Q. ）

良好平均品质，是指由同业公会或检验机构从一定时期或季节、某地装船的各批货物中分别抽取少量实物加以混合拌制，并由该机构封存保管，以此实物所显示的平均品质水平，作为该季节同类商品质量的比较标准，一般是对中等货而言。在我国，某些农副产品的交易中也使用 F. A. Q. 表示品质，习惯上称其为"大路货"，其交货品质一般以我国产区当年生产该项农副产品的平均品质为依据而确定。采用这种方法除在合同中注明 F. A. Q. 字样外，一般还订明该商品的主要规格指标。

例：中国桐油　良好平均品质游离脂肪酸不超过4%。

上好可销品质，是指卖方交货品质只需保证为上好的、适合于销售的品质即可。这种标准含义不清，在国际货物贸易中很少使用，一般只适用于木材或冷冻鱼类等物品。

由于这两个概念太笼统，不具体，买卖双方很难统一认识，容易引发业务纠纷。因此在贸易业务中，如果客户不提议使用，我们自己最好不要主动使用。即使使用，如果货物品质具有一些关键性的指标，也应该用相关指标来说明品质。

4. 凭说明书和图样买卖

在国际货物贸易中，有些机器、电器和仪表等技术密集型产品，因其结构复杂，对材料和设计的要求严格，用以说明其性能的数据较多，很难用几个简单的指标来表明其品质的全貌，对于这类商品质量，通常以说明书附以图样、照片、设计图纸、分析表以及各种数据来说明其具体性能和结构特点，即"凭说明书和图样买卖"（Sale by Descriptions and Illustrations）。按这种表示品质的方法成交时，卖方所交货物必须符合说明书和图样的要求。买方为了维护自身利益，往往要求在买卖合同中加订卖方品质保证条款和技术服务条款。

5. 凭品牌和商标买卖

品牌（Brand Name）是指工商企业给其制造或销售的商品所冠以的名称，商标（Trade Mark）是指品牌的图案化，是特定商品的标志，可由一个或几个具有特色的单词、字母、数字、图形或图片等组成。"凭品牌和商标买卖"（Sale by Trade Mark or Brand Name）的目的是使之区别于其他企业的同类产品，以利销售。一个品牌可用于一种产品，也可用于一个企业的一系列产品。

在国际市场上，一些名牌商品质量比较稳定，并且在市场上已树立了良好的信誉，买卖双方在交易时，习惯上就采用这些商品的品牌或商标来表示其品质，无须对品质提出详细要求。但是，如果一种品牌的商品同时有许多种不同型号或规格，为了明确起见，就必须在规定品牌的同时明确规定型号或规格。

凭商标买卖应该注意的问题有：（1）知名品牌大多经过注册，受到知识产权的保护，因此不可滥用别人的注册商标。（2）如果客户要求我们以某个品牌生产或包装，应该注意知识商标侵权问题。该内容在随后的包装中会再次提到。（3）如果我方商标在市场上畅销了，应及时注册，防止别人抢注。

6. 凭产地名称买卖

在国际货物买卖中，有些商品因产区的自然条件、传统加工工艺等因素的影响，在品质方面具有其他产区商品所不具有的独特风格和特色，对于这类商品，一般可应用产地名称来表示其品质，即"凭产地名称买卖"（Sale By Origin），如长白山人参。按这种方式买卖，还要适当地与一些具体的规格和品质指标相结合，避免引起品质纠纷。

四、国际货物买卖合同中的品质条款

（一）品质条款的基本内容

国际货物买卖合同中品质条款的基本内容表示商品质量的方法不同，合同中的品质条款也各不相同。

在凭样品买卖时，合同中除了要列名商品的品名外，还应订明样品的编号，必要时还要列出寄送的日期。在凭文字说明买卖时，应针对不同交易的具体情况在买卖合同中明确规定商品的品名、规格、等级、标准、品牌或产地名称等内容。在凭说明书和图样表示商品质量时，还应在合同中列出说明书、图样的名称、份数等内容。

例：凭样品买卖的品质规定

品质：质量应严格符合卖方于2002年3月10日提供的样品。

样品号：NT003长毛绒玩具熊尺码23英寸。

Quality：Quality to be Strictly as per Sample Submitted by Seller on 10th March，2002.

Sample number：NT003 Plus Toy Bear Size23.

凭规格买卖的品质规定

品质：饲料蚕豆，水分[最高]15%，杂质[最高]2%。

Quality：Feeding Broad bean，Moisture[max]15%，Admixture[max]2%.

（二）品质机动幅度条款

在国际货物贸易中，卖方交货品质必须严格与买卖合同规定的品质条款相符。但是，某些商品由于生产过程中存在自然损耗，以及受生产工艺、商品本身特点等诸多方面的影响，难以保证交货品质与合同规定的内容完全一致，对于这些商品，如果条款规定过死或把品质指标订得绝对化，必然会给卖方的顺利交货带来困难。为此，订立合同时可在品质条款中规定一些灵活条款，卖方所交商品质量只要在这规定的灵活范围内，就可以认为交货品质与合同相符，买方无权拒收。常见的规定方法有以下两种。

1. 品质机动幅度条款

品质机动幅度是指允许卖方所交货物的品质指标可有一定幅度范围内的差异，只要卖方所交货物的品质没有超出机动幅度的范围，买方就无权拒收货物，这一方法主要适用于初级产品。

品质机动幅度的规定方法主要有以下三种。

（1）规定范围。对某项货物的品质指标规定允许有一定的差异范围。

例：锦缎，幅阔35／36英寸，即布的幅阔在35英寸到36英寸的范围内均合格。

例：水晶石，含SiO_2为15%～20%。

（2）规定极限。对有些货物的品质规格，规定上下限。常用的表示方法有：最大、最高、最多、最小、最低、最少。

例：STARCH ASH PCT 0.3 MAX ;VISC 650 B.U. MIN.

（3）规定上下差异。

例：灰鸭毛，含绒量18%，上下1%。

2. 注意事项

在品质机动幅度内，一般不另行计算增减价，即按照合同价格计收价款。但有些货物，如果经买卖双方协商同意，也可在合同中规定按交货的品质情况加价或减价，这就是品质增减价条款。

例：中国芝麻

水分最高8%	每增减1%	合同价格减增1%
杂质最高2%	每增减1%	合同价格减增1%
含油量最低52%	每增减1%	合同价格增减1%。

（三）品质公差

1. 定义

所谓品质公差是指工业制成品在加工过程中所产生的误差。这种误差的存在是绝对的，它的大小反映着品质的高低，是由科学技术发展程度所决定的。在品质公差范围内买方无权拒收货物，也不得要求调整价格，这一方法主要适用于工业制成品。

2. 示例

例：出口手表，允许每48小时误差1秒；出口棉布，每匹可有0.1米的误差。

如果行业内有品质公差标准则可以在合同中写清楚，如果没有则需要把误差的范围在合同中具体规定清楚。品质误差在品质公差范围内认为是符合合同要求。

（四）签订国际货物买卖合同中的品质条款应注意的问题

（1）应根据不同的产品特点，确定表示商品质量的方法。一般来说，凡能用科学的指标说明品质的商品，则适于凭规格、等级或标准买卖；有些难以规格化和标准化的商品，如工艺品等，则适用于凭样品买卖；某些品质好，并具有一定特色的名优产品，适于凭商标或品牌买卖；某些性能复杂的机器和仪器，则适用于凭说明书和图样买卖；凡具有地方风味和特色的产品，则可凭产地名称买卖。表示品质的方法，不能随意滥用。原则上，可用文字说明表示品质的，就不再同时用样品表示，反之亦然。如果有些商品确需既用文字说明又用样品表示品质，则一旦成交，卖方必须承担交货品质既符合文字说明又符合样品的责任。

（2）品质条款的内容和文字，要做到简单、具体、明确，既能分清责任又能方便检验。应避免使用"大约""左右""合理误差"等笼统字眼。

（3）凡能采用品质机动幅度或品质公差的商品，应订明幅度的上下限或公差的允许值，如所交货物的品质超出了合同规定的幅度或公差，买方有权拒收货物或提出索赔。

（4）注意各品质指标之间的内在联系和相互关系。

（5）条款应符合有关国际组织的标准，以提高产品的竞争能力。

第三节 商品的数量

一、商品数量的含义和作用

（一）商品的数量的含义
商品的数量是指以一定的度量衡单位表示的商品的重量、数量、长度、面积、体积、容积等。

（二）作用
商品的数量是国际货物买卖合同中不可缺少的一项主要交易条件，是买卖双方交接货物的一项基本依据。按照《联合国国际货物销售合同公约》（以下简称《公约》）规定：卖方交货数量必须与合同规定相符，如果卖方交付的货物数量大于合同规定的数量，买方可以收取也可以拒绝收取多交部分的货物。如果买方收取多交部分货物的全部或一部分，它必须按合同价格付款。如果卖方交货数量少于约定的数量，卖方应在规定的交货期届满前补交，但不得使卖方遭受不合理的不便或承担不合理的开支，即使如此，买方也有保留要求损害赔偿的权利。

在我国的进出口业务中，正确掌握国际货物贸易中的商品数量，不仅关系到进出口任务的完成，而且还涉及对外政策和经济意图的贯彻，同时，对促进交易的达成和争取有利的价格也具有一定的作用。

二、计量单位和计算重量的方法

（一）计量单位
在国际贸易中，常见的合同条款中计量单位有：

（1）重量单位：公吨（Metric Ton）、长吨（Long Ton）、短吨（Short Ton）、公斤（Kilogram）、盎司（Ounce，Oz）和磅（Pound）等。

（2）长度单位：米（Meter）、码（Yard）、英尺（Foot）和英寸（Inch）等。

（3）面积单位：平方米（Square Meter）、平方英尺（Square Foot）、平方英寸（Square Inch）、平

方码（Square Yard）等。

（4）体积单位：立方米（Cubic Meter）、立方英尺（Cubic Foot）、立方码（Cubic Yard）等。

（5）容积单位：公升（Litre）、加仑（Gallon）、蒲式耳（Bushel）、品脱（Pint）、及耳（Gill）等。

（6）个数单位：个、只（Piece）、打（Dozen）、双（Pair）、套（Set）、罗（Gross）、令（Ream）等。

知识链接

常用的度量衡制度

在国际贸易中，由于商品的种类、特性和各国度量衡制度的不同，计量单位和计算重量的方法也多种多样。

（1）公制METRIC SYSTEM，起源于法国，采用的是10进制，基本单位是千克、千米，为欧洲大陆和大多数国家采用。

（2）国际单位制（THE INTERNATIONAL SYSTEM）是国际计量组织在公制的基础上制定并公布的，其基本单位是克、米、秒、摩尔、安培、开尔文、项德拉七种。

（3）英制（THE BRITISH SYSTEM）基本单位是磅、码，为英联邦地区采用，随着欧洲联盟的扩大，逐步放弃，采用公制。如使用长吨，1长吨＝220磅。

（4）美制（THE U.S.SYSTEM）基本单位和英制一样，只是个别单位不一样。如使用是短吨，1短吨＝200磅。

我国计量法规定采用国际单位制。但国际上度量衡的使用并不统一，在国际贸易中应注意以下几点。

第一，尽量使用国际单位制，在对外磋商和签订国际贸易协议时，如果客户没有特别的要求使用什么单位时，应主动使用国际单位制。

第二，熟悉常用的英美度量衡，有些国家和地区习惯使用英制或美制单位，如磅、升、英尺、盎司等。因此，平常应该多了解、熟悉有关常识。

第三，尊重客户的选择，如果客户特别要求使用什么度量衡，即使我们临时使用起来不太方便，但只要不是太难，也应该尽量想办法满足客户的要求。

（二）重量单位的规定方式

数量多少和单位有关。一般使用在实际业务中，根据商品的不同性质，通常使用的计量单位有重量、容积、个数、长度、面积和体积六种。在各种数量单位中，其中以重量单位最为复杂。以重量计重又有以下几种情况。

1．按毛重计重

适用于货物包装和货物本身的重量难以区别，二者价格差异小的商品；适用价值不大的商品；在贸易实践中被称为"以毛作净"（GROSS FOR NET），如 USD/300 MTS GROSS FOR NET。

2．按净重计

有些商品以净重为计算价格的单位。净重即商品的总重量去掉包装的皮重后货物本身的重量，多数货物都按净重计重。包装的皮重在国际习惯上有几种不同的计算方法。

（1）最普通的是过秤衡量出实际每件包装外皮的重量，叫作"实际皮重"（Actual Tare）。

（2）有些商品包装不规整，为了简便起见，抽出一小部分包装过秤衡量出平均每件皮重，以该平均皮重推算整批货物的皮重，叫作"平均皮重"（Average Tare）。

（3）有的包装比较规格化，大小一样，其重量已习惯被公认。如麻袋包装，一般公认某种规格的麻袋每袋重量为1公斤。以这种方法计算的皮重叫作"习惯皮重"（Customary Tare）。

3. 按公量计重

按公量计重即使用科学的方法抽去商品中所含的水分，再加上标准水分重量；适用于经济价值高，水分含量不稳定的商品，如羊毛、生丝、棉花。

$$公量＝净重×（1＋标准回潮率）/（1＋实际回潮率）$$

4. 按理论重量计重

按理论重量计重适用于规格体积相同的商品，每件重量体积大致相同，根据件数即可以算出其总重量，如马口铁、铝锭。

5. 法定重量和净重量

前者是纯商品的重量和直接接触商品的包装重量。后者是法定重量扣除包装重量和其他包含杂物的重量，适用于海关征税。

6. 装运重量

装运重量（Weight Shipped）即以装运时卖方在装货地点所衡量的重量作为双方交货的计价重量。

7. 卸货重量

卸货重量（Landed Weight）即以货物到达目的地卸货时所衡量的重量作为双方交货的计价重量。

三、国际货物买卖合同中的数量条款

（一）国际货物买卖合同中数量条款的基本内容

买卖合同中的数量条款，主要包括成交商品的数量和计量，按重量成交的商品，还需订明计算重量的方法。

（二）国际货物买卖合同中的数量条款举例

按重量进行买卖的规定

数量：10 000公吨，5%增减，由买方选择；增减部分按合同计算。

Quantity：10 000 M／T，More or less 5%，at buyers' option; such excess or deficiency to be settled of contracted price.

按件数进行买卖的规定

数量：100 000 箱。

Quantity：100 000 Cases.

（三）溢短装条款（More or Less Clause）

1. 涵义

在签订合同时，一般应明确规定买卖货物的具体数量，以作为双方当事人交接货物的数量依据。但是，在实际业务中，某些商品由于其本身的特性或是受到生产、包装、装卸和运输条件的限制，卖方要做到交货的数量与合同中的规定完全一致有一定的困难。因此，为了避免因实际交货不足或超过合同规定而导致的违约，方便合同的履行，对于一些难以严格计量的商品，如大宗的农副产品、矿产品以及集装箱运输时装箱数量不能准确把握的商品，通常在合同中规定一个允许卖方交货数量在一定范围内增减的条款，这就是合同中的溢短装条款。

例：800公吨，卖方可溢装或短装5%（800 metric tons，5%more or less at seller's option）。

2. 增减幅度

一般增减的幅度由卖方决定；当由买方自己找船运输时，也可以由买方决定；也可以由承运人决定，如说租船条件下。一般为±5%，对于卖方是一种选择和保护。

3. 《UCP600》的相关规定

根据《UCP600》第三十条规定，凡在合同交货数量前加上"约""大概""大约"或类似的词语，应解释为数量不超过10%的增减幅度；对合同未规定数量机动幅度的散装货，除非信用证规定货物的指定数量不得有增减外，在所支付款项不超过信用证金额的条件下，货物数量准许有5%的增减幅度。但是当信用证规定数量以包装单位或个数计数时，此项增减幅度则不适用。

知识链接

UCP600 第 30 条有关溢短装条款的规定

Article 30   Tolerance in Credit Amount, Quantity and Unit Prices

a. The words "about" or approximately used in connection with the amount of the Credit or the quantity or the unit price stated in the credit are to be construed as allowing a tolerance not to exceed 10% more or 10% less than the amount, the quantity or the unit price to which they refer.

b. A tolerance not to exceed 5 % more or 5 % less than the quantity of the goods is allowed, provided the credit does not state the quantity in terms of a stipulated number of packing units or individual items and the total amount of the drawings does not exceed the amount of the credit.

c. Even when partial shipments are not allowed, a tolerance not to exceed 5% less than the amount of the credit is allowed, provided that the quantity of the goods, if stated in the credit, is shipped in full and a unit price, if stated in the credit, is not reduced or that sub-article 30(b) is not applicable. This tolerance does not apply when the credit stipulates a specific tolerance or uses the expression referred to in sub-article30 (a).

【译文】第三十条信用证金额、数量和单价的增减幅度

a. "约"或"大约"用于信用证规定金额、数量或单价时，应解释为允许有关金额、数量或单价不超过10%的增减幅度。

b. 只要信用证未注明货物以包装单位或个数计数，并且总支付金额不超过信用证金额，货物数量准许有5%的增减幅度。

c. 如果信用证规定了货物数量，且该数量已全部发运，以及当信用证对单价有规定，而此单价又未降低时，或者当第三十条b款不适用时，则即使不允许部分装运，也允许支取的金额有5%的减幅。若信用证规定特定的增减幅度或者使用第三十条a款提到的用语限定数量，则该减幅不适用。

（四）签订国际货物买卖合同中的数量条款应注意的问题

（1）应明确写明商品的数量。

（2）应明确计量单位。按重量成交的商品应规定计算重量的方法，合同中如未规定计算重量的方法，一般按净重计算。按件数成交的商品，其数量应与包装的件数相匹配。

（3）对于难以准确按合同规定数量交货的大宗商品，由于商品本身的特性以及生产、船舱容量、装载技术和包装等原因，需在数量条款中规定一定的数量机动幅度，以便合同顺利履行。

【案例4-3】数量溢短装纠纷案

中国某公司从国外进口小麦，合同规定：数量200万公吨，每公吨100美元。而外商装船时共装运了230万公吨，对多装的30万公吨，我方应如何处理？如果外商只装运了180万公吨，我方是否有权拒收全部小麦？

[案例评析]

　　根据《联合国国际货物销售合同公约》规定，如果卖方交付的货物数量大于合同规定的数量，买方可以收取也可以拒绝收取多交部分的货物。如果买方收取多交部分货物的全部或一部分，它必须按合同价格付款。本案例中，我方对外商多交的30万公吨，可以拒收也可以全部收下，还可以只收下其中的一部分，如果我方收取多交小麦的全部或一部分，要按每公吨100美元付款。

　　如果外商只装运了180万公吨，我方无权拒收全部小麦。《联合国国际货物销售合同公约》规定：如果卖方交货数量少于约定的数量，卖方应在规定的交货期届满前补交，但不得使卖方遭受不合理的不便或承担不合理的开支，即使如此，买方也有保留要求损害赔偿的权利。在本案例中，外商只比合同规定少交20万公吨，尚未构成根本性违约，我方只有权要求外商在交货期内补交，没有权拒收全部小麦，如在补交期间，外商给我方带来不合理的开支，我方有保留要求损害赔偿的权利。

　　（资料来源：八方商务网）

第四节　商品的包装

　　国际贸易中的货物，根据有无包装可以分为以下几类：

　　（1）散装货（Bulk Cargo）。液体商品（如原油）、散装大宗商品（如煤炭、矿石等），不需要包装或不宜包装。

　　（2）裸装货（Nude Cargo）。主要指本来已捆扎成件或本身已成件，而且其品质比较稳定，不怕外界条件的影响，不需要另外再加以包装的货物。如木材、钢条等只要用铁丝捆扎成件。又如拖拉机等，因本身单位已成件，不需要包装。

　　（3）包装货（Packed Cargo）。由于商品本身怕受外界影响而改变商品质量，如怕震动、碰伤等，使用某种包装器材加以包装，如桶装、麻袋装、箱装等，以维护商品质量和数量。

　　出口商品除散装和裸装以外，一般商品外表都以不同包装器材加以包装。商品包装是商品生产的继续，凡需要包装的商品，只有通过包装，才算完成生产过程，商品才能进入流通领域和消费领域，才能实现商品的使用价值。

　　按照合同约定的包装要求提交货物，是卖方的主要义务之一。一些国家的法律将包装视作货物说明的一部分，《联合国国际货物销售合同公约》第三十五条（1）款规定："卖方需按照合同规定的方式装箱或包装。"如果卖方不按照合同规定的方式装箱或包装，即构成违约。

一、包装的作用

　　商品包装是实现商品的使用价值和附加价值的必要手段之一。适当的商品包装，对保护、保存商品，美化、宣传商品以及方便商品的存储、运输、销售等有着重要的意义。

　　包装的功能有很多，主要体现在以下几个方面。

（一）保护商品质量

　　商品运输、装卸过程中，为预防碰伤、污染、震动或受外界条件的影响而损害货物的品质，采取包装，起防潮、防漏、防腐、防锈、防水、防震等作用，达到保护商品的目的。

（二）便利运输和搬运

　　商品有了包装，其运输、搬运、装卸等就方便多了。例如罐头商品，如果没有外包装，一罐罐的罐头很难进行运输和装卸。把 12 罐或 24 罐等装在一个大纸箱中，不管是人工搬运或机械化装卸都方便多了。

（三）便利保管

包装商品在保管、出库、入库过程中，商品的计数、核对、验收都比较方便。例如大米商品，如果没有包装就无法计数，因不能数大米粒。有了包装（如装在麻袋中），就可以利用包装的件数计算，进行交接。

（四）容易分配

商品有了包装，可以随意进行分配。如中间商购入水泥 30 公吨，每袋 25 公斤，共 1 200 袋。计划转售给甲商人 10 公吨、乙商人 15 公吨、丙商人 5 公吨，就可以很方便地分配给甲商人 400 袋、乙商人 600 袋、丙商人 200 袋。

（五）增强竞销能力

美观醒目的包装具有广告宣传的作用。颜色、包装造型符合消费者的心理，可对消费者产生强烈的吸引力。

近年来，许多国家出于保护生态环境、保护消费者利益或限制进口的目的，纷纷制定了有关包装的政策、法令、条例，对进口商品包装及其标识进行严格的规定。如一些国家规定禁止用稻草、干草、木丝、报纸做衬垫；一些大型国际包装展览将具有环保性质的包装。

二、包装的分类

（一）销售包装（Packing for Sale）

销售包装又叫内包装（Inner Packing）。

1. **销售包装的作用**

销售包装除保护商品以外，还要适合于销售条件，起美化商品、宣传和介绍商品的作用。销售包装直接和消费者见面，所以在造型结构、设计装潢、介绍说明等各方面都要求艺术、美观、吸引人。

2. **销售包装要求**

（1）便于消费者使用和携带。销售包装首先考虑便利消费者。包装造型设计要便于携带，如在包装上安有提手等设计。

（2）易于开启。某些需要密封包装的商品要设计得易于开启。

（3）便于识别商品。

销售包装上面涉及到无形资产：商标、专利、外观设计和物品条码。

3. **物品条码**

物品条码（Product Code）是一种产品代码，它是由一组粗细间隔不等的平行线条及其相应的数字组成的标记（见图 4-1）。

图 4-1　物品条码标志

这些线条和间隙空间表示一定的信息，通过光电扫描阅读装置输入相应的计算机网络系统，即可判断出该商品的生产国别或地区、生产厂家、品种规格和售价等一系列有关该产品的信息。例如，国际上使用最广的 EAN 码由 12 位数字的产品代码和 1 位校验码组成。前 3 位为国别码，中间 4 位数字为厂商号，后 5 位数字为产品代码。

国际上通用的条码种类很多，主要有以下两种：一种是美国统一代码委员会编制的 UPC 条码（Universal Product Code），另一种是由欧洲 12 国成立的欧洲物品编码协会，后改名为国际物品编码协会，编制的 EAN 条码（European Article Number）。目前使用 EAN 物品标识系统的国家（地区）

众多，EAN 系统已成为国际公认的物品编码标识系统。为了适应我国对外经济技术交流不断扩大的要求，国务院于 1988 年批准成立了中国物品编码中心，该中心于 1991 年 4 月代表中国加入国际物品编码协会，并成为正式会员，统一组织、协调、管理我国的条码工作。

目前，国际物品编码协会分配给我国的国别号为 690、691、692、693、694、695；凡标有 690、691、692、693、694、695 条码的商品，即表示是中国出产的商品。此外，书籍的代码是 978，杂志的代码是 977。

（二）外包装

外包装也称运输包装/大包装/运输包装，这种包装的主要作用在于保护商品，便于运输、储存、计数和分拨等。

1. 常见的外包装

出口商品运输包装包括单件运输包装和集合运输包装。

常见的单件运输包装有木箱（Wooden Case）、纸箱（Carton）、胶合板箱（Plywood Case）、木板条箱（Wooden Crate）、纤维板箱（Fiber Board Case）、三合板箱 Three-ply-wooden Case）、金属箱（Metal Case）、铅皮胎木箱（Tin-lined Wooden Case）、塑料桶（Plastic Cask）、铁桶（Iron Drum）、木桶（Wooden Cask）、琵琶桶（Barrel）、麻袋（Gunny Bag）、棉布袋（Cloth Bag）、塑料袋（Polyethylene Bag）、条筐（Basket）、柳条筐（Wicker Basket）、塑料筐（Plastic Basket）、竹篓（Bamboo Basket）、铁笼（Wire Netting）等。

随着现代物流业的发展，集合运输包装也在国际贸易中起着非常大的作用。在国际贸易中常见的集合包装有托盘（Pallet）、集装袋或集装包（Flexible Container）和集装箱（Container）。

2. 运输包装的选择原则

（1）保护商品质量要求。其质量因潮湿而改变的商品，必须选择防潮的包装，如烟花、水泥等。易碎的商品必须选择防震、防碰的包装。

（2）节约。需要通风的或鲜货等商品，可以使用木条箱而不用木箱包装，这样既达到通风的目的又节约包装材料。而且运费根据包装容积、重量大小而定，所以要合理设计。从减少包装用料的角度考虑选择合适的包装。

（3）适合不同运输方式的要求。如海洋运输的货物，由于气温变化大、时间长，应该使用通风的包装。需要转运的货物要考虑多次装卸，使用牢固的包装。航空和邮包运输的货物要考虑轻巧的包装。

（4）符合国外不同的规定。运输包装还要符合某些国家的特殊规定。如新西兰等国家规定不许使用带有树皮或虫蛀的木材做包装器材；毛里求斯的路易斯港和坦桑尼亚的达累斯萨拉姆港等都规定使用托盘运输包装；日本、毛里求斯及欧洲各国禁用报纸屑、稻草等物料做运输包装的填料。

3. 外包装标志

包装标志包括运输标志、磅码产地标志以及指示性、警告性标志，其中运输标志是必须具备的。

（1）运输标志

运输标志（Shipping Mark），又称唛头，由一个简单的几何图形和一些字母、数字和简单的文字组成，其作用在于使有关人员在运输过程中易于辨认货物，避免错发错运。

运输标志主要内容包括：收、发货人的代号；目的地（港）的名称，目的地名称如果是重名，还应加上国名，如果中途需要转船或转运，则应加列"转船"字样和转运地名称；件号件数。

知识链接

运输标志 SHIPPING MARK

作用：便于运输，装卸作业

出口合同中包装条款除了上述内容外，必要时还会列明货物的包装标志。包装标志包括运输标志、磅码产地标志以及指示性、警告性标志，其中运输标志是必须的。对于SHIPPING MARK的有关规定有两个来源：

（1）海牙规则，规定SHIPPING MARK应该由卖方提供，在装船以前提供，书面形式；清晰，保持到整个航程结束依然保持清晰，适合于远洋海运航行。

（2）为了适应电子商务的标准化的需要，联合国欧洲经济委员会制定"国际标准运输标志"。一般包括四行：第一行，收货人的英语名称字头或缩写，如果是铁路运输或公路运输则需要全称；第二行，参考号，如合同号、发票号或运单号；第三行是目的港，如转运需要加上VIA转运港；第四行，件数件号。

（3）ISO标准，基本使用欧洲的标准。

（4）SHIPPING MARK的其他做法。

① 如果L/C或合同有规定就按照合同规定做。

② 可以N/M（NO MARK）。

③ 用商标作为运输标志，注意该做法仅适用于著名商标。

编号的规则

运输标志中的件号主要用来说明一批货物的总包装件数、本件货物的号码或是整批货物与本件货物的关系。例如某批货物共计60件，有三种规格，每个规格20件，那么运输标志上的件号可以表现为三组，即NOS. 1—20，NOS. 21—40和NOS. 41—60。然而，在各类贸易单证上填写件号时则应为NOS. 1—60，以说明该批货物的总件数为60件。当然，如果该批货物只有一种规格，60件货物的件号则可以是一个，即NOS. 1—60。如果一批货物有60箱，每一箱的包装方式和品种规格均不相同，则可采用顺序件号的方法，即在货物包装上用C／NO. 1；C／NO. 2；C／NO. 3…C／NO. 60或C／NO. 1—60；C／NO. 2—60；C／NO. 3—60…C／NO. 60-60的表示方法。后一种方法说明了整批货物的总件数与本件号数的关系，如C／NO. 2-60中的C表示Carton即纸箱，2-60中的60表明该批货物共有60件，2则表示本件是60件中的第二件。当然，在实际业务中，我们也常在客户的订单或来往函电中见到这样的写法"C／NO. 1—UP"，这通常表明包装件数待定，在货物装运时按实际情况确定。

运输标志的样式：

S. M. S. C.

93-0152

SAN FRANCISCO

NIOS. 11—20

（2）指示性标志

指示性标志（Indicative Mark）是提示人们在装卸、运输和保管过程中需要注意的事项，一般都是以简单、醒目的图形和文字在包装上标出（见图4-2）。

例：THIS SIDE UP，此端向上；HANDLE WITH CARE，小心搬运；USE NO HOOKS，请勿用钩；KEEP DRY，保持干燥；KEEP FLAT，注意平放；KEEP AWAY FROM BOILER，远离锅炉。

图4-2 指示性标志

（3）警告性标志

警告性标志（Warning Mark），又称危险品标志，是指危险货物包装上用图形和文字表示各种危险品的标志（见图 4-3）。其作用在于警告有关装卸、运输和保管人员按货物的特性采取相应的措施，以保障人身和物资安全。

这些商品包括：爆炸品、易燃品、有毒品、腐蚀品、氧化剂和放射性物品。

图 4-3　警告性标志

（4）其他标志

出口货物的外包装上，一般还刷上每件货物的毛重、净重和包装容器的尺码（长×宽×高）以及货物的产地。

例：

GROSS WEIGHT（G. W. ）　　　　　　　56KGS.

NET WEIGHT　（N. W. ）　　　　　　　52KGS.

MEASUREMENT　（MEAS.）　　　　　　42cm　28cm 17cm

MADE IN THE PEOPLE'S REPUBLIC OF CHINA.

三、定牌包装

（一）定义

定牌是指卖方按买方要求在其出售的商品或包装上注明买方指定的商标或牌号，这种做法叫作定牌生产。

（二）作用

卖方同意采用定牌，目的是利用买主的品牌、声誉、经营能力，从而扩大商品的销售；对于买主而言，有利于中转贸易进行。现在的商人或企业越来越重视企业的无形资产，同时也避免为别人做嫁衣，进口企业尤其是有实力的商贸企业都倾向于定牌生产。

（三）注意事项

在我国出口贸易中，如外商订货数量较大，且需求稳定，在不违反国际贸易中配额限制和普惠制规定的原产地证明原则下可适当使用定牌生产。采用定牌生产时，除非另有约定，在我国出口商品和/或包装上均需注明"中国制造"字样。

四、中性包装

（一）定义

中性包装（Neutral Packing）是指既不标明生产国别、地名和厂商名称，也不标明商标或品牌的包装。即在出口商品包装内外都没有原产地和出口厂商的标记。中性包装又分为定牌中性和非定牌中性，前者是包装上仅有买方指定的商标或品牌，但无生产国别、地名和厂商名称。后者是指包装上无买方指定的商标或品牌，也无生产国别、地名和厂商名称。

（二）作用

中性包装的目的适应于国外市场的特殊需要，如转口贸易；有利于打破某些国家的关税壁垒或非关税壁垒。它是出口国家厂商加强对外竞争和扩大出口的一种手段。

（三）注意事项

（1）需要注意的是应该选择具有相当实力的中间商或代理商，并注意和他们配合。

（2）要注意买方提供的商标是否具有侵权问题，应该在合同中规避相关问题。

五、包装条款

一般包装条款的内容包括包装材料、包装方式、包装费用和包装标志等四项内容。包装材料包括金属、木材、纸等，要求包装材料坚固，适合装卸，防潮防腐。包装费用一般包含在商品价格中，不另外加收。

例：每20件装一盒，10盒装一纸箱，共500只纸箱。20 pieces to a box, 10 boxes to an export carton. Total 500 cartons only.

例：每只包纸，并套塑料袋，每一打装一坚固新木箱／纸箱，适合长途海运，防湿，防潮，防震，防锈，耐粗暴搬运。EACH TO BE WRAPPED WITH PAPER THEN TO A POLY BAG EVERY DOZEN TO A NEW STRONG WOODEN CASE/CARTON, SUITABLE FOR LONG VOYAGE AND WELL PROTECTED AGAINST DAMPNESS, MOISTURE, SHOCK, RUST AND ROUGH HANDLING.

六、签订国际货物买卖合同中的包装条款应注意的问题

为了订好包装条款，以利于合同的履行，在商订包装条款时，需要注意下列事项。

（一）对包装的规定应明确具体

约定包装材料、方式要明确、具体，不宜笼统地规定，如木箱、纸箱、铁桶，不宜采用"适合海运包装"（Sea-worthy Packing）、"习惯包装"（Customary Packing）之类的术语，因为这些术语不明确，易引起争议。

（二）明确包装由谁供应和包装费用由谁负担

关于包装由谁供应，通常有下列三种做法。

（1）由卖方供应包装，包装连同商品一块交付买方。

（2）由卖方供应包装，但交货后，卖方将原包装收回。关于原包装返回给卖方的运费由何方负担，应做具体规定。

（3）由买方供应包装或包装物料。采用此种做法时，应明确规定买方提供包装或包装物料的时间，以及由于包装或包装物料未能及时提供而影响发运时买卖双方所负的责任。

包装费一般包括在货价之内，不另计价，但如买方提出需要特殊包装，额外的包装费用应由买方负担。如买方所提出的特殊包装要求卖方一时不能办到，则不宜轻易接受。

（三）关于运输标志（唛头）的提供问题

按国际交易习惯，唛头一般由卖方决定，并没有必要在合同中做具体规定，如买方要求使用由其

指定的唛头，应在合同中明确规定唛头的具体式样和内容，或规定买方提交唛头式样和内容的时限。

知识链接

在国际贸易中，由于各国国情不同，以及文化差异的存在，对商品的包装材料、结构、图案及文字标识等要求不同，了解这些规定，对我国外贸出口大有裨益。

禁用标志图案

阿拉伯国家规定进口商品的包装禁用六角星图案，因为六角星与以色列国旗中的图案相似，阿拉伯国家对有六角星图案的东西非常反感和忌讳。

德国对进口商品的包装禁用类似纳粹和军团符号标志。

利比亚对进口商品的包装禁止使用猪的图案和女性人体图案。

对容器结构的规定

美国食品药物局规定，所有医疗健身及美容药品都要具备能防止掺假、掺毒等防污能力的包装。美国环境保护局规定，为了防止儿童误服药品、化工品，凡属于防毒包装条例和消费者安全委员会管辖的产品，必须使用保护儿童安全盖。美国加利福尼亚、弗吉尼亚等11个州以及欧洲共同体负责环境和消费部门规定，可拉离的拉环式易拉罐也不能在市场上销售，目前已趋于研制不能拉离的掀扭式、胶带式易拉罐。

欧洲共同体规定，接触食物的氯乙烯容器及材料，其氯乙烯单位的最大容器规定为每公斤1毫克成品含量，转移到食品中的最大值是每公斤0.01毫克。

根据美国药物调查局调查，在人体吸收的全部铅中，有14%来自马口铁罐焊锡料，因此，要求今后5年内焊缝含铅量减少50%。我国香港卫生条例规定，固体食物的最高铅含量不得超过6ppm（6%），液体食物含铅量不得超过1ppm。

使用文种的规定

加拿大政府规定进口商品必须英法文对照。

销往中国香港地区的食品标签，必须用中文，但食品名称及成分，需同时用英文注明。

希腊政府正式公布，凡出口到希腊的产品包装上必须要用希腊文字写明公司名称，代理商名称及产品质量、数量等项目。

销往法国的产品装箱单、商业发票及标志说明须用法文，不以法文书写的应附译文。

销往阿拉伯地区的食品、饮料，必须用阿拉伯文说明。

禁用的包装材料

美国规定，为防止植物病虫害的传播，禁止使用稻草做包装材料，如被海关发现，必须当场销毁，并支付由此产生的一切费用。

新西兰农业检疫所规定，进口商品包装严禁使用以下材料：干草、稻草、麦草、谷壳或糠、生苔物、土壤、泥灰、用过的旧麻袋及其他材料。

菲律宾卫生部和海关规定，凡进口的货物禁止用麻袋和麻袋制品及稻草、草席等材料包装。

澳大利亚防疫局规定，凡用木箱包装（包括托盘木料）的货物进口时，均需提供熏蒸证明。

港口规定

沙特阿拉伯港务局规定，所有运往该国港埠的建材类海运包装，凡装集装箱的，必须先组装托盘，以适应堆高机装卸，且每件重量不得超过2吨。

伊朗港口颁布的进口货物包装规定，药品、化工品、食品、茶叶等商品，分别要求以托盘形式，或体积不少于1立方米或重量1吨的集装箱包装。

沙特阿拉伯港口规定，凡运往该港的袋装货物，每袋重量不得超过50公斤，否则不提供仓储便利，除非这些袋装货物附有托盘或具有可供机械提货和卸货的悬吊装置。

（资料来源：阿里巴巴网http://www.china.alibaba.com）

思考题

1．商品名称和商标有何不同？在合同中商品名称条款应该注意什么？
2．商品质量的含义是什么？
3．样品有哪些？分别表示什么含义？
4．品质公差是什么？
5．中性包装和定牌包装有什么不同？

案例分析题

1．2010 年 3 月，广西某粮油进出口 C 公司向南非出口食糖。合同规定：食糖，数量 500 公吨，每公吨 120 美元，可有 3%增减，由卖方选择；增减部分按合同价格计算。如果在交货前食糖市场价格上涨，在不违反合同的情况下，卖方要想获利，可装多少公吨？如果市场价格下降呢？同年 5 月，C 公司又向俄罗斯出口小麦，合同规定：数量为 1 000 公吨，每公吨 100 美元，以信用证方式支付。合同签订后，俄罗斯进口商开来信用证，金额为 100 000 美元。

问题：我方最多、最少可交多少公吨小麦？为什么？

2．某出口公司与国外成交红枣一批，合同与信用证上均列明的是三级品，但到发货装船时才发现三级红枣库存告罄。于是改以二级品交货，并在发票上加注："二级红枣仍按三级计价。"

问题：这种以好顶次、原价不变的做法妥当吗？

技能实训题

根据信用证和合同规定做 SHIPPING MARKS。

SALES CONTRACT

THE SELLERS: UNIVERSAL TRADING CO., LTD.　　　　　　　　　　S/C NO. HY15CS004

THE BUYERS: TIVOLI PRODUCTS PLC

THE SELLERS AGREE TO SELL AND THE BUYERS AGREE TO BUY THE UNDERMENTIONED GOODS ACCORDING TO THE TERMS AND CONDITIONS AS STIPULATED BELOW

NAME OF COMMODITY & SPECIFICATION	QUANTITY	UNIT PRICE	TOTAL VALUE
PLUSA TOYS			CIFC3%AMSTERDAM
Art. №KB0677 NEW Design Brown Bear	1080sets	US$13.35	US$14.418. 00
Art. №KB7900 Toy Bear in Sweater	1208pcs.	US$9.30	US$11 234.40
Art. №KP2273 charming Pig	4140pcs.	US$4.70	US$19 458.00
Art. №KC2048 Long Hair Cat	3150pcs.	US$6.65	US$20 947.50
Art. №KB0278 P1ush Twin Bear	1880sets	US$13.30	US$25 004.00
			US$91 061.90

PACKING: PACKED IN CARTONS OF 8 SETS（KB0677），8 PCS.（KB7900），60 PCS.（KP2273）

30 PCS. （KC2048） AND 4 SETS（KB0278） EACH ONLY.

SHIPPING MARKS: WILL BE INDICATED IN THE LETTER OF CREDIT.

PORT OF SHIPMENT: SHANGHAI, CHINA

以下是对方开来的 L/C

WE HEREWITH OPEN OUR IRREVOCABLE DOCUMEMTARY CREDIT NO. AM/VAO515ILC

BY ORDER OF: TIVOLI PRODUCTS PLC

BERSTOFSGADE 48,

ROTTERDAM,

THE NETHERLANDS

IN FAVOUR OF: UNIVERSAL TRADING CO., LTD.

RM. 1201-1216 MAYLING PLAZA,

131DONGFANG RD., SHANGHAI CHINA

FOR AN AMOUNT OF: USD91 061.90

EXPIRY-DATE: 15TH JUNE 2015

FOR NEGOTIATION IN CHINA.

THIS DOC. CREDIT IS AVAILABLE

BY NEGOTIATION OF BENEFICIARY'S DRAFT（S） AT 45 DAYS AFTER SIGHT DRAWN ON F. VAN LANSCHOT BANKIERS N. V., AMSTERDAM, THENETHERLANDS, ACCOMPANIED BY THE FOLLOWING DOCUMENTS:

1) SIGNED COMMERCIAL INVOICE IN QUINTUPLICATE INDICATING BENEFICIARY'S CONTRACT NUMBER AND APPLICANT'S ORDER NO. 15-CS004

2) PACKINGLIST/WEIGHTMEM0 IN TRIPLICATE MENTIONING TOTAL NUMBER OF CARTONS, GROSSWEIGHT AND MEASUREMENTS PER EXPOPT CARTON.

3) 2/3 OF ORIGINAL CLEAN ON BOARD MARINE BILLS OF LADING， PLUS 3 N. N.-COPIES, MADE OUT: "TO ORDER", AND BLANK ENDORSED MARKED: "FREIGHT PREPAID" SHOWING AS NOTIFY THE APPLICANT （GIVING FULL NAME, ADDRESS AND PHONE NUMBERS）.

4) FULL SET 3/3 OF MARINE INSURANCE POLICY OR CERTIFICATE, ENDORSED IN BLANK FOR 100 PERCENT OF FULL CIF VALUE， COVERING INSTITUTE CARGO CLAUSES （A） AND WAR CLAUSES OF INSTITUTE CARGO CLAUSES.

5) G. S. P. CERTIFICATE OF ORIGIN FORM A IN DUPLICATE STATING THAT THE GOODS ARE OF CHINESE ORIGIN.

6) BENEFICIARY'S CERTIFICATE STATING THAT ONE SET OF NON-NEGOTIABLE SHIPPING DOCUMENTS TOGETHER WITH THE 1/3 ORIGINAL B/L AND ORIGINAL GSP FORM A HAVE BEEN SENT TO THE APPLICANT BY DHL WITHIN 48 HOURS AFTER SHIPMENT.

7) COPY OF BENEFICIARY'S TELEX/FAX SENT TO APPLICANT（TELEX-NO.: 13174 + TIV NL OR FAX-NO.: +（31）74 12 37 37 ） WITHIN TWO WORKING DAYS AFTER SHIPMENT INDICATING DATE OF DEPARTURE, SHIPPING MARKS, NUMBERS OF LC, B/L, CONTRACT AND ORDER AS WELL AS NUMBER OF CARTONS TOGETHER WITH THE TOTAL GROSS WEIGHT AND GOODS VALUE.

COVERING :

5 ITEMS OF TOTAL 2960 SETS AND 8498 PCS. OF PLUSH TOYS AS PER: APPLICANT'S ORDER NUMBER 15-CS004

AND BENEFICIARY'S CONTRACT NUMBER HY15CS004.

LABEL: CE/IMP. 087 FOR ARTICLES KB7900, KP2273 AND KB0278 AND

LABEL: F-TOYS 2280 FOR ARTICLES KB0677 AND KC2048

PACKING IN NEUTRAL SEAWORTHY EXPORT CARTONS SUITABLE FOR LONG DISTANCE OCEAN TRANSPORTATION

SHIPPING-MARKS TO READ AS FOLLOWS:

CE/IMP. 087

CHRISTIAENS

VIA AMSTERDAM

CARTON NO. I ANDUP

FOLLOWED BY: ARTICLE NUMBER

AND

F-TOYS 2280

GROBBENDONK

VIA AMSTERDAM

CARTON NO. 1 AND UP

FOLLOWED BY ARTICLE NUMBER

TERMS OF DELIVERY: CIF AMSTERDAM （INCOTERMS 2010）.

ALL OF THE ABOVE MUST BE STATED ON THE INVOICE AND PACKING LIST.

PARTIAL SHIPMENTS: PROHIBITED.

TRANSHIPMENT: PROHIBITED.

LATEST DATE OF SHIPMENT: 31ST MAY 2015.

SHIPMENT FROM: SHANGHAI

TO: AMSTERDAM

贸易术语与商品价格

在国际货物买卖中，价格是买卖双方十分关心的一个重要问题，货物的价格是交易的主要条件，也是买卖合同中必不可少的条款，如何在合同中规定价格条款是一项非常重要的内容。买卖双方在其他的条款的利害得失，都会在价格上体现出来，因此在贸易报价和订立合同时，必须恰当地运用贸易术语，以国际市场价格为依据，结合企业的经营意图来确定进出口商品的价格，并要熟练掌握各种价格的换算方法。

第一节 | 贸易术语

一、贸易术语的含义和起源

（一）贸易术语的含义

国际贸易具有线长、面广、风险大的特点。线长是货物运输的距离长；面广是指交易过程中涉及许多方面的工作；环节多是指货物从出口地到进口地要经过多道关卡，办理许多手续；这期间货物遭受自然灾害和意外事故导致损坏和灭失的可能性自然要大一些。

在交接货物时，我们需要考虑以下几个问题。

（1）卖方在什么地方，以什么方式交货？

（2）交货时义务怎么样分配？

（3）货物风险发生损坏和灭失的风险什么时候由卖方转移给买方？

（4）谁负责办理保险并买保单？

（5）谁负责运输并负责运费？

（6）谁负责办理通关手续和相关费用？

（7）买卖双方需要交接哪些有关的单据？

贸易术语实际上就是为了解决以上问题，并在长期贸易实践活动中逐步发展起来的。

在国际贸易中货物的价格除了考虑生产成本外，还要考虑到商品从产地运输到进口地过程中有关手续由谁来办理，费用由谁来负担，风险如何划分的问题。如果卖方承担的风险大、责任大、费用多那么价格就高一些。反之，如果由买方承担的风险大、费用多、责任大那么价格就相应低一些，买方才能接受。所以我们看到贸易术语里具有双重属性：一方面它是用来确定交货条件，即说明买卖双方在交接货物时各自承担的风险、责任和费用；另一方面又用来表示该商品的价格构成因素。两者紧密相关。

综合而言，贸易术语（Trade Term），又称价格术语（Price Term），是在长期的国际贸易实践中产生的，用来表明商品价格构成，说明货物交换过程中买卖双方的风险、手续和费用划分的专门术语。它通常是一个简短的概念（如 Free on Board）或三个字母的缩写（如 FOB），具有文字简练、含义深刻的特点。

（二）贸易术语的起源

贸易术语是在长期的贸易实践中形成、发展和完善的。中世纪，从事国际贸易是一种冒险行为，当时运输业不发达，大多数交易都是货主自己乘船把货物运到国外口岸直接销售；也有些商人自己乘船到国外买货运回；还有就是商人装一船货，每到一个口岸，出售船上的货物或用船上的货物换当地的特产，直到船上的货物全部卖完，最后装满一船货物运回。交易过程中的责任、费用、风险全由货主自己负担。产业革命后，出现许多为贸易服务的专业性组织，如轮船公司、保险公司等。这些组织出现后，有关运输、保险方面的责任就由他们承担，买方则负担由此引起的运费和保险费，并负担承运人接管货物以后的风险和费用，卖方只需将货物交给轮船公司就算完成了交货任务，这样就简化了交易手续，缩短了交易时间，减少了交易风险。随着时间的推移，各种能说明买卖双方责任划分的贸易术语相继出现，从而大大促进了国际贸易的发展。

二、有关贸易术语的国际惯例

（一）贸易惯例的法律地位和作用

1. 国际惯例的法律地位

在国际贸易中，国际法法律地位高于国内法，国内法法律地位又高于贸易惯例。

国际贸易惯例的使用是以当事人的意思自治为基础的，因为惯例本身不是法律，它对贸易双方不具有强制性约束力，所以买卖双方有权在合同中做出与惯例本身不符合的规定，只要合同有效成立，双方均要履行合同所规定的义务。一旦发生争议，法院和仲裁也要维护合同的有效性。

但是国际惯例对贸易实践仍然具有重要指导作用，体现在两个方面：第一，如果双方都同意以某种惯例约束该贸易，并在合同中给予明确，那么这项约定的惯例就具有了强制性；第二，如果双方在合同中既未排除也未注明该合同适用于某项惯例，在合同发生争执的时候，受理该争议的司法和仲裁机构也往往引用某一项国际惯例进行判决或裁决，这是因为通过各国立法或国际公约使其具有了法律效力。比如我国法律规定，凡中国法律没有规定的，适用国际惯例。

2. 国际惯例在国际贸易中的作用

前面关于国际贸易术语的定义也说明了其作用。因为术语具有特定的含义，一些国际惯例也得到了统一解释和规定，同时得到国际上广泛接受，所以其作用有：

（1）简化交易磋商，促进成交。交易双方主要商定按照哪种术语成交，即可以明白交易双方承担的风险、责任和费用，这样就简化了交易手续、缩短了洽谈时间、节约了费用开支，有利于促进成交。

（2）表示了价格构成要素。双方确定成交价格时，必然要考虑采用的贸易术语包含哪些从属费用，有利于双方进行比较比价和成本核算。

（3）有利于国际贸易争端的解决。如果在履约中产生争议不能按合同规定解决时，可以援引有关贸易术语的一般解释来处理，这就方便了贸易争端的妥善解决。

（二）有关贸易术语的国际惯例

1.《1932年华沙—牛津规则》

《1932年华沙—牛津规则》（Warsaw-Oxford Rules）是贸易法协会专门为解释CIF合同而制定的。19世纪中叶，CIF贸易术语已经得到了广泛的使用，然而对使用这一术语时买卖双方各自的具体义务，并没有统一的解释和规定，对此，国际法协会于1928年于华沙开会，制定了CIF买卖合同的统一规则，称《1928年华沙规则》，共22条。其后，在1930年的纽约会议，1931年的巴黎会议和1932年的牛津会议上将其修订为21条，并更名为《1932年华沙—牛津规则》，沿用至今。

2.《1941年美国对外贸易定义修订本》

《1941年美国对外贸易定义修订本》（Revised American Foreign Trade Definitions 1941）是由美国几个商业团体制定的。它最早于1919年在纽约制定，原称《美国出口报价及缩写条例》。后来在1941年在美国第27届全国对外贸易会议上对这一条例做了修改,命名为《1941年美国对外贸易定义修订本》。

这一修订本经美国商会、美国进口商协会和全国对外贸易协会所组成的联合委员会通过，由全国对外贸易协会予以公布。《1941年美国对外贸易定义修订本》中所解释的贸易术语共有六种，分别为：

（1）Ex（Point of Origin）（产地交货）；

（2）FOB（Free on Board）（在运输工具上交货）；

（3）FAS（Free Along Side）（在运输工具旁边交货）；

（4）C&F（Cost and Freight）（成本加运费）；

（5）CIF（Cost Insurance and Freight）（成本加运费、保险费）；

（6）Ex Dock（Named Port of Importation）（目的港码头交货）。

《1941年美国对外贸易定义修订本》主要为美洲国家所采用，由于它是对国际贸易术语的解释，特别是（2）、（3）中解释与国际商会制定的《2010年国际贸易术语解释通则》有明显差异，所以在同美洲国家进行贸易时应加以注意。

3. 《国际贸易术语解释通则2010》

《国际贸易术语解释通则2010》（International Rules for Interpretation of Trade Terms）（以下简称《2010通则》）缩写形式为Incoterms®2010。它是国际商会为了统一对各种贸易术语的解释而制定的。最早的通则产生于1936年，后来为适应国际贸易业务发展的需要，先后进行过多次的修改和补充。现行的《国际贸易术语解释通则2010》是国际商会根据国际贸易实践发展的需要，在《2000年国际贸易术语解释通则》的基础上修订产生的，并于2011年1月1日生效。

《国际贸易术语解释通则2010》（见表5-1）考虑了无关税区的不断扩大，商业交易中电子信息使用的增加，货物运输中对安全问题的进一步关注以及运输方式的变化。《国际贸易术语解释通则2010》更新并整合与"交货"相关的规则，将术语总数由原来的13条减至11条，并对所有规则做出更加简洁、明确的陈述。值得注意的是，新版本出版后，《国际贸易术语解释通则2000》仍然有效。合同各方可选择任意一版《国际贸易术语解释通则》使用，但必须在合同中注明所使用的版本。

表 5-1 《2010通则》的贸易术语分类

组别	术语	术语中文
适用于任一或多种运输方式	EXW Ex Works（…Named Place）	工厂交货（……指定地）
	FCA Free Carrier（…Named Place）	货交承运人（……指定地）
	CPT Carriage Paid to（…Named Place of Destination）	运费付至（……指定目的地）
	CIP Carriage, Insurance Paid to（…Named Place of Destination）	运费、保险费付至（……指定目的地）
	DAT Delivered at Terminal（…Named Terminal at Port or Place of Destination）	运输终端交货（……指定目的港或目的地）
	DAP Delivered at Place（…Named Place of Destination）	目的地交货（……指定目的地）
	DDP Delivered Duty Paid（…Named Place of Destination）	完税后交货（……指定目的地）
只适用于海运及内河运输	FAS Free Alongside Ship（…Named Port of Shipment）	装运港船边交货（……指定装运港）
	FOB Free on Board（…Named Port of Shipment）	装运港船上交货（……指定装运港）
	CFR Cost and Freight（…Named Port of Destination）	成本加运费（……指定目的港）
	CIF Cost, Insurance and Freight（…Named Port of Destination）	成本加保险费、运费（……指定目的港）

若沿袭《2000通则》的分组法，《2010通则》中的贸易术语包括以下几个方面。

E组：EXW。当卖方在其所在地或其他指定地点将货物交给买方处置时，即完成交货，卖方不办理出口清关手续或将货物装上运输工具。

F 组：FCA、FAS、FOB。要求卖方在装运地或装运港将货物交至买方指定的承运人而不支付主要运费。F 组术语属交运合同术语。

C 组：CFR、CIF、CPT、CIP。要求卖方按照通常条件自付费用订立运输合同，卖方要支付货物按照惯常航线和习惯方式运至约定地点所需的通常费用，在货物以适当方式交付运输后货物灭失或损坏的风险及发生意外而发生的额外费用由买方承担。C 组术语属交运合同术语。

D 组：DAP-Delivered At Place，DAT-Delivered At Terminal，DDP-Delivered Duty Paid。卖方负责将货物运至约定目的地，卖方必须承担货物运至该地前的全部风险和费用。D 组术语属于到货合同术语。

《2010 通则》实际上是把术语分为两类：适用于各种运输方式和水运。11 种术语中，只适用于海运及内河运输的有 FAS、FOB、CFR、CIF 四种，其他七种适应于任何运输方式。

三、《Incoterms®2010》常用的六个贸易术语

在国际贸易中，FOB、CFR、CIF、FCA、CPT 和 CIP 是六种使用较多的贸易术语。因此，熟悉这六种主要贸易术语的含义、买卖双方的义务，以及在使用中应注意的问题，特别重要。

（一）FOB

1. FOB 术语的基本含义

FOB 全称为 free on board（…Named Port of Shipment）即船上交货（……指定装运港），习惯上称为装运港船上交货。其含义为：卖方必须在指定装运港、在买方指定的船上交货，或者取得被如此交付后的货物。自货物装上船起，货物灭失或损坏的风险即转移，自此时起买方承担一切费用。卖方还负责办理货物出口清关手续。本术语只能用于海运或内河运输。

这里的"取得被如此交付后的货物"是《2010 通则》的新规定，针对的是国际贸易中的连环销售（String Trade）现象。在农矿产品销售中，相对于工业品的销售，货物经常在运输过程中被频繁转售多次。这种情况发生时，在链条中间环节的卖方并不"装运"这些货物，因为这些货物已经由最开始的卖方装运了。连环运转中间环节的卖方因而履行其对买方的义务，并不是通过装运货物，而是通过"取得"已经被装运的货物。

例：USD 200 PER M/T FOB Shanghai Incoterms®2010。

2. 买卖双方的基本义务

采用 FOB 术语，买卖双方各自承担的基本义务概括如下。

（1）卖方义务

① 提供符合合同的货物，在合同规定的日期或期间内，在指定装运港，将货物按港口惯常方式交至买方指派的船上，或者取得被如此交付后的货物，并给予买方充分通知。

② 负责取得出口许可证或其他官方文件，办理货物出口清关。

③ 承担货物在指定装运港装上船为止的一切费用和风险。

④ 负责提交商业发票和证明货物已交至船上的通常单据，或具有同等效力的电子信息。

（2）买方义务

① 负责租船订舱，支付运费，并给予卖方关于船名、装船地点和要求交货时间的充分通知。

② 负责取得进口许可证或其他官方文件，办理货物进口清关以及必要时的过境手续。

③ 承担货物在指定装运港装上船后的一切费用和风险。

④ 接受卖方提交的与合同相符的单据，受领符合合同的货物，按合同规定支付货款。

3. 使用 FOB 术语需注意的问题

（1）风险的转移

在《2000 年通则》中，FOB 风险转移点为装运港船舷。在装船时货物跌落码头或海中所造成的损失，均由卖方承担；货物装上船之后，包括在启航前和在运输过程中所发生的损坏或灭失，则由买方承担。

在《2010 年通则》中，风险转移点修改为货物装上船为止。增加了卖方装运港义务，风险也在货物装船后转移。

但要注意，风险有时会提前转移。若在交货期限届满时，买方所派船只未能过来正常接货，而又未曾给予卖方充分的通知，则风险自动转移给买方。

但无论是风险的正常转移还是风险的提前转移都有前提条件，即货物需特定化（Specialization）。即货物已经适当地划归本合同，即已清楚地分开或以其他方式特定为该合同项下的货物。

（2）关于船货衔接问题（Link-up of Vessel and Goods）

在 FOB 合同中，由于租船或订舱是由买方负责办理的，因此，买方必须给予卖方关于船名、装船地点及所要求的交货时间的充分通知。若买方没给予卖方上述通知，有可能导致货物灭失或损坏的风险在货物交付前转移，且买方还需承担因此而产生的卖方仓储、保险等一切额外费用。

卖方则必须负责在合同规定的装船期和装运港，将货物装上买方指定的船只。如卖方因货未备妥而不能及时装运，则卖方应承担由此而造成的空舱费（Dead Freight）或滞期费（Demurrage）。

船货衔接问题包括：卖方按时备货，但买方所派船只未能按时到港、提前到港且要提前离开、按时到港但不能完成装货（如舱容不足），则为买方责任；买方所派船只按时到港，但卖方不能按时备货。通常来说，卖方备货好控制，多为买方船只不能按时接货。

在 FOB 合同下，如成交货物的数量不大，只需部分舱位而用班轮装运时，卖方往往按照买卖双方之间明示或默示的协议，代买方办理各项装运手续，包括以卖方自己的名义订舱和取得提单。除非另有协议或根据行业习惯，买方应负责偿付卖方由于代办上述手续而产生的任何费用；同时，卖方订不到舱位的风险由买方承担。

（3）《1941 年美国对外贸易定义修订本》和《2010 通则》对 FOB 术语解释的区别

《1941 年美国对外贸易定义修订本》将 FOB 概括为六种，其中前三种在出口国指定内陆发货地点的指定内陆运输工具上交货，而第四种是出口国指定出口地点的指定内陆运输工具上交货，第五种是装运港船上交货，第六种是在进口国指定内陆地点交货。第四种和第五种使用时应加以注意。如都是在旧金山交货，如果买方要求在装运港的船上交货，则应在 FOB 和港口名称之间加"VESSEL"（轮船）变成"FOB 轮船旧金山"，否则卖方可能按第四种情况在旧金山市的内陆运输工具上交货。

即使都是在装运港船上交货，《2010 通则》中的 FOB 和《修订本》中的 FOB VESSEL 对于办理出口手续的规定存在差异。按照《2010 通则》上解释，"卖方有义务自负风险和费用，取得出口许可证或其他官方批准的证件，并办理出口必需的海关手续"。但是按照《1941 年美国对外贸易定义修订本》的解释，卖方只是"在买方请求并由其负担费用的情况下，协助买方取得由原产地及装运地国家签发的，为货物出口或在目的地进口所必需的各种证件"。

在同美国、加拿大等国家进行的进出口贸易业务中，采用 FOB 成交时，应对有关问题在协议中定明，以免因解释上的分歧引起争议。

（4）装运通知

货物装船后，卖方应及时通知买方，以便买方能够及时办理货运保险。所谓"及时"，按照惯例，一般可以理解为"在货物装上指定远洋货轮以后的 24 小时以内"。

关于"装运通知"，无论是买方发给卖方的，还是卖方发给买方的，一般专业教科书都不予区别，一律都笼统地叫作"装运通知"，而实际上这二者是有区别的，买方发给卖方的，是在货物装运之前，买方把有关预订的船名以及装船时间、地点和有关注意事项告知卖方，叫"装运需知"；卖方发给买方的，是货运装运之后，卖方把有关装船的详细信息通知给买方，这才叫"装运通知"。

【案例 5-1】关于价格术语 FOB 的纠纷案

某进口公司于1991年从美国进口特种异型钢材20公吨，每公吨按900美元FOB Vessel New York 成交。按合同约定的支付方式和付款时间，我方通过中国银行向对方开出了一张金额为18万美元的信用证，对方接到信用证后称"信用证已收到，但金额不足，应增加1万美元备用。否则，有关出口税捐及各种签证费，由你方另行电汇"。我方接电后认为这是美方无理要求，回电指出"按FOB Vessel 条件成交，卖方应负责有关的出口税捐和签证费用，这在《2010通则》中有规定"。美方又回电"成交时并未明确规定按《2010通则》办，根据我们的商业习惯及《1941年美国对外贸易定义修订本》，出口费用应由买方负担"。

[案例评析]

本案双方争执的最终结果是：因此时国际市场钢材价格上涨，我方又急需此批钢材投产，只好同意美方将信用证金额增至19万美元。

分析本案，问题就出在我方业务员对美国的FOB不求甚解，误认为只要在FOB后加"Vessel"一词就与《2010通则》中的FOB术语一样了，不了解两者在出口清关手续及费用负担上的区别。按《1941年美国对外贸易定义修订本》对FOB Vessel规定，应由买方支付出口捐税及各种签证费用。在实践中，买方如不想承担上述费用，应在签订合同前明确提出，或在合同中明确规定"FOB N. Y. Subject to INCOTERMS，按《2010通则》的规定办理。

（资料来源：吕红军. 国际货物贸易实务. 北京：中国对外经济贸易出版社，2011：67）

（二）CIF

1. CIF 术语的基本含义

CIF 的全称是 Cost, Insurance and Freight（…Named Port of Destination），即成本加保险费、运费（……指定目的港）。CIF 是指卖方将货物装上船或者设法获取这样交付的商品时，即完成交货。卖方必须支付将货物运至指定目的港所必需的费用和运费，但交货后货物灭失或损坏的风险，以及由于发生事件而引起的任何额外费用，自卖方转移至买方。在 CIF 术语中卖方还必须为货物在运输中灭失或损坏的买方风险取得海上保险。

CIF 术语要求卖方办理货物出口清关。该术语只能用于海运和内河运输。

例：USD 200 PER M/T CIF BANGKOK PORT Incoterms®2010。

2. 买卖双方的基本义务

采用 CIF 术语，买卖双方各自承担的基本义务概括如下。

（1）卖方义务

① 提供符合合同的货物；负责租船订舱，支付至目的港的运费；在合同规定的日期或期间内，在装运港将货物装上船；或者设法获取已按上述方式交付的商品，并给予买方充分的通知。

② 承担货物装上船为止的一切费用和风险。

③ 负责办理货物运输保险，支付保险费。

④ 负责取得出口许可证或其他官方文件，办理货物出口清关。

（2）买方义务

① 接受卖方提供的与合同相符的单据，受领符合合同的货物，并按照合同规定支付货款。

② 承担货物装上船之后的一切费用和风险。

③ 负责取得进口许可证或其他官方文件，办理货物进口清关及必要时的过境手续。

3. 使用 CIF 术语需注意的问题

（1）保险险别问题

按照 CIF 术语成交，卖方要办理货运保险，办理保险必须明确险别，因为保险人承担的责任范围不同收取的保险费也不同。在实际操作中，应该明确险别、保险金额等内容。如果没有写清楚，那么就按照惯例操作。根据《2010 通则》规定，卖方只需要投保最低的险别。但是如果买方要求并由买方承担费用的情况下，可加保战争、罢工和民变险，可以在信用证里注明，实际上可以变通。如果买方特别要求加特殊附加险别，则费用由买方承担。

（2）卖方办理租船订舱问题

在 CIF 贸易术语下，卖方必须自担费用，按照通常条件订立运输合同，将合同规定的货物，按通常用于运输此类货物的船舶的惯常航线，运至指定目的港。

除非双方另有约定，对于买方提出的关于限制载运船舶的国籍、船龄、船型、船级以及指定装载某班轮工会的船只等项要求，卖方均有权拒绝接受。

（3）象征性交货

从交货方式来看，CIF 是典型的象征性交货（Symbolic Delivery）。所谓象征性交货是相对于实际交货（Physical Delivery）来说的（见表 5-2）。前者指卖方只要按照约定地点完成装运，并向买方提交合同规定的包括物权凭证在内的有关单据，就算完成了交货义务，无须保证到货。后者则是指卖方要在规定的时间、地点，将符合合同规定的货物提交给买方或其指定人，而不能以交单代替交货。在 CIF 条件下交货，卖方是凭单交货，买方是凭单付款。只要卖方如期向买方提交了合同规定的全套合格单据，即使货物在运输途中损坏或灭失，买方也必须履行付款义务。反之，如果卖方提交的单据不符合要求，即使货物完好无损地运达目的地，买方仍然有权拒绝付款。

CIF 合同中，要防止出现"要求卖方保证到货或以到货作为付款条件"的陷阱条款。

表 5-2   象征性交货和实际交货的区别

	象征性交货	实际交货
交货和收货是否同时发生	交货和收货不同时发生	交货和收货同时发生
货交对象	货交承运人或其代理人	货物直接交给买方或买方指定的人
交单能否代替交货	交单代替交货	交单不能代替交货
是否规定装运期和到货期	只规定装运期限，不规定到货期限	规定装运期限，也规定到货期限
风险转移和买方接受货物是否同时发生	风险转移和买方接受货物不同时发生	风险转移和买方接受货物同时发生

（4）卖方应该向买方发装运通知

在 CIF 条件下，虽然买方不急需要船名、船期等信息去办理货物保险，但卖方还是应该在适当的时候将有关的装运信息通知给买方，以便买方及时办理销售、进口通关以及提货等事宜。

【案例 5-2】关于价格术语 CIF 纠纷案

我某公司按CIF条件向欧洲某国进口商出口一批草编制品。合同中规定由我方向中国人民保险公司投保了一切险，并采用信用证方式支付。我出口公司在规定的期限、指定的装运港装船完毕，船公司签发了提单，然后在中国银行议付了款项。第二天，出口公司接到客户来电，称：装货海轮在海上失火，草编制品全部烧毁。要求我公司出面向保险公司提出索赔，否则要求我公司退回全部货款。

［案例评析］

CIF合同属象征性交货合同，卖方只要按期在约定地点完成装运，并向买方提交合同规定的包括物权凭证在内的有关单据，就算完成了交货义务，而无须保证到货。即卖方凭单交货，买方凭单付款。只要卖方提交了合格的单据，即使货物在运输途中损坏或灭失，买方也必须履行付款义务。本案中我方有理有据，果断拒赔，并主动提出了解决办法，顺利解决了此案。

（三）CFR

1. CFR 术语的基本含义

CFR 的全称是 Cost and Freight（…Named Port of Destination），即成本加运费（……指定目的港）。CFR 是指卖方在装运港把货物装上船或者卖方获取被如此交付后的货物，即完成交货。卖方必须支付将货物运至指定目的港所必需的费用和运费，但交货后货物灭失或损坏的风险，以及由于交货后发生的事件而引起的任何额外费用，自卖方转移至买方。

CFR 术语要求卖方办理货物出口清关。本术语只能用于海运和内河运输。

例：USD 200 PER M/T CFR BANGKOK PORT Incoterms®2010。

2. 买卖双方的基本义务

采用 CFR 术语，买卖双方各自承担的基本义务概括如下。

（1）卖方义务

① 提供符合合同的货物；租船订舱，支付货物运至目的地的运费；在合同规定的时间和港口，将货物装上船；或者设法获取已按上述方式交付的商品，并给予买方充分的通知。

② 承担货物装上船为止的一切费用和风险。

③ 负责取得出口许可证或其他官方文件，办理货物出口清关。

④ 负责提供商业发票以及证明货物运至约定目的港的通常的运输单据，或具有同等效力的电子信息。

（2）买方义务

① 接受卖方提供的与合同相符的单据，受领符合合同的货物，按合同规定支付货款。

② 承担货物装上船后的一切风险。

③ 负责取得进口许可证或其他官方文件，办理货物进口清关以及必要时的过境手续。

使用 CFR 术语时，买方需自费办理投保事宜，但这是为了其自身利益，并非买方的义务。

3. 使用 CFR 术语需注意的问题

（1）装船通知的重要作用

卖方需要特别注意的问题是，货物装船后必须及时向买方发出装船的通知，以便买方办理投保手续。因为一般国际贸易惯例以及有些国家的法律，如英国《1839 年货物买卖法》（1979 年修订）规定：如果卖方未向买方发出装船通知，致使买方未能办理货物保险，货物在海运途中的风险由卖方负担。尽管在 FOB 和 CIF 条件下卖方装船后应向买方发出通知，但是 CFR 条件下装船通知，具有更为重要的意义。

（2）注意避免使用买方指定船舶

在 CFR 条件下卖方支付运费，而如果买方指定船舶可能会增高成本。

（四）FCA

1. FCA 术语的基本含义

FCA 的全称是 Free Carrier （…Named Place），即"货交承运人（……指定地点）"，是指卖方在指定地将经出口清关的货物交给由买方指定的承运人。应该注意，选定的交货地点对在该地装货和卸货义务有影响。如在卖方所在处所交货，卖方负责装货。如在其他任何地方交货，卖方不负责卸货。本术语适用于任何运输方式，包括多式联运。

《2010 通则》规定："承运人"是指任何人在运输合同中，承诺通过铁路、公路、海运、空运、内河运输或上述运输的联合方式履行运输或由他人履行运输。如买方指定承运人以外的人收取货物，当卖方将货物交给该人时，即视为已履行了交货义务。

例：USD 200 PER M/T FCA Changsha Incoterms®2010。

2. 买卖双方的基本义务

采用 FCA 术语，买卖双方各自承担的基本义务概括如下。

（1）卖方义务

① 提供符合合同的货物，在合同规定的时间、地点，将货物交给买方指定的承运人，并及时通知买方。

② 负责取得出口许可证或其他官方文件，办理货物出口清关。

③ 承担货交承运人之前的一切费用和风险。

④ 负责提供商业发票和证明货物已被交付的通常单据，或具有同等效力的电子信息。

（2）买方义务

① 订立自指定地点将货物运至目的地的合同，支付运费，将承运人名称及有关情况及时通知卖方。

② 承担货交承运人后的一切费用及风险。

③ 负责取得进口许可证或其他官方文件，办理货物进口清关及必要时的过境手续。

④ 接受卖方提交的与合同相符的单据，受领符合合同的货物，按合同规定支付货款。

3. 使用 FCA 术语需注意的问题

（1）交货地点

采用 FCA 术语，合同中交货地点的规定影响装卸货义务的承担。如在卖方所在处所交货，卖方负责装货。即当卖方将货物装上由买方指定的承运人或代表他行事的另一人提供的运输工具上时，完成交货义务。如在卖方所在地以外的其他地方交货，卖方不负责卸货。即当卖方将装载于运输工具上未卸下的货物交由买方指定的承运人或另一人处置之下时，完成交货义务。如果没有约定特定的交货地点，或者有几个地点可利用，卖方可在交货地选择一个最适合其意图的地点交货。

（2）风险转移问题

在采用 FCA 术语成交时，买卖双方的风险是以货交承运人为界，但可能存在风险提前转移的情形。

由于在 FCA 术语下，由买方负责订立运输契约，并将承运人名称及有关事项及时通知卖方，如果买方未能及时给予卖方上述通知，或者他所指定的承运人在约定的时间未能接受货物，则自规定的交付货物的约定日期或期限届满之日起，由买方承担货物灭失或损坏的一切风险，但以货物已被划归本合同下为前提条件。

（3）安排运输

FCA 术语适用于任何运输方式，包括多式联运。由买方负责指定承运人，订立自装运地至目的地的运输合同。但《2010 通则》同时又规定，如果买方请求，或如果这是一种商业惯例以及买方未在合适的时间内给予相反的指示，只要买方承担风险和费用，卖方可按通常条件订立运输合同。但这并非是卖方的义务，在任何一种情况下，卖方可以拒绝订立运输合同，如果拒绝，必须立即通知买方，以便买方另做安排。

（4）FCA 与 FOB

FCA 是在 FOB 术语的基础上发展起来的适用于各种运输方式的贸易术语，买卖双方义务划分的原则是完全相同的，卖方都以将经出口清关的货物交给买方指定的承运人（在 FOB 术语下是海运承运人——船方）完成交货义务。因此，FOB 术语可以视作 FCA 术语的一个特例。

由于 FOB 术语仅适用于海运和内河航运，并以货物装上船划分买卖双方承担的风险，其适用范围非常有限。采用非海运或内河航运的贸易，或虽采用海运但不适宜以货物装上船划分风险的运输方式（如集装箱运输、多式联运等）的贸易，均不适宜使用 FOB 术语，应采用 FCA 术语。

（五）CPT

1. CPT 术语的基本含义

CPT 的全称是 Carriage Paid to（…Named Place of Destination），即运费付至（……指定目的地）。CPT 是指卖方将货物交给由他指定的承运人，但卖方还必须支付将货物运至指定目的地的运费。买方负担在货物被如此交付后发生的一切风险和任何其他费用。

CPT 术语要求卖方办理货物出口清关手续。本术语适用于任何运输方式，包括多式联运。

例：USD 30 PER JAR CPT NINGBO AIRPORT Incoterms®2010。

2. 买卖双方的基本义务

采用 CPT 术语，买卖双方各自承担的基本义务概括如下。

（1）卖方义务

① 提供符合合同的货物；订立将货物运至目的地的合同并支付运费；在合同规定的时间、地点将货物交给承运人；及时通知买方。

② 负责取得出口许可证或其他官方文件，办理货物出口清关。

③ 承担货交承运人前的一切风险。

④ 向买方提供商业发票、通常的运输单据，或具有同等效力的电子信息。

（2）买方义务

① 负责取得进口许可证或其他官方文件，办理货物进口清关及必要时的过境手续。

② 承担货交承运人后的一切风险和费用。

③ 接受卖方提交的与合同相符的单据，受领符合合同的货物，按合同规定支付货款。

从以上买卖双方义务划分可知，CPT 术语下的卖方义务仅比 FCA 下多了办理出口运输，因此 CPT 的价格构成中含有出口运费，即 CPT 价＝FCA 价＋运费。其余在交货地点、风险划分上，都是相同的。

3. 使用 CPT 术语时应注意的问题

（1）风险划分

CPT 术语虽然要求卖方负责办理货物的运输并支付运费，但并不要求卖方负担运输途中的风险和由此产生的额外费用。卖方只承担货物交给承运人控制之前的风险，在多式联运情况下，承担货物交给第一承运人之前的风险。

（2）装运通知

采用 CPT 术语时，买卖双方要在合同中规定装运期和目的地，以便于卖方选定承运人，订立将货物运至目的地的运输合同。卖方将货物交给承运人后，应及时向买方发出货已交付的通知，便于买方及时为货物投保，以及在目的地受领货物。

（3）CPT 与 CFR

CPT 是在 CFR 术语的基础上发展起来的适用于各种运输方式的贸易术语，在买卖双方义务划分的原则上，两者是完全相同的：卖方都要负责安排货物自交货地至目的地的运输并负担费用；卖方承担的风险都在交货地点随交货义务的完成而转移至买方；两种术语达成的合同都属装运合同，卖方只负责按时交货，而不保证到货。在使用上，CFR 术语仅适用于海运和内河航运，且以货物装上船为界划分风险，而 CPT 术语适用于各种运输方式，包括多式联运，以货物交付给承运人为界划分风险。因此，CPT 术语的适用范围比 CFR 术语大得多，不仅适用于航空、铁路、公路等非水上运输方式，也适用于不宜以装上船划分风险的海运集装箱运输及多式联运。

（六）CIP

1. CIP 术语的基本含义

CIP 的全文是 Carriage，Insurance Paid to（…Named Place of Destination），即运费、保险费付至（……指定目的地）。CIP 是指卖方将货物交给由他指定的承运人，同时还必须支付将货物运至指定目的地的运费，买方负担在货物被如此交付后发生的一切风险和任何其他费用。在 CIP 术语下卖方还需对货物在运输途中灭失或损坏的买方风险取得货物保险。

买方应注意到，按 CIP 术语，卖方只需按最低责任的保险险别取得保险。如果买方要得到更大责任保险险别的保障，他需明示地与卖方达成协议，或者自行做额外保险的安排。

CIP 术语要求卖方办理货物出口清关手续。本术语适用于任何运输方式，包括多式联运。

例：USD 30 PER JAR CIP NINGBO AIRPORT Incoterms®2010。

2. 买卖双方的基本义务

采用 CIP 术语，买卖双方各自承担的基本义务概括如下。

（1）卖方义务

① 提供符合合同的货物；订立将货物运往指定目的地的合同并支付运费；在合同规定的时间、地点，将货物交给承运人；及时通知买方。

② 承担货交承运人前的风险。

③ 按照合同的约定投保货物运输险并支付保险费。

④ 负责取得出口许可证或其他官方文件，办理货物出口清关。

⑤ 提交商业发票和通常的运输单据，或具有同等效力的电子信息。

（2）买方义务

① 负责取得进口许可证或其他官方文件，办理货物进口清关及必要时的过境手续，承担货交承运人后的一切风险。

② 接受卖方提交的与合同相符的单据，受领符合合同的货物，按合同规定支付货款。

3. 使用 CIP 术语时需注意的问题

（1）保险险别

按 CIP 术语成交的合同，卖方要办理货运保险并支付保险费，但货物从交货地点运往目的地的运输途中的风险由买方承担，所以卖方的投保属于代办性质。根据《2010 通则》规定，卖方要按双方协商确定的险别投保，如买卖双方未约定具体投保险别，则按惯例卖方投保最低险别即可，保险金额为 CIP 价格基础上加成 10%。

（2）价格的确定

按价格构成看，CIP 价＝CPT 价＋保险费＝FCA 价＋运费＋保险费。因此，卖方对外报价时，要认真核算运费和保险费，并要预计运价和保险费的变动趋势等情况，以免价格报低，造成损失。

（3）CIP 与 CIF

CIP 是在 CIF 术语基础上发展起来的适用于各种运输方式的贸易术语。两者在买卖双方义务划分的原则上是相同的：卖方都要负责安排货物自交货地至目的地的运输、保险并支付运费、保险费；卖方承担的风险均在交货地随交货义务的完成而转移至买方；两种术语达成的合同均属装运合同，卖方只负责按时交货，而不保证到货。

在使用上，CIF 术语仅适用于海运和内河航运，且以货物装上船为界划分风险，而 CIP 术语适用于任何运输方式，以货物交付给承运人为界划分风险。因此，CIP 术语的适用范围远大于 CIF 术语，不仅适用于铁路、公路、航空等非水上运输方式，也适用于不宜以装上船划分风险的海运集装箱运输及多式联运。

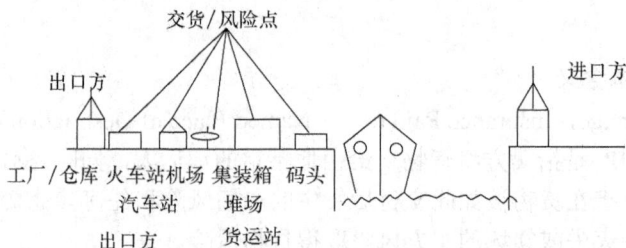

图 5-1 FCA、CPT、CIP 术语交货/风险点

表 5-3   FCA、CPT、CIP 与 FOB、CFR、CIF 的区别

	FOB、CFR、CIF	FCA、CPT、CIP
运输方式	仅适用于海运和内河运输，其承运人一般仅限于船公司	适用于各种运输方式，包括多式联运，其承运人可以是船公司、铁路局、航空公司，也可以是安排多式联运的经营人
交货和风险转移的地点	交货点均为装运港船上，风险均在装运港货交船上后从卖方转移至买方	需视不同的运输方式和不同的约定而定，货物风险于卖方将货物交给承运人保管时转移
运输单据	卖方一般向买方提交已装船的通常提单	卖方提交的运输单据视不同的运输方式而定。如在海运方式下，可提供提单或不可转让的海运单；在铁路、公路、空运或多式联运方式下，应分别提供铁路运单、公路运单、航空运单或多式联运单据

综上所述，FCA、CPT、CIP 三种术语是分别从 FOB、CFR、CIF 术语发展起来的，买卖双方责任划分的基本原则是相同的。两组贸易术语的比较参见图 5-1 和表 5-3，不同之处主要表现在以下方面。

（1）适用的运输方式不同

FOB、CFR、CIF 术语仅适用于海运和内河运输，其承运人一般是船公司；而 FCA、CPT、CIP 术语适用于各种运输方式，包括多式联运，其承运人可以是船公司、铁路局、航空公司，也可以是安排多式联运的联合运输经营人。

（2）交货和风险转移的地点不同

FOB、CFR、CIF 的交货地点均为装运港船上，风险均以货物在装运港装上船时从卖方转移至买方；而 FCA、CPT、CIP 的交货地点，需视不同的运输方式和不同的约定而定，而货物风险于卖方将货物交由承运人保管时转移至买方。

（3）运输单据不同

在 FOB、CFR、CIF 术语下，卖方一般应向买方提交已装船清洁提单；而在 FCA、CPT、CIP 术语下，卖方提交的运输单据视不同的运输方式而定。如在海运方式下，可提供提单或不可转让的海运单；在铁路、公路、空运或多式联运方式下，应分别提供铁路运单、公路运单、航空运单或多式联运单据。

另外，出口贸易中采用 FCA、CPT、CIP 这三种术语，有如下好处。

① 适用范围广。出口方（尤其是内陆出口方）可以任意采用适合的运输方式。

② 风险转移时间提前。出口方将货物交给承运人接管时，货物的风险就转移给买方承担。

③ 承担的费用降低。出口方（特别是内陆出口方）将货物交至指定的承运人处后就完成交货义务，不负担货物运至装运港的费用。

④ 收汇时间提前。出口方将货物交给承运人后，即可凭其签发的运输单据在当地交单结汇，缩短了结汇时间。

四、《Incoterms®2010》中其他的贸易术语简介

（一）EXW

EXW：Ex Works（…Named Place），工厂交货（……指定地点）。

1. EXW 术语的基本含义

卖方在规定的时间和地点将合同规定的货物交给买方；买方自己到交货地点接收货物，自己承担风险、责任和费用将货物从交货地点运到目的地。

EXW 术语适用于任何运输方式，而且，它属于实际交货方式。

在《INCOTERMS 2010》的全部 11 种贸易术语中，EXW 是卖方义务最少、买方义务最重的一种术语。货物在出口国的出口国证件，出口通关手续、费用和风险，买卖货物的运输、保险等手续、费用和风险都要由买方办理和承担。

2. 卖方义务

（1）在合同规定的时间和地点将合同规定的货物置于买方的处置之下；

（2）承担货物交给买方以前的一切风险和费用；

（3）提交商业发票或同等的电子信息。

3. 买方义务

（1）按合同规定受领货物并支付货款；

（2）承担受领货物以后的一切风险和费用；

（3）自负风险和费用，取得出口和进口许可证或其他官方证件，并办理货物的出口和进口海关手续。

4. 采用 EXW 术语需注意的问题

（1）关于货物的交接问题

当买方有权决定交付货物的具体时间和具体地点时，买方应当通知卖方。若买方未能及时通知卖方上述事项，则在货物交付前就可能发生货物灭失或损坏所造成的风险转移给买方。卖方必须给予买方充分的通知，以告知货物何时可按双方规定的交货地点置于买方处置下，以便于买方能及时接货。

（2）关于货物的包装和装运问题

为保留 EXW 下卖方义务最小的原则，一般卖方不承担将货物装上运输工具的责任和费用。

（3）关于办理出口手续问题

货物出口的所有手续由买方负责办理，若买方需要得到卖方的协助，卖方可予以接受，但风险和费用均由买方承担。

（4）关于检验费用问题

EXW 下，装船前检验费用（Pre-shipment Inspection，PSI），包括出口国当局强制要求检验的费用皆由买方承担。

（二）FAS

FAS：Free Alongside Ship（…Named Port of Shipment），装运港船边交货（……指定装运港）。

1. FAS 术语的基本含义

卖方在约定的时间和装运港口，将合同规定的货物交到买方所派的船只旁边，并及时通知买方；货运风险和费用均以装运港船边为界。

FAS 术语适用于水上运输方式。

2. 两点说明

（1）"船边"指载货船舶的吊钩所及之处；

（2）如果载货船舶因为码头原因不能靠岸，则卖方应负担装运港转运的驳船费用。

3. 买卖双方的义务

FAS 与 FOB 基本相似，其区别主要有以下几点：

（1）卖方只须将货物交到船边，而不需装上载货船舶；

（2）风险划分以"船边"为界，而不以装运港货物装上船为界；

（3）交货凭证是"承运货物收据"（Cargo Receipt），而不是"已装船提单"（On Board Bill of Lading）。

4. 注意事项

美国也有一种贸易术语叫"FAS"，但那里面的 FAS 却是"Free Along Side"的缩写，其含义是"卖方只要将货物交到任何运输工具旁边即可"，这与我们讨论的《通则》中"FAS"术语的含义相去甚远。因此，每当我们与美洲国家贸易使用 FAS 术语时，也一定要在"FAS"术语后面加上"Vessel"字样，如："FAS Vessel New Orleans（新奥尔良）"、"FAS Vessel Philadelphia（费城）"等。

（三）DAP

DAP：Delivered at Place（…Named Place of Destination），指定目的地交货（……指定目的地）。

"指定目的地交货"是指卖方已经用运输工具把货物运送到达买方指定的目的地后，将装在运输工具上的货物（不用卸载）交由买方处置，即完成交货。

类似于所取代的 DAF、DES 和 DDU 三个术语，卖方在指定的目的地交货，只需做好卸货准备无须卸货即完成交货。术语所指的运输工具包括船舶，目的地包括港口。卖方应承担将货物运至指定的目的地的一切风险和费用（除进口费用外）。本术语适用于任何运输方式、多式联运方式及海运。

（四）DAT

DAT：Delivered at Terminal（…Named Terminal at Port or Place of Destination），指定终端交货（……指定终端）。

"指定终端交货"意为，卖方在便于买方处置的终点港或终点地将货物从运输工具中卸下，完成交货。

类似于所取代的 DEQ 术语，卖方在指定终端货站卸货后将货物交给买方处置即完成交货，术语所指终端包括港口码头、仓库、集装箱堆场或者铁路、公路或航空货运站等。卖方应承担将货物运至指定终端集散站的一切风险和费用（除进口费用外）。本术语适用于任何运输方式或多式联运。

（五）DDP

DDP：Delivered Duty Paid（…Named Place of Destination），完税后交货（……指定目的地）。

1. DDP 术语的基本含义

完税后交货是指卖方将货物运至进口国的指定地点，将在交货运输工具上尚未卸下的货物交付给买方，并负责办理进口报关手续、支付在需要办理海关手续时在目的地应缴纳的任何进口"税费"，即履行了交货义务。卖方必须负担将货物运至该地点为止的一切费用和风险。

本术语适用于任何运输方式。

2. 使用 DDP 术语应注意的问题

（1）DDP 术语是卖方承担责任、费用及风险最大的贸易术语。

（2）DDP 术语是唯一一个需卖方办理进口清关手续的术语。

（3）如果卖方不能直接或间接地取得进口许可证，则不应使用本术语。

至此，《2010 通则》的 11 种贸易术语介绍完毕，它们的综合对比如表 5-4 所示。

表 5-4　　　　　　　　　　《2010 通则》11 种贸易术语对比

术语	交货地点风险界限	运输	保险	报关	运输方式	交货性质
EXW	工厂货交买方	买方	买方	买方	任何	实际
FCA	启运地货交承运人	买方	买方	分别	任何	象征
FAS	装运港船边	买方	买方	分别	水上	实际
FOB	装运港船上	买方	买方	分别	水上	象征

续表

术语	交货地点风险界限	运输	保险	报关	运输方式	交货性质
CFR	装运港船上	卖方	买方	分别	水上	象征
CIF	装运港船上	卖方	卖方	分别	水上	象征
CPT	启运地货交承运人	卖方	买方	分别	任何	象征
CIP	启运地货交承运人	卖方	卖方	分别	任何	象征
DAP	指定目的地货交买方	分别	分别	分别	任何	实际
DAT	指定目的地或港的集散站货交买方	卖方	卖方	分别	水上	实际
DDP	指定目的地货交买方	卖方	卖方	卖方	任何	实际

五、选用贸易术语应考虑的主要因素

在当今的国际贸易中，贸易术语是确定买卖合同性质、决定交货条件以及进行商业报价的重要因素。恰当地选择贸易术语对国际货物买卖合同的商定和履行具有重要意义。在选用贸易术语时，应考虑下列因素。

1. 运输条件

买卖双方采用何种贸易术语，首先应考虑采用何种运输方式运送。在本身有足够运输能力或安排运输无困难，而且经济上又合算的情况下，可争取按由自身安排运输的条件成交（如按 FCA、FAS 或 FOB 进口，按 CIP、CIF 或 CFR 出口）；否则，则应酌情争取按由对方安排运输的条件成交（如按 FCA、FAS 或 FOB 出口，按 CIP、CIF 或 CFR 进口）。

2. 货源情况

国际贸易中货物品种很多，不同类别的货物具有不同的特点，它们在运输方面各有不同要求，故安排运输的难易不同，运费开支大小也有差异。这是选用贸易术语应考虑的因素。此外，成交量的大小，也直接涉及安排运输是否有困难和经济上是否合算的问题。当成交量太小，又无班轮通航的情况下，负责安排运输的一方势必会增加运输成本，故选用贸易术语时也应予以考虑。

3. 运费因素

运费是货价构成因素之一，在选用贸易术语时，应考虑货物经由路线的运费收取情况和运价变动趋势。一般来说，当运价看涨时，为了避免承担运价上涨的风险，可以选用由对方安排运输的贸易术语成交，如按 C 组术语进口，按 F 组术语出口。在运价看涨的情况下，如因某种原因不得不采用按由自身安排运输的条件成交，则应将运价上涨的风险考虑到货价中去，以免遭受运价变动的损失。

4. 运输途中的风险

在国际贸易中，交易的商品一般需要通过长途运输，货物在运输过程中可能遇到各种自然灾害、意外事故等风险，特别是在遇到战争或正常的国际贸易遭到人为障碍与破坏的时期和地区，则运输途中的风险更大。因此，买卖双方洽商交易时，必须根据不同时期、不同地区、不同运输路线和运输方式的风险情况，并结合购销意图来选用适当的贸易术语。

5. 办理进出口货物清关手续有无困难

在国际贸易中，关于进出口货物的结关手续，有些国家规定只能由结关所在国的当事人安排或代为办理，有些国家则无此项限制。因此，当某出口国政府规定，买方不能直接或间接办理出口结关手续，则不宜按 EXW 条件成交，而应选用 FCA 条件成交；若进口国当局规定，卖方不能直接或间接办理进口结关手续，此时则不宜采用 DDP，而应选用 D 组的其他术语成交。

一般而言，出口方选择 CIF、CFR，进口方选择 FOB。由本方安排运输，货物在运输途中的风险相对来说好控制一些，单据控制在手的意义也更大一些。

第二节 商品价格的掌握

一、作价原则

进出口价格的掌握是一项十分复杂而又十分重要的工作，为了做好这项工作，从事外经贸事业的人员必须正确贯彻我国进出口商品的作价原则，切实了解国际市场价格变动趋势，充分考虑影响价格的各种因素，做好比价工作和加强成本核算，并掌握价格换算方法。

我国进出口商品的作价原则是：在贯彻平等互利的原则下，根据国际市场价格水平，结合国别（地区）政策，并按照我们的购销意图确定适当的价格。

（一）按照国际市场价格水平作价

国际市场价格水平是进出口作价的基本依据，它是以商品的国际价值为基础并在国际竞争中形成的，交易双方都能接受的价格。通常是指在国际上具有代表性的成交价格，如集散地市场的商品价格、主要出口国家（地区）的出口价格、主要进口国家的进口价格。

（二）结合国别（地区）政策作价

国别（地区）政策是有些交易中必须考虑的因素，即外贸应配合外交，针对交易对象所处的不同国家、地区，适当体现出一定的差价。

（三）结合购销意图作价

在国际市场价格水平的基础上，可根据进出口的具体购销意图定价，尤其是出口定价，可根据经营意图略高或略低于国际市场价格水平。

二、掌握合理的差价

国际贸易中的商品价格是受多种因素影响的，进出口价格除了应遵循基本的作价原则外，还应考虑下列因素，掌握好合理的差价。

（一）品质差价

同一商品，其质量优、劣，包装好、坏，品牌名不同，按质论价，应掌握一定的差价。

（二）季节差价

同一商品在不同的季节里，其价格也应有不同的差价。如滞销季节和畅销季节，其价格就应掌握有不同的差价。

（三）地区差价

同一商品销往不同的国别和地区，其供需情况不一，掌握有一定的差价。

（四）数量差价

同一商品，其销售额大小不一，也应有不同的差价，以鼓励大批量成交，扩大贸易。

（五）支付方式差价

同一商品，其不同的支付方式付款，如信用证支付，D/P 和 D/A 托收，即期和远期付款，应有不同的差价。

三、价格波动的因素

国际市场上的价格是经常波动不定的。在确定进出口商品价格时，必须充分考虑影响价格的种种因素。影响价格波动的因素有以下几个。

（一）交货与季节关系

各种商品都有它的季节性，同一商品在不同季节里其价格就不一样。应充分利用季节性需求的变化，切实掌握好季节性差价。

（二）交货数量与市场供求关系

供货的数量要与市场供求配合。不适宜地把商品大量投放市场，造成供过于求，会迫使价格下跌。不均衡供货，也会迫使价格不均衡地波动。

（三）交货与付款条件关系

若卖方欲以优惠的付款条件收款，买方就要以低价交易。若买方想以远期付款方式，如 D/A 60 天方式等，卖方不得不把远期利息计算在内，则影响价格上升。

（四）使用硬货币与软货币，也是影响价格变化的因素

在国际贸易中，双方所考虑的问题主要有两个，一个是汇价风险的负担问题，另一个是从汇价角度来衡量货物价格的高低问题。

一般说来，买方愿意使用软币，卖方希望接受有上浮趋势的硬货币。如果货币币别选择不能如愿，就应把汇率变动的风险考虑到货价中去。

第三节 作价方法

作价方法是在掌握作价原则的前提下，在合同中规定价格的方法。国际贸易中的商品种类成千上万，行情变化各自不一，有的商品行情变化剧烈，从双方签约到履约，价格往往波动较大，而有的商品行情平稳，从订约到履约这段期限，商品价格少有变化。针对商品行情变化的不同特点，采用不同的作价方法，也是外贸人员必备的技能。

进出口商品的作价方法主要有以下几种。

一、固定价格

固定价格是指买卖双方明确约定成交价格，履约时按此价格结算货款。这是我国进出口贸易中最常见的作价方法，也是国际上常用的方法。

采用固定价格，买卖双方在协商一致的基础上明确规定货物的价格，一般是货物的单价。商品单价包括四个部分：计量单位、单位价格金额、计价货币和贸易术语。

例：每公吨 300 美元 CIF 纽约。

US$300 per metric ton CIF New York.

这种定价，即双方履约时必须遵守的价格，即使在订约后市价发生重大变化，任何一方也不得擅自变更原定价格。有的合同甚至对此做出明确规定，例：

合同成立后，不得提高（调整）价格。

No price increase（adjustment）shall be allowed after conclusion of this contract.

二、非固定价格

非固定价格是指买卖双方订约时不明确规定价格，即一般业务上所说的"活价"，适用于行情频繁变动、价格涨落不定且交货期较长的合同，可以使买卖双方避免承担市价变动的风险。从我国进出口合同的实际做法看，主要有以下几种做法。

（一）具体价格待定

这种作价方法又可分为以下两种。

（1）在价格条款中明确规定定价时间和定价方法。例如，"在装船月份前 45 天，参照当地及国际市场价格水平，协商议定正式价格"或"按提单日期的国际市场价格计算"。

（2）在价格条款中只规定定价时间而不规定定价方法。例如，"由双方在年月日协商议定价格"。这种方式一般只应用于双方有长期交往，已形成比较固定的交易习惯的合同。

（二）暂定价格

暂定价格是指在合同中先订立一个初步价格，作为开立信用证和初步付款的依据，在双方确定最后价格后再进行清算。在我出口贸易中，有时与信用可靠、业务关系密切的客户洽商大宗货物的远期交易时，可以采用暂定价格。例如，在合同中规定：

每件5 000港元CIF香港

备注：上列价格为暂定价，于装运月份前15天由买卖双方另行协商确定价格。

HKD5 000 per bale CIF Hongkong

Remarks：The above is a provisional price，which shall be determined through negotiation between the buyer and the seller 15 days before the month of shipment.

（三）部分固定价格，部分非固定价格

为了照顾买卖双方的利益，解决在定价方法上可能存在的分歧，可以采用部分固定价格，部分非固定价格的方法。尤其是分期交货的合同，可以在订约时将交货期近的价格固定下来，其余的在交货前一定期限内由双方议定价格。

知识链接

固定价格与非固定价格的比较

固定价格

优点：明确、具体、肯定、便于核算。

缺点：交易者要承担从订约到交货付款以至转售时价格变动的风险。行市变动剧烈时，信用不好的商人可能寻找借口撕毁合同从而影响合同的履行。

非固定价格

优点：可暂时解决交易双方在价格方面的分歧，可解除客户对价格问题的顾虑，可使交易双方排除价格风险。

缺点：先订约后定价的做法易导致合同的不稳定性。如双方在作价时无法达成一致意见，合同就会面临无法履行的风险。

三、价格调整条款

在国际货物买卖中，有的合同除规定具体价格外，还规定有各种不同的价格调整条款。例如，合同中规定"如卖方对其他客户的成交价高于或低于合同价格 5%，对本合同未执行的数量，双方协商调整价格"。这种做法可以将价格变动的风险规定在一定范围内，以提高客户经营的信心。

在国际贸易中，某些商品的价格可能因原材料价格、工资水平等的变动而发生较大的变动，导致卖方要承担一定的价格风险。为了保证合同的顺利履行，像成套设备、大型机械等从订约到履约经历时间较长的合同，国际上常采用滑动价格的方法来规定。先规定基础价格（Basic Price），同时在合同种规定对基础价格进行调整的方法。

$$P_1 = P_0(a + bM_1/M_0 + cW_1/W_0)$$

P_1 为执行价，P_0 为基础价，a 为基础价中固定的比例，b 为原材料在基础价中所占比例，M_0、M_1 分别是订约和交货时原材料的批发价格指数，c 为工资占基础价的比例，W_0、W_1 分别为订约和交货时工资指数。

【例5-1】 在一份成套机械进出口合同中，双方规定基础价暂定为200万美元。双方同意按双方认可的某机构公布的工资指数和物价指数在交货时对基础价格进行调整，买方按调整后的价格支付货款。双方在合同中约定：原材料在价格中的比重为50%，工资在价格中的比重为30%，管理费和利润在价格中的比重为20%。签订合同时约定的基期物价和工资指数均为100，交货时的物价指数上升到110，工资指数上升到112。试问：买方应付多少货款？

解：

根据题意得知：$P_0 = 200$ 万美元；$M_0 = W_0 = 100$；$M_1 = 110$；$W_1 = 112$；$a = 20\%$；$b = 50\%$；$c = 30\%$。

代入公式：

$P_1 = P_0 \times (a + bM_1/M_0 + cW_1/W_0)$

$P_1 = 200 \times (20\% + 50\% \times 110/1\,000 + 30\% \times 112/100) = 217.2$（万美元）

该笔交易的价格调整后，买方应支付217.2万美元。

第四节 | 出口报价核算

一、价格的构成

交易磋商中价格是买卖双方谈判的焦点，也是决定磋商成功的关键。国际贸易中由于选用的贸易术语不同，所包含的费用和价格构成也不同，所以磋商中要正确合理地报价，必须掌握价格的构成。下面以出口为例，说明价格构成及出口报价核算。

出口商品的价格包括成本、费用和利润三部分。每部分构成如下。

（一）成本

1. 生产成本或进货成本

对于生产型出口企业，生产成本即制造或加工出口产品所需的各项费用之和。对于贸易型的出口公司，向供货商购买出口商品的价格即为进货成本。无论是生产成本还是进货成本都含有商品在国内已征过的增值税。

2. 实际成本：生产成本（或购货成本）减去退税收入

退税收入是指商品出口后，国家按一定比例退还给出口企业商品在国内流通中所征收的增值税。因生产成本或购货成本中已含了增值税，所以实际成本应在生产或购货成本中把退税收入扣除。

由于增值税的征收或退还是以货物本身的不含税价格（货价）为基准的，所以：

生产成本（或购货成本）＝货价＋增值税

＝货价＋货价×增值税率

货价＝购货成本/（1＋增值税率）

出口退税收入＝货价×出口退税率

实际成本＝货价×（1＋增值税率）－货价×出口退税率

＝货价×（1＋增值税率－出口退税率）

＝购货成本×（1＋增值税率－出口退税率）/（1＋增值税率）

知识链接

增值税

增值税是以商品生产流通和劳务服务各个环节的增值额为课税对象征收的一种流转税。为降低出口商品成本，增强我国商品在国际市场上的竞争力，我国于1985年起全面实行出口退税办法。1994年，国家税务总局颁发了《出口货物退（免）税管理办法》，规定外贸企业在收购出口商品时，按规定的增值税率17 9／6或13%纳税，产品出口后，予以退还全部已征税款。为进一步加强管理，规范退税办法，国家税务总局自1995年以来先后两次调低出口退税率。1996年1月1日以后报关的出口货物按下列税率计算退税：（1）农产品、煤炭退税率为3%；（2）农产品为原料加工生产的工业品和适用13%增值税率的其他货物退税率为6%；（3）适用17%增值税税率的其他货物退税率9%；（4）从小规模纳税人购进的特准退税的12种货物退税率为6%。以上各退税率随外贸情势的变化，国家将随时予以调整（调低或调高）。

3. 出口总成本

在核算成本时，出口企业应把成本计算到出口启运前为止，这个成本就是出口总成本，包括生产或购货成本，再加上货物启运前国内发生的一切费用，减退税收入。用公式表示为：

出口总成本＝实际成本＋国内费用

＝生产成本或进货成本（增值税）－退税收入＋国内费用

出口商品的国内费用指出口商品装上船为止所发生的一切费用。由于出口商品在国内所涉及的手续比较多，因而费用的构成也比较复杂，归纳起来，包括以下内容。

（1）内陆运费（Inland Transportation Expenses）：主运费、过桥费、装卸费。

（2）包装费（Packing Expenses）：运输包装、改换费、修整费。

（3）仓储费（Storage Expenses）：仓租、保管费、整理费、翻包费。

（4）损耗费（Wastage Expenses）：自然、人为损耗。

（5）检验及公证费用（Inspection & Survey Expenses）。

（6）装货及通关费用（Shipping & Customs Clearance Expenses）。

（7）出口税捐（Export Taxes & Duties）。

（8）邮电费（Correspondence Charges）。

（9）证明书费（Certificate Fees）：如原产地证、领事发票等。

（10）银行手续费（Banking Charges）：包括出口签证费、押汇手续费等。

（11）银行押汇利息（Banking Discount Charges）。

（12）佣金（Commission）。

（13）经营管理费：手续费、招待费、交通费、差旅费等。

（14）其他费用：固定资产折旧费用、工资、修理费用、福利等。

每笔交易的国内费用构成都不同。其中一部分费用对任何交易都会发生的，如内陆运费、银行手续费用、出口清关费用、包装费用、产地证明书费用等，并且这些费用是相对的。另外，对于国内费用、邮电费、经营管理费等，企业可以本着增收节支的原则，尽可能控制这部分支出。报价时实际业务尚未发生，通常会以进货成本为基数采用定额费率的方法来估算。

（二）费用

如果按 CFR 报价还包括海上运费；按 CIF 报价，除包括海上运费外还包括保险费。有的时候，报价中还包括佣金。

（1）运输费用

对于中小企业，大多经营的不是大宗商品或大型交易，通常每次发货若干个集装箱，因此，主要是采用班轮运输。在班轮运输中，集装箱货物的运费，按货量的大小分为拼箱货和整箱货。拼箱货和整箱货运费计算方法不同，拼箱货是以每运费吨为计算运费单位，按传统的件杂货等级费率收取基本运费外，再加收一定的附加费。整箱货是按包箱费率计算运费。无论是拼箱货还是整箱货，船公司根据货物的种类、等级、航线制定了不同规格集装箱的运价，出口公司可根据船公司的报价，核算运费。

（2）保险费用

如果按 CIF 出口报价，出口方还需核算保险费。

$$保险费＝投保金额×保险费率$$

根据国际贸易惯例，投保金额通常是在 CIF 价的基础上加成一定百分比，一般为 10%，所以：

$$投保金额（或保险金额）＝CIF＋CIF×投保加成率$$
$$＝CIF×（1＋投保加成率）$$
$$保险费＝CIF×（1＋投保加成率）×保险费率$$

由

$$CIF＝CFR＋保险费$$
$$CIF＝CFR＋CIF×（1＋投保加成率）×保险费率$$

可得

$$CIF＝CFR/\left[1－（1＋投保加成率）\right]×保险费率$$

为了简化计算程序，中国人民保险公司制定了一份保险费率常用表，将 CFR 价格直接乘以表内所列常数，便可计算出 CIF 价，从而进一步可得出保险费。

（3）佣金和折扣

① 佣金。如果出口方是通过中间商达成的交易，出口商要给中间商付报酬，佣金（Commission）即中间商为买卖双方提供贸易机会而收取的报酬，在价格条款中用"$Cx\%$"表示。

例：£100 per M/T CIF London including 2% commission 或者 £100 per M/T CIF $C2\%$ London（每公吨 100 英镑 CIF 伦敦价包括 2%佣金）。

在规定佣金的情况下，佣金的高低会影响买卖双方的实际利益，而且以什么价格为基数来计算佣金，对双方的经济利益也会产生直接影响。在进出口实际业务中，佣金通常以发票金额为基准按一定的百分比计算，要注意的是发票额是含佣金的金额，所以，佣金是从含佣价中提取的，这样才能保证出口方净收入不变。

$$佣金＝含佣金×佣金率$$

$$净价＝含佣价－含佣价×佣金率$$
$$含佣价＝净价/（1－佣金率）$$

② 折扣。折扣（Discount）是卖方按照货物原价给予买方以一定百分比的价格减让。根据折扣使用的情况的不同，可以分为数量折扣、现金折扣、特别折扣、年终折扣等。

$$折扣＝发票金额×折扣率$$
$$卖方实际净收入＝原价－折扣额$$

（三）利润

利润指出口商报价时预期的利润，是出口报价的重要组成部分，它直接关系到出口商的经济效益。因此，出口商对于预期利润的确定非常重要。通常利润率的高低由出口商品的种类、技术含量及市场需求等情况而定。目前，对浙江中小企业而言，出口商品大多是附加值不高的劳动密集型产品，利润率普遍不高，大多数中小企业出口商品的利润率在3%～5%。

与成本、佣金以及其他费用的核算不同，利润的核算由出口企业自行决定。出口企业通常根据其商品的需求情况、竞争者定价、商品的质量及其经营意图等因素确定其利润率高低。

在实际业务中，有两种计算利润的基准，一种是以商品的成本作为计算利润的基数，另一种是以销售价格作为计算基数。

二、出口报价核算

出口报价核算主要是对成本、利润、佣金等经济指标进行核算。在这里就不再赘言。

三、出口商品经济效益的核算

出口商品经济效益核算是核算出口交易盈利还是亏损。核算的原则是把出口销售收入与出口总成本进行比较，通常有三个核算指标。

（一）出口换汇成本

$$出口商品换汇成本＝出口商品人民币总成本￥/出口商品外汇净收入\$$$

出口商品人民币总成本，即前述出口商品的生产或购货成本加国内费用，减去退税收入。出口外汇净收入，即 FOB 外汇收入。上式意思是出口商品收入 1 美元，需要多少人民币的成本。显然，出口企业的换汇成本越低效益越好。

注意：无论出口商品是按 CFR 或 CIF 报价，外汇净收入应折算成 FOB 的收入，因为 CFR、CIF 中已含的运费、保险费不能列入出口企业的实际收入。若报价中包含了佣金，也要扣除掉。

【例5-2】出口某商品1 000件，每件15美元 CIF 纽约总价格为15 000美元，其中运费2 010美元，保险费102美元。进价每只人民币95元，共计95 000元（含增值税17%），国内费用定额率为10%，退税率9%。当时银行美元买入价为8.28元。求该笔业务的出口换汇成本。

解：出口商品换汇成本＝出口商品人民币总成本￥/出口商品外汇净收入\$

＝（进货成本＋定额费用－出口退税收入）/FOB出口外汇净收入

＝[（95 000＋95 000×10%）－95 000÷（1＋17%）×9%］÷

（15 000－2 010－102）

＝97 192.31÷12 888

＝7.541（CNY/USD）

答：该笔业务的出口换汇成本是7.541（CNY/USD）。

（二）出口商品盈亏率和出口商品盈亏额

$$出口商品盈亏率＝（汇率－换汇成本）/换汇成本$$

上式中，如果换汇成本高于结算当日银行外汇的买入价，企业就亏损；如果换汇成本低于结算当日的银行汇率，出口企业则是盈利的。

$$出口商品盈亏额＝出口商品销售人民币净收入¥－出口商品人民币总成本¥$$

出口商品销售人民币净收入是把出口商品的 FOB 外汇收入，按结汇当日银行外汇买入价折算成人民币的数额。出口商品盈亏额反映了出口企业具体盈亏的多少。

【例5-3】根据【例5-2】，求出口盈亏额和出口盈亏率。

解：出口盈亏额＝出口销售人民币净收入－出口总成本
$$＝（15\,000－2\,010－102）×8.28－97\,192.31$$
$$＝9\,520.33（人民币元）$$
出口盈亏率＝（出口盈亏额/出口总成本）×100%
$$＝9\,520.33÷97\,192.31×100\%$$
$$＝9.80\%$$

答：该笔业务的出口盈亏额为 9 520.33 元人民币，盈亏率为9.80%。

（三）出口创汇率

出口创汇率是指加工贸易中出口企业进口原料或半制品加工成制品出口的外汇净收入与进口原料或半制品的外汇成本的比率。

$$出口创汇率＝（成品出口外汇净收入－原材料外汇成本）/原材料外汇成本×100\%$$

出口创汇率是衡量加工贸易出口时企业盈利情况的主要指标，出口创汇率越高，说明出口企业加工的国内增值越大，企业的盈利越高。

四、几种报价的换算

（一）三种基本术语的价格构成

$$FOB＝实际成本＋国内费用＋预期利润$$
$$CFR＝FOB＋F$$
$$CIF＝FOB＋F＋I$$

（二）FOB 价换算成其他价

$$CFR＝FOB＋F$$
$$CIF＝（FOB＋F）/[1－（1＋投保加成）×保险费率]$$

（三）CFR 价换算成其他价

$$FOB＝CFR－F$$
$$CIF＝CFR/[1－（1＋投保加成率）]×保险费率$$

（四）CIF 价换算成其他价

$$FOB＝CIF×[1－（1＋投保加成）×保险费率]－F$$

$$CFR＝CIF×[1－（1＋投保加成）×保险费率]$$

五、出口报价实例

1. 实例 1

出口三色戴帽玩具熊，每箱装 60 只，每箱体积 0.164 立方米。供货价格：每只 6 元。税率：供货单价中均包括 17%的增值税，出口毛绒玩具的退税率为 15%。国内费用：内陆运费（每立方米）100 元；报检费 120 元；报关费 150 元；核销费 100 元；公司综合费用 3 000 元。银行费用：报价的 1%（L／C 银行手续费 1%）。海运费：从上海至加拿大蒙特利尔港口一个 20 英尺集装箱的费用为 1 350 美元。货运保险：CIF 成交金额的基础上加 10%投保中国人民保险公司海运货物保险条款中的一切险（费率 0.8%）和战争险（费率 0.08%）。报价利润：报价的 10%。报价汇率：6.35 元人民币兑换 1 美元。试求：FOB、CFR、CIF 单价分别应报多少？

解：

（1）出口总成本

采购成本（包括增值税）＝6（元／只）

退税收入＝6÷（1＋17%）×15%＝0.769 2（元／只）

实际成本（采购成本减出口退税收入）＝6－0.769 2＝5.230 8（元／只）

国内费用：内陆运费（每立方米）100 元，报检费 120 元，报关费 150 元，核销费 100 元，公司综合费用 3 000 元。

国内费用大多是整体支出，需要计算出整批货的数量来均摊。

20 英尺集装箱包装件数＝25÷0.164＝152.439 0，取整 152 箱。

（注：在国际货物运输中，经常使用的是 20 英尺和 40 英尺集装箱，20 英尺集装箱的有效容积为 25 立方米，40 英尺集装箱的有效容积为 55 立方米。出口商在做报价核算时，建议按照集装箱可容纳的最大包装数量来计算报价数量，以节省海运费。）

报价数量＝152×60＝9 120（只）

国内费用＝（152×0.164×100＋120＋150＋100＋3 000）÷9 120＝0.642 9（元／只）

银行费用＝报价×1%

（2）国外费用

海运费＝1 350×6.35÷9 120＝0.940 0（元／只）

保险费＝CIF 报价×110%×0.88%

（3）利润＝报价×10%

（4）各项报价

FOB 报价＝实际成本＋国内费用＋银行手续费＋利润

   ＝5.230 8＋0.642 9＋报价×1%＋报价×10%

FOB 报价＝（5.230 8＋0.642 9）÷（1－1%－10%）

   ＝5.873 7÷0.89＝6.599 7（元／只）÷6.35＝1.039 3（美元／只）

CFR 报价＝实际成本＋国内费用＋海运费＋银行手续费＋利润

   ＝5.230 8＋0.642 9＋0.940 0＋报价×1%＋报价×10%

CFR 报价＝（5.230 8＋0.642 9＋0.940 0）÷（1－1%－10%）

   ＝6.813 7÷0.89＝7.655 8（元／只）÷6.35＝1.205 6（美元／只）

CIF 报价＝实际成本＋国内费用＋海运费＋保险费＋银行手续费＋利润

＝5.230 8＋0.642 9＋0.940 0＋报价×110%×0.88%＋报价×1%＋报价×10%

CIF 报价＝（5.230 8＋0.642 9＋0.940 0）÷（1－110%×0.88%－1%－10%）

＝6.813 7÷0.880 32＝7.740 0（元／只）÷6.35＝1.218 9（美元／只）

出口 9 120 只三色戴帽熊的报价如下：

USD1.04 PER CARTON FOB SHANGHAI Incoterms®2010

USD1.21 PER CARTON CFR MONTREAL Incoterms®2010

USD1.22 PER CARTON CIF MONTREAL Incoterms®2010

2. 实例 2

宁波扬名贸易有限公司与英国 ABC 有限公司达成一笔出口交易，出口 8 000 件电子节能灯架，其中，型号 22W/B22 共 4 000 件，单价 2.8 美元/件 CIF 伦敦，型号 32W/B22 共 4 000 件，单价 3.3 美元/件 CIF 伦敦，即期不可撤销信用证付款。其他条件如下。

（1）国内购货价（含 17%增值税）。

商品货名	型号、规格	数量（件）	单价（人民币元/件）
电子节能灯架	22W/B22	4 000	16.00
电子节能灯架	32W/B22	4 000	20.00

（2）包装：10 件/箱，全部货物装一个 20'集装箱。

（3）净重：24 千克/箱　　毛重：30 千克/箱　　尺码：（75×30×30）厘米/箱。

（4）保险费率：一切险：0.50%，战争险、罢工险：0.30%。

（5）办公费：按外汇净收入中每 1 美元扣 0.30 人民币元计算。

（6）出口退税率：13%。

（7）汇率：1 美元＝6.517 1～6.543 2 人民币元。

（8）开证通知费：200 人民币元。

（9）议付费率：1.25‰。

（10）拖车费、报关费和码头费合计：2 500 人民币元。

（11）运费：2 680 美元/20'集装箱。

请根据以上条件，核算如下内容：

（1）出口进货价款（含增值税）；

（2）出口退税额；

（3）保险费；

（4）出口外汇净收入；

（5）出口人民币净收入；

（6）议付费；

（7）办公费用；

（8）出口前其他费用；

（9）出口总成本；

（10）出口商品换汇成本；

（11）盈亏率；

（12）若买方要求将价格改报为 FOBC3%宁波，宁波扬名贸易有限公司应报何价？

解：

（1）出口进货价款（含增值税）＝4 000×20＋4 000×16＝144 000（人民币元）

（2）出口退税额＝[出口进货价款（含增值税）/（1＋增值税率）]×出口退税率

$\qquad$ ＝[144 000/（1＋17%）]×13%

$\qquad$ ＝16 000（人民币元）

（3）保险费＝CIF 总值×（1＋保险加成率）×保险费率

$\qquad$ ＝4 000×（2.8＋3.3）×（1＋10%）×（0.50%＋0.30%）

$\qquad$ ＝214.72（美元）

（4）出口外汇净收入＝CIF 总值－运费－保险费

$\qquad$ ＝4 000×（2.8＋3.3）－2 680－214.72

$\qquad$ ＝21 505.28（美元）

（5）出口人民币净收入＝出口外汇净收入×我国外汇牌价买入价

$\qquad$ ＝21 505.28×6.517 1

$\qquad$ ＝140 152.06（人民币元）

（6）议付费＝银行结汇总额×我国外汇牌价买入价×议付费率

$\qquad$ ＝（2.8＋3.3）×4 000×6.517 1×1.25‰

$\qquad$ ＝198.77（人民币元）

（7）办公费用＝出口外汇净收入×0.30

$\qquad$ ＝21 505.28×0.30

$\qquad$ ＝6 451.58（人民币元）

（8）出口前其他费用＝运杂费（拖车费、报关费、码头费）＋开证通知费＋议付费

$\qquad$ ＝2 500＋200＋198.77＝2 898.77（人民币元）

（9）出口总成本＝出口进货价款（含增值税）＋办公费用＋其他费用－出口退税额

$\qquad$ ＝144 000＋6 451.58＋2 898.77－16 000

$\qquad$ ＝137 350.35（人民币元）

（10）出口商品换汇成本＝出口总成本/出口外汇净收入

$\qquad$ ＝137 350.35÷21 505.28

$\qquad$ ＝6.386 8（人民币元/美元）

（11）盈亏率＝（出口人民币净收入－出口总成本）/出口总成本

$\qquad$ ＝（140 152.06－137 350.35）/137 350.35

$\qquad$ ＝2.04%

（12）CIF＝（FOB＋运费）/（1－投保加成×保险费率）

型号 22W/B22：

FOB＝CIF×（1－投保加成×保险费率）－运费

$\qquad$ ＝2.8×（1－110%×0.8%）－2 680/8 000

$\qquad$ ＝2.78－0.34

$\qquad$ ＝2.44（美元）

FOBC3%＝净价/（1－3%）

$\qquad$ ＝2.44/97%

$\qquad$ ＝2.52（美元）

型号 32W/B22：

$$FOB = CIF \times (1-投保加成 \times 保险费率) - 运费$$
$$= 3.3 \times (1-110\% \times 0.8\%) - 2\ 680/8\ 000$$
$$= 3.27 - 0.34$$
$$= 2.93（美元）$$

$$FOBC3\% = 净价/(1-3\%)$$
$$= 2.93/97\%$$
$$= 3.02（美元）$$

【案例5-3】报价核算纠纷案

某出口公司与加拿大成交一批货物。合同价格条款签订为：每吨$650 CIF温哥华（$650 per ton，CIF Vancouver）。加拿大商人开来信用证，其价格条款是这样规定的："Price：Can. $650 per long ton，CIF Vancouver，U. S. A."。经与合同对照审查信用证，发现价格条款存在如下问题。

（1）单价每吨650元，当时在洽谈时都以美元磋商的，而且该货价格650元就是美元价，合同上的币别符号"$"，该出口公司一直认为是美元符号，而且出口公司历年交易一律美元成交，信用证却以加拿大元计价。如果按加拿大元出售将遭受严重损失。

（2）每吨应该理解为每公吨，因为一般公吨经常简称为吨。信用证却以长吨计算，每吨少收入16公斤货款。

（3）合同规定CIF Vancouver，当时签订合同时，因与加拿大商人洽商，所谓温哥华，当然认为是加拿大的温哥华港，信用证却规定美国温哥华（查对资料，才知道美国也有温哥华港）。经与有关轮船公司联系，每月都有到加拿大温哥华的船，美国的温哥华无船，必须先运到中国香港地区再转船，要多负担转船费。

经过核算，上述差异将损失几万美元，该出口公司即向加拿大买方交涉，要求修改信用证。买方解释如下。

该货系转售给美国，在签订合同时原意就是到美国温哥华港，当时洽谈时口头曾经说明过。币别问题，我们历年来与各国交易都是使用本国货币——加拿大元。对于"吨"的问题，签约时也是在洽谈中定的以长吨计价。所以不能修改信用证。

几经多次反复函电协商，最后双方互相让步，每吨按国际上通常理解，改为公吨。目的港仍运至美国温哥华港，但转船费由买方负担。650元按加拿大元计算。同时修改信用证。

［案例评析］

虽然对方做了让步，出口公司仍损失不少。所以在签订合同时，对价格条款要特别注意明确。如本案例的"元"（Dollar-$），在世界上"元"太多了。如美元、港元、加拿大元、新加坡元、澳大利亚元、新西兰元和牙买加元……合同只笼统规定"$"不合要求。按现在国际标准化机构公布的货币符号的正确的表示方法：如美元应为USD（旧符号US$）；加拿大元应为CAD（旧符号CAN. $）。另外世界有同名的港口名称很多，所以对不同的国家同名港口名称一定要加注国名，以免将来纠纷不清。

（资料来源：林泽拯、林毅. 出口业务程序案例和国际惯例. 北京：中国商务出版社，2005：57）

第五节 进口报价核算

一、进口总成本核算

进口总成本＝进口货物CIF价（折算为人民币）＋进口国内费用＋进口税费

若进口是通过中间商（如代理商等）进行的，还要加上佣金。

1. 进口货物 CIF 价

按 FOB 价、CFR 价或 CIF 价进口，进口企业所付的费用都包括国际货物运费和货物运输保险费，只不过按 CIF 价格成交时，运费和保险费包含在货价中，按 FOB 价和 CFR 价成交时，运费和（或）保险费由进口企业另外支付。如果进口价格是 FOB 价和 CFR 价，则应将其换算为 CIF 价。由于进口企业往往与保险公司订立了预约保险合同，按双方签订的预约保险合同，保险金额按进口货物的 CIF 货值计算，不另加成。

因此，进口货物若采用 CFR 价格成交，则

$$CIF价＝CFR价÷（1－保险费率）$$

进口货物若采用 FOB 价格成交，则

$$CIF价＝（FOB价＋运费）÷（1－保险费率）$$

如按 FCA、CPT 或 CIP 价格进口，则换算为 CIP 价后，用 CIP 价代替进口总成本核算公式中的 CIF 价。换算公式为

$$CIP价＝CPT价÷（1－保险费率）$$
$$CIP价＝（FCA价＋运费）÷（1－保险费率）$$

2. 进口国内费用

进口国内费用包括的内容有以下几个方面。

（1）卸货费用和提货费用，如卸货费、驳船费、码头建设费、码头仓租费、换单提货费等。

（2）商品检验费和商检代理费。

（3）银行费用。

（4）报关费和报关代理费。

（5）国内运费、仓租费。

（6）从付款至收回货款之间所发生的利息支出。

（7）其他费用。

其核算方法与出口中的国内费用核算相同，也分为按费用定额率估算和按实际费用连笔相加两种方法。

3. 进口税费

按照《海关法》等有关法律法规的规定，海关对准许进出口的货物、物品征收关税，代征进口环节税（包括增值税和消费税），另外，海关还对部分进口减税、免税和保税货物征收海关监管手续费。

（1）进口关税

$$进口关税额＝完税价格×关税税率$$

进口货物完税价格由海关以进口货物的成交价格为基础审核确定，通常以 CIF 价为基础。

（2）消费税的计算

从国外进口烟、酒、化妆品等应税消费品，海关要征收消费税。按照现行消费税法的基本规定，

消费税应纳税额的计算分为实行从价定率和从量定额两种方法。

① 从价定率消费税征收。

应纳消费税税额＝消费税组成计税价格×消费税税率

消费税属于价内税，其组成计税价格计算如下：

消费税组成计税价格＝关税完税价格＋关税＋消费税组成计税价格×消费税税率

消费税组成计税价格－消费税组成计税价格×消费税税率＝关税完税价格＋关税

消费税组成计税价格＝（关税完税价格＋关税税额）÷（1－消费税税率）

② 从量定额征收应税消费税。

应纳消费税额＝应税消费品进口征税数量×单位税额

（3）进口环节增值税计算

进口环节增值税额＝进口环节增值税计税价格×增值税税率

进口环节增值税计税价格＝关税完税价格＋关税税额＋消费税税额

注意：①增值税属于价外税；②若进口货物非应税消费品，则不征消费税。

二、进口成本核算实例

我国 A 公司进口雪茄烟 100 箱，每箱价格折算为人民币 1 500 元 FOB 伦敦，设每箱运费为人民币 100 元，保险费率为 1%，查海关税则，雪茄烟进口关税率为 65%，消费税率 40%，增值税率 17%，国内总费用采用定额费率的方法确定为是合同价格的 3%。请计算进口总成本。

解：

CIF 总价＝CIF 单价×数量＝[（FOB 价＋运费）÷（1－保险费率）]×数量＝[（1 500＋100）÷（1－1%）]×100＝1 616.161 6×100＝161 616.16（元）

进口货物国内总费用＝1 500×100×3%＝4 500（元）

进口税费：

① 进口关税。

完税价格＝CIF 价＝161 616.16（元）

关税额＝完税价格×关税税率＝161 616.16 × 65%＝105 050.51（元）

② 应纳消费税额。

组成消费税计税价格＝（关税完税价格＋关税额）÷（1－消费税税率）＝（161 616.16＋105 050.51）÷（1－40%）＝444 444.45（元）

应纳消费税额＝组成消费税计税价格×消费税税率＝444 444.45×40%＝177 777.78（元）

③ 进口环节增值税额。

进口环节增值税计税价格＝关税完税价格＋关税＋消费税＝161 616.16＋105 050.51＋177 777.78＝444 444.45（元）

应纳增值税额＝进口环节增值税计税价格×增值税税率＝444 444.45×17%＝75 555.56（元）

进口总成本＝进口货物 CIF 价＋进口货物国内总费用＋关税＋消费税＋增值税

＝161 616.16＋4 500＋105 050.51＋177 777.78＋75 555.56＝524 500.01（元）

三、进口价格的核算

进口价格的确定涉及两种情况。

一种是进口货物国内销售价的核算，此种价格的核算方法与出口价格的核算方法基本相同，也是采用成本加成定价法，其计算公式为：

进口货物国内销售价＝进口总成本＋预期利润＋应缴内销环节增值税

应缴内销环节增值税＝内销环节增值税－进口环节增值税

内销环节增值税＝[进口货物国内售价/（1＋增值税率）]×增值税率

另一种为对卖方所报的出口价格的分析。由于进口商进口货物后往往要在其国内市场销售货物，故要将核算后的进口总成本或进口货物国内销售价与国内市场价格进行比较，才能最后确定是否接受卖方的报价或如何进行还价。

思考题

1. 什么是贸易术语？它的性质是什么？
2. 涉及贸易术语有哪些国际惯例？它的法律地位如何？
3. 佣金是什么？有哪些种类？如何表示？
4. 报价中的成本由哪些构成？

案例分析题

1. 我某出口公司出口棉布到某国，正好该国中间商主动来函与该出口公司联系，表示愿为推销棉布提供服务，并要求按每笔交易的成交额给予佣金 5%。不久，经该中间商中介与当地进口商达成 CIFC 5%总金额 50 000 美元的交易，装运期为订约后 2 个月内从中国港口装运，并签订了销售合同。合同签订后，该中间商即来电要求我出口公司立即支付佣金 2 500 美元。我出口公司复称：佣金需待货物装运并收到全部货款后才能支付。于是，双方发生了争议。

问题：这起争议发生的原因是什么？应接受什么教训？

2. 我出口公司对日商报出大豆实盘，每公吨 CIF 大阪 150 美元，发货港口是大连，现日商要求我方改报 FOB 大连价。

问题：我出口公司对价格应如何调整？如果最后按 FOB 条件签订合同，买卖双方在所承担的责任、费用和风险方面有什么差别？

技能实训题

1. 某外贸公司进口一批化学材料，共计 380 公吨，每公吨 139 美元 CIF 天津，进口关税税率为 25%，增值税率为 17%，公司在国内贷款的年利息为 8%，贷款 3 个月，公司的预期利润为成交价格的 18%，汇率为 1 美元兑换 8.20 元人民币。试计算：

（1）该批货物的完税价格？

（2）应缴的进口关税为多少元人民币？

（3）应缴的进口环节增值税为多少元人民币？

（4）该批货物的货值为多少元人民币？

（5）该批货物应缴内销环节增值税为多少元人民币？

（6）进口该批货物外贸公司实际缴纳的增值税为多少元人民币？

2. 广东粮油食品进出口公司与加拿大枫叶有限公司达成一笔出口交易，出口 200 公吨中国丝苗大米，规格 Moisture：1%max. Impurities：1%max. Breakage Rate：5%MAX. 316.6 欧元/公吨 FOBC3% 广州，即期不可撤销信用证付款。其他条件如下。

（1）国内购货价（含 9%增值税）：

商品货名	型号、规格.	数量（公吨）	单价（人民币元/公吨）
中国丝苗大米	Moisture：1%max. Impurities：1%max. Breakage Rate：5%max	200	2 800.00

（2）包装：100 千克/麻布袋。

（3）保险费率：平安险：0.50%，战争险、罢工险：0.35%，大米保险加费费率：0.35%。

（4）办公费：按外汇净收入中每 1 美元扣 0.15 人民币元计算。

（5）出口退税率：7%。

（6）汇率：1 欧元＝7.362 1～7.412 9 人民币元，1 美元＝0.880 0 欧元（中间价）。

（7）开证通知费：200 人民币元。

（8）议付费率：1.25‰。

（9）拖车费，报关费和码头费合计：20 000 人民币元。

（10）运费：按"W"计费，每运费吨 80 美元。

请根据以上条件，核算如下内容：

（1）出口进货价款（含增值税）；（2）出口退税额；（3）出口外汇净收入；（4）出口人民币净收入；（5）办公费用；（6）出口前其他费用；（7）出口总成本；（8）出口商品换汇成本；（9）盈亏率；（10）若买方要求将价格改报为 CIFC5%蒙特利尔，广东粮油食品进出口公司应报何价？（11）改报价后的保险费。

第六章 国际货物运输

国际货物运输是随着国际贸易的发展而发展的，它是国际贸易的一个重要组成部分。国际货物运输不同于国内运输，它具有线长面广、中间环节多、情况复杂多变和风险大等特点。为了多快好省地完成进出口货物运输任务，必须合理选用各种运输方式，订好买卖合同中的条款，正确缮制和运用单据，并掌握与此有关的运输基本知识。

本章第一节介绍各种基本的运输方式，重点介绍海洋运输的基本知识；第二节介绍运输的各种单据，核心内容是提单和装卸货物的单据；第三节介绍合同涉及到的装运条款，如分批装运、转运、装运时间等问题。

第一节 运输方式

国际货物的运输方式很多，如海洋运输、铁路运输、公路运输、航空运输、邮政运输、管道运输、集装箱运输、大陆桥运输、国际多式联运等。其中，海洋运输是最主要的运输方式。

一、海洋运输

（一）海洋运输的特点

海洋运输（Ocean Transport）历史最为悠久，世界贸易货运总量的 2/3 以上，我国进出口货物货运量中约 90%是通过海洋运输的。

海洋运输的优点如下。

（1）通过能力强，船舶的通航受到的道路限制的情况较少。从我国的港口几乎可以到达世界上任何港口。

（2）运量大，相对于火车、汽车，船舶的运输量最大。

（3）运费低，在所有运输方式中，海洋运输的运费最便宜的，而且船舶可以自由通过公海，根本不需要出钱借道。

海洋运输的缺点如下。

（1）速度慢，运输时间比较长。

（2）货运风险较大，海运风险来自自然灾害、意外事故、海盗掠劫和军事冲突或经济制裁。

按照船舶营运方式的不同，海洋运输可分为班轮运输和租船运输如表 6-1 所示。

表 6-1　　　　　　　　　　　　海洋运输的经营方式

1	班轮运输（LINER TRANSPORT）		
2	租船运输（SHIPPING BY CHARTERING）	1	定程租船（VOYAGE CHARTER）
		2	定期租船（TIME CHARTER）
		3	光船租船（BAREBOAT CHARTER）
		4	航次期租（TIME CHARTER ON TRIP BASIS）

（二）班轮运输

1. 班轮运输的特点

（1）班轮运输（Liner Shipping）具有"四固定"的特点，即固定航线、固定港口、固定船期和相对固定的费率。

（2）班轮运费中包括装卸费，船货双方不另计滞期费和速遣费。

（3）承托双方的权利义务和责任豁免以签发的提单为依据，并受统一的国际公约的制约。

（4）承运人对货物负责的时段是从货物装上船起，到货物卸下船止，即"船舷至船舷"或"钩至钩"。

（5）价格水平比较高，属于垄断价格。

虽然班轮运输在整个海运货物总量中的比例不大，只占到20%左右，但是班轮运输方式使用频率却非常高，而且它的货运承接方式灵活，无论货物多少，无论是何种货物，也无论在什么时候都可以承接，手续也比租船运输简单得多。

2. 班轮运费

班轮运费是根据班轮公司事先公布的运价表固定计收运费，目前，国际上的班轮运价表大致包括：班轮公会运价表，班轮公司运价表，货、船双方协商共同制定的双方运价表，货方制定、船方接受的货方运价表，协议运价表。

班轮运费由基本运费和附加运费两部分组成，其计算步骤通常如下。

（1）确定运费的计量标准

根据货物的品名，从货物分级表中找出该货物的等级和计算标准。如属未列名（N．O．E）货物，则参照性质相近货物的等级和计算标准，计量标准通常有以下几种。

① 按毛重计收，即以重量吨（Weight Ton）来计收，运价表中用"W"表示，即WEIGHT的缩写，一般以公吨为单位，也有按照长吨或短吨计算的。适用于货物积载因数小于船舶载货容积系数的重货。按国际惯例，凡1吨货物的积载因数小于1.132 8立方米或40立方英尺均为重货。

② 按体积或容积计收，即以尺码吨（Measurement Ton）来计收，运价表中用"M"表示，一般以立方米为计费单位，也有以立方英尺计算的。适用于货物积载因数大于船舶载货容积系数的重货。按国际惯例，凡1吨货物的积载因数大于1.132 8立方米或40立方英尺均为轻泡货。

③ 按货物毛重或体积计收，即由船公司选择其中收费较高者为计费吨。运价表中以"W/M"表示，即凡重量1吨的货物其体积超过1立方米或40英尺则按体积收费，反之，不足的按毛重计收。

重量吨和尺码吨统称为运费吨（Freight Ton）。目前习惯做法是：重量吨按每公吨计费，尺码吨按每立方米计费。

④ 按货物价格计收，又称从价运费，按货物FOB货价一定百分比计算，为1%～5%。按从价计算运费的货物一般为高值货物，如黄金、白银、名贵皮毛、名贵药材、精密仪器、名画古董等。船公司在运输中，对这类货物在积载和保管方面需要采取特殊安全措施，承担较大责任。因此，这类高值货物需按其价值计收运费。若要求船公司承担超过提单限额责任赔偿时，托运人除按从价计付运费外，还应在托运单证上申报FOB货价并加付货价1%的保值附加费。

⑤ 按货物毛重或体积或三者价格中较高的一种计收。运价表中用"W/M or Ad．Val表示。也有先按货物重量或体积，然后再加收一定百分比的从价运费，运价表中以"W/M plus Ad．Val"表示。

⑥ 按货物的件数或个数计收。适用于包装固定且包装内的数量、体积和重量不变的货物，按每箱、每件、每捆等特定的运费率计算运费。

⑦ 议价运费（Open Rate），由船方和货主临时议价。通常是在承运粮食、矿物、豆类等价格较低的大宗货物时采用。

知识链接

班轮公会（Freight Conference）

1. 班轮公会的性质

班轮公会（Freight Conference）是一种国际垄断组织，是国际航运竞争激化的产物。它是指在同一航线上营运的几家班轮公司，为了限制竞争并控制和垄断该航线的货运，获取高额利润而组成的一种国际组织。

2. 班轮公会的主要业务及作用

班轮公会是按照特定的航线划分和组织的。参加班轮公会的一些船公司，实际上常常同时经营着几条班轮航线，因而这些船公司也就可能同时为几个班轮公会的会员。因此，各班轮公会之间也就存在着密切关系。这种错综复杂的关系，常常引起各班轮公会之间的利益冲突。不仅如此，即使在同一公会内部，各个会员公司之间也存在着各种矛盾。例如，远东班轮公会不仅在会员之间互有矛盾，而且欧洲大陆的会员与英国会员之间，以及欧洲会员与日本会员之间也存在着地区性矛盾。

为此，班轮公会确定了其主要业务为：一是限制和调节班轮公会内部会员相互竞争的业务活动，二是为防止或对付来自公会外部的竞争，以达到垄断航线货载目的的业务活动。

（1）消除内部竞争

班轮公会在限制和调节内部相互竞争时，一般采取以下措施：

① 制定统一规则，各会员公司必须遵守。

② 规定统一运价，各会员公司不得低于统一运价揽货。

③ 统一步骤和行动，遇有外部竞争对手，会员公司必须统一步骤和行动。共同对付外来的竞争。

④ 统一标准佣金百分比，各会员公司不得给揽货经纪人过高的佣金。

⑤ 制定分摊协议，使各会员公司都能按货量或运费金额分摊一定配载。

⑥ 组织货物监督小组，防止会员公司默认货主少报货载数量，少付运费等变相减价。

（2）对抗外部竞争

为了防止或对付来自班轮公会外部的竞争，班轮公会一般采取以下措施：

① 延期回扣制度（Deferred Rebate System）。这种制度是指托运人如在规定期间（半年或一年）内，将其全部货物交由该会会员公司的船舶运输，可在期末获得一定的回扣，一般回扣率为运费的9.5%～12%。如果在此期间内，托运人有一批货物交由非会员公司的船舶运输，则班轮公会取消全部回扣。

② 合同制（Contract Rate System）或双重费率制（Dual Rate System）。这种制度是指承托双方签订合同，托运人保证将合同货物交由班轮公会的船公司运输，此时，托运人可享受比普通费率低的优惠费率，一般享受10%左右的运费减价，并在交付运费时就予以扣除。无合同的托运人只能按普通费率交付运费。

③ 战斗船（Fighting Ship）。对外来的非会员公司的竞争，公会认为有必要时，可安排几条性能较好的船舶以较低的运价和优惠条件与非会员船舶竞争揽货，以迫使非会员船舶无法立足，最终不得不退出该航线。公会藉此保持控制该航线的垄断地位，而在此期间战斗船的损失则由公会全体会员公司分摊。

（2）查找货物所属航线等级费率表，找出货物等级相应的基本费率

先在货物等级表中查到货物的等级，再到班轮航线等级费率表中查找具体费率。班轮航线等级费率表如表6-2所示。

$$基本运费＝基本运费率×货运量$$

表 6-2　　　　　　　　　班轮航线等级费率表（中国—加拿大）（节选）

SCALE OF CLASS RATES F0R CHINA CANADA SERVICE

| | West Canada | East Canade | |
| | | Halifax | Montreal，Quebec， |
Class	Vancouver	St. John	Toronto Hamilton
1	150.00	177.00	193.00
2	159.00	185.00	202.00
3	167.00	193.00	211.00
4	175.00	201.00	220.00
5	183.00	215.00	235.00
6	194.00	231.00	252.00
7	205.00	248.00	270.00
8	219.00	264.00	288.00
9	235.00	283.00	309.00
10	257.00	305.00	333.00
11	285.00	337.00	368.00
12	317.00	373.00	407.00
13	350.00	414.00	451.00
14	383.00	454.00	496.00
15	416.00	495.00	540.00
16	449.00	536.00	585.00
17	492.00	591.00	644.00
18	547.00	645.00	704.00
19	629.00	735.00	802.00
20	711.00	844.00	920.00
Ad.val	4%	4%	4%

（3）查找有无附加费，及各种附加费的计算办法及费率

附加费名目繁多，常见的有：超长附加费、超重附加费、燃油附加费、港口拥挤附加费、转船附加费、选卸港附加费、货币贬值附加费、绕航附加费等。船舶、货物、港口及其他种种原因，会使承运人在运输中增加一定的营运支出或损失。因此，为了补偿这部分损失，只能采取另外收取追加费用的方法来弥补，这部分不同类型的费用就是附加费。

① 由货物特性衍生的附加费。

A．超重附加费（Heavy Additional）。即指单件货物的毛重达到或超过规定的重量时，所征收的附加运费。超重货物在装卸作业中需使用重型吊机，要对其专门进行加固绑扎，多支出相当的吊机使用费及人工、材料费，因此需征收此项费用予以弥补。超重附加费通常按重量来计收，把重量分成不同的等级，并按照一种累进的方法来计收，重量越大，超重附加费率越高。货物一旦超重，征收的超重附加费是按整个货物的全部重量来征收的，而非只征收超过规定重量的部分。如果超重货物需要转船，每转船一次加收超重附加费一次。一般货物超重均按货物的重量吨来征收附加费，但也有超重附加费的计收按尺码吨及重量吨择大作为运费吨来征收的，也有分别规定重量吨和尺码吨各自的超重附加费费率，在分别计算后择大征收的。

B．超长附加费（Long Length Additional）。即指单件货物的长度达到或超过规定长度时（通常为 9 米）所加收的附加运费，因为超长货物在装卸时造成装卸困难，占用较大舱容，甚至舱容配载困难。超长附加费是按长度的标准确定的，并按长度分为不同等级按累进方法确定费率，长度越长其附加费率越高，但计算附加费时是以货物的运费吨而不是长度来计收的。超长货物转船时同样是每转船一次征收一次超长附加费。由于货物超长时，该件货物运费吨均加收超长附加费，所以不应将长短不一的货物捆扎在一起做一票货物运输，否则会因一根超长的货物，造成全捆货物加收附加费。

C．超大件附加费（Bulky Additional）。是指单件货物的体积超过规定的数量时（如 6 立方米）所加收的附加运费。一件货物超长、超重、超大件三种情形同时存在则应在分别计算了上述三种附

加费后采取或按择大计收或按全部加总计收这两种形式。

② 由运输及港口原因衍生的附加费。

A．直航附加费（Direct Additional or Direct Surcharge）。直航附加费是指托运人要求承运人将一批货物不经过转船而直接从装货港运抵航线上某非基本港时，船公司为此而增收的附加费。通常船公司都有规定，托运人交运一批货物至非基本港必须每港、每航次达到或超过某一数量（如 1 000 运费吨）时，才同意托运人提出的直航要求，并按各航线规定加收直航附加费。一般直航附加费要比转船附加费低，有些港口还可以免收直航附加费，直航运输比转船运输时间短，又能减少中转作业环节，减少货损货差，货主在一般情况下通常愿意选择此项运输。有些船公司还规定非基本港货载每港每航次货量达到一定数量时（如 1 000 运费吨）不论船舶直航与否，均按直航计收运费，并按各航线规定加收直航附加费。

B．转船附加费（Transhipment Additional）。即指运往非基本港口的货物，必须在中途某一基本港换装另一船舶才能运至目的港而加收的附加运费。货物在中途港转船时发生的换装费、仓储费和二程船的运费均包含在转船附加费中，通常这些费用由船公司以基本运费的一定百分比来确定，其盈亏由船公司自理。

C．港口附加费（Port Additional）。船方由于港口设备条件差、装卸效率低、速度慢（如船舶进、出需要通过闸门）或费用高而向货方收取的附加费叫港口附加费。港口附加费随着港口装卸效率及其他条件的变化而随时变化。

D．港杂费（THC，Terminal Handle Charges）。即指船公司向托运人收取的"在装运港装货作业的综合费用"，其主要包括货物在码头仓库的保管费、货物从码头仓库到作业码头的托运费等。目前在中国大陆，一般一个 TEU 的 THC 为 CNY370.00，一个 FEU 为 CNY700.00。

③ 临时性附加费。承运人常因偶发事件的出现而临时增收附加费，通过这种方法来补偿因意外情况而增加的开支。临时性附加费的特点是一旦意外情况消除后，此项附加费也取消，等待再次出现时才会重新征收。

A．燃油附加费（Bunker Surcharge or Bunker Adjustment Factor，B. S. or BAF）。即指因国际市场燃油价格上涨，使船舶的燃油费用增加而使船舶运输成本增高，船公司为补偿因燃油价格上涨而增收的附加运费。

B．货币贬值附加费（Develution Surcharge or Currency Adjustment Factor，CAF）。简称币值附加费，是指船方按运价表中的运价征收的运费因货币贬值的原因造成面额相同而实际价值减少，为弥补贬值后的损失而增收的附加费。

C．港口拥挤附加费（Port Congestion Surcharge）。由于港口拥挤，船舶抵港后不能很快靠卸而需要长时间等泊，有时长达几个月之久，造成船期延长，空耗成本。为此船方要向货方征收附加费以弥补这种损失。

D．绕航附加费（Deviation Surcharge）。即指因某一段正常航线受战争影响，运河关闭或航道受阻塞等意外情况发生，迫使船舶绕道航行，延长运输距离而增收的附加运费。绕航附加费是一种临时性的附加费，一旦意外情况消除，船舶恢复正常航线航行，该项附加费即行取消。

E．信息附加费（Advanced Manifest System，AMS）。本义是"提前输单输入系统"，上面包括真正的收货人、发货人、封箱号码以及海关编码等内容。这是运到美国和加拿大等国时，船公司向货方收取的一种特殊附加费，其目的在于"反恐"。所以有人干脆将其戏称为"反恐附加费"。

（4）根据以上数据，列式计算总运费

$$总运费 = 基本运费 \times （1 + 各种附加费率之和）$$
$$= 货运数量（重量或体积） \times 基本费率 \times （1 + 各种附加费率之和）$$

【例6-1】班轮运费计算

出口商品C到伦敦1 000箱，每箱体积30×30 ×20cm，毛重每箱30公斤。该商品按*W*/*M*级计费，伦敦每公吨基本运价200USD，燃油附加费15%，货币附加费为每运费吨5USD，求该批商品应付运费多少？

解： 第一步：先找出计费的标准

$$W=30×1\,000/1\,000=30（公吨）$$
$$M=30×30×20×1\,000/1\,000\,000=18（立方米）$$

W>*M*，即采用*W*计费

第二步：计算基本运费

$$运费=基本运费+附加费=30×200+30×200×15\%+30×5$$
$$=6\,000+900+150$$
$$=7\,050USD$$

班轮运费的支付，根据支付时间不同，结合不同的贸易条件，通常有预付运费（Freight Prepaid）和到付运费（Freight to Collect）两种。

（三）租船运输

1. 租船运输的特点

（1）租船运输（Charter Shipping）适合运输低值的、成交数量较多的大宗货物，如粮食、煤炭、石油等，而且一般是租用整船装运。

（2）根据货主的货运需要和船东供船的可能，由双方洽商租船运输条件，并以租船合同形式作为双方权利义务的依据。

（3）租船运价受租船市场供求关系的影响。目前国际上的主要租船市场有英国伦敦租船市场、美国纽约租船市场、奥斯陆租船市场、斯德哥尔摩租船市场、鹿特丹和汉堡租船市场、东京租船市场和中国上海租船市场等。

2. 租船方式

（1）定程租船

定程租船（Voyage Charter）又称航次租船，是指以航次为基础的租船方式。就其租赁方式不同可分为单程（单航次）租船、来回航次租船和连续航次租船。该租船方式具有以下一些特点：船舶的调度、经营管理由船方负责；在多数情况下，运价按货物装运数量计算或采用包干运费；规定一定的装卸期或装卸率，并计算滞期、速遣费；船方除对航行、驾驶、管理负责外，还应对货物运输负责；船、租双方权利义务和责任的豁免，以定程租船合同为依据。为了确定航次期间风险划分的依据，国际惯例将整个航次分为四个不同的阶段：预备航次阶段、装货阶段、航行阶段和卸货阶段。

（2）定期租船

定期租船（Time Charter）简称期租，是指按一定时间期限租赁船只的方式。与程租船比较，期租船具有下列特点：期租是租用整船；期租不规定租船航线和装卸港口，只规定航行区域范围；期租可以选装任何合法货物；期租的租船人有船舶调度权并负责船舶的营运；期租是以一定时间为租船条件，租赁期间的船期损失，除特殊原因外，均归租船人负担，故不规定滞期速遣条款；期租租金按每载重吨每月（或每日）计算；有关双方的权利和义务，以期租合同为依据。

（3）光船租船

光船租船（Bareboat Charter）是期租船的一种，所不同的是，船东不提供船员，仅将光船交给租方，由租方配备船长、船员，并负船舶的经营管理。这种方式使用的较少，通常是在船东想卖船，租方想买船却无力一次性付清款的情况下，双方商定由租方分期付足租金，船方转移船舶的所有权。

各种租船方式比对如表6-3所示。

表 6-3   租船方式

项目	定程租船	定期租船	光船租船
定义	以航程租用船舶	以期限租用船舶	船东只租船不带船员
船舶的经营管理	船方	租方	租方
有无滞期速遣	有	无	无
运费	按货物数量计	按租期每月若干金额计	
适用情况	大宗货物运输，而且送货地点稳定	大宗货物运输，送货频率和地点不同	船东具有投资性质，租方往往是船公司
合同格式	GENCON	BALTIME	
形式	单趟，往返，连续	定期	融资，租赁

（4）航次期租

航次期租（Time Charter on Trip Basis，TCT）是介于航次租船和定期租船之间的租船方式，又称为日租租船（Daily Charter）。它是以完成一个航次运输为目的，按完成航次所花的时间，按约定的租金率计算租金的一种租船方式。

（5）包运合同租船

包运合同租船（Contract of Affreightment，COA）是指船舶所有人向承租人提供一定吨位的运力，在确定的港口之间，按事先约定的时间、航次周期和每航次较为均等的运量，完成合同规定的全部货运量的租船方式。

这种租船方式是在连续单航次程租船的运营方式的基础上发展而来的。和连续单航次程租船相比，一方面包运租船不要求一艘固定的船舶完成运输，另一方面包运租船并不要求船舶一个接着一个航次完成运输，而是规定一个较长的时间，船东可以灵活地安排运输，主要用于运输货运量大的干散货或液体散装货。

3. 租船合同

租船合同（Charter Party）是租船双方就租用船舶或部分舱位订立的约束双方权利义务关系的法律文件，包括程租船合同和期租船合同。其主要条款包括：当事人、船名、船旗、货物名称及数量、装卸港口、受载期、运费及装卸费用、装卸期限、滞期费和速遣费等。合同中有几个方面需要注意。

（1）运费（租金）和留置权。对于程租船合同来说，运费支付可采取到付和预付两种方式，常见的运费到付有三种形式。

① 运费在交货时支付（Freight Payable on Delivery of Cargo）。

② 运费在卸货前支付（Freight Payable before Discharging）。

③ 运费在交货后支付（Freight Payable after Delivery of Cargo）。

而常见的运费预付也有三种形式。

① 运费在签发提单时全部预付（Full Freight to be Prepaid at Signing B/L）。

② 运费在签发提单时预付 90%，在目的港卸货时支付 10%（90% of Freight be Prepaid on Signing B/L，10% of Freight to be Paid on Discharging of Cargo）。

③ 运费在签发提单 7 天内全部预付（Full Freight to be Prepaid with in 7 days after Signing and Releasing B/L）。

对于运费采用到付或部分到付方式的，程租船合同中一般订有货物留置条款（Lien），即船方在收货人付清运费和其他费用之前有权扣留所载货物。而对于期租船合同而言，租船人在支付租金时必须做到两点：第一，在租金到期日付费到船东指定的银行账户上；第二，足额支付。如果期租船人没有履行以上义务之一，船东有权撤回船舶或对船上货物行使留置权。

（2）装卸费用。它是程租船合同中的一项重要条款，用以明确装卸费用的责任，常用的有四种。

① 船方负责装卸和负担费用（Gross Terms or Liner Terms），也称"班轮条件"，常用于装卸包装货或木材。

② 船方管装不管卸（Free Out，FO），有时又称 LI，FO（Liner In，Free Out）。

③ 船方管卸不管装（Free In，FI），有时又称 LO，FI（Liner Out，Free In）。

④ 船方不负责装卸和负担费用（Free In and Out，FIO），散货租船，多采用这种条件。有时还要进一步明确理舱费和平舱费由谁负担，一般在 FIO 条件下，都规定由租船人负担，即 FIOST（Free In and Out，Stowed，Trimmed）。另外，租船人与船方洽商货物装卸责任和费用时应注意其与买卖合同中所使用的贸易术语相衔接。

（3）装卸期限。由于装卸期限的长短直接关系船舶的使用周期，影响船方的利益，因而成为程租船合同的重要条款之一。装卸期限可用时间表示，也可用装卸率表示，即每天装卸若干吨货物。

（4）租船应注意的问题。

① 租船前必须熟悉贸易合同中的运输条款，使租船条款与贸易合同条款衔接。

② 租船时，首先应考虑船东的资信和经营状况，以免上当受骗，一般不要租用二船东以程租方式租进的转租船。

③ 租船时，要重视船舶规范，挑选船龄较小、质量较好的船舶，一般以不租超过 15 年的船舶为宜。

④ 要弄清装卸港口的情况，包括地理位置、是海港还是河港、港口使用费、实际装卸效率、港口习惯做法等。

⑤ 要严格遵守我国外交和航运政策的有关规定，并密切注意各种法规的变化。

⑥ 熟悉和了解租船市场行情及其动态。

⑦ 租船一般通过租船代理人或经纪人进行，充分利用船东之间、代理之间、市场之间的矛盾和差别，争取有利的租船条件。

二、国际陆上货物运输

（一）铁路运输

在国际货物运输中，铁路运输（Railway Transportation）是仅次于海洋运输的主要运输方式。我国对外贸易的铁路运输包括国际铁路货物联运和至港澳地区的铁路货物运输两种。

1. 国际铁路货物联运

凡使用一份统一的国家铁路联运票据，由铁路部门经过两国或两国以上铁路的全程运输，并由一国铁路向另一国铁路移交货物时，不需发、收货人参加的运输方式称为"国际铁路货物联运"，简称"国际联运"。

国际联运的运单包括运单正本、运单副本、运行报单、货物交付单和货物到达通知单。

运单和运单副本是发、收货人与铁路之间缔结的运输契约，对双方都具有法律效力。运单正本随同货物到站，并随同"货物到达通知单"和货物一起交给收货人。运单副本在运送合同缔结后交给发货人，不具有运单的效力，仅作为货物已由铁路承运的证明，它也是发货人连同其他单证向银行办理结汇的主要单据之一。铁路运单不同于海运提单，不是代表货物所有权的凭证。

📚 知识链接

有关铁路联运的国际协定

目前，国际上有关国际铁路联运的协定主要有两个。

（1）《国际铁路货物联运协定》（简称《国际货协》）。《国际货协》是20世纪50年代由中国、苏联、朝鲜、蒙古和东欧7个社会主义国家签订的《国际铁路货物联运协定》。

（2）《国际货物运送公约》（简称《国际货约》）。《国际货约》来源于1890年的《伯尔尼公约》，1980年《国际货约》与《国际铁路旅客和行李运送公约》合二为一，目前有欧洲、亚洲和北非的33个国家参加了该公约。

2. 中国内地对港、澳地区的铁路货物运输

对港、澳地区的货物运输与一般国内铁路运输不同。对香港的铁路运输是由内地段和港九段两部分铁路运输组成，货物的承运人是我国内地对外贸易运输公司，出口单位将货物托运至深圳北站，由深圳外运分公司作为发货人的代理，在口岸与铁路部门办理货物运送票据的交接，并向铁路部门租车，然后向海关办理出口申报手续，经联检部门，如海关、检验检疫、边防等，检验放行后，过轨至香港地区九龙站。货车过轨后，由深圳外运分公司在香港地区的代理——香港中旅货运有限公司，向香港地区九广铁路公司重新起票办理港段铁路运送。货车至九龙各目的地车站后，由香港地区中旅货运有限公司将货物卸车交给香港地区的实际收货人。

由此，对港、澳地区出口货物运送是一种"租车方式、两票运送"的特殊方式。国内运单不是全程运送单，不能作为对外结汇的凭证。按现行的办法，由各地外运分支机构以运输承运人的身份向发货人提供经深圳中转香港地区货物的承运货物收据（Cargo Receipt），作为向银行结汇的凭证。同时，因为对香港地区的铁路运输分为两段运输，因此，运费是按内地铁路运费（人民币）和香港地区铁路运费（港币）分别计算的。

而运往澳门地区的货物由内地经国内铁路运至广州南站，以广东外运分公司为收货人，货到后由广东外运分公司办理水运中转至澳门的业务手续，货到澳门地区后由南光集团的运输部门接货并转交收货人。

（二）公路运输

公路运输（Road Transportation）是现代化运输方式之一，在国际贸易货物运输中，公路运输既是一种独立的运输方式，又是连接车站、港口和机场的重要手段，更是实现门到门运输不可或缺的一种运输方式。但公路运输成本较高，运载量小，车辆在运行中易造成货损事故。按其经营方式的不同，公路运输可划分为公共运输业、契约运输业、不对外的自用运输业和中间商身份的汽车货运代理。

我国国土辽阔，与17个国家和地区毗邻，除同俄罗斯、蒙古、哈萨克斯坦、朝鲜、越南等国或地区有铁路相通外，我国西南广大地区与周边其他国家和地区之间的货物运输，因暂无铁路相通，只能通过公路运输来实现。

（三）大陆桥运输

大陆桥运输（Land Bridge Transportation）是指以横贯大陆上的铁路或公路运输系统作为中间桥梁，把大陆两端的海洋连结起来的集装箱连贯运输，其实质上就是一个海—陆—海的运输方式。目前的大路桥运输有以下几种。

（1）美国大陆桥运输。它主要是指从美国西海岸到美国东海岸或墨西哥湾的铁路及公路集装箱连贯运输系统。北美大陆桥具体又分为以下两条：

① 美国西海岸—美国东海岸；

② 美国西海岸—墨西哥湾。

（2）西伯利亚大陆桥：俄罗斯的东方港—西伯利亚—黑海、波罗的海沿岸—大西洋沿岸。

（3）加拿大大陆桥运输。它与美国的大陆桥平行，也是利用横贯东西的铁路干线，即温哥华—温尼伯—哈利法克斯以及鲁珀特港—温尼伯—魁北克，将远东地区的货物运往欧洲。

（4）欧亚大陆桥：我国的连云港—阿拉山口—哈萨克斯坦—荷兰鹿特丹—大西洋沿岸。

（四）OCP 运输

OCP 运输，是"Overland Common Points"的简称，意指"内陆地区"，是享受优惠费率通过陆运可抵达的地区。所谓"内陆地区"，根据费率规定，以美国西部 9 个州为界，即以落基山脉为界，其以东地区均为内陆地区，面积约占全美 2/3。加拿大受美国影响也划有 OCP 地区和类似的运费优惠费率。

按照 OCP 条款达成的交易，托运人可以享受美国内陆运输的优惠费率，但要求同时满足以下几条。

（1）货物的最终目的地必须属于 OCP 的范围。

（2）货物必须在美国西海岸中转。

（3）提单上必须注明"OCP"字样，如"Destination: Nevonia Via Long Beach（OCP）"。

三、航空运输

航空运输（Air Transportation）是利用飞机运送进出口货物的一种现代化运输方式，较适用于体轻而贵重的商品、急需品及季节性强或鲜活易腐商品。

（一）航空运输的种类

航空运输包括班机运输（Scheduled Airline）、包机运输（Chartered Carrier）、集中托运（Consolidation）、陆空联运（Combined Transport）及航空快递（Air Courier）（见表 6-4）。

表 6-4　　　　　　　　　　空运的种类

	班机运输	集中托运	包机运输	航空快递
含义	具有固定的开航时间，航线，航站的飞机承担	托运人将若干批货物组成一整批，向航空公司办理托运，采用一份航空总运单集中发运到同一目的站。指定代理收货分拨给各实际收货人	航空公司按约定的条件将整架飞机租给一/几个包机人从一个/几个航空站送到指定目的地	快递公司和航空公司合作，由快递公司派人从发货人提货后以最快航班运抵目的地
特点	运量小；运价高；航期固定	运价低；是航空货代的主要业务之一	运价低；运量大，时间比班机长	最为快捷方便的运输方式；"桌到桌运输"
适用	鲜活商品；急需商品	适用一般商品	货物数量多	急需物品和文件资料

其中，集中托运是指由空运代理公司将若干单独发货人的货物集中起来组成一批货物向航空公司办理托运，用一份总运单整批发运到预定目的地，货到国外后由到站地的空运代理收货、报关并分拨给各个实际收货人。

（二）航空单据

航空货运单虽属议付单据，但不是物权凭证，收货人不是凭航空货运单提货，而是凭航空公司所发"到货通知"提取货物。在实际业务中有些不法商人利用此特点进行骗货行为，所以选用此种方式一定要慎重。

（三）空运的托运程序

（1）订舱，出口公司再备齐货物和审核信用证后，按 L/C 和合同有关的装运条款，填写"空运出口货物委托书"并提供有关单据送外运单位办理订舱的依据。

货代根据委托书办理订舱手续；航空公司安排舱位签发航空运单；货代及时通知发货人备货、备单。

（2）出口人备妥货物和单据送交货代，录入计算机以办理配货，报关手续。海关如果没有发现问题就在航空运单正本，出口收汇核销单和报关单上加盖放行章。

（3）货代和出口人交接货物，由货代提取货物并将货物送航空仓库。

（4）签发运单，货物装机完毕，由货代签发航空分运单，航空分运单有三联，第一联正本交给发货人，第二联给外运公司留存，第三联随货物交给收货人作为核收货物的依据，出口公司凭分运单办理结汇，如出口公司直接向航空公司托运，凭其签发的主运单办理结汇。

（5）货物到达目的地后，航空公司书面或电话通知当地货代或收货人提货。

（四）空运货物的运价

空运货物一般按托运货物重量或体积计收运费。实际重量按每 1 公斤毛重作为计费单位；若按体积重量，国际上按每 7 000 立方厘米折合 1 公斤重量，我国按每 6 000 立方厘米折合 1 公斤重量计收。不足 500 克按 500 克、超过 500 克按 1 公斤加收。

知识链接

国际航空运输公约

（1）1929年10月12日在波兰首都华沙签订的《统一国际航空运输某些规则的公约》（Convention for the unification of certain relating to international transportation by air），简称"《华沙公约》"（The Warsaw convention）。我国在1958年10月18日正式加入该公约。

（2）1955年9月28日，《华沙公约》缔约国在荷兰的海牙对《华沙公约》进行修改，定名为《修改1929年10月12日在华沙签订的〈统一国际航空运输某些规则的公约〉的议定书》（Protocol to Amend the Convention for the Unification of Certain Rules Relating to International Carriage by Air Signed at Warsaw），简称《海牙议定书》（The Hague Protocol）。该议定书于1963年8月1日起生效，我国在1975年8月加入。

四、集装箱运输

集装箱运输（Container Transportation）是以集装箱作为运输单位进行货物运输的现代化运输方式，是国际贸易货物运输高度发展的必然产物。集装箱运输可以提高装卸效率，扩大港口吞吐能力，加速货运速度，减少货损货差，节省包装材料，降低经营成本等。

（一）集装箱

集装箱是一种容器，是一种能反复使用的运输辅助设备，外型像一个箱子，又称货柜、货箱。

凡具备以下条件的运输容器都可称为集装箱：耐久性、多种运输方式、便于装卸、容积 1 立方米以上。

根据国际标准化组织推荐，集装箱有三个系列 13 种规格，在国际航运上主要为 20 英尺和 40 英尺两种。

20 尺柜（TEU）：配货毛重一般为 17.5 吨，体积为 24～26m³。

40 尺柜（FEU）：配货毛重一般为 22 吨，体积为 54m³。

40 尺高柜：配货毛重一般为 22 吨，体积为 68m³。

不同型号的集装箱一般折算成 TEU 计算。

（二）集装箱运输的优点

在货物的全程运输中无须开箱；受天气限制小；减少货损货差；可实现"门到门"服务；货物的外包装可大大简化；机械化程度高，装卸速度快；减轻装卸工人的劳动强度。

（三）装箱方式

集装箱运输的货物装箱方式有两种。

（1）整箱货（Full Container Load，FCL），是指由货主负责装箱，填写装箱单，并加海关封志的货物，习惯上整箱货只有一个发货人和一个收货人。

（2）拼箱货（Less than Container Load，LCL），是指由集装箱货运站负责装箱，填写装箱单，并加海关封志的货物，习惯上拼箱货涉及多个发货人或多个收货人。

（四）交接方式

（1）整箱交，整箱接（FCL/FCL）。货物的装箱和拆箱均由货主负责。

（2）拼箱交，拆箱接（LCL/LCL）。货物的装箱和拆箱均由承运人负责。

（3）整箱交，拆箱接（FCL/LCL）。货物的装箱在承运人监督下由货主负责，拆箱由承运人负责，各收货人凭单取货。

（4）拼箱交，整箱接（LCL/FCL）。装箱由承运人负责分类调整，把同一收货人的货物集中拼装成整箱起运，到目的地后，收货人以整箱接。

其中 FCL/FCL 的方式最能发挥集装箱的优越性。

知识链接

常见的集装箱种类

（1）TEU，Twenty-feet equivalent unit：一个20英尺标准集装箱。在实际工作中，人们通常不说TEU而是1×20′FCL。

（2）FEU，Forty-feet equivalent unit：一个40英尺标准集装箱。在实际工作中，人们通常不说TEU而是1×40′FCL。

（3）40HQ，Forty-feet high cube：一个40英尺高柜。

（五）交接地点

根据整箱货、拼箱货的不同，集装箱运输的交接地点一般是：

（1）装运地发货人的工厂或仓库和交货人的工厂或仓库（Door）；

（2）装运地和交货地的集装箱堆场（Container Yard，CY）；

（3）装运地和卸货地的集装箱货运站（Container Freight Station，CFS）。

因此集装箱的地点交接方式一般有 9 种（见表 6-5）。

表 6-5 集装箱货物交接方式

货物交接方式	FCL/FCL	LCL/LCL	FCL/LCL	LCL/VCL
地点 交接 方式	Door to Door	CFS to CFS	Door to CFS	CFS to CY
	Door to CY		CY to CFS	CFS to Door
	CY to CY			
	CY to Door			

① 门到门（Door to Door）、门到场（Door to CY）、门到站（Door to CFS）；

② 场到门（CY to Door）、场到场（CY to CY）、场到站（CY to CFS）；

③ 站到门（CFS to Door）、站到场（CFS to CY）、站到站（CFS to CFS）。

（六）集装箱运费

集装箱货物在国际多式联运下，由于承运人对货物承担的风险和责任有所扩大，因此，集装箱的运费一般包括从装船港码头堆场或货运站至卸船港码头堆场或货运站的全过程费用。如由承运人负责安排全程运输，所收取的运费中还应包括内力运输的费用。集装箱运费一般包括海运运费、堆场服务费、拼箱服务费、集散运费和内陆运费。具体运费构成根据交接方式不同而有所不同，例如：

FCL/FCL（Door to Door）的运费＝内陆运费（转运费）＋堆场服务费＋海上运费＋堆场服务费＋内陆运费（转运费）

FCL/LCL（Door to CFS）的运费＝内陆运费＋堆场服务费＋海上运费＋拼箱服务费

五、其他运输

（一）邮包运输

国际邮包运输（Parcel Post Transport）是一种具有国际多式联运和"门到门"运输性质的较简便的运输方式。各国邮政部门之间订有协定和公约，通过这些协定和公约，各国的邮件包裹可以相互传递，从而形成国际邮包运输网。

国际邮政运输分为普通邮包和航空邮包运输，但不论哪种，对邮包的重量和体积都有一定限制，一般规定每件邮包的重量不超过 20 千克，长度不超过 150 厘米，长度和长度以外最大横周不超过 300 厘米，较适合体积小重量轻的货物。

（二）国际多式联运

根据《联合国国际货物多式联运公约》（United Nations Convention on International Multimodal Transport of Goods）（以下简称《多式联运公约》）规定：国际多式联运（International Multimodal Transport）是指由多式联运经营人按照多式联运合同，以至少两种不同的运输方式，将货物从一国境内接受货物的起点运至另一国境内指定地点的运输方式。

从上述定义可知，国际多式联运具有六个基本条件，即四个"一"和二个"两"：

（1）一份多式联运合同，明确规定托运人和承运人的权利义务关系；

（2）由一个多式联运经营人（Multimodal Transport Operater，MTO）对全程运输总负责；

（3）使用一份包括全程的多式联运单据（Multimodal Transport Document，MTD）；

（4）全程单一的运输费率；

（5）至少采用两种不同的运输方式；

（6）至少在两个国家和地区间进行运输。

多式联运单据既是多式联运合同的证明，又是联运人已接管货物的收据，而且它与传统的提单具有相同的作用，是一种物权凭证和有价证券，《联合运输单据统一规则》和《UCP500》都规定，如信用证无特殊规定，银行可接受多式联运单据。

在当前国际贸易竞争日益激烈的形势下，货物运输要求速度快、损失少、费用低，而多式联运具备上述的优越性，特别是与集装箱运输结合起来，能够很好地适应这些要求。因此，国际上越来越多采用多式联运，以保证在国际竞争中处于有利地位。

此外，还有成组运输、托盘运输和国际管道运输等。

六、国际货运业务流程

（一）国际海运的基本业务流程

海运出口运输工作，在以 CIF 或 CFR 条件成交，由卖方安排运输时的工作程序如下。

（1）审核信用证中的装运条款：为使出运工作顺利进行，在收到信用证后，必须审核证中有关的装运条款，如装运期、结汇期、装运港、目的港、是否能转运或分批装运以及是否指定船公司、船名、船籍和船级等，有的来证要求提供各种证明，如航线证明书、船籍证等，对这些条款和规定，应根据我国政策和国际惯例，要求是否合理和/或是否能办到等因素来考虑接受或提出修改要求。

（2）备货报验：根据出口成交合同及信用证中有关货物的品种、规格、数量、包装等的规定，按时、按质、按量地准备好应交的出口货物，并做好申请报验和领证工作。冷藏货要做好降温工作，以保证装船时符合规定温度要求。在我国，凡列入商检机构规定的"种类表"中的商品以及根据信用证、贸易合同规定由商检机构出具证书的商品，均需在出口报关前，填写"出口检验申请书"申请商检。有的出口商品需鉴定重量，有的需进行动植物检疫或卫生安全检验，都要事先办妥，取得合格的检验证书。做好出运前的准备工作，货证都已齐全，即可办理托运工作。

（3）托运订舱：编制出口托运单，即可向货运代理办理委托订舱手续。货运代理根据货主的具体要求按航线分类整理后，及时向船公司或其代理订舱。货主也可直接向船公司或其代理订舱。当船公司或其代理签出装货单，定舱工作即告完成，也就意味着托运人和承运人之间的运输合同已经缔结。

（4）保险：货物订妥舱位后，属卖方保险的，即可办理货物运输险的投保手续。保险金额通常是以发票的 CIF 价加成投保（加成数根据买卖双方约定，如未约定，则一般加 10%投保）。

（5）货物集中港区：当船舶到港装货计划确定后，按照港区进货通知并在规定的期限内，由托运人办妥集运手续，将出口货物及时运至港区集中，等待装船，做到批次清、件数清、标志清。要特别注意与港区、船公司以及有关的运输公司或铁路等单位保持密切联系，按时完成进货，防止工作脱节而影响装船进度。

（6）报关工作：货物集中港区后，把编制好的出口货物报关单连同装货单、发票、装箱单、商检证、外销合同、外汇核销单等有关单证向海关申报出口，经海关关员查验合格放行后方可装船。

（7）装船工作：在装船前，理货员代表船方，收集经海关放行货物的装货单和收货单，经过整理后，按照积载图和舱单，分批接货装船。装船过程中，托运人委托的货运代理应有人在现场监装，随时掌握装船进度并处理临时发生的问题。装货完毕，理货组长要与船方大副共同签署收货单，交与托运人。理货员如发现某批有缺陷或包装不良，即在收货单上批注，并由大副签署，以确定船货双方的责任。但作为托运人，应尽量争取不在收货单上批注以取得清洁提单。

（8）装船完毕：托运人向收货人发出装船通知后，即可凭收货单向船公司或其代理换取已装船提单，这时运输工作即告一段落。

（9）制单结汇：将合同或信用证规定的结汇单证备齐后，在合同或信用证规定的议付有效期限内，向银行交单，办理结汇手续。

（二）集装箱运输出口程序

（1）订舱：发货人根据贸易合同或信用证条款的规定，在货物托运前一定时间内填好集装箱货物托运单（Container Booking Note），委托其代理或直接向船公司申请订舱。

（2）接受托运申请：船公司或其代理公司根据自己的运力、航线等具体情况考虑发货人的要求，决定接受与否。若接受申请就着手编制订舱清单，然后分送集装箱堆场（CY）、集装箱货运站（CFS），据以安排空箱及办理货运交接。

（3）发放空箱：通常整箱货物运输的空箱由发货人到集装箱码头堆场领取，有的货主有自备箱；拼箱货物运输的空箱由集装箱货运站负责领取。

（4）拼箱货装箱：发货人将不足一整箱的货物交至货运站，由货运站根据订舱清单和场站收据负责装箱，然后由装箱人编制集装箱装箱单（Container Load Plan）。

（5）整箱货交接：由发货人自行负责装箱，并将已加海关封志的整箱货运到 CY。CY 根据订舱清单，核对场站收据（Dock Receipt，D/R）及装箱单验收货物。

（6）集装箱的交接签证：CY 或 CFS 在验收货物和/或箱子后，即在场站收据上签字，并将签署后的 D/R 交还给发货人。

（7）换取提单：发货人凭 D/R 向集装箱运输经营人或其代理换取提单（Combined Transport Bill of Lading），然后去银行办理结汇。

（8）装船：集装箱装卸区根据装货情况，制订装船计划，并将出运的箱子调整到集装箱码头前方堆场，待船靠岸后，即可装船出运。

（三）货运单证的流转过程

货运单证（仅指与运输有关的单证，不包括其他商务单证）是托运人、承运人和港方等有关方面进行业务活动的凭证，它起着货物交接时的证明作用，证明货物的数量和品质等情况。各种货运单证之间相互联系，不可分割。在货物从发货人到收货人的整个过程中，每一份主要货运单证都具有独特作用。它在装运港作为出口货运单证，是货物出运和结汇的重要证明文件和依据。到了目的港，它实际上就变成了进口货运单证，或是作为编制进口货运单证的主要依据，同时也成为收货人提货的重要依据。为了熟悉货运过程，了解有关单证的流转程序，现将班轮货物运输主要单证流转程序用图表示（见图 6-1）。

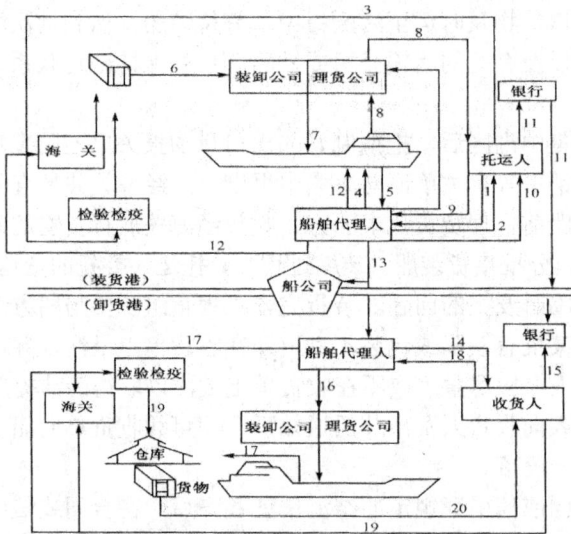

图 6-1 班轮运输的基本流程

说明：1. 托运人向船公司在装货港的代理人（也可直接向船公司或其营业所）提出货物装运申请，递交托运单，填写装货联单；2. 船公司同意承运后，其代理人指定船名，核对 S/O 与托运单上的内容无误后，签发 S/O，将留底联留下后退还给托运人，要求托运人将货物及时送至指定的码头仓库；3. 托运人持 S/O 及有关单证向海关办理货物出口报关、验货放行手续，海关在 S/O 上加盖放行图章后，货物准予装船出口；4. 船公司在装货港的代理人根据留底联编制装货清单（L/L）送船舶及理货公司、装卸公司；5. 大副根据 L/L 编制货物积载计划交代理人分送理货、卸货公司等按计划装船；6. 托运人将经过检验及检量的货物送至指定的码头仓库准备装船；7. 货物装船后，理货员将 S/O 交大副，大副核实无误后留下 S/O 并签发收货单（M/R）；8. 理货员将大副签发的 M/R 转交给托运人；9. 托运人持 M/R 到船公司在装货港的代理人处付清运费（预付运费情况下）换取正本已装船提单（B/L）；10. 船公司在装货港的代理人审核无误后，留下 M/R 签发 B/L 给托运人；11. 托运人持 B/L 及有关单证到议付银行结汇（在信用证支付方式下），取得货款，议付银行将 B/L 及有关单证邮寄开证银行；12. 货物装船完毕后，船公司在装货港的代理人编妥出口载货清单（M/F）送船长签字后向海关办理船舶出口手续，并将 M/F 交船随带，船舶启航；13. 船公司在装货港的代理人根据 B/L 副本（或 M/R）编制出口载货运费清单（F/M）连同 B/L 副本、M/R 送船公司结算代收运费，并将卸货港需要的单证寄给船公司在卸货港的代理人；14. 船公司在卸货港的代理人接到船舶抵港电报后，通知收货人船舶到港日期，做好提货准备；15. 收货人到开证银行付清货款取回 B/L（在信用证支付方式下）；16. 卸货港船公司的代理人根据装货港船公司的代理人寄来的货运单证，编制进口载货清单及有关船舶进口报关和卸货所需的单证，约定装卸公司、理货公司，联系安排泊位，做好接船及卸货准备工作；17. 船舶抵港后，船公司在卸货港的代理人随即办理船舶进口手续，船舶靠泊后即开始卸货；18. 收货人持正本 B/L 向船公司在卸货港的代理人处办理提货手续，付清应付的费用后，换取代理人签发的提货单（D/O）；19. 收货人办理货物进口手续，支付进口关税；20. 收货人持 D/O 到码头仓库或船边提取货物。

第二节 | 运输单据

运输单据是承运人收到承运货物后签发给托运人的证明文件，它是交接货物、处理索赔与理赔以及向银行结算货款或进行议付的重要单据。在国际货物运输中，运输单据的种类很多，其中包括海运提单、铁路运单、承运货物收据、航空运单和邮包收据等。

一、海运提单

海运提单（Ocean Bill of Lading）简称提单（Bill of Lading，或 B/L），是指货物承运人或其代理人收到货物后，签发给托运人的一种证明，它具体规定了货物运输有关当事人，如承运人、托运人和数货人之间的权利和义务。

（一）海运提单的性质和作用

1. 提单是货物收据

提单是承运人或其代理人签发给托运人的货物收据，证明承运人已按提单所列内容收到货物。

2. 提单是托运人与承运人之间运输契约的证明

承运人在签发提单以前，运输合同已经成立，否则承运人不会承运货物，提单的签发是证明运输合同的存在。

3. 提单是物权凭证

提单是代表货物所有权的凭证，提单的合法持有人可以凭提单的目的港向轮船公司提取货物，也可以有偿转让。

提单除了上述作用外，在业务联系、费用结算、对外索赔等方面都起着重要的作用。

知识链接

关于提单的性质的争论

多数人认为提单是运输合同的证明，而不是运输合同本身。关于这一点学术界尚有争论：

第一种观点认为，提单内规定着承托双方之间的权利义务和责任豁免，在法律上它具有运输合同的作用，因此提单是运输合同。

第二种观点认为，承运人在签发提单以前，运输合同已经成立，否则承运人不会承运货物，提单的签发是证明运输合同的存在。另外船公司都是把提单印就统一格式，在签发提单时，并没有与托运人协商提单的条款，不具备成立合同时的正常程序，即双方意思表示一致。事实上提单上只有承运人一方签字，而没有托运人签字，因此提单不是运输合同，只能说是运输合同成立的证明。

第三种观点认为，如果承运人与托运人之间没有其他约定，提单应视为双方之间的运输合同。其理由是，虽然提单条款未经双方协商，但签发提单时，托运人并未对条款提出异议，这应视为托运人已默示接受提单条款，从而约束承运人与托运人。

如果承运人与托运人之间订有运输合同，又另签发提单，则在把提单转让给第三者之前，提单条款内容只能认为是原订合同的补充，不能认为是一个新合同。如果提单条款与原订运输合同有冲突，应以原订运输合同为准。

尽管关于这一点众说纷纭，但目前多数人倾向于提单是运输合同的证明这一观点。一般认为，当提单转让给第三者后，提单则构成了运输合同。

提单的国际公约

为了统一规定海上运输承运人和托运人的权利和义务，国际上签署了三个有关提单的国际公约。（1）1924年签署的《关于统一提单的若干法律规则的国际公约》，简称《海牙规则》（Hugue Rules），于1931年生效，共11条；（2）《1968年布鲁塞尔议定书》，简称《维斯比规则》（Visby Rules），于1977年生效，共17条；（3）《1978年联合国海上货物运输公约》，简称《汉堡规则》（Hamburg Rules），于1992年11月1日生效，共34条。

（二）海运提单的基本内容

1. 提单正面的内容

提单正面的记载事项，分别由托运人和承运人或其代理人填写，通常包括下列事项。

（1）托运人（Shipper）。

（2）收货人（Consignee）。

（3）被通知人（Notify Party）。

（4）收货地或装货港（Place of Receipt or Port of Loading）。

（5）目的地或卸货港（Destination or Port of Discharge）。

（6）船名及航次（Vessels Name & Voyage Number）。

（7）唛头及件号（Shipping Marks & Numbers）。

（8）货名及件数（Description of Goods & Numbers of Package）。

（9）重量和体积（Weight & Measurement）。

（10）运费预付或运费到付（Freight prepared or Freight Collect）。

（11）正本提单的张数（Number of Original B/L）。

（12）船公司或其代理人的签单（Name & Signature of the Carrier）。

（13）签发提单的地点及日期（Place & Date of Issue）。

2. 提单背面的条款

在提单背面，通常都有印就的运输条款，这些条款是作为确定承运人与托运人之间以及承运人与收货人及提单持有人之间的权利和义务的主要依据。国际上为了统一提单背面条款内容，曾先后签署了有关提单的国际公约，其中包括《海牙规则》《维斯比规则》和《汉堡规则》，由于上述三项公约签署的历史背景不同，内容不一，各国对这些公约的态度也不相同，因此，各国船公司签发的提单背面条款也就互有差异。

（三）海运提单的分类

海运提单可以从各种不同角度，予以分类，主要有以下几种。

1. 根据货物是否已装船，分为"已装船提单"和"备运提单"

（1）已装船提单（On Board B/L；Shipped B/L）是指轮船公司已将货物装上指定船舶后所签发的提单，其特点是提单上必须以文字表明货物已装在某条船上，并载有装船日期，同时还应由船长或其代理人签字。

（2）备运提单（Received for Shipment B/L）又称收讫待运提单，是指船公司已收到托运货物等待装运期间所签发的提单。

2. 根据提单上有无对货物外表状况的不良批注可分为"清洁提单"和"不清洁提单"

（1）清洁提单（Clean B/L）。是指货物在装船时表面状况良好，船公司在提单上未加注任何有关货物受损或包装不良批注等的提单。

（2）不清洁提单（Unclean B/L）。是指轮船公司在提单上对货物表面状况或包装有不良或存在缺陷等批注的提单。如果托运货物确实存在一些不严重的小问题，如一件或几件货物遗失或破损，发货人又没有办法更换或弥补，可以向提单签发人出具一份担保函，担保承担上述损失的一些责任，同时，请求签发人不将上述问题陈述在提单上，因为银行一般不接受不清洁提单。

3. 根据提单收货人一栏内如何填写，即抬头的不同可分为"记名提单""不记名提单"和"指示提单"

（1）记名提单（Straight B/L）。即指提单上的收货人栏内填明特定收货人名称，只能由该特定收货人提货，由于这种提单不能通过背书方式转让给第三方，它不能流通，故其在国际贸易中很少使用。

（2）不记名提单（Bearer B/L）。即指提单收货人栏内没有指明任何收货人，谁持有提单，谁就可以提货，承运人交货，只凭单，不凭人，采用这种提单风险大，故其在国际贸易中很少使用。

（3）指示提单（Order B/L）。即指提单上的收货人栏填写"凭指定"（To Order）或"凭某人指定"（To Order of…）字样。这种提单可经过背书转让，故其在国际贸易中广为使用。背书是指提单的所有人在提单的背面签字盖章，表示转移提单所有权的一种法律行为。目前在实际业务中，使用最多的是"凭指定"并注明空白背书的提单，习惯上称其为"空白抬头，空白背书提单"。"空白抬头，空白背书提单"是指在提单收货人一栏内填写"凭指定"（To Order）字样，在提单的背面只写上背书人的名称。

4. 按运输方式分类，可分为直达提单、转船提单和联运提单

（1）直达提单（Direct B/L）。即指轮船中途不经过换船而直接驶往目的港卸货所签发的提单；凡合同和信用证规定不准转船者，必须使用这种直达提单。

（2）转船提单（Transshipment B/L）。即指从装运港装货的轮船，不直接驶往目的港，而需在中途港换装另外船舶所签发的提单。在这种提单上要注明"转船"或"在××港转船"字样。

（3）联运提单（Through B/L）。即指经过海运和其他运输方式联合运输时由第一程承运人所签发的包括全程运输的提单，联运提单虽包括全程运输，但签发联运提单的承运人一般都在提单中规定，只承担他负责运输的一段航程内的货损责任。

5. 根据提单内容的繁简不同，提单可分为全式提单和略式提单

（1）全式提单（Long Form B/L）。即指既有提单正面条款又有提单背面条款的提单，提单背面条款一般详细规定了承运人与托运人的权利和义务。

（2）略式提单（Short Form B/L）。即指仅有提单正面条款，而没有提单背面条款的提单。

6. 按提单使用有效性分，可分为正本提单和副本提单

（1）正本提单（Original B/L）。即指提单上有承运人、船长或其代理人签字盖章并注明签发日期的提单。这种提单在法律上和商业上都是公认有效的单证。提单上必须要标明 "正本"字样。

（2）副本提单（Copy B/L）。即指提单上没有承运人、船长或其代理人签字盖章，而仅供工作上参考之用的提单，在副本提单上一般都有"Copy"字样。

二、海运单

不可转让海运单（Non-Negotiable Sea Waybill）又称海上货运单，它是证明海上货物运输合同以及货物由承运人接管或装船，并且承运人保证将货物交给单证上所载明的收货人的一种不可流通的

运输单证。

（一）海运单的特点

（1）海运单不能代表货物的所有权，不能凭以提货。海运单只具备"货物收据"和"运输合同证明"的性质，它不代表货物的所有权，不能用于提货。

（2）海运单不能流通转让。海运单不能代表物权，它不是有价证券，当然不能转让。

（二）海运单的优点

（1）可以避免因提单的遗失或伪造带来的风险。如果改用海运单，凭承运人或代理人的到货通知放货，就不存在其他人用拾到的提单或假提单去冒领货物的问题了。

（2）方便收货人提货。收货人仅凭承运人或代理的到货通知提货，货物什么时候到达目的港，他随时都可以提取，不受任何条件的限制。

（3）便于电子信息单据的推广使用。随着信息电子技术的发展，电子信息数据（EDI, ELECTRONIC DATE INTERCHANGE）在国际贸易中的应用将越来越普遍。为了适应电子信息数据运用的需要，托运人和承运人之间的货物交接使用海运单，而承运人与收货人之间的交接用电子信息数据。这种方式对于电子信息单据的推广使用，无疑将起到十分积极的作用。

（三）海运单的缺点

如果卖方先发运货物，然后凭海运单办理结汇手续，无论采用何种支付方式对于卖方的风险都非常大。因为当发货人把货物交付给承运人以后，卖方实际上就立即失去了对托运货物的控制权和所有权。货物到目的港以后，承运人直接通知收货人提货，买方提货不带任何附加条件，承运人根本不管"买方支付货款"的问题。因此，如果买方在提货之前就付清了货款，海运单对于卖方没有风险，对于买方也更加方便易行；如果买方在提货时没有支付货款，万一他提货后仍然借故不支付货款，卖方实际上就财货两空了。

（四）海运单的适用范围

（1）租船运输。由于在租船运输条件下，船东和承租人双方的权利和义务以租船合同的形式加以规定，加上由于整船货物一般都只有一个发货人和一个收货人，承运人到时候要按照租船合同规定将承运货物在目的港交给指定的收货人就可以了，不需要凭运输单据交付货物。

（2）电子提单。托运人和承运人商定，货物在目的港不凭纸质的正本提单提货，而仅凭卖方的书面放货指令（声明），由承运人电告在目的港的承运人代理直接把货物交给收货人。货物在装运港装船以后，承运人就向托运人签发海运单，用以证明已经收到了托运货物，并拟将货物运抵指定的目的港，直接交付给指定的收货人。

海运单与提单的区别如表 6-6 所示。

表 6-6　　　　　　　　　　　　　　　　　提单和海运单区别

	提单	海运单
作为货物收据效力方面	贸易单据，提单作为货物收据，所记载内容是最终证据	不是贸易单据，不涉及转让问题，没有必要强调所记载内容是最终证据
是否物权凭证	是，提货要提供正本单据	否，提货不要提供正本单据
作为运输合同的证明	能作为索赔的依据	不能作为索赔的依据

三、铁路运输单据

铁路运输可分为国际铁路联运和国内铁路运输两种方式，前者使用国际铁路联运运单，后者使用国内铁路运单，通过铁路对港、澳出口的货物，由于国内铁路运单不能作为对外结汇的凭证，故使用承运货物收据这种特定性质和格式的单据。现将国际铁路联运运单和承运货物收据分别介绍和说明如下。

（一）国际铁路联运运单

国际铁路货物联运所使用的运单是铁路与货主间缔结的运输契约。该运单从始发站随同货物附送至终点站并交给收货人，它不仅是铁路承运货物出具的凭证，也是铁路同货主交接货物、核收运杂费用和处理索赔与理赔的依据。国际铁路联运运单副本，在铁路加盖承运日期戳记后发还给发货人，它是卖方凭以向银行结算货款的主要证件之一。

我们通常使用的国际货协运单为一式五联。第一联是运单正本给收货人，第二联是运行报单给到达铁路，第三联是运单副本给发货人，第四联是货物交付单给到达路站，第五联是货物到达通知单给收货人。

（二）承运货物收据

承运货物收据（Cargo Receipt）是在特定运输方式下所使用的一种运输单据，它既是承运人出具的货物收据，也是承运人与托运人签订的运输契约。我国内地通过铁路运往港、澳地区的出口货物，一般多委托中国对外贸易运输总公司及其分公司承办。当出口货物装车发运后，对外贸易运输公司总公司及其分公司即签发一份承运货物收据给托运人，以作为对外办理结汇的凭证。

四、航空运单

航空运单（Air Waybill）是承运人与托运人之间签订的运输契约，也是承运人或其代理人签发的货物收据。航空运单还可作为承运人核收运费的依据和海关查验放行的基本单据。但航空运单不是代表货物所有权的凭证，也不能通过背书转让。收货人提货不是凭航空运单，而是凭航空公司的提货通知单。在航空运单的收货人栏内，必须详细填写收货人的全称和地址，而不是做成指示性抬头。

五、邮包收据

邮包收据（Parcel Post Receipt）是邮包运输的主要单据，它既是邮局收到寄件人的邮包后所签发的凭证，也是收件人凭以提取邮件的凭证，当邮包发生损坏或灭失时，它还可以作为索赔和理赔的依据。但邮包收据不是物权凭证。

六、多式联运单据

多式联运单据（Combined Transport Documents，C. T. D）是在使用多种运输方式运送货物的情况下所使用的一种运输单据。这种单据虽与海运中的联运提单有相似之处，但其性质却与联运提单有别。

（一）联运提单与多式联运单据使用范围

联运提单限于由海运与其他运输方式所组成的联合运输时使用。多式联运单据的使用范围比联运提单广，它既可用于海运与其他运输方式的联运，也可用于不包括海运的其他运输方式的联运，但必须是至少两种不同运输方式的联运。

（二）联运提单与多式联运单据的签发人

联运提单由承运人、船长或承运人的代理人签发。多式联运单据则由多式联运经营人或经他授权的人签发。它可以作成可转让的，也可作成不可转让的。多式联运经营人也可以是完全不掌握运输工具的，如无船承运人，全程运输均安排各分承运人负担。

（三）联运提单签发人与多式联运单据签发人的不同责任

联运提单的签发人仅对第一程运输负责，而多式联运单据的签发人（多式联运经营人）则要对全程运输负责，无论货物在任何地方发生属于承运人责任范围的灭失和损害，都要对托运人负责。

七、装船和卸货的常见单据

目前国际航运及我国航行于国际航线上的船舶所使用的班轮运输货运单证主要有以下几种。

（一）装船常用单证

1. 托运单

托运单（Booking Note，B/N）（我国有时用"委托申请书"代替）是托运人（Shipper）根据贸易合同或信用证条款内容填写的向船公司或其代理办理货物托运的单证（一式两份），船公司根据托运单内容，结合航线、船期和舱位等条件，如认为可以接受，就在托运单上签章，留存一份，退回托运人一份。托运单的主要内容包括：货名、件数、包装、标志、重量、尺码、装货港、目的港、装船期限、结汇期限、能否分批或转船等，如属危险品，需填写危险性质和危规号。托运单内虽未订明有关双方权利义务和责任豁免的具体条款，但它意味着双方同意按该公司签发的提单条款为依据。

2. 装货联单

托运人将托运单交船公司办理托运手续，船公司接受承运后在托运单上签章确认，然后发给托运人。实务中，通常由货运代理人向船舶代理人申请托运，然后由货运代理人根据托运人委托，填写装货联单后提交给船公司的代理人。而货运代理人填写装货联单的依据是托运人提供的买卖合同或信用证的内容以及货运委托书或货物明细表等。

目前，我国各个港口使用的装货联单的组成不尽相同，但是主要都是由以下各联所组成：（1）托运单及其留底；（2）装货单；（3）收货单等。而船公司或其代理人接受承运后，便予编号并签发装货单。

3. 装货单

装货单（Shipping Order，S/O）也称下货纸，是托运人（通常是货运代理人）填制交船公司（通常是船舶代理人）审核并签章后，据以要求船长将货物装船承运的凭证。

4. 收货单

收货单（Mate's Receipt M/R）是指船方签发给托运人的、用以证明货物已经收到并已装船的单据。在实际货物装船数量与理货单核对无误后，由船方签发给托运人的单据，一般均由船上大副签发，故又称大副收据。收货单又是托运人向船公司换取已装船提单的重要凭证。

5. 提单

提单（Bill of Lading，B/L）是船公司凭收货单签发给托运人的正式单据。它是承运人收到货物并已装船的凭证，是运输合同的证明和物权凭证，也是在目的港承运人凭以交付货物的证据。

6. 装货清单

装货清单（Loading List，L/L）是根据装货联单中的托运单留底联，将全船待运货物按目的港和货物性质归类，依航次靠港顺序排列编制的装货单的汇总单。装货清单的内容包括船名、装货单编号、件数、包装、货名、毛重、估计立方米及特种货物对运输的要求或注意事项的说明等。

装货清单是大副编制积载计划的主要依据，又是供现场理货人员进行理货、港口安排驳运、进出库场以及掌握托运人备货及货物集中情况等的业务单据。当有增加或取消货载的情况发生时，船方应及时编制"加载清单"或"取消货载清单",并及时分送各有关方。

7. 载货清单

载货清单(Manifest,M/F)也称"舱单",是在货物装船完毕后,根据大副收据或提单编制的一份按卸货港顺序逐票列明全船实际载运货物的汇总清单。其内容包括船名及国籍、开航日期、装货港及卸货港,同时逐票列明所载货物的详细情况。

载货清单是国际航运实践中一份非常重要的通用单证。船舶办理报关手续时,必须提交载货清单。载货清单是海关对进出口船舶所载货物进出国境进行监督管理的单证。如果船载货物在载货清单上没有列明,海关有权依据《海关法》的规定进行处理。载货清单又是港方及理货机构安排卸货的单证之一。在我国,载货清单还是出口企业在办理货物出口后,申请退税,海关据以办理出口退税手续的单证之一。因此,在船舶装货完毕离港前,船方应由船长签认若干份载货清单,并留下数份随船同行,以备中途挂港或到达卸货港时办理进口报关手续时使用。另外,进口货物的收货人在办理货物进口报关手续时,载货清单也是海关办理验放手续的单证之一。

根据船舶办理出口(进口)报关手续的不同,向海关递交的载货清单可分为:在装货港装货出口时使用的"出口载货清单"(Export M/F);在卸货港进口卸货时使用的"进口载货清单"(Import M/F)和"过境货物载货清单"(Through Cargo M/F)。如果船舶在港口没有装货出口,在办理出口报关手续时,船舶也要向海关递交一份经船长签名并注明"无货出口"(Export Cargo Nil)字样的载货清单。船舶没有载货进口,则向海关递交一份由船长签名并注明"无货进口"(Import Cargo Nil)字样的载货清单。如果在载货清单上增加运费项目,则可制成载货运费清单(Freight Manifest)。

8. 货物积载图

出口货物在货物装船前,必须就货物装船顺序、货物在船上的装载位置等情况做出一个详细的计划,以指导有关方面安排泊位、货物出舱、下驳、搬运等工作。这个计划是以一个图表的形式来表示,即用图表的形式表示货物在船舱内的装载情况,使每一票货物都能形象具体地显示其船舱内的位置。该图表就是通常所称的积载图。实践中,有人把货物装船前的积载计划和货物装船后根据实际装舱情况绘制的图表分别称为货物配载图或计划积载图(Cargo Plan)和实际积载图或货物积载图(Stowage Plan);也有人不加区别地将货物配载图和货物积载图混在一起使用,并称为"船图"。

9. 危险货物清单

危险货物清单(Dangerous Cargo List)是专门列出船舶所载运全部危险货物的明细表。其记载的内容除装货清单、载货清单所应记载的内容外,特别增加了危险货物的性能和装船位置两项。

为了确保船舶、货物、港口及装卸、运输的安全,包括我国港口在内的世界上很多国家的港口都专门做出规定,凡船舶载运危险货物都必须另行单独编制危险货物清单。

按照一般港口的规定,凡船舶装运危险货物时,船方应向有关部门(我国海事局)申请派员监督装卸。在装货港装船完毕后由监装部门签发给船方一份"危险货物安全装载书"。这也是船舶载运危险货物时必备的单证之一。

另外,有些港口对装卸危险货物的地点、泊位,甚至每一航次载运的数量,以及对危险货物的包装、标志等都有所规定。

(二)卸船常用单证

1. 提货单

提货单(Delivery Order,D/O)又称小提单,是船公司或其代理凭收货人持有的提单或保证书而签发的提货凭证,收货人可凭此单到仓库或船边提取货物,提货单的内容基本与提单所列项目相同。

2. 货物过驳清单

货物过驳清单(Boat Note)是驳船卸货时证明货物交接的单据,它是根据卸货时的理货单编制的，其内容包括驳船名、货名、标志号码、包装、件数、舱口号、卸货日期等，由收货人、装卸公司、驳船经营人等收取货物的一方与船方共同签字确认。

3. 货物溢短单

货物溢短单（Overlanded & Short landed Cargo List）是指一批货物在卸货时，所卸货物与提单记载数字不符，发生溢卸或短卸的证明单据，该单由理货员编制，经船方和有关方（收货人、仓库）共同签字确认。

4. 货物残损单

货物残损单（Broken & Damaged Cargo List）是指卸货时，理货人员根据卸货过程中发现的货物破损、水浸、渗漏、霉烂、生锈、弯曲等情况，记录编制的、表明货物残损情况的单据。货物残损单需经船方签认，它与货物短卸单都是日后收货人向船方提出索赔的原始资料和依据。

5. 货物品质检验证书

货物品质检验证书（Quality Inspection Certificate）是指卸货时，收货人申请商品检验机构对货物进行检验后，由商品检验机构出具的证明。如果货物品质与贸易合同规定不符，此单是向国外卖方提出索赔的重要依据之一。

6. 装箱单与重量单

装箱单与重量单（Packing List，Weight Memo）是对发票的补充，供进口地海关检验和进口商核对货物之用，要按来证规定的名称出具。其包装、货号、规格、毛重、净重、体积等应与发票、提单相一致。

7. 检验检疫证

检验检疫证（Inspection Certificate）是由质检机构出具的品质、数量、重量的证明。其出证日期应在装船以前，否则银行不予接受。

8. 产地证书

产地证书（Certificate of Origin）简称产地证，是一种证明货物原产地或制造地的证件。

第三节 国际货物买卖合同中的装运条款

一、交货与装运的关系

货物的装运和交货从严格意义上讲是两个完全不同的概念，装运通常是指出口商将货物装上指定的运输工具，而交货则是指出口商将货物交给买方或置于买方的控制之下。装运应当在出口商所在地，而交货则发生在买方所在地。

出口交易中因较多地使用 FOB、CFR 和 CIF 三种贸易术语，交易的双方采用的是推定交货的概念，所以装运也可等同于交货，而出口合同中通常也只规定装运条件。出口合同中装运条款一般包括装运时间、装运（港）地、目的（港）地、货物运输方式以及装运的附加条件等方面的内容。但在目的港交货（DES、DEQ 等）以及在其他目的地交货的价格条件下，装运与交货就是两个截然不同的概念。

二、国际货物买卖合同中的装运条款

（一）装运时间

1. 装运时间的规定方法

装运时间的规定是合同装运条款的核心，其规定方法有以下几个方面。

（1）规定最迟装运期限，例如：

Shipment on or before/not later than/latest on Oct. 25th，2015.

2015年10月25日或25日前装运规定一段期限内装运。

（2）规定某月装，例如：

Shipment during Nov. /Dec. 2015.

2015年11/12月间装运。

（3）规定收到信用证后一定时间内装运，例如：

Shipment to be effected within 30 days after receipt of L/C.

收到信用证后30天内装运。

这类规定方法，主要适用于下列情况。

① 按买方要求的花色、品种和规格或专为某一地区或某商号生产的商品，或者是一旦买方拒绝履约难以转售的商品，为防止遭受经济上的损失，则可采用此种规定方式。

② 在一些外汇管制较严的国家和地区，或实行进口许可证或进出口配额制的国家，为促成交易，有时也可采用这种方法。

③ 对某些信用较差的客户，为促使其按时开证，也可酌情采用这一方法。但是，在采用此种装运期的规定时，必须同时规定有关信用证的开立期限或开出日期等。

2. 规定装运时间应注意的问题

（1）船货衔接。船货衔接就是在规定装运期时，一方面要考虑舱位、船期、航线等运输能力的问题；另一方面要考虑到货源情况，以免造成有货无船或有船无货的局面。

（2）对装运期的规定要明确，对容易引起歧义的措辞如"立即装运"和"尽速装运"等词语应用时必须慎重。

（3）装运长短要适度。装运期不可订得太短，以免货源、商检、出口通关等方面的筹备工作赶不上趟，装期也不宜订得过长，免得行情变化，合同落空。

（4）装运期不适于订得太死。例如，"SHIPMENT：ON APRIL 16，2015"，像这种没有弹性的装运条款是很难执行的，万一中间情况发生一点变故，无法该天装运那就自找麻烦了。

（5）装运期尽量避开大型节假日。大型节假日前夕往往是国际贸易货物装运的高峰期，每当这种时候，工厂、商检、海关、运输公司等相关部门都特别忙碌，往往忙中生乱。为了避免工作的麻烦和被动，在规定装运期限的时候，应该尽量避开重大节日。

（二）装运港和目的港

进出口合同中表示装运港、目的港的方式如下。

Shipment during July 2015 from Shanghai to London.

2015年7月间由上海装运至伦敦。

Port of Loading：Shanghai/Nanjing/Nantong.

装运港：上海/南京/南通。

Port of Destination：London/Hamburg/Rotterdam.

目的港：伦敦/汉堡/鹿特丹。

1. 装运港和目的港的含义

装运港（Port of Shipment）是指货物起始装运的港口。装运港一般由出口方提出，经进口方同意后确定。

目的港（Port of Destination）是买卖合同中规定的最后卸货港口，目的港则由进口方提出，经出口方同意后确定。

2. 规定装运港和目的港应注意的问题

（1）规定国外装运港和目的港应注意的问题：对国外装运港或目的港的规定，应力求明确具体。在磋商交易时，如国外商人提出以"欧洲主要港口"等为装运港或目的港，不宜接受。但是，在实际业务中，有时根据具体情况和需要可允许买方在几个港口中任选其中一个港口作为目的港，但选择的目的港必须规定在同一航区，而且不宜过多。同时，在合同中应明确规定。

（2）规定国内装运港和目的港应注意的问题。

① 采取就近的原则。装运港口尽量就近在货源地，卸货港口尽量就近在用货部门。

② 考虑港口设施。如有的港口太拥挤，要分散在附近港口。

（三）分批装运

分批装运（Partial Shipment）是指一个合同项下的货物，先后分若干期或若干批装运。

一般买方不希望分批装运，首先是因为分批装运意味着一批货物要多次办理进口报关和报检手续，增加了工作同时也会增加成本；其次是分批装运增加了海上风险。

但是在国际贸易中常常会发生分批装运，原因有多方面，比如运输工具的限制、港口的装卸能力、卖方的生产能力和买方一定时间内某种货物的市场容量等。

一个合同能否分批装运，应视合同中是否规定允许分批装运而定，如合同中未明文规定允许分批，按外国合同法，不等于允许分批装运。但有的国际规则，如国际商会制定的《跟单信用证统一惯例》就规定："除非信用证另有规定，分批支款及/或装运均被允许。"按此惯例规定，在信用证业务中，除非信用证明示不准分批装运，卖方即有权分批装运。有鉴于此，为防止误解，在我国的外贸实践中，如需要分期分批装运的，一般均应在进出口合同中做明确具体的规定。

在进出口合同中规定分批装运的方法主要有以下两种。

（1）只原则规定允许分批装运，对于分批的具体时间、批次和数量均不做规定。这种做法对卖方来说比较主动，他完全可以根据货源和运输条件，在合同规定的装运期内灵活掌握。

（2）在规定分批装运条款时，具体订明每批装运的时间和数量。这种做法往往是根据买方对货物的使用或转售的需要确定的，对卖方的限制较严。例如，"3月至6月分四批每月平均装运"（shipment during MARCH/JUNE in four equal monthly lots）以及类似的限批、限时、限量的条款，卖方的机动余地很小，只要其中任何一期没有按时、按量装运，除非合同规定，每批构成一份单独的合同，就可作为违反合同论。假如信用证也做相同规定，若其中任何一期未按规定装运，则本期及以后各期均不得凭以装运支款。

因此，在出口业务中，接受此类条款时，应予慎重对待，以免造成被动。但从买方角度看，这种做法可从他的使用或转售的需要出发进行安排，有利于资金和仓储周转。

有必要指出：按惯例，运输单据表面上注明同一运输工具、同一航次、同一目的地的多次装运，若使其表面上注明不同的装运日期及/或不同的装货港、接受监管地或发运地，将不视作分批装运；货物经邮运或专递运输，如邮局收据或邮寄证明或专递收据或发运单的表面上系由信用证规定的发运地并于同一日期盖戳、签署或以其他方式证实，则该邮寄或专递装运将不作为分批装运论处。

📚 **知识链接**

UCP 600 第三十一条、三十二条规定

Article 31 Partial drawings or shipments

a.Partial drawings or shipments are allowed.

b.A presentation consisting of more than one set of transport documents evidencing shipment commencing on the same means of conveyance .and the same journey, provided they indicate the same destination, will be regarded as coveting a partial shipment, even if they indicate different dates of shipment or different ports of loading, places of taking in charge or dispatch. If the presentation consists of more than one set of transport documents, the latest date of shipment as evidenced on any of the sets of transport documents will be regarded as the date of shipment.

A presentation consisting of one or more sets of transport documents evidencing shipment on more than one means of conveyance within the same mode of transport will be regarded as covering a partial shipment,even if the means of conveyance leave on the same day for the same destination.

c. A presentation consisting of more than one courier receipt, post receipt or certificate of posting will not be regarded as a partial shipment if the courier receipts, post receipts or certificates of posting appear to have been stamped or signed by the same courier or postal service at the same place and date and for the same destination.

[译文]第三十一条分批支款或分批装运

a. 允许分批支款或分批装运。

b. 提交的数套运输单据中表明货物系使用同一运输工具并经由同一路线运输，即使运输单据上注明的装运日期不同或装货港、接受监管地、发运地点不同，只要注明的目的地相同，将不视为分批装运。如果提交的单据由数套运输单据构成，在所有单据中注明的最迟一个发运日将被视为装运日。即使运输工具在同一天出发并开往同一目的地，只要提交的数套运输单据中表明货物系在同一种运输方式下使用不止一个运输工具运输，则将被视为分批装运。

c. 如果所提交的单据在表面看来由同一地点的快递机构或邮政机构在同一日期加盖印章或签署并且发往同一目的地，则提交一份以上快递收据、邮政收据或投递证明将不视为分批装运。

Article 32　Instalment Drawings or Shipments

If a drawing or shipment by instalments within given periods is stipulated in the credit and any instalment is not drawn or shipped within the period allowed for that instalment, the credit ceases to be available for that and any subsequent instalment.

[译文]第三十二条分期支款或分期装运

信用证规定的在特定期限内分期支款或分期装运，如果其中任何一期未按信用证所规定期限支款或装运，则信用证对该期及以后各期均视为无效。

（四）转运

（1）转运（Transhipment）的含义。转运的本义是指从装运港或装运地至卸货港或目的地的货运过程中进行转装或重装，包括从一运输工具或船只转移至另一同类运输方式的运输工具或船只，或由一种运输方式转为另一种运输方式的行为。

（2）一般买方不希望货物转运，原因：首先转运会延长到货的时间，增加费用，有可能会影响用户的正常使用和采购计划；其次是会增加海上的风险，容易发生盗窃、错装、混装及包装破损等货损货差事故。所以，一般来说，允许转运，对于卖方比较有利。

但是在国际货运运输过程中，经常会发生转运，原因是多方面的，比如合同规定的装运港和目的港之间没有直达航线，或因为装运时期、运输船只紧张，也会导致转运的发生。

（3）按照《跟单信用证统一惯例》的规定，如果信用证未明确规定禁止转船，则视为可以转船。

（4）为了明确责任和便于安排装运，交易双方是否同意转运以及有关转运的方法和转运费的负担等问题，都应在买卖合同具体订明。

（五）装运通知

装运通知（Shipping Advice）是在采用租船运送大宗进出口货物的情况下，在合同中加以约定的条款。规定这个条款的目的在于明确买卖双方的责任，促使买卖双方互相配合，共同做好船货衔接工作。

FOB 条件成交时，卖方应在约定的转运期开始以前，一般是 30 天或 45 天，向买方发出货物备妥通知，买方接到备货通知后，按约定的时间，将船名、船舶到港受载日期等通知卖方，以便卖方及时安排货物出运和准备装船。

此外，在货物装船后，卖方应在约定时间（通常是 48 小时之内），将合同号、货物的名称、件数、重量、发票金额、船名及装船日期等项内容，电告买方，以便买方办理保险并做好接卸货物的准备，及时办理进口报关等手续。

（六）装卸时间、滞期和速遣条款

在国际贸易中，大宗商品多使用程租船运输，在程租船的情况下，买卖合同中也要求规定装卸时间、装卸率和滞期、速遣条款，以约束租船人。

1. 装卸时间

装卸时间（Lay Time）是指允许完成装卸任务所约定的时间，它一般以天数或小时数来表示，装卸时间的规定方法很多，如表 6-7 所示。其中主要有以下几种。

（1）按连续日计算。其中没有任何折扣，24 小时为一个连续日。

（2）按工作日计算。即按港口习惯，属于正常工作的日子，星期日和节假日除外。

（3）按好天气工作日计算。即按正常工作日，星期日、节假日以及因天气不能进行装卸作业的不计算在工作日内。

（4）按连续 24 小时好天气工作日计算。即连续 24 小时为一个工作日，但星期日、节假日和不能装卸的坏天气都一律扣除。

表 6-7　　　　　　　　　　　　　装卸时间的计算规定

规定方法	连续日	工作日	累计 8 小时工作日	好天气工作日	累计 24 小时工作日	连续 24 小时好天气工作日
内容	按自然日算，24 小时算一天，没有扣除	按照港口工作日算，扣除节假日	累计 8 小时一个工作日	既要好天气又要工作日	累计 24 小时算一个工作日	昼夜作业，24 小时算一日，工作日
评价	对船东有利	概念不确切，容易分歧	对于租方有利		对船东不利	公平
适用	矿石、石油等不受天气影响	少用	少用		少用	多用

2. 滞期的规定方法

如果租船人所使用的实际装卸时间超过了合同规定的允许使用时间，则超过的时间为滞期（Demurrage）时间；为补偿船方因船舶延期所产生的损失，由租船人向船方支付的"超时罚金"，即为"滞期费"。

对滞期时间的规定，一般有两种方法（见图 6-2）。

（1）限制滞期期间，是指在合同中明确规定允许的滞期时间，在该期间内，如果发生滞期，则租船人按合同规定的滞期费率（不足一天按比例计付）向船方支付滞期费。

（2）非限滞期期间，即如果在"限定滞期期间"届满时仍未完成货物装卸或由于租船人的原因使船舶继续停留在港内，则船舶所有人可向租船人提出"滞留损害"赔偿，一般依据发生滞留的事实和当时租船市场的运费水平进行计算，当租船市场行情下跌时，按合同原确定的滞期费率标准计算，当行情上涨时，按当时的市场运费率标准计算。

A. 限定滞期期间

B. 非限定滞期期间

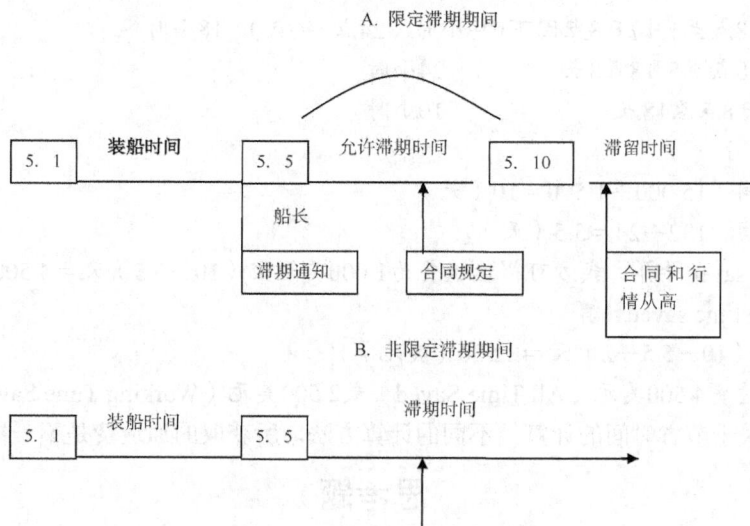

图 6-2　滞期费的规定示意图

计算滞期时间，如租船合同无相反规定，一般遵循"一旦滞期，始终滞期"的原则来处理，即在装卸许可时间截止，到实际装卸完毕这段时间内，按租船合同规定本来应当扣除的星期日、假日等，则不再扣除，仍作为滞期时间处理。

3. 速遣

速遣（Dispatch）是指实际装卸时间比许可装卸时间短，节省了船期，船方为了鼓励而付给租船人一定金额作为报酬，称为速遣费。速遣费通常规定为滞期费的一半，不足一天按比例计算。计算速遣费时，有两种方法：

（1）把到截止日为止的许可时间减去实际完成装卸时间，即为节省的全部时间（All Time Saved，ATS）；

（2）把节省的全部时间再减去其中星期日、假日等非工作日，剩下的时间为节省的工作时间（Working Time Saved，WTS）。

有些租船合同中只有滞期费的规定，而没有速遣费的规定，如油轮租船等。

【例6-2】某公司出口水泥15 000公吨，用程租船装运，程租船对装卸条件规定如下：连续24小时晴天工作日，节假日除外，即使用了也不算，每天装货1 500公吨，自星期六或假日前一天中午12点到星期一或假日后一天早晨8点不算工作时间，滞期费每天2 000美元，速遣费每天减半，装货时间按船长接到装船通知书后下一个办公时间算起。设该船4月28日下午3点船长接到装船通知书，港务局安排当日18点开始作业，5月6日下雨6小时，5月8日下午6点全部装完，5月3日为星期天。按节省全部时间（All Time Saved）和节省工作时间（Working Time Saved）两种方式计算滞期费或速遣费。

解：

（1）4月29日8点～4月30日8点　　　　　24小时

（2）4月30日为假日前只计8点～12点　　　4小时

（3）5月1日法定假日

（4）5月2日假日后一天应从8点算　　　　4小时

因为5月2日是星期日的前一天应只算8点～12点

（5）5月3日是星期天

（6）5月4日　8点至5月5日8点　　　　　24小时

（7）5月5日8点至5月6日8点　　　　　24小时

（8）5月6日8点至5月7日8点因下雨6小时（24点~6点） 18小时

（9）5月7日8点至5月8日8点　　　　　24小时

（10）5月8日8点至18点　　　　　　　10小时

合计：132小时

合同规定时间：15 000÷1 500＝10（天）

实际装船时间：132÷24＝5.5（天）

如按All time saved计算，我方可得速遣费为1 000美元×（10－5.5）天＝4 500（美元）

如按Working time saved计算

1 000美元×（10－5.5－2）天＝2 500（美元）

答：应获速遣费4 500美元（All Time Saved）或2 500美元（Working Time Saved）。

由此可见，关于节省时间的计算，不同的计算方法，所获取的速遣费是不一样的。

思考题

1．什么是班轮运输？有哪些特点？计费标准有哪些？运费如何计算？

2．什么是海运提单？它的性质和作用是什么？有哪些种类？

3．海运单和提单有什么不同？

4．分批装运和转运需要注意什么？

案例分析题

1．一加拿大商人欲以每公吨800加元CIF魁北克，12月装船，即期信用证付款的条件购我某商品。

问题：对此条件应如何考虑并应如何答复？

2．有一份信用证规定：数量为6 000吨，1~6月批装运，每月装运1 000吨，该信用证的受益人在1~3月每月装运1 000吨，银行已分批凭单付款。第四批货物原定4月25日装运出口，但由于船只紧张，第四批货物延迟至5月1日才装船运出。当受益人凭5月1日的装船提单向银行议付时，遭银行拒付。

问题：银行有无权利拒付？理由是什么？

技能实训题

1．出口箱装货物500CTNS，报价为每箱35美元CFR伦敦，英国商人要求改报FOB价，我应报价多少？已知：该批货物体积每箱长45厘米，宽40厘米，高25厘米，每箱毛重35公斤，运费计算标准为W/M，每运费吨基本运费为120美元，并加收燃油附加费20%，货币附加费10%。请计算运费。

2．根据下面海运提单中的部分内容回答问题。

（1）该笔业务中，出口方可能是哪家公司？进口方可能是哪家公司？开证行可能是谁？

（2）受益人在交单时是否需要在本提单上背书？如果需要，如何背书？如果不需要，为什么？

（3）该批货物的数量有多少？有几个集装箱？

SHIPPER SHANGHAI WOEFINT IMPORT & EXPORT CO.LTD.		B/L NO. SH295749
CONSIGNEE TO ORDER OF EVNWOR BANK LTD		**COSCO**
NOTIFY PARTY BENAO CO. LTD., TEL NO: 81-525-543098 FAX: 81-525-508630		中国远洋运输（集团）总公司 CHINA OCEAN SHIPPING (GROUP) CO.
PLACE OF RECEIPT	OCEAN VESSEL WEEF JV	
VOYAGE NO. ES. 234	PORT OF LOADING SHANGHAI	**ORIGINAL** Combined Transport BILL OF LADING
PORT OF DISCHARGE YOKOHAMA	PLACE OF DELIVERY	

MARKS & NOS.	NOS. & KINDS OF PKGS.	DESCRIPTION OF GOODS	G.W.(kg)	MEAS(m³)
BENAO YOKOHAMA CARTON/NO.1-130 MADE IN CHINA	IN 130 CARTON 1 × 20' CY—CY	ALL COTTON PILLOWS	17 900KG	25.32M³

SHIPPER'S LOAD COUNT AND SEAL

FTRIGHT PREPAID

（4）该提单是否为不清洁提单？为什么？

（5）该笔贸易有可能采用什么贸易术语？

（6）CY-CY 和 PREIGHT PREPAID 在这里是什么意思？起到什么作用？

3．请根据下列发票内容和部分信用证内容填写出口订舱委托书。

COMMERCIAL INVOICE

(1) SELLER	(3) INVOICE NO.	HC-04FP075	(4) INVOICE DATE	1-FEB-2004
CHINA HUACHENG TRADE CORPORATION 11/F, NO. 25 WANGHAI ROAD SHANGHAI, CHINA	(5) L/C NO.	LCB00200478	(6) DATE	27-JAN-2004
	(7) ISSUED BY	BANK OF COMMUNICATIONS SINGAPORE BRANCH		
(2) BUYER	(8) CONTRACT NO.	HC-SC0475	(9) DATE	28-DEC-2004
3C TECHNOLOGIES LTD ROOM 601 INTERNATIONAL TOWER, SINGAPORE	(10) FROM	SHANGHAI	(11) TO	SINGAPORE
	(12) SHIPPED BY		(13) PRICE TERM	CIF SINGAPORE
(14) MARKS	(15) DESCRIPTION OF GOODS	(16) QTY.	(17) UNIT PRICE	(18) AMOUNT

3C SLCTJ-SC9975 SINGAPORE C/NO 1-42	SPARE PARTS FOR ALARM SYSTEM DETAILS AS PER BUY'S ORDER NO. HC-SC0475 210 SET	CIF SINGAPORE USD 67.50	USD 14 175.00

TOTAL AMOUNT IN WORDS: SAY US DOLLARS FOURTEEN THOUSAND ONE HUNDRED AND SEVENTY FIVE ONLY

TOTAL GROSS WEIGHT: 462KGS
TOTAL NUMBER OF PACKAGE: 42CTNS

CREDIT NO. LCB00020078 DATED: 2004-1-27
ISSUING BANK: BANK OF COMMUNICATIONS SINGAPORE BRANCH

(19) ISSUED BY
CHINA HUACHENG TRADE CORPORATION

(20) SIGNATURE
李大为

信用证资料：

DATE AND PLACE OF EXPIRY: MAR 7, 2004 SHANGHAI CHINA

LATEST DATE OF SHIPMENT: 21-FEB-2004

PARTIAL SHIPMENTS: NOT ALLOWED

TRANSHIPMENT: NOT ALLOWED

DOCUMENTS REQUIRED:

　　　++3/3 SET OF CLEAN ON BOARD OCEAN BILLS OF LADING MADE OUT TO ORDER

AND BLANK ENDORSED, MARKED "FREIGHT PREPAID" NOTIFYING: APPLICANT AND US.

++THE BILL OF LADING MUST SHOW THE SHIPPING COMPANY'S AGENT AT THE DESTINATION PORT WITH ITS DETAILED NAME AND ADDRESS.

++ALL DOCUMENTS MUST INDICATE THE CREDIT NUMBER, DATE AND NAME OF THE ISSUING BANK.

++THE TRANSPORT DOCUMENTS MUST NOT APPEAR ANY FREIGHT CHARGES.

海运货物委托书

经营单位 （托运人）			编　号	
提 单 B/L 项 目 要 求	发货人： Shipper：			
	收货人： Consignee：			
	通知人： Notify Party：			
海洋运费（√） Sea freight	预付（　）或到付（　） Prepaid or Collect		提单份数		提单寄送 地　址	
启运港		目的港		可否转船		可否分批	
集装箱预配数		20× 　40×	装运期限		有效期限	
标记唛码	件数及包装式样	中英文货名 Description of Goods	毛　重 （千克）	尺　码 （立方米）	成交条件 （总　价）
内装箱（CFS）地址	广州逸仙路 2960 号 3 号门 电话：68206821×215		特种货物 口冷藏货 口危险品	重件：每件重量 大　件 （长×宽×高）
门对门装箱地址			特种集装箱：（　　　）	
			货物备妥日期	
外币结算账号			货物进栈（√）、自送（　）或金发派送（　）	
声明事项			人民币结算账号	
			托运人签章	
			电　话	
			传　真	
			联系人	
			地址	
			制单日期：	

4．将下列信用证提单条款翻译为中文，并说明含义。

（1）Full set company's clean on board bill of lading marked "Freight Prepaid" to order of shipper endorsed to　x Bank, notifying applicants.

（2）Full set（3/3）of clean "on board" bills of lading made out to our order and endorsed in blank notify buyers calling for shipment from Shanghai to Hamburg marked "Freight Payable at Destination".

（3）Bill of lading marked notify applicants, "Freight Prepaid", "Liner terms", "received for shipment B/L" not acceptable.

（4）Complete set（2/3）Bills of lading issued in the name of x , must be dated not before the date of this credit and not later than Aug. 15, 2003.

国际货物运输保险 | 第七章

在国际贸易中，国际货物运输路途遥远，每笔成交的货物由发货到验收货之间可能遇到各种风险而导致货物灭失或毁损。为了减少货物在运输途中因各种风险带来的损失，买方或卖方还需要事先为货物投保国际货物运输保险。货物运输保险（Cargo Transportation Insurance）是被保险人（The Insured）或投保人（Applicant）在货物装运前，估定一定的投保金额（保险金额）向保险人（Insurer）也为承保人（Underwriter），即保险公司投保货物运输险。投保人按投保金额、投保险别及保险费率，向保险人支付保险费并取得保险单据。保险人对于被保险货物在运输过程中遭受保险事故造成的损失，按照不同险别所规定的风险、损失和费用来承担赔偿责任。

第一节 | 货物运输保险的承保范围

国际货物运输保险因运输方式不同可分为海洋运输货物保险、陆上运输货物保险、航空运输货物保险和邮包运输货物保险。其中，业务量最大、涉及面最广的是海洋运输货物保险。

一、承保的风险

海洋运输货物保险承保的风险主要分为海上风险和外来风险两类。

1. 海上风险

海上风险（Perils of the Sea）又叫海难，是指船舶或货物在海上运输过程中发生的或随附海上运输所发生的风险，包括自然灾害和意外事故，但并不包括海上的一切危险。

（1）自然灾害（Natural Calamity）是指不以人的意志为转移的自然界力量所引起的灾害，如恶劣气候、雷电、海啸、洪水、地震、火山爆发等人力不可抗拒的灾害。

（2）意外事故（Fortuitous Accidents）是指由于偶然的、难以预料的原因造成的事故，如船舶搁浅、触礁、沉没、船舶互撞或与流冰、码头碰撞以及失火、爆炸、失踪等原因造成的事故。

2. 外来风险

外来风险（Extraneous Risks）是指海上风险以外的其他外来原因所引起的风险，包括一般外来风险和特殊外来风险两种。

（1）一般外来风险，是指被保险货物在运输途中因偷窃、短量、雨淋、受潮、受热、破碎、串味、锈损、钩损等外部因素所造成的风险。

（2）特殊外来风险，是指由于军事、政治、国家政策法令以及行政法规等特殊外来原因所造成的损失，如战争、罢工、交货不到、进口国拒绝进口等。

二、承保的损失和费用

（一）海上损失和费用

海上损失和费用是指被保险货物在运输途中遭受海上风险而造成损坏或灭失的损失和为营救货物而引起的费用。根据各国海运保险业务的习惯，海上损失和费用也包括与海运相连接的陆上或内河运输中所发生的损失和费用。

根据海上损失的程度不同，可分为全部损失和部分损失。

1. 全部损失

全部损失（Total Loss）简称全损，指运输中的整批货物或不可分割的一批货物全部遭受损失。全损又分为实际全损和推定全损两种。

（1）实际全损（Actual Total Loss），是指被保险货物完全灭失，或者完全丧失商业价值、失去原有用途，或者因船舶失踪、船舶被海盗劫持已无法挽回。被保险货物在遭到实际全损时，被保险人可按投保金额获得保险公司全部损失的赔付。

（2）推定全损（Constructive Total Loss），是指被保险货物在运输途中受损后，实际全损已经不可避免，或者为避免实际全损所需支出的恢复、修复受损货物并将其运送到原目的地的费用之和将超过收回货物的价值。被保险货物发生推定全损时，被保险人可以要求保险人按部分损失赔偿，也可以要求按全损赔偿。如果要求按全损赔偿，被保险人必须向保险人发出委付通知并经保险人同意后方能生效，按推定全损赔付。

委付（Abandonment），是指发生推定全损时，被保险人表示愿意将保险标的的一切权利和义务转移给保险人，并要求保险人按全损赔偿的一种行为。委付一经保险人接受，不得撤回。

2. 部分损失

部分损失（Partial Loss）是指被保险货物没有达到全部损失的程度。在保险业务中，按其损失的性质不同，可分为共同海损和单独海损。

（1）共同海损（General Average，GA），是指载货的船舶在海上遇到灾害、事故，威胁到船、货等各方的共同安全，为了解除这种威胁，维护船货安全，或者使航程得以继续完成，由船方有意识地、合理地采取措施而引起的特殊损失或支出的额外费用。

共同海损的构成，必须具备以下条件。

第一，危及船、货共同安全的危险必须是实际存在的或不可避免的。

第二，船方所采取的措施必须是为了解除船、货的共同危险，有意的而且是合理的。

第三，所做的牺牲是特殊的，支出的费用是额外的，是为了解除共同危险，而不是由危险直接造成的。

第四，所做出的牺牲和支出的费用最终必须是有效果的。

共同海损的牺牲和费用支出都是为了使船舶、货物和运费各方免于遭受损失而支出的，因而应由收益方，即船舶、货物和运费三方按最后获救价值的多少，按比例分摊。这种分摊称为共同海损分摊（General Average Contribution）。

（2）单独海损（Particular Average，PA），是指被保险货物因海上风险直接导致的船或货的部分损失，而且该损失由受损方单独承担，不涉及其他各方利益。

共同海损与单独海损的比较如表 7-1 所示。

【案例 7-1】单独海损和共同海损案例

我国A公司与某国B公司于2001年10月20日签订购买52 500吨化肥的CFR合同。A公司开出信用证规定，装船期限为2002年1月1日至1月10日，由于B公司租来运货的"顺风号"轮在开往某外国港口途中遇到飓风，结果装船至2002年1月20日才完成。承运人在取得B公司出具的保函的情况下签发了与信用证条款一致的提单。"顺风号"轮于1月21日驶离装运港。A公司为这批货物投保了水渍险。2002年1月30日"顺风号"轮途经巴拿马运河时起火，造成部分化肥烧毁。船长在命令救火过程中又造成部分化肥湿毁。

问：（1）途中烧毁的化肥损失属什么损失？应由谁承担？为什么？

（2）途中湿毁的化肥损失属什么损失？应由谁承担？为什么？

[案例评析]

（1）属单独海损，应由保险公司承担损失。途中烧毁的化肥属于单独海损，依CFR术语，风险由A公司即买方承担；而A公司购买了水渍险，赔偿范围包含单独海损，因此由保险公司承担。

（2）属共同海损，应由A公司与船公司分别承担。因船舶和货物遭到了共同危险，船长为了共同安全，有意又合理地造成了化肥的湿毁。共同海损也是水渍险责任范围之内，A公司可以向保险公司索赔。

【例7-1】单独海损和共同海损的计算

金刚轮号2000年从伊朗阿巴丹港开出驶向中国，船上装有轮胎、钢铁、棉花、木材，当船航至上海海面时突然着火，经救助造成以下损失。

A. 抛弃全部轮胎USD9000，其中20%已着火。

B. 扔掉未着火的木材及其他易燃物质价值USD3000。

C. 烧掉棉花USD5000。

D. 船甲板被烧100平方厘米，修理费用USD100。

E. 检查费用USD100。

问：共同海损与单独海损各为多少？

共同海损＝9 000×80%＋3 000＋100E＝10 300（美元）

单独海损＝9 000×20%＋5 000＋100D＝6 900（美元）

表7-1　　　　　　　　　　　　共同海损与单独海损的区别

比较项目	单独海损	共同海损
致损原因	由所承保的风险直接导致船、货受损	为解除或减轻风险，人为地有意识地造成
损失的承担者	受损者自己承担	受益各方根据获救利益的大小按比例分摊
损失的内容	保险标的物	除保险标的外，还包括支出的特殊费用

海上费用是指为营救被保险货物所支出的费用，包括施救费用和救助费用。

施救费用（Sue and Labour Expenses），是指被保险货物遭遇保险责任范围内的灾害事故时，由被保险人或其代理人、雇佣人员、保险单受让人等对被保险货物采取抢救，防止或减少货损而支出的合理费用。这种施救费用保险人负责赔偿。

救助费用（Salvage Charges），是指被保险货物遭遇保险责任范围内的灾害事故时，由保险人和被保险人以外的第三者采取救助措施而向其支付的报酬。保险人对这种费用也负责赔偿。

（二）外来风险的损失

外来风险的损失是指海上风险以外的其他外来风险所造成的损失。按不同的原因，又可分为一般外来风险的损失和特殊外来风险的损失。

一般外来风险的损失是指货物在运输途中由于偷窃、短量、钩损、碰损、雨淋、玷污等风险导致的损失。

特殊外来风险的损失是指由于军事、政治、国家政策法令以及行政措施等特殊外来风险所造成的损失。

第二节

我国海洋运输货物保险的险别与条款

保险险别是保险人对风险和损失的承保责任范围，它是保险人承保责任大小和被保险人缴付保费数额的依据。我国的海洋货物运输保险险别，按照能否单独投保，可分为基本险和附加险两类。基本险可以单独投保，而投保人只有在投保某一种基本险的基础上才能加保附加险。

一、我国海洋运输货物保险的基本险别

按照中国人民保险公司 1981 年 1 月修订的《海洋运输货物保险条款》（China Insurance Clause，C.I.C.）的规定，海洋运输货物保险的基本险别包括平安险、水渍险和一切险。

（一）平安险

平安险（Free from Particular Average，F. P. A.）的承保责任范围包括以下几个方面。

（1）被保险货物在运输途中由于恶劣气候、雷电、海啸、地震、洪水等自然灾害整批货物的全部损失或推定全损。以驳船运往或远离海轮时，每一驳船之货视为一整批。

（2）由于运输工具遭受搁浅、触礁、沉没、互撞、与流冰或其他物体碰撞以及失火、爆炸等意外事故造成货物的全损或部分损失。

（3）运输工具发生搁浅、触礁、沉没、焚毁等意外事故，货物在此前或此后在海上又遭受恶劣气候、雷电、海啸等自然灾害所造成的部分损失。

（4）在装卸转船过程中，一件或数件货物落海造成的全部或部分损失。

（5）被保险人对遭受承保责任内风险的货物采取抢救、防止或减少货损的措施而支付的合理费用，但以不超过该批被救货物的保险金额为限。

（6）船舶遭遇自然灾害或意外事故，在中途港或避难港停靠引起的卸货、存仓以及运送货物所产生的特别费用。

（7）发生共同海损所引起的牺牲、分摊和救助费用。

（8）运输契约订有"船舶互撞责任条款"，按规定应由货方偿还船方的损失。

（二）水渍险

水渍险（With Particular Average，W. P. A.）的承保责任范围，除包括平安险的各项责任外，还负责被保险货物由于恶劣气候、雷电、海啸、地震、洪水等自然灾害所造成的部分损失。

（三）一切险

一切险（All Risks，A.R.）的承保责任范围，除包括平安险和水渍险的各项责任外，还负责货物在运输途中由于一般外来风险所造成的全部或部分损失。但应注意的是，一切险并非对一切风险造成的损失都负责。

上述三种基本险别，投保人可根据货物的特点、运输路线等情况从中选择一种投保。

二、附加险

附加险是对基本险的补充和扩大，投保人只能在投保一种基本险的基础上才可加保一种或数种附加险。我国海洋运输货物保险的附加险分为一般附加险和特殊附加险两类。

（一）一般附加险

一般附加险（General Additional Risks）承保由于一般外来风险所造成的全部或部分损失。中国人民保险公司承保的一般附加险有 11 种。

（1）偷窃提货不着险（Theft，Pilferage and Non-Delivery，T. P. N. D.）。承保货物因偷窃行为所

致的损失，以及全部、整件提货不着的损失。

（2）淡水雨淋险（Fresh Water Rain Damage，F. W. R. D.）。承保货物因直接遭受雨淋或淡水所造成的损失。

（3）短量险（Risk of Shortage）。承保货物因外包装破裂或散装货物发生数量和重量短少的损失，但不包括正常的途耗。

（4）混杂、玷污险（Risk of Intermixture and Contamination）。承保货物在运输过程中因混进杂质或被玷污所造成的损失。

（5）渗漏险（Risk of Leakage）。承保货物在运输过程中因容器损坏而引起的渗漏损失，或用流体储藏的货物因流体的渗漏而引起的货物变质等损失。

（6）碰损、破碎险（Risk of Clash and Breakage）。承保货物在运输过程中因震动、碰撞、挤压所造成的碰损和破碎的损失。

（7）串味险（Taint of Odor Risk）。承保货物在运输过程中因受其他带异味货物的影响而引起的串味损失。

（8）受潮受热险（Sweating and Heating Risks）。承保货物在运输过程中因受气温变化或水蒸气的影响而使货物发生变质的损失。

（9）钩损险（Hook Damage）。承保货物在装卸过程中因遭受钩损而造成的损失。

（10）包装破裂险（Breakage of Packing Risk）。承保货物在运输过程中因搬运、装卸不当，导致包装破裂造成的短少、玷污等损失。此外，为续运安全需要而产生的修补、调换包装所支付的费用，保险人也应负责。

（11）锈损险（Risk of Rust）。承保货物在运输过程中发生锈损而造成的损失。

（二）特殊附加险

特殊附加险（Special Additional Risks）承保由于特殊外来风险所造成的损失。其险别共有 8 种：

（1）战争险（War Risks）。海运战争险承保由于战争、类似战争行为和敌对行为、武装冲突或海盗行为以及由此而引起的捕获、拘留、扣留、禁止、扣押所造成的损失；还承保各种常规武器（包括水雷、鱼雷、炸弹）所造成的损失；以及由上述原因所引起的共同海损的牺牲、分摊和救助费用。

（2）罢工险（Strikes Risk）。承保由于罢工、工人被迫停工或参加工潮、暴动等人员的行动或任何人的恶意行为所造成的直接损失，以及上述行动所引起的共同海损的牺牲、分摊和救助费用。按国际保险业惯例，如已投保战争险另加保罢工险，不另增收保险费。如仅加保罢工险，则按战争险费率收取保险费。

（3）交货不到险（Failure to Deliver）。承保货物自装上船舶开始，不能在预定抵达目的地的日期起 6 个月内交货的，予以全损赔偿。

（4）进口关税险（Import Duty Risks）。承保当货物遭受保险责任范围内的损失而仍需按完好货物价值完税时，保险人对损失部分货物的进口关税负责赔偿。

（5）舱面险（On Deck Risk）。承保货物存放舱面时被抛弃或被风浪冲击落水的损失。

（6）拒收险（Rejection Risk）。承保货物在进口港被进口国的政府或有关当局拒绝进口或没收时，按货物的保险价值予以赔偿。

（7）黄曲霉素险（Aflatoxin Risk）。承保货物因所含黄曲霉素超过进口国的限制标准，被拒绝进口、没收或强制改变用途而遭受的损失予以赔偿。

（8）货物出口到中国香港（包括九龙）或澳门地区存仓火险责任扩展条款（Fire Risk Extension Clause for Storage of Cargo at Destination Hongkong Including Kowloon or Macao，F.R.E.C）。承保货物运抵目的地中国香港（包括九龙）或澳门地区卸离运输工具后，如直接存放于保单载明的过户银行所指定的仓库，该保险对存仓火险的责任至银行收回押款解除货物的权益为止，或运输险责任终止时起满 30 天为止。

三、海洋运输货物专门保险险别

对某些特殊商品，我国还配备有海洋运输冷藏货物保险、海洋运输散装桐油保险和活牲畜、家禽运输保险。这三种保险属于基本险性质，可以单独投保。

（一）海洋运输冷藏货物保险

按照中国人民保险公司 1981 年 1 月修订的《海洋运输冷藏货物保险条款》的规定，海洋运输冷藏货物保险（Ocean Marine Insurance-Frozen Products）的险别包括冷藏险和冷藏一切险。

（1）冷藏险（Risks for Frozen Products）。承保除包括水渍险的各项责任外，还负责由于冷藏机停止工作连续达 24 小时以上所造成货物的腐败或损失。

（2）冷藏一切险（All Risks for Frozen Products）。承保除包括冷藏险的各项责任外，还负责货物在运输途中由于一般外来原因所造成的腐败或损失。

（二）海洋运输散装桐油保险

海洋运输散装桐油保险（Ocean Marine Insurance-Woodoil Bulk）的承保责任范围是任何因素造成的被保险散装桐油的短少、渗漏、玷污或变质的损失。

（三）活牲畜、家禽运输保险

活牲畜、家禽运输保险（Livestock & Poultry Insurance），是保险人对于活牲畜、家禽在运输途中的死亡负责赔偿。

四、除外责任

除外责任（Exclusions）是保险人列明不予承保的损失和费用。

（一）海运货物保险三种基本险别的除外责任

（1）被保险人的故意行为和过失所造成的损失。

（2）属于发货人责任引起的损失。

（3）在保险责任开始前，被保险货物已经存在的品质不良或数量短少所造成的损失。

（4）被保险货物的自然损耗、本质缺陷或特性以及市价跌落、运输延迟所引起的损失和费用。

（5）海洋运输货物战争险条款和罢工险条款规定的责任范围和除外责任。

（二）战争险和罢工险的除外责任

（1）战争险的除外责任是对使用原子或热核武器所造成的损失和费用。

（2）罢工险的除外责任是对在罢工期间由于劳动力短缺或不能使用劳动力所造成的货物损失，包括因罢工而引起的动力或燃料缺乏使冷藏机停止工作所致冷藏货物的损失，以及无劳动力搬运货物致使货物堆积码头淋湿受损。

（三）海运货物专门保险险别的除外责任

（1）海洋运输冷藏货物保险的除外责任除包括海洋运输货物保险的除外责任外，还包括：被保险货物在运输过程中的任何阶段因未存放在有冷藏设备的仓库或运输工具中，或辅助运输工具没有隔湿设备所造成腐烂的损失，以及在保险责任开始时被保险货物因未保持良好状态，包括整理加工和包装不妥，冷冻上的不合规定及肉食骨头变质引起的腐败和损失。

（2）活牲畜、家禽运输保险的除外责任：保险责任开始前，被保险活牲畜、家禽健康状况不好，或被保险活牲畜、家禽因怀仔、防疫注射或接种所致的死亡，或因传染病、患病、经管理当局命令屠杀或因缺乏饲料而致的死亡，或由于被禁止进口或出口或检验不符引起的死亡。

五、承保责任的起讫期限

（一）基本险承保责任的起讫期限

根据我国《海洋运输货物保险条款》规定，保险责任起讫期限按照国际惯例，采用"仓至仓"条款（Warehouse to Warehouse Clauses, W/W），即：保险责任自被保险货物运离保险单所载明的起运地仓库或储存处所开始运输时生效，包括正常运输过程中的海上、陆上、内河和驳船运输在内，直至该项货物到达保险单所载明的目的地收获人最后仓库或储存处所或被保险人用作分配、分派或非正常运输的其他储存处所为止。如未抵上述仓库或储存处所，则以被保险货物在最后卸载港全部卸离海轮后满 60 天为止。如在上述 60 天内被保险货物需转运至非保险单所载明的目的地时，则在该项货物开始转运时终止。

（二）战争险、罢工险承保责任的起讫期限

（1）战争险的保险责任期限仅以水面危险为限，即自货物在起运港装上海轮或驳船时开始，直到目的港卸离海轮或驳船时为止。如不卸离海轮或驳船，则从海轮到达目的港的当日午夜起算满 15 天，保险责任自行终止；如在中途港转船，不论货物在当地卸货与否，保险责任以海轮到达该港或卸货地点的当日午夜起算满 15 天为止，俟再装上续运海轮时恢复有效。

（2）罢工险的保险责任期限也是采用"仓至仓"条款。

（三）海洋运输货物专门保险承保责任的起讫期限

（1）海洋运输冷藏货物保险的责任起讫与"仓至仓"条款基本相同。但是，货物到达保险单所载明的目的港，如在 30 天内卸离海轮，并将货物存入岸上冷藏仓库后，保险责任以货物全部卸离海轮时起算满 10 天为限。如在上述期限内货物一经移出冷藏仓库，保险责任即告终止。如果货物卸离海轮后不存入冷藏仓库，保险责任至卸离海轮时终止。

（2）海洋运输散装桐油保险的责任起讫也按"仓至仓"条款，但是，如被保险散装桐油运抵目的港不及时卸货，则自海轮抵达目的港时起满 15 天，保险责任终止。

（3）活牲畜、家禽运输保险的责任起讫是自被保险活牲畜、家禽装上运输工具时开始直至目的地卸离运输工具为止。如不卸离运输工具，则自运输工具抵达目的地当日午夜起满 15 天为限。且在保险有效的运输过程中活牲畜、家禽必须妥善装运，专人管理。

六、被保险人的义务

在保险期限内，被保险人必须履行保险合同中规定的有关义务，否则，保险事故发生时，保险人可以拒赔损失。

被保险人在投保时，应如实告知保险货物的情况及相关事实，不得隐瞒或虚报。合同订立后，被保险人如果发现航程有所变动或保险单所载明的货物数量、船舶名称等有误，应立即通知保险人，并在必要时加缴保险费。

如果在订立合同时，被保险人做了保证，就应自始至终遵循该项保证。这里所谓的保证，是指在保险合同中被保险人明确承诺要做或不做某事、保证某种情况的存在等。例如，某一海运保险合同中有这样一个条款，被保险人保证载货船舶的船龄不超过15年，被保险人应始终保证做到这一条。被保险人如果违反其所做的保证，不管后果如何，保险人都有权解除保险合同，但对在违反保证之前的损失保险人应予赔偿。

货物到达目的地后，被保险人应及时提货。如果发现货损，被保险人应及时索赔，其中包括立即通知保险人的检验代理人，向有关方索取货损货差证明，向责任方提出书面索赔，采取措施防止损失扩大以及提交索赔单证等。详细内容将在保险索赔实务中介绍。

第三节 | 我国陆空邮运输货物保险的险别与条款

一、陆上运输货物保险险别与条款

（一）陆上运输货物保险险别

按照中国人民保险公司1981年1月修订的《陆上运输货物保险条款》（Overland Transportation Cargo Insurance Clauses）的规定，陆上运输货物保险的基本险别包括陆运险和陆运一切险。还配备有陆上运输冷藏货物险，也具有基本险性质，可以单独投保。此外，还有属于附加险的陆上运输货物战争险（火车）。

（1）陆运险（Overland Transportation Risks）。承保被保险货物在运输途中遭受暴风、雷电、地震、洪水等自然灾害，或由于运输工具遭受碰撞、倾覆、出轨，或在驳运过程中因驳运工具搁浅、触礁、沉没、碰撞，或由于遭受隧道坍塌、岩崩或失火、爆炸等意外事故所造成的全部或部分损失；此外，还有被保险人对遭受承保责任内危险的货物采取抢救或减少货损的措施而支付的合理费用。陆运险与海运"水渍险"相似。

（2）陆运一切险（Overland Transportation All Risks）。承保除上述陆运险的赔偿责任外，还负责承保被保险货物在运输途中由于一般外来原因造成的全部或部分损失。陆运一切险相似于海运保险中的"一切险"。

（3）陆上运输冷藏货物险（Overland Transportation Insurance-Frozen Products）。其责任范围除包括陆运险的责任外，还负责赔偿由于冷藏设备在运输途中损坏而导致货物变质的损失。

（4）陆上运输货物战争险（火车）（Overland Transportation Cargo War Tisks-by Train）。它是陆上运输货物保险的特殊附加险。承保火车在运输途中直接由于战争、类似战争行为和敌对行为、武装冲突所致的损失，以及由于各种常规武器包括地雷、炸弹所致的损失。

（二）除外责任

（1）陆运险与陆运一切险的除外责任与海洋运输货物险的除外责任相同。

（2）陆上运输冷藏货物险除一般的除外责任条款外，还对由于战争、罢工或运输延迟而造成的被保险冷藏货物变质的损失，以及被保险冷藏货物在保险责任开始时未能保持良好状态，包括整理加工不妥、冷冻上的不合规定及骨头变质所造成的腐败和损失不予赔偿。

（3）陆上运输货物战争险对于敌对行为使用原子或热核武器所致的损失和费用，以及由于执政者或其他武装集团的扣押、拘留引起的承保运程中的丧失和挫折而造成的损失除外。

二、航空运输货物保险险别

按照中国人民保险公司 1981 年 1 月修订的《航空运输货物保险条款》（Air Transportation Cargo Insurance Clauses）的规定，航空运输货物保险的基本险别包括航空运输险和航空运输一切险。此外，还有属于附加险的航空运输货物战争险。

（一）航空运输险和航空运输一切险

航空运输险（Air Transportation Risks）承保被保险货物在运输途中遭受雷电、火灾、爆炸或由于飞机遭受恶劣气候或其他危难事故而被抛弃，或由于飞机遭受碰撞、倾覆、坠落或失踪等意外事故所造成的全部或部分损失。航空运输险与海运水渍险的承保责任范围大致相同。

航空运输一切险（Air Transportation All Risks）除承保航空运输险的一切责任外，还负责赔偿被保险货物由于一般外来原因所造成的全部或部分损失。航空运输一切险与海运一切险的承保责任范围大致相同。

（二）航空运输货物战争险

航空运输货物战争险（Air Transportation Cargo War Risks）承保在航空运输途中由于战争、类似战争行为和敌对行为、武装冲突以及各种常规武器和炸弹所造成的货物损失，但不包括因使用原子或热核武器所造成的损失。

（三）责任期限

（1）航空运输险与航空运输一切险的保险责任也采用"仓至仓"条款，与海洋运输险的"仓至仓"责任条款不同的是，如货物运达保险单所载明目的地而未运抵保险单所载明的受货人仓库或储存处所，则以被保险货物在最后卸离飞机满 30 天保险责任终止。

（2）航空运输货物战争险的保险责任是自被保险货物装上保险单所载明的启运地飞机开始，直到卸离保险单所载明的目的地飞机时为止。如果被保险货物不卸离飞机，则以载货飞机到达目的地的当日午夜起计算，满 15 天为限。如被保险货物在中途转运时，保险责任以飞机到达转运地的当日午夜起算，满 15 天为限；俟装上续运飞机，保险责任恢复有效。

三、邮包运输保险险别

按照中国人民保险公司 1981 年 1 月修订的《邮包保险条款》（Parcel Post Insurance Clauses）的规定，邮包保险也包括邮包险和邮包一切险两种基本险。此外，还有属于附加险的邮包战争险。

（一）邮包险和邮包一切险

邮包险（Parcel Post Risks）承保被保险邮包在运输途中由于恶劣气候、雷电、海啸、洪水、地震等自然灾害，或由于运输工具搁浅、触礁、沉没、碰撞、失火、爆炸、失踪等意外事故所造成的全部或部分损失；另外，还负责被保险人对遭受承保责任内危险的货物采取抢救、防止或减少货损的措施而支付的合理费用，但以不超过该批被救货物的保险金额为限。

邮包一切险（Parcel Post All Risks）除承保邮包险的全部责任外，还负责被保险邮包在运输途中由于一般外来原因所致的全部或部分损失。

（二）邮包战争险

邮包战争险（Parcel Post War Risks）是邮包运输保险的一种附加险，承保被保险邮包在运输过程中直接由于战争、类似战争行为、武装冲突或海盗行为以及各种常规武器包括水雷、鱼雷、炸弹所造成的损失。同时，还负责赔偿在遭受承保责任范围内危险导致的共同海损的牺牲、分摊和救助费用。但不承担因使用原子或热核武器所早成的损失和费用的赔偿。

（三）责任期限

（1）邮包险和邮包一切险的保险责任是自邮包离开保险单所载起运地点开始生效，直至运达保险单所载明的目的地邮局，自邮局签发到货通知书当日午夜起满 15 天终止，在此期限内，邮包一经递交至收件人处所，保险责任自行终止。

（2）邮包战争险的保险责任是自邮包经邮局收讫后开始运送时生效，直至运达保险单所载明的目的地邮局送交收件人终止。

第四节 伦敦保险协会海运货物保险条款

在国际货物运输保险业务中，伦敦保险协会制定的"协会货物条款"（Institute Cargo Clause，I.C.C.）对世界各国有着广泛的影响。目前，世界上许多国家在海运保险业务中直接采用该条款，或在制定本国保险条款时参考或采用了该条款内容。在我国，按 CIF 或 CIP 条件成交的出口交易中，如果国外客户要求按伦敦保险协会货物险条款投保，我出口企业和保险公司也可接受。

一、协会货物保险条款的险别

协会货物保险条款最早制定于 1912 年，其后经多次补充和修改，现在实行的是 1982 年 1 月 1 日修订本。现行的伦敦保险协会的海运货物保险条款主要有六种险别。

（1）协会货物（A）险条款；
（2）货物（B）险条款；
（3）货物（C）险条款；
（4）战争险条款（货物）；
（5）协会罢工险条款（货物）；
（6）恶意损害险条款。

在上述六种险别中，除恶意损害险外，其余五种险别都有独立完整的结构，ICC（A）、ICC（B）、ICC（C）三种险别可以单独投保，战争险和罢工险如征得保险公司同意，也可作为独立的险别投保。恶意损害险条款内容简单，属附加险别。

二、协会货物保险主要险别的承保风险与除外责任

（一）ICC（A）险的承保风险与除外责任

ICC（A）险的承保责任范围最广，类似于我国海运保险的一切险，协会货物条款对承保风险采用"一切风险减除外责任"的办法，即除了除外责任项下所列风险不予承保外，其他风险均予负责。ICC（A）险的除外责任包括以下几个方面。

1. 一般除外责任
（1）归因于被保险人的蓄意恶行的损失、损害或费用。

（2）保险标的的自然渗漏、重量或容量的自然损耗或自然磨损。

（3）保险标的包装或准备不足或不当引起的损失、损害或费用。

（4）保险标的固有缺陷或性质引起的损失、损害或费用。

（5）迟延直接造成的损失、损害或费用，即使该迟延是由承保风险引起的。

（6）因船舶所有人、经理人、承租人或经营人的破产或财务困难产生的损失、损害或费用。

（7）因使用原子或核裂变和/或聚变或其他类似反应或放射性力量或物资所制造的战争武器产生的损失、损害或费用。

2．不适航、不适货除外责任

不适航、不适货除外责任指在装船时，被保险人已知船舶不适航，以及船舶、运输工具、集装箱等不适货。

3．战争除外责任

战争除外责任指由于战争、内战、敌对行为等造成的损失和费用；由于捕获、拘留、扣留等（海盗除外）所造成的损失或费用；由于漂流水雷、鱼雷等造成的损失或费用。

4．罢工除外责任

罢工除外责任指由于罢工者、被迫停工工人等造成的损失或费用；任何恐怖主义者或出于政治动机而行动的人所致的损失或费用。

（二）ICC（B）险的承保风险与除外责任

ICC（B）险类似于我国海运保险的水渍险，其对承保风险的做法是采用"列明风险"的方法，将所承保的风险一一列举出来，凡属承保责任范围内的损失，无论是全损还是部分损失，保险人均按损失程度负责赔偿。

（1）ICC（B）险承保自然灾害和意外事故所致的损失，包括：火灾、爆炸；船舶或驳船触礁、搁浅、沉没或者倾覆；陆上运输工具的倾覆或出轨；船舶、驳船或运输工具同水以外的任何外界物体碰撞；在避难港卸货；地震、火山爆发、雷电；抛货；浪击落海；海水、湖水或河水进入船舶、驳船、运输工具、集装箱、大型运输箱或贮存处所；货物在卸货时落海或跌落造成整件全损。此外，还承保共同海损的牺牲、分摊和救助费用。

（2）ICC（B）险的除外责任，与ICC（A）险的规定基本相同，但有以下两点区别。

① 保险人不但对于被保险人的蓄意不法行为所致的损失不负责任，对任何其他人的故意非法行为所致损失也不负责任。可见，ICC（A）险中恶意损害的风险被列为承保范畴，而在ICC（B）险中，保险人对此项风险不负赔偿责任，如需要对此风险取得保障，就需加保"恶意损害险"。

② ICC（B）条款对"海盗行为"不负责。而在ICC（A）险中，"海盗行为"列入保险范围。

（三）ICC（C）险的承保风险与除外责任

ICC（C）险承保的风险比ICC（A）和ICC（B）要小得多，仅对"重大意外"所致损失负责，而不承保自然灾害及非重大意外事故的风险。可见其责任范围比我国海运保险的"平安险"要小。ICC（C）险的承保风险也采用逐一列明的方式，包括以下几个方面：

（1）承保意外事故所致的损失及共同海损牺牲，救助费用；

（2）自然灾害造成的损失，无论全部损失还是部分损失均不负责；

（3）对在装卸过程中落海造成的损失不予赔偿。而我国的平安险负责在装卸或装运时，落海造成的全部或部分损失；

（4）承保抛弃的损失。而我国平安险不承保，这是我国保险条款中舱面险的承保范围；

（5）明确列明将ICC（C）险的承保危险扩大到陆上，对发生在保险期间内的陆上运输工具的意外倾覆、出轨予以负责。

ICC（C）险的除外责任与 ICC（B）险完全相同。

（四）战争险的承保风险和除外责任

协会货物战争险可以单独投保，主要承保下列原因造成标的物的损失。

（1）战争、内战、革命、叛乱、造反或由此引起的内乱，交战国或针对交战国的任何敌对行为。

（2）捕获、拘留、扣留、禁止或扣押，以及这些行动的后果或企图。

（3）遗弃的水雷、鱼雷、炸弹或其他遗弃的战争武器。

战争险的除外责任与 ICC（A）险的"一般除外责任"及"不适航、不适货除外责任"大致相同。

（五）罢工险的承保风险和除外责任

协会货物罢工险可以单独投保，主要承保标的物的下列损失。

（1）罢工、被迫停工、工潮、暴动或兵变造成的损失和费用。

（2）罢工者、被迫停工工人或参与工潮、暴动或兵变人员造成的损失和费用。

（3）任何恐怖主义者或任何人出于政治目的采取的行动所造成的损失和费用。

罢工险的除外责任也与 ICC（A）险的"一般除外责任"及"不适航、不适货除外责任"大致相同。

（六）恶意损害险

恶意损害险是一种附加险别，不能单独投保。承保被保险人以外的其他人（如船长、船员等）的故意破坏行动所致被保险货物的灭失或损坏。然而，恶意损害如果是出于政治动机的人的行动，则不属于恶意损害险承保范围，而属于罢工险的承保风险。由于恶意损害险属于 ICC（A）险承保责任范围，而在 ICC（B）险和 ICC（C）中均列为"除外责任"，因此，在投保 ICC（B）险和 ICC（C）险时，如需要对此风险取得保险保障，就需另行加保"恶意损害险"。

第五节 买卖合同中的保险条款和进出口货运险实务

一、买卖合同中的保险条款

条款是国际货物买卖合同的重要组成部分，必须订得明确合理。保险条款主要包括下列内容：

（一）投保责任的归属

投保责任的归属是与合同中所使用的贸易术语相联系的。

以 FOB、CFR、FCA、CPT 条件成交的合同，货物在运输途中的投保责任均由买方负责，不涉及卖方利益，合同中的保险条款只要明确"保险由买方办理"（Insurance: To be covered by the Buyer）即可。

如买方委托卖方代办保险，则应订明"保险由买方委托卖方按发票金额的××%代为投保××险，保险费由买方负担"（Insurance: To be covered by the Seller on behalf of the Buyer for××% of invoice value against …,Premium to be for Buyer's account）。

以 CIF 或 CIP 条件成交的合同，可订明"由卖方负责投保"（Insurance: To be covered by the Seller）。

（二）保险金额

保险金额又称投保金额，是被保险人对保险标的的实际投保金额，它是保险人所应承担的最高赔偿金，也是计算保险费的基础。

在国际贸易中，运输货物的保险金额可由买卖双方协商确定。根据国际贸易的习惯做法，保险金额是按 CIF 或 CIP 的发票金额加成 10%，即按发票金额的 110%作为保险金额，所加的百分率称为投保加成率。

在保险业务中，买方可能提出超过 10%的加成幅度，当增加的费用由买方负责时，卖方一般可接受。如果买方要求加成超过 30%时，需事先征得保险人同意后方可接受。

保险金额的计算公式是：

$$保险金额＝CIF（或CIP）价×（1＋投保加成率）$$

由于保险金额一般是以 CIF 或 CIP 价为基础加成确定的，因此，在仅确定 CFR 或 CPT 价的情况下，CIF 或 CIP 价可按下列公式计算：

$$CIF（或CIP）价＝CFR（或CPT）价/1－保险费率×（1＋投保加成率）$$

【例7-2】某公司出口纺织品一批到欧洲某港口，原定价为欧洲港口每打CFR105美元，保险费率为0.8%，按加成10%作为保险金额，改报成CIF价格后的保险金额为多少？

$$CIF＝105/[1-0.8\%×（1＋10\%）]＝105.93（美元）$$

$$保险金额＝105.932\ 2×（1＋10\%）＝116（美元）（取整）$$

此外，可使用中国人民保险公司制定的"保险费率常用表"，将 CFR 或 CPT 价直接乘以表内所列常数，即可算出 CIF 或 CIP 价。

采用 FOB（或 FCA）条件达成的合同，为简化手续，一些企业与保险公司签订预约保险合同，共同议定平均运费率（也可按实际运费计算）和平均保险费率。保险金额的计算公式是：

$$保险金额＝FOB（或FCA）价×（1＋平均运费率＋平均保险费率）$$

此时的保险金额即为估算的 CIF（或 CIP）价，不另加成。如投保人要求在 CIF（或 CIP）价基础上加成投保，保险人也可接受。

（三）保险险别的约定

不同的保险险别承保的风险不同，保险费率不同，货物因风险受损后得到的赔偿也不同。因此，险别的选择既要考虑能获得足够的经济保障，又要节省不必要的保险费支出。保险险别的选择主要应根据：货物的种类、性质和特点；货物的运输工具、运输路线和港口的情况；货物残损的可能性及国际政治、经济形势的变化等因素，分析和预测在整个运输过程中可能遇到的风险和损失，由双方约定投保的险别。

（四）保险条款的选择

目前，我国通常采用中国人民保险公司 1981 年 1 月 1 日生效的货物运输保险条款来办理投保。但有时国外客户要求采用英国伦敦保险协会货物保险条款（ICC Clause）时，我方一般也可接受。

【例 7-3】保险单据条款

1. MARINE INSURANCE POLICY OR CERTIFICATE IN DUPLICATE,INDORSED IN BLANK,FOR FULL INVOICE VALUE PLUS 10 PERCENT STATING CLAIM PAYABLE IN THAILAND COVERING FPA AS PER OCEAN MARINE CARGO CLAUSE OF THE PEOPLE'S INSURANCE COMPANY OF CHINA DATED JAN.1,1981,INCLUDING T.P.N.D. LOSS AND /OR DAMAGE CAUSED BY HEAT, SHIP'S SWEAT AND ODOOUR, HOOP-RUST,BREAKAGE OF PACKING.

保险单或保险凭证一式二份，空白背书，按发票金额加10%投保，声明在泰国赔付，根据中国人民保险公司1981年1月1日的海洋运输货物保险条款投保平安险，包括偷窃提货不着、受热船舱发汗、串味、铁箍锈损、包装破裂所导致的损失。

2. INSURANCE PLOICIES OR CERTIFICATE IN DUPLICATE ENDORSED IN BLANK OF 110% OF INVOICE VALUE COVERING ALL RISKS AND WAR RISKS AS PER CIC WITH CLAIMS PAYABLE AT SINGAPORE IN THE CURRENCY OF DRAFT（IRRESPECTIVE OF PERCENTAGE）,INCLUDING 60 DAYS AFTER DISCHARGES OF THE GOODS AT PORT OF DESTINATION（OF AT STATION OF DESTINATION） SUBJECT TO CIC.

保单或保险凭证做成空白背书，按发票金额的110%投保中国保险条款的一切险和战争险，按汇票所使用的货币在新加坡赔付（无免赔率，并根据中国保险条款，保险期限在目的港卸船（或在目的地车站卸车）后60天为止。

3. INSURANCE POLICIES OR CERTIFICATE IN TWO FOLD ISSUED TO THE APPLICANT, COVERING RISKS AS PER INSTITUTE CARGO CLAUSES（A）, AND INSTITUTE WAR CLAUSES（CARGO）INCLUDING WAREHOUSE TO WAREHOUSE CLAUSE UP TO FINAL DESTINANTION AT SCHORNDORF FOR AT LEAST 110%OF CIF value,MARKED PREMIUM PAID SHOWING CLAIMS IF ANY PAYABLE IN GERMANY,NAMING SETTLING AGENT IN GERMANY.

此保单或保险凭证签发给开证人，按伦敦保险协会条款投保ICC（A）和协会战争险，包括仓至仓条款到达最后目的地SCHORNDORF，至少按CIF价发票金额投保，标明保费已付，注明在德国赔付，同时表明在德国理赔代理人的名称。

二、进出口货物运输保险实务

（一）投保单据的填制

在以 CIF 条件成交时，一般是由出口企业向当地保险公司办理投保手续。在办理时，应根据出口合同或信用证规定，在备妥货物并确定装运日期和运输工具后（一般是在收到船公司有关配船的资料，如经船公司签署的配仓回单后），出口企业应该在装船前向保险公司填制一份"海运出口货物投保单"或"运输险投保申请单"（APPLICATION FOR TRANSPORTATION INSURANCE）。它是保险公司接受投保、出具保单的依据（见表 7-2）。

表 7-2　　　　　　　　　投保单示例

出口货物投保单			
（1）保险人：		（2）被保险人：	
（3）标记	（4）包装及数量	（5）保险货物项目	（6）保险货物金额
（7）总保险金额：（大写）			
（8）运输工具：　　　　　（船名）　　　　　　（航次）			
（9）装运港：　　　　　　　　　（10）目的港：			
（11）投保险别：　　　　　　　（12）货物起运日期：			
（13）投保日期：　　　　　　　（14）投保人签字：			

其中：

（1）保险人：填写保险公司的名称。

（2）被保险人：CIF 交易中一般为信用证收益人，即出口公司。当出口公司（卖方）在保险单背面签章背书后，保险单即可转让。若信用证要求以进口商为被保险人或指明要过户给某一银行或第三者，应在投保单上填明。如果以 FOB 或 CFR 条件成交，由买方自行投保，直接以其本人为被保险人，一般不存在过户问题。

（3）标记：填写货物的运输标志。如运输标志比较复杂也可简单填写"As per Invoice No.×××"。

（4）包装及数量：填写商品包装方式以及包装数量。如果一次投保有数种不同包装时，可以件（Packages）为单位。散装货应填写散装重量。如果采用集装箱运输，应予注明（In Container）。

（5）保险货物项目：填写商品名称，按发票或信用证填写。

（6）保险货物金额：按信用证规定的金额及加成率投保。如信用证对此未做具体规定，则按 CIF 或 CIP 或发票金额的110%投保。投保单上的保险金额的填制采用"进一取整"，即如果保险金额为 USD11324.12，则在投保单上应填"USD11325"。

（7）总保险金额：填写大写的保险金额。

（8）运输工具：填写运输工具的名称。如采用海运则根据配舱回单填写相应的承运船名及船次。如果中途需转船，已知第二程船时应填上船名；如果第二程船名未知，则只需注明转船字样。

（9）装运港：填写信用证规定的装运港。

（10）目的港：填写信用证规定的卸货港。

（11）投保险别：填写信用证规定的投保险别，包括险种和相应的保险条款。

（12）货物起运日期：填写船公司配船资料上的货物装船日期。

（13）投保日期：填写出口公司投保的日期，应在船舶开航日期或货物起运日期之前。

（14）投保人签字：本栏要有出口公司的公章并由具体经办人签字。

保险公司收到出口公司递交的投保单后，经审核后确定是否承保。如保险公司同意承保则向投保人发回承保回执，列明保单号码、保单日期、投保日期并收取保费。

【案例 7-2】保险合同成立与否争议案

某年9月30日宁波某粮油公司（简称"宁波粮油"——本案原告）与香港某贸易公司签订了进口秘鲁鱼粉2 000吨的合同，价格条款为CFR价，约定11月装船，但未约定具体的承运船舶。宁波粮油于当年11月18日向保险公司（本案被告）投保一切险和火烧、霉变险，并约定装载工具、航次、开航日期均依据提单规定。保险公司在投保单上加注"接受上述投保"，并加盖公司业务专用章。该投保单对保险费率没有任何记载，但在投保时，保险公司称：待运输船舶确定后，根据船龄最终确定费率。次年1月17日，巴哈马籍"Lady Bella"轮第13航次载着保险合同项下的2 000吨鱼粉从秘鲁的钦伯特港出发，于3月19日抵达上海，3月20日，鱼粉自燃出险。经鉴定，系货物积载时间较长，通风散热不良，积热不散所致。于是，宁波粮油便向中保财险提出索赔。

保险公司以"原告未缴纳保险费""承运船舶为老龄船，增加了风险，而原告未尽告之义务"及"未向原告出具保险单"为由抗辩保险合同并未成立而拒绝赔付，为此双方发生争议。针对上述理由，你认为保险合同是否成立？

［案例评析］

本案双方争议的焦点是保险合同是否成立。主要牵涉到：（1）保险单未出具是否影响合同的成立。保险单是保险人与被保险人之间订立保险合同的真实书面凭证和重要法律文件。但实践中保险单并不是保险合同的唯一形式。常见的有投保单、保险单、保险凭证、联合凭证。在本案中，保险公司对宁波粮油填制的投保单盖章承保，没有相反的约定，保险合同即告成立。（2）原告是否违反了告之义务。如实告之是保险合同中的诚信原则的基本要求之一。而《海商法》的告之义务仅限于"订立保险合同时"或订立合同前。在本案中，宁波粮油投保时，并不知道具体的船龄，而且合同是以CFR成交，租船订舱责任在于托运人，因此，原告不应承担此项告之义务。（3）原告未缴纳保险费是否影响合同的成立。缴纳保险费是投保人的基本义务。在实务中，根据《海商法》的有关规定，一方发出要约，另一方做出承诺，保险合同就成立，并不以保费是否缴纳为前提。如果被保险人拒绝支付保险费，保险人可解除合同。但合同解除前发生的保险事故，保险人仍应负赔偿责任。在本案中，被告没有行使法律赋予它的权利及时解除合同，因此要承担保险责任。

（二）缴纳保险费

投保人交付保险费，是保险合同生效的前提条件。保险费是保险人经营业务的基本收入，也是保险人所掌握的保险基金的主要来源。

保险费的计算方法是：

$$保险费 ＝ 保险金额 \times 保险费率$$

如按 CIF 或 CIP 加成投保，则

$$保险费 ＝ CIF（CIP）价 \times（1＋投保加成率）\times 保险费率$$

【例7-4】出口手工具一批至香港地区，货价1 000港元，运费70港元，加一成投保一切险和战争险，一切险费率为0.25%，战争险费率为0.03%。试计算投保金额和保险费应是多少？

保险金额＝CIF（或CIP）价×（1＋投保加成率）

CIF（或CIP）价＝CFR（或CPT）价/1－保险费率×（1＋投保加成率）

CIF＝（1 000＋70）/1－（0.25%＋0.03%）×（1＋10%）＝1 073（港元）

保险金额＝1 073×（1＋10%）×（0.25%＋0.03%）＝3.30（港元）

保险费率是在货物损失率和赔付率基础上，参照国际保险费率水平，并根据不同的运输工具、目的地、货物和险别制定的。我国出口货物保险费率分为一般货物费率和指明货物加费费率两大类。前者适用于所有货物，后者是对一些在运输途中易发生破碎、短少、霉烂等损失的货物单独列明，除按照一般货物费率收取保险费外，还按一种附加费率加收保险费。

凡属"指明货物加费费率"表中所列的货物，如投保一切险，在确定保险费时，应先查出"一般货物费率"，然后再加上"指明货物加费费率"。例如，从宁波通过海运运往某港货物投保一切险，一般货物费率为0.6%，指明货物加费费率为1.5%，则应收保险费率为2.1%。

我国进口货物保险费率也有"进口货物保险费率"和"特约费率"两种。其中，"进口货物保险费率"又分为"一般货物费率"和"指明货物加费费率"。一般货物费率不分货物品种，按照不同的运输方式、地区和险别制定。指明货物加费费率是对一些指定商品投保一切险时采用的费率。特约费率适用于同中国人民保险公司签订有预约保险合同的外贸企业，它对每一类商品不分国别和地区，有时甚至不分货物和险别，只确定一个优惠费率。

（三）取得保险单据

保险单据是保险人与被保险人订立保险合同的证明文件，也是保险人与被保险人之间权利和义务关系的法律文件。当发生承保范围内的损失时，它是保险索赔和理赔的主要依据。目前，我国进出口业务中使用的保险单据主要有：

（1）保险单（Insurance Policy）。又称大保单，是使用最广泛的一种保险单据。保险单上除载明投保单各项内容外，背面还列有保险人与被保险人之间权利和义务等方面的保险条款（见本书附件）。

（2）保险凭证（Insurance Certificate）。又称小保单，它是一种简化的保险合同，除其背面没有列入详细保险条款外，其余内容与保险单相同，保险凭证也具有与保险单同等的法律效力。其中未列明的内容以保险单内容为准，如有抵触则以保险凭证为准。

（3）联合凭证（Combined Certificate）。是一种比保险凭证更为简化的保险单据。它由保险公司将承保的险别、保险金额和保险编号加注在投保人的发票上，并加盖印戳，其他项目均以发票上所列内容为准。联合凭证仅适用于出口到港澳地区的业务。

（4）预约保险单（Open Policy）。为简化内部手续，保证进口货物及时投保，外经贸系统的外贸公司与中国人民保险公司签订了预约保险合同，对不带保险成交的进口货物，保险公司负有自动承保责任。但被保险人在获悉每批货物装运时，应及时将装运通知书送交保险公司，并按约定办法缴纳保险费。预约保险单目前在我国仅用于按 FOB 或 CFR 条件进口的货物和出口展卖的展卖品。

（5）批单（Endorsement）。保险单出立后，投保人如需要补充或变更其内容时，应向保险公司提出修改申请，经同意后即另出一种凭证，注明更改或补充的内容，该凭证即为批单。保险单一经批改，保险公司将按批改后的内容承担责任。批单原则上需粘贴在保险单上，并加盖骑缝章。

在 CIF 或 CIP 条件下，保险单据的内容和形式，必须符合买卖双方约定的要求，特别是在信用证支付下，必须符合信用证的有关规定。保险单据的出单日期不得迟于运输单据所列货物装船或发运或承运人接受监管的日期。即办理投保手续的日期不得迟于货物装船日期。

（四）保险索赔

保险索赔（Insurance Claim）也称提赔，是指当被保险货物遭受承保范围内的损失时，被保险人依据保险合同向保险人要求赔偿的行为。保险人接到报损通知后处理赔案的过程则称为保险理赔。在索赔工作中，被保险人应做好下列几项工作：

（1）损失通知。在所投保的货物发生损失后，被保险人应立即向保险公司发出损失通知，并申请检验。各保险公司一般要求被保险人在提货后发现损失立即通知，最迟不能超过保险责任终止后10 天。对于集装箱货物，一般要求在码头或集装箱站开箱当时立即发出损失通知。保险公司或指定的检验、理赔代理人在接到损失通知后即应采取相应的措施，其出具的检验报告是被保险人向保险公司申请索赔时的重要证件。在出口保险中，应由保险单上注明的保险公司在国外的检验代理人进行检验并出具检验报告。在进口保险中，则由保险人或其代理人和货主以及船方或其代理人进行联合检验或申请商检，并出具检验报告。

（2）向承运人等有关责任方索取货损货差证明。被保险人或其代理人在提货时发现被保险货物整件短少或有明显残损痕迹，还应立即向承运人或有关当局（海关、港务当局等）索取货损货差证明，以作为向保险人索取赔款的证明。

（3）采取合理的施救、整理措施。被保险货物受损后，被保险人应及时对受损货物采取必要合理的施救、整理措施，防止损失的扩大。因抢救、阻止或减少货损的措施而支付的合理费用，由保险公司负责，但以不超过该批被救货物的保险金额为限。

（4）备妥索赔单证，在规定时效内提出索赔。主要包括：保险单或保险凭证正本，运输单据，发票，装箱单或重量单，海事报告摘录或海事声明书，货损货差证明，向承运人等第三者责任方请求赔偿的函电，索赔清单。根据国际保险业的惯例，保险索赔或诉讼的时效为自货物最后卸离运输工具时起算，最多不超过两年。

（5）对易碎和易短量货物的索赔，应了解是否有免赔的规定，即不论损失程度（Irre-spective of Percentage, I.O.P.）均予赔偿和规定免赔率两种情形。免赔率是指有的易碎、易腐等商品发生保险责任范围内的损失时，保险公司要扣除一定数量或金额后赔付。免赔率可分为"绝对免赔率"（Deductible）和"相对免赔率"（Franchise）。两者的相同点是，如果损失数额不超过免赔率，均不予赔偿；两者的不同点是，如果损失数额超过免赔率，前者扣除免赔率，只赔偿超过部分，后者则不扣除免赔率，全部予以赔偿。中国人民保险公司采取的是绝对免赔率。

【例7-5】货物在运输过程中，发生保险范围的损失，损失10%，在免赔率为3%的情况下，应赔多少？

绝对免赔率应赔7%。相对免赔率应赔10%。

（五）赔偿金额的计算

（1）对全损赔偿的计算

如果货物发生全损（包括实际全损和推定全损），保险人按保险金额给予全额赔偿，而不论损失当时货物的完好市值。但在推定全损时，被保险人应首先进行委付，才可获得全损赔偿。

【例7-6】某工艺品进出口公司出口一批编织品，向中国人民保险公司投保我国《海洋运输货物保险条款》海运一切险，保险金额10万美元，途中编织品遭意外受损，全部被焚毁，保险公司应按全损赔付10万美元，如果尚有残余编织品出售所得款项归保险公司所有。

（2）单独海损赔偿的计算

数量（重量）损失的计算：保险货物中部分货物灭失或数量（重量）短少，以灭失或损失数量（重量）占保险货物总量之比，依据保险金额计算赔款。赔偿金额为：

$$赔偿金额＝[损失数量（重量）÷保险货物总量]×保险金额$$

【例7-7】某保险货物的保险金额为1万美元，总数量10件，运输途中发生保险范围内责任事故致货物短少2件，则赔偿金额为：

$$赔偿金额＝（2÷10）×10\,000＝2\,000（美元）$$

质量损失的计算：保险货物遭受质量损失时，应先确定货物完好的价值和受损的价值，计算出贬值率，以此乘以保险金额，即可得出赔偿金额。完好价值和受损价值，一般以货物运抵目的地检验时的市场价格为准。如受损货物在中途处理不再运往目的地，则可按处理地市价为准。处理地或目的地市价，一般指当地批发价格。计算公式为：

$$赔偿金额＝[（货物完好价值－受损后价值）/货物完好价值]×保险金额$$

【例7-8】一批货物500箱，保险金额5万美元，货物受损后只能按八折出售，当地完好价值为6万美元，保险公司应赔款为：

$$赔偿金额＝[（60\,000－4\,800）/60\,000]×50\,000＝10\,000（美元）$$

在实际业务中，往往由于一时难于确定当地市价，经协议也可按发票价值计算，其计算公式为：

$$赔偿金额＝（按发票价值计算的损失额÷发票金额）×保险金额$$

（3）有关费用的损失

如受损货物在处理时支付的出售费用，一般只要在保险金额限度内，均可加入损失之内由保险公司补偿。其计算公式为：

$$赔偿金额＝[（货物损失的价值＋出售费用）/货物完好价值]×保险金额$$

（六）索赔时效

我国《海洋货物运输保险条款》规定，海运货物保险的索赔时效自被保险货物全部卸离海轮起为两年。一旦过了索赔时效，被保险人就丧失了向保险人请求赔偿的权利。

三、投保时应注意的问题

出口投保时，投保人应注意以下几点。

（1）如果以信用证方式付款，投保险别、币制及其他条件要与信用证所列保险条款一致，以免银行拒收保险单或拒付货款。

（2）投保险别及其他条件还应与贸易合同一致，以免因违反合同而致对方索赔。

（3）如果目的地在内陆，保险时应尽量保到内陆目的地，而不应只保到目的港，以保证货物在整个运输过程中的损失均能得到保险保障，避免贸易双方因货损产生纠纷。

（4）对方有特殊要求时，投保人应事先同保险公司商量是否接受，还应事先问清保险费，以便向买方收取。

【案例7-3】海运保险的责任期限与衔接失误案

某年2月，山东某进出口公司（简称进口公司）与日本某公司（简称出口公司）签订了进口一批医疗器械的合同，价格条款为CIF中国青岛，货值为48 784美元，出口公司按ICC（A）条款在一家日本保险公司投保，目的港为中国青岛。同时，进口公司又与国内某用户公司（简称用户公司）签订国内销售合同，约定货物通关入境后即刻由进口公司将货物运至用户公司驻地北京市，用户公司派人员在约定时间和地点接货。

货物抵目的港经检验放行后，进口公司委托某货运公司用汽车运至北京并在约定时间和地点交货。不料运输途中因汽车故障致使到达时间比约定晚了5小时，用户公司接货人员已离去且联络不上。夜幕降临，货运公司驾驶员就近将货车停在一旅馆停车场并住宿一夜，次日发现货物部分被盗，价值5 628美元。用户公司据此向进口公司索赔，进口公司又向货运公司追偿，而货运公司又与旅馆纠缠不清。

本案中进口各方受损，你认为本案发生的主要原因是什么？

［案例评析］

本案发生的主要原因在于货运保险方面出了问题。（1）保险期限。海运保险的责任期间以"仓至仓"条款为依据。日本出口公司按ICC（A）投保，关于保险的起讫期限未做特殊说明，因此，本合同中的保险期限也就是国际保险业中惯用的"仓至仓"条款。即保险责任自起运地仓库或储存处所开始运输生效，直至到达保险单所载明目的地收货人的最后仓库或储存处所或被保险人用作分配、分派或分散装运时止。本案中，货物安全抵青岛并交进口公司，由进口公司分派而运输时，日本保险公司的保险责任即告终止，其后发生的损失再无赔偿责任。（2）保险的衔接。本案中，在货物交接时，ICC（A）的保险责任即告终止，国内货物运输缺乏相应的风险保障，出现保险责任脱节现象，不能有效地规避风险。

教训：（1）在处理保险业务时，要明确货物运输保险的责任期限。本案中可通过扩展保险责任期限或适当调整保险的目的地，来确保各方的利益。（2）在进口业务中，应规避进口国内陆运输中出现保险责任脱节的情况，及时有效地衔接好保险责任。

四、保险单制作应注意的问题

1. 有关发票号、货币符号和投保日、有效期问题

发票号、货币符号和投保日、有效期是保险单据的基本内容，一般要求如实填上，但若信用证有特殊规定，应注意执行。实务中常见的因上列问题而遭拒付的主要有以下几种情况。

（1）发票号、货币符号错漏

INSURANCE POLICY SHOWING INV NO.WHICH IS PROHIBITED BY THE L/C.（保险单显示了信用证所禁止的发票号）

INSURANCE POLICY SHOWING THE WORD "DOLLA"IN AMOUNT INSURED IN WORDS INSTEAD OF "DOLLARS".（保险单在保险金额大写栏中显示单词"DOLLA"，而不是"DOLLARS"）

INSURANCE POLICY NOT SHOW CLAIM PAYABLE AT DRAFT CURRENCY.（保险单没有显

示可按汇票货币索赔）

这几例主要是公司制单时，粗心大意，忽略了信用证的特殊要求，显示了禁止的发票号，或者打错、打漏货币符号而遭拒付。正确的做法：必须按信用证规定正确显示所需号码如（货币符号），若明文禁止的号码，以不显示为妙。

（2）投保日，有效期谬误

THE DATE OF INSURANCE POLICY IS LATER THAN THE DATE OF L/B.（报单日迟于提单日）

INSURANCE CERT.SHOWING COVERED DATE IS LATER THAN B/LADING DATE .（保险凭证显示投保日迟于提单日）

INSURANCE POLICY DOESN'T MENTION VALIDITY 60 DAYS AFTER DISCHARGE.（保险单没有提及在卸货后 60 天有效）

上述几例，主要是公司制单时，没有注意投保日与提单日之间的关系，或忽略了信用证对保险有效期的要求而遭拒付。正确的做法：保险投保日必须早于或等于提单装运日，保险有效期需按信用证规定清楚地在报单上标明。

2. 有关装运港、目的地和运输工具、运输路线问题

装运港、目的地和运输工具、运输路线是保险单据的重要内容，且与提单密切相关，故应在不违背信用证规定的前提下，力求与提单及其他单据保持一致。实务中，因此导致拒付的主要有以下几种情况：

（1）装运港、目的地错漏

INSURANCE POLICY SHOWING PORT OF LOADING DIFFERENT FROM OTHER DOCUMENT.（保险单显示装运港不同于其他单据）

THIRD PARTY INSURANCE POLICY SHOWING ONE DESTINATION ONLY.（第三方保单仅显示一个目的地）

这两例主要是公司制单时，粗心马虎打错装运港，或者没有像提单那样出现转运时显示转运港而招来异议。正确的做法：必须正确打上装运港，若有转运，需按提单所示完整地显示包含装运港的目的地，如："BEIRUT W/T HONGKONG"（经中国香港地区转运贝鲁特）。

（2）运输工具、运输路线有误

INS.POLICY SHOWING VESSEL'S NAME AS "NANGFANG 907" NOT "NANGFANG907" AS B/L STATED.（保单显示船名"NANGFANG 907"而非像提单规定的"NANGFANG907"）

INSURANCE POLICY SHOWING VESSEL'S NAME DIFFER FROM B/L.（保单显示船名与提单不同）

INSURANCE POLICY SHOWING SHIPMENT FROM BEIHAI TO HOUSTON DIFFER FROM B/L FROM FANGCHENG TO HOUSTON .（保单显示装运北海到休斯顿异于提单从防城到休斯顿）

上述几例，主要是公司制单时，一时疏忽，打错船名或把运输路线搞错而遭拒付。正确的做法：必须将提单所示的运输工具（如船名、车号）、运输路线（包括运输全程）在保单上清楚、正确地表示出来。

3. 有关投保数量、投保险别和转运险、免赔率问题

有关投保数量、投保险别和转运险、免赔率问题是保险单中非常关键之内容，应严格按信用证要求去办。实务中常见的因上列问题而遭拒付的主要有以下几种情况。

（1）投保数量、投保险别错漏

INSURANCE POLICY SHOWING TOTAL NO. OF BAGS AND QUANTITY OF GOOD DIFFER.（保险货物总数量和袋数有差异）

MARINE INSURANCE POLICY NOT COVERING "BREAKAGE CLAUSE".（海洋保险单未投保

"破损条款")

INSURANCE POLICY COVERING ALL RISKS INSTEAD OF W.A. （保单投保一切险而非水渍险）

SPECIAL CARGO POLICY OF INSURANCE SHOW 'INSTITUTE RADIOACTIVE CONTAMINATION EXCLAUSION CLAUSE 1/10/90'WHICH IS NOT CALLED BY L/C. （特别货物保险单显示"1990 年 10 月 1 日协会放射性污染除外条款"，这并非信用证所要求）

这几例主要是公司制单时，粗心大意，把投保数量打错，或没有按信用证规定投保相关险别，或画蛇添足，显示了信用证并不要求的保险条款而遭拒付。正确做法：必须依据提单或发票上的货物数量在保单上准确表示出来，并严格按照信用证规定险别和保险条款表述。

（2）转运险，免赔率遗漏

INS. POLICY NOT COVER RISK OF TRANSHIPMENT. （保险单未投保转运险）

TRANSHIPMENT RISK NOT COVERED WHEN B/L INDICATES TRANSHIPMENT WILL TAKE PLACE. （当提单指明将实施转运时，未投转运险。）

INSURANCE POLICY : RISKS OF LOSS AND/OR DAMAGE DUE TO TRANSHIPMENT NOT COVERED. （保险单：由于转运而引起的抛弃、丢失和/或损毁险未予投保）

上述几例，主要是公司制单时，疏忽大意，没有看清信用证要求，遗漏了有关转运险和免赔率而招来异议。正确做法：必须认真审核信用证条款，把所要求的转运险和免赔率在保单上清楚地显示出来。

4. 有关受益人、抬头人和代理、赔付问题

受益人、抬头人和代理赔付，直接关系到买卖双方的保险权益，应认真对待。实务中，常见的因此而遭拒付的主要有以下几种情况。

（1）受益人、抬头人有误

INSURANCE POLICY NOT SHOW THE ADDRESS OF BENEFICIARY. （保险单未显示受益人地址）

INSURANCE POLICY NOT ISSUED "TO ORDER". （保险单未开"凭指示"）

INSURANCE POLICY NOT ISSUED FAVOUR APPLICANTS. （保险单未开以申请人为受益方）

这几例主要是公司制单时，省略受益人地址，误打抬头人因此而遭拒付。正确做法：必须认真审核信用证把地址打全，把抬头人在保单上清楚地显示出来。

（2）代理、赔付差异

INSURANCE POLICY FULL NAME AND ADDRESS IN ISREAL OF THE ISURERS ISRAELI AGENT MISSING. （保险单遗漏了承保人以色列代理在以色列的全称和地址）

INSURANCE POLICY SHOWING PLACE OF SETTING AGENT DIFFER FROM L/C. （保险单显示偿付代理地点不同于信用证）

INSURANCE POLICY EVIDENCING CLAIMS PAYABLE JAPAN. （保险单显示赔付地点在日本）

这几例主要是公司制单时，粗心大意，忽略了信用证有关代理、赔付的要求，漏打代理人或错打偿付代理地点和赔付地点而遭异议。正确做法：必须依据信用证要求正确地打上代理人、偿付代理地点和赔付地点。

5. 有关背书、签名和正本、更改等其他问题

保险单据上的背书、签名和正本、更改问题，事关保险权益的转让及其法律效力，故不可掉以轻心。实务中常见的因上列问题而遭拒付的主要有以下几种情况。

（1）背书、签名错漏

INSURANCE POLICY NOT ENDORSED. （保单未背书）

INS.POLICY SHOWING THE ENDORSER （BEIHAI SEA-DRAGON GOODS AND MATERIALS OF PRINTING LTD.） DIFFER FROM THE ASSURED （BEIHAI SEA–DRAGON GOODS AND

MATERIALS OR PRINTUNG LTD.）（保单显示背书人"北海海龙印刷物资有限公司"不同于被保险人"北海海龙印刷或物资有限公司"）

INSURANCE POLICY HAVE CARBON COPY （NOT ORIGINAL）ENDORSEMENT.[保单有复写的（非原始的）背书]

这几例主要是公司制单时，贪图方便，省略了背书，或不按原被保险人之名称背书，或自以为是，采用复写签字背书而遭异议。正确做法：必须逐一检查每份保单是否已按要求背书，有无错漏，而且尽量采用手签。

（2）正本、更改等其他不符

INSURANCE POLICY NOT SHOWING NO. OF ORIGINAL ISSUED.（保单未显示所开正本份数）

CORRECTION IN THE CERT OF INSURANCE NOT AUTHENTICATED.（保险凭证更改未盖章证实）

CERT. OF INSURANCE PRESENTED INSTEAD OF INSURANCE POLICY REQUIRE BY L/C.（提交了保险凭证而非信用证要求的保险单）

这几例主要是公司制单时，一时疏忽，忘记加注正本份数，或漏盖涂改之处的更改章，或张冠李戴，误将保险凭证代替保险单而遭拒付。正确做法：在保单上注明正本份数，若有更改，需盖章证实。同时，一定要按信用证要求的单据名称正确无误地提交单据，以避免或减少不必要的误会和麻烦。

思考题

1．什么叫实际全损？构成实际全损有哪几种情况？
2．什么叫推定全损？构成推定全损有哪几种情况？
3．什么叫共同海损？什么叫单独海损？二者有何异同？
4．构成共同海损应具备哪些条件？
5．海上运输货物保险的保障的费用有哪些？其含义是什么？
6．平安险、水渍险、一切险各自承保的责任范围有哪些？
7．比较 CIC 和 ICC 保险条款。
8．合同中的保险条款主要包括哪些内容？

案例分析题

1．某外贸公司按 CIF 术语出口一批货物，装运前已向保险公司按发票总值 110%投保平安险，6 月初货物装受顺利开航。载货船舶于 6 月 13 日在海上遇到暴风雨，致使一部分货物受到水渍，损失价值 2 100 美元。数日后，该轮又突然触礁，致使该批货物又遭到部分损失，价值为 8 000 美元。

问题：保险公司对该批货物的损失是否赔偿？为什么？

2．某货物从天津新港驶往新加坡，在航行途中船舶货舱起火，大火蔓延到机舱，船长为了船、货的共同安全，决定采取紧急措施，往船中灌水灭火。火虽被扑灭，但由于主机受损，无法继续航行，于是船长决定雇用拖轮将货船拖回新港修理。检修后重新驶往新加坡。事后调查，这次事件造成的损失有：①1 000 箱货烧毁；②300 箱货由于灌水灭火受到损失；③主机和部分甲板被烧毁；④拖船费用；⑤额外增加的燃料和部长、船员工资。

问题：从上述各项损失性质来看，各属于什么海损？

技能实训题

请根据上海建国进出口公司出口货物明细表填制投保单。

出口货物明细表

2015 年 11 月 12 日

开证行	NATIONAL WESTMINSTER BANK LTD. LONDON	信用证号码	9677823799-668
经营单位/托运人	上海建国进出口公司 SHANGHAI JIANGUO IMP & EXP CORP.	开证日期	28-Aug-96
		合同号码	97MT45696
买方/开证申请人 APPLICANT		成交条件	CIF LONDON
ENGLISH COUNTRY POTTERYLTD. STATION RD，WICKWAR WOTTON-UNDER-EDGE, LONDON LO675YE，GREAT BRITAIN		发票号码	97MT456-75
		成交金额	$9366.00
		贸易国别	英国

提单或承运收据	抬头人 ORDER	TO ORDER OF NATIONAL WESTMINSTER BANK LTD. LONDON	汇票付款人	NATIONAL WESTMINSTER BANK LTD. LONDON
	通知人 NOTIFY	ENGLISH COUNTRY POTTERYLTD. STATION RD，WICKWAR WOTTON-UNDER-EDGE, LONDON LO675YE，GREAT BRITAIN	汇票期限	30 DAY'S SIGHT
			出口口岸	SHANGHAI
			目的港	LONDON
			分批 NO 转运 YES	
	运费	FREIGHT PREPAID	装运期限	30-Nov-96
			有效期限	15-Dec-96

标记头	货物名称、规格、货号	包装及件数	数量	毛重（公斤）	净重（公斤）	单价	总价
E.C.P. LONDON 97MT45696	AIR BLOWN PUC SLIPPER & SANDAL						
	PT-001	50CTNS	1500PAIRS	1 150kg	900kg	$0.83	$1 245.00
	CF-101	50CTNS	1500PAIRS	1 150kg	900kg	$1.23	$1 845.00
	CF-301	50CTNS	1500PAIRS	1 150kg	900kg	$1.44	$2 160.00
	CF-501	70CTNS	2100PAIRS	1 610kg	1 260kg	$1.96	$4 116.00
	TOTAL:	220CTNS	6600PAIRS	5 060kg	3 960kg	$5.46	$9 366.00

信用证保险条款	COVERING FOR TOTAL INVOICE VALUE PLUS 10% AGAINST INSTITUTE CARGO CLAUSES（A）AND INSTITUTE WAR CLAUSES（CARGO）INCLUDING W/W CLAUSES	总尺码	19.125 立方米

注意事项		船名：	HAMBURG EXPRESS
		航次：	V.678
		提单号：	HL7867670
		开航约期	25-Nov-96
		H.S.CODE	6402.9900
		联系人/电话	李建国/65479689

第八章 国际货款结算

在国际贸易中，货款的收付是买卖双方的基本权利和义务。货款的收付直接影响到买卖双方的资金周转和融通，以及各种金融风险和费用的负担。因此，支付条款是关系到买卖双方利益的关键问题，双方进行磋商时应就支付条款达成一致意见，并在合同中列明。

我国对外贸易货款的收付，一般是通过外汇来结算。结算涉及货款及其从属费用计价、结算方式，以及收付的地点、时间和方式等，即对外贸易结算涉及结算工具与结算方式两个方面的内容。

第一节 票据

国际贸易货款的收付，采用现金结算的较少，大多使用非现金结算，即使用代替现金作为流通手段和支付手段的信贷工具来结算国际间债权债务。票据是现代国际结算中通行的结算和信贷工具。国际贸易中使用的票据主要有汇票、本票和支票，其中以使用汇票为主。

一、票据的概念及其特征

1. 票据的概念

票据是由债务人按期无条件支付一定金额，并且可以转让流通的有价证券。票据是在货币或商品的让渡中，为反映债权债务的发生、转移、偿付而使用的一种信用工具。它是适应商品经济发展的需要，在商品交换和信用活动中产生并发展起来的。

目前，在国际贸易中，直接使用现金结算的占很小的比重，而大量使用票据结算。票据作为可流通转让的债权凭证比现金的直接输出、输入来清偿国际间的债权和债务关系更具有优越性，因而成为国际通行的结算和信贷工具。不过，随着人类进入信息经济社会，网络技术的日趋普及，未来社会有以高科技手段取代票据的趋势。

2. 票据的性质

（1）有价性。票据是以货币金额为付给标的物的有价证券。票据权利的行使，以占有票据为必要；若票据丧失，持票人便无从提出对票据的权利。

（2）要式性。票据的做成，必须具备法定的必要条件，即必要项目及法定格式，才能产生票据的法定效力。

（3）流通性。票据做成之后，可以通过背书、交付而使其权利履行、转让、流通。

（4）无因债权性。票据是否成立完全不受其赖以产生的原因关系的制约。原因关系的无效不影响票据的效力，只要票据具备法定要式，票据行为即行成立，而不论其行为发生的原因。

3. 票据行为

票据行为是以承担票据上的债务为目的所做的必要形式的法律行为，以及票据处理中有专门规定的行为。《中华人民共和国票据法》（以下简称《票据法》）所规定的票据行为包括出票、背书、承兑和保证四种。其中，出票是主票据行为，自出票到兑付（或拒付）的其他行为都是以出票为基础衍生而来的，称为附属票据行为。

票据行为具有独立性。所谓独立性，是指票据在运动过程中，各票据行为独立承担票据的责任。

只要票据具有法定要式，前一票据行为的缺陷不影响后一票据行为的有效。因此，只要票据符合要式，票据行为的签名者均应以票据上所载文义为准独立承担票据责任。

二、票据的种类

（一）汇票

汇票（Bill of Exchange，Draft）在票据的各种类型中是一种最主要的票据，所包含的内容最为全面，并且在国际结算业务中使用最为广泛。

1. 汇票的定义

我国《票据法》第十九条为票据做出明确的定义："汇票是出票人签发的，委托付款人在见票时或者在指定日期无条件支付确定的金额给收款人或者持票人的票据。"

英国《票据法》对汇票的定义为：汇票是"由一人签发给另一人的无条件书面命令，要求受票人见票时或于未来某一规定的或可以确定的时间，将一定金额的款项支付给某一特定的人或其指定的人，或持票人"。

2. 汇票的基本内容

各国票据法对汇票内容的规定不同，但其主要项目和内容是基本一致的。汇票的基本内容如图 8-1 所示。

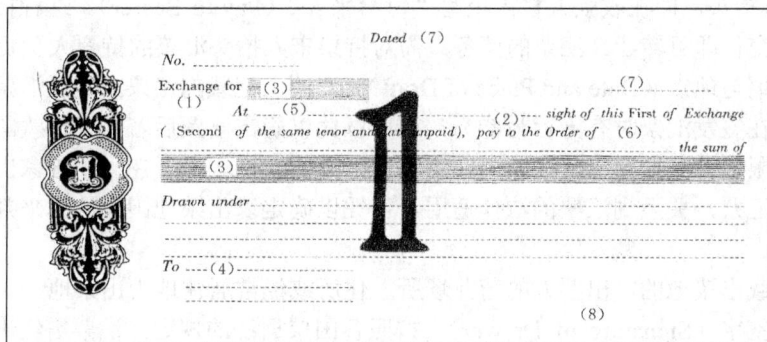

图 8-1　汇票样本

（1）载明"汇票"字样。如"Exchange for""Draft"等，目的在于明确票据的种类，使汇票与本票、支票等其他结算工具相区别。

（2）无条件支付的命令。因为汇票是出票人指定付款人支付给收款人的无条件支付命令书，所以支付不能受到限制，也不能附带任何条件。因此只能用无条件支付命令的文句，而不能用不是命令或带有条件的文句。

（3）汇票金额。汇票上金额的文字大写和数字小写同时记载，并且两者要完全一致，否则汇票无效。汇票金额不许涂改或盖校对章。汇票金额不得超过信用证金额，除非信用证金额前有"大约"或类似字样者。汇票金额应与发票金额完全一致。

（4）付款人姓名及付款地点（Drawee and Place of Payment）。汇票上付款人的名称、地址必须书写清楚，以便持票人按汇票指示向付款人提示承兑或付款。付款人必须承担支付全部汇票金额的责任。付款人名字旁的地点就是付款地点。它是汇票金额支付地，也是请求付款地，或拒付证书做出地。

汇票上未记载付款地的，付款人的营业场所、住所或经常居住地为付款地。

（5）付款期限（Tenor of Payment）。付款期限又称付款到期日，是付款人履行付款义务的日期。汇票的付款期限包括即期和远期两大类。

我国《票据法》规定的付款期限的记载形式有以下四种。

① 见票即付（At Sight）。它是指汇票上记载"At Sight"字样，付款人一经持票人提示汇票即履行付款责任。

② 定日付款（Fixed Date）。它是指在汇票上订明在某年某月某日付款，又称"板期汇票"，属远期汇票的范畴。

③ 出票后定期付款（After Date）。它是指汇票上记载自出票日起经过一定期限付款，又称"计期汇票"，属远期汇票的范畴。

④ 见票后定期付款（After Sight）。它是指汇票上记载自付款人承兑之日起经过一定期限付款，又称"注期汇票"，属远期汇票的范畴。

汇票上未记载付款日期的，为见票即付。

（6）收款人（Payee）。又称汇票抬头人。汇票上的收款人是主债权人，必须明确记载。有以下三种写法：

① 限制性抬头。这种类型多是出票人不愿意把债权债务的关系转移到第三者手里。在收款人栏中填"限付给××人"（Pay to ××only）或"限付给××人，不许转让"（Pay to ××only not transferable）。这种抬头的汇票不能转让和流通。

② 指示性抬头。即在收款人栏中填"付给××公司或指定人"（Pay to ××Co. or Order），"付给××人的指定人"（Pay to the Order of××）。

③ 持票来人抬头。即在收款人栏内填写"付给来人"（Pay to Bearer）。这种抬头的汇票无须持票人背书，仅凭交付即可转让。汇票的债务人需对持票来人抬头汇票的持票人负责。

（7）出票日期与地点（Date and Place of Draft）。汇票上记载的出票人签发汇票的日期，不仅可凭以确定出票人在签发汇票时有无行为能力，还可以凭以确定出票后若干天付款的远期汇票的付款到期日、提示期限、承兑期限等。汇票上注明签发汇票的地点。对于在一个国家出票，而在另一个国家付款的国际汇票，关系到汇票的法律适用，可凭以确定以出票地国家法律来判断汇票是否要式具备而有无效力。

汇票上未记载出票地的，出票人的营业场所、住所或经常居住地为出票地。

（8）出票人签字（Signature of Drawer）。按照各国票据法的规定，汇票需经出票人签字后方能生效。出票人签字后即承担汇票的责任。若汇票的出票人是公司法人，则由其授权人签名。伪造签字或未经授权签字的汇票，即视为无效。

汇票上除记载法定记载事项外，还可以记载一些其他内容，例如，利息条款、付一不付二、禁止转让、免除做拒付证书、汇票编号、出票条款等。

3. 汇票的种类

从不同的角度划分，汇票可分为以下类型。

（1）按出票人的不同，汇票可以分为银行汇票（Bank's Draft）和商业汇票（Commercial Draft）。

银行汇票的出票人和付款人都是银行。银行签发汇票后，一般交汇款人，由汇款人寄交国外收款人向汇票指定的付款银行取款。出票行签发汇票时，必须同时将付款通知书寄给付款行，以便付款行在收款人持票取款时核对。银行汇票一般为光票，不随附货运单据。

商业汇票的出票人是商号或个人，付款人可以是商号或个人，也可以是银行。在国际贸易中，出口商装运货物后，签发商业汇票，并附以其他有关单据，委托银行向国外进口商收取货款。商业汇票的出票人不必向付款人寄送付款通知书。

（2）按付款时间的不同，汇票可分为即期汇票（Sight Draft, Demand Draft）和远期汇票（Time Draft, Usance Draft）。

即期汇票又称即期付款汇票，是指在持票人提示或付款人见票时应立即付款的汇票。

远期汇票又称定期付款的汇票。它是在一定期限或特定日期付款的汇票。这种汇票需由持票人向付款人提示，要求承兑，以便明确承兑人到期的付款义务。远期汇票付款日期的表示必须肯定。

（3）按照有无附属单据，汇票可分为光票（Clean Draft）和跟单汇票（Documentary Draft）。

光票是不附带货运单据的汇票。光票的流通完全依靠人的信用。当事人信用较好的汇票易于在市场上流通。银行汇票多是光票。在国际结算中，除少量用于货款结算外，一般仅限于贸易从属费用、货款尾数、佣金等的托收或支付时使用。

跟单汇票是附带货运单据（主要包括发票、提单、装箱单、产地证和保险单等单证）的汇票。跟单汇票除有人的信用外，还有物的保证。国际贸易结算中的汇票大多采用跟单汇票。

（4）按承兑人的不同，汇票可分为商业承兑汇票（Commercial Acceptance Draft）和银行承兑汇票（Banker's Acceptance Draft）。

商业承兑汇票是由商号或个人作为付款人并承兑的远期汇票。商号或个人承兑后即承担了汇票到期支付的法律责任，因而属商业信用。

银行承兑汇票是由银行作为付款人并承兑的远期汇票。银行承兑后即承担了汇票到期支付的法律责任，因而属银行信用。

一份汇票通常同时具备几种属性，例如一份商业汇票，可以同时又是即期的跟单汇票或远期的银行承兑跟单汇票或远期的商业承兑跟单汇票。

4. 汇票的票据行为

汇票的流通和使用过程系由汇票的出票、提示、承兑、付款、背书、贴现、拒付和追索等一系列票据行为所构成，每一票据行为必须要式具备。汇票的流通使用程序如图 8-2 所示。

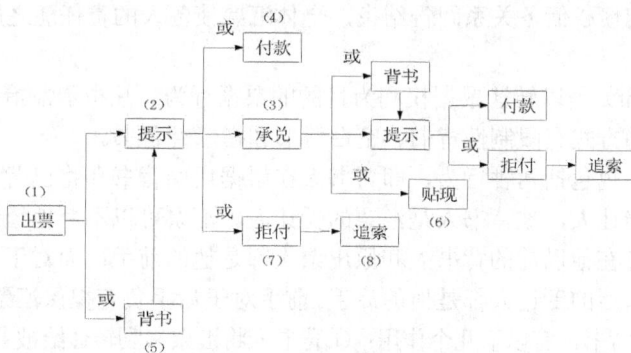

图 8-2　汇票的流通使用程序图

（1）出票

出票（Issue）是创设票据的行为。汇票上的权利、义务均由出票而产生，因而出票是主票据行为。

出票包括出票人按法定要式制作汇票并签字和将汇票交付给收款人两种行为。所谓交付是物权的自愿转移，指汇票的持有从一个人转移到另外一个人的行为。如果仅有出票人制成汇票并签名而未经交付，出票这一票据行为是不完整的。只有出票人将汇票交付出去，出票才告结束，汇票即生效。

汇票一经出票，出票人即为债务人，对收款人或持票人承担该汇票应被付款人承兑和付款的责任，而收款人即享有汇票上的所有权利。

（2）提示

提示（Presentation）是持票人向付款人出示汇票，要求其承兑或付款的行为。在汇票可以背书转让的情况下，付款人并不知道汇票已流转到何人手中，因此，持票人要想取得票款，必须向付款人提示汇票。

提示可以分为两种：①付款提示，即期汇票或已承兑的远期汇票的持票人向汇票付款人提示要求付款；②承兑提示，远期汇票的持有人向付款人提示要求承兑。

付款提示和承兑提示都应在法定期限内进行，各国票据法对此都做出了规定。至于提示地点，持票人应在汇票规定的付款地点进行提示；若汇票未载明付款地点，持票人可直接对付款人进行提示。

（3）承兑

承兑（Acceptance）是远期汇票的付款人承诺负担票据债务的行为。

承兑包括两种行为：①付款人在汇票正面注明"承兑"字样，并加注承兑日期和签名；②承兑人承兑汇票后，将汇票交还持票人，以供持票人在汇票到期日再次向承兑人提示付款。国际银行惯例是向持票人发出承兑通知书。

汇票一经承兑，付款人即成为承兑人，也即汇票的主债务人，必须承担汇票到期无条件付款的责任，而出票人和其他背书人退居于次债务人的地位。若承兑人在汇票到期日拒绝付款，持票人可直接对他提起诉讼；反之，若付款人拒绝承兑汇票，他并不承担对汇票到期付款的法律责任，持票人只能对前手背书人及出票人追索。此外，承兑不得附有条件，否则将视为拒绝承兑。

（4）付款

票据的最终目的是凭以付款。付款（Payment）是付款人或承兑人对到期票据正当付款以结束票据上一切债权债务关系的行为。所谓正当付款，即指付款人或承兑人在到期时善意地付款给持票人，而不知道持票人的权利有无欠缺之处。如果不是由付款人或承兑人正当地付款，而是由出票人或背书人付款，则付款人或承兑人对汇票的债务还没结束，出票人仍可强令其付款。持票人应以背书之连续证明他是票据的正当权利人。

持票人取得付款时，应当在汇票上签收，或另外出立收款的凭证，并将汇票交付付款人。持票人委托银行收款时，由接受委托的银行将汇票金额转账持票人账户并代为签收。

至此，汇票上一切债权债务关系即告结束，全体汇票债务人的责任随之解除。

（5）背书

背书（Endorsement）是以转让票据权利为目的的票据行为。凡指示性抬头的汇票必须以背书的方式进行转让。背书的方式有限制性背书、空白背书和指示性背书。

背书和出票一样，也包括两种行为，即背书人在票据后面背书和将已背书的汇票交付与被背书人。背书人是汇票的出让人，被背书人是汇票的受让人。汇票可以不断地经过背书连续转让下去。对于受让人来说，所有在他以前的背书人和原出票人都是他的前手；而对于出票人和出让人来说，所有在他交付或出让以后的受让人都是他的后手。前手对于后手负有担保汇票必然会被付款的责任。

为转让权利而做的背书，有以下几个作用：①背书人将汇票权利转让给被背书人。被背书人作为汇票的受让人，有权取得背书人的所有权利。②背书人对所有的后手担保汇票必然会被付款或承兑。③背书人向被背书人证明背书前手签字的真实性，并且以背书的连续性证明其权利的正当性及汇票的有效性。

（6）贴现

贴现（Discount）是指持有远期汇票的人若想在付款人付款前取得票款，可以经过背书将汇票转让给贴现的银行或金融公司（即受让人），由他们按票面金额扣除一定贴现利息后，将余额付给持票人（即出让人）的行为。一般贴现的目的是汇票持有人为提前取得票款以加速资金周转。

（7）拒付

拒付（Dishonor）也称退票。拒付包括拒绝承兑和拒绝付款两项内容。当持票人向付款人提示汇票要求承兑遭到拒绝时，构成拒绝承兑；当持票人提示汇票要求付款遭到拒绝时，构成拒绝付款。另外，承兑人或付款人死亡、逃匿的，承兑人或付款人被依法宣告破产的，或因违法被责令终止业务活动而使持票人不能得到承兑或付款的，事实上也已构成拒付。

汇票遭到拒付，持票人立即产生追索权，他有权向背书人和出票人追索票款。

付款人对远期汇票拒绝承兑，或对即期汇票拒绝付款，并不使他对持票人负有《票据法》上的责任；但是，若付款人对远期汇票承兑后到期又拒付，就不仅可被持票人追诉，也可被出票人追诉。

（8）追索

持票人有权对其前手请求偿还汇票金额，即追索（Recourse）。持票人享有的这项权利即追索权（Right of Recourse）。正当持票人可不依背书次序，越过其前手，而对债务人（出票人、背书人、承兑人）中的任何一人追索。被追索者付讫票款后，即取得持票人的权利，得再向其他债务人行使追索权，直到出票人为止。如汇票已经过承兑人承兑，则出票人还可以向法院起诉，要求付款。

追索的票款应包括：

① 汇票金额，包括汇票规定的利息；

② 汇票到期日至实际付款日的利息；

③ 支付的追索费用，取得拒付证书和发出拒付通知的费用等。

行使追索权的条件包括：

① 持票人必须在法定期限内向付款人提示票据。未经提示，持票人不能对前手行使追索权。

② 持票人必须在拒付后的法定期限内及时向其前手发出拒付通知，并将拒付事实通知其前手；被通知者再通知其前手，直至出票人。发出拒付通知的目的是使汇票上的所有债务人及时得知拒付事实，以做好偿付被追索票款的准备。有些国家的法律很重视拒付通知，规定持票人若不及时发出拒付通知，即丧失其追索权。

③ 汇票遭到拒付时，持票人为了行使追索权，必须在法定期限内做出拒付证书（Protest）。拒付证书是一种由拒付地的法定公证人或其他依法有权做出这种证书的机构，例如，法院、银行公会，甚至邮局等所做的证明付款人拒付的文件。它是持票人凭以向前手追索的法律依据。持票人请公证人等做成拒付证书，应先将汇票交出，由公证人持向付款人再做提示；再遭拒绝后，公证人即按规定格式做成一张证明书，连同汇票一并交还持票人，持票人据以向前手行使追索权。若汇票注明"免做拒付证书"，持票人则可免做拒付证书。

汇票的出票人或背书人为了避免承担被追索的责任，他可以在出票时或背书时加注"不受追索"（Without Recourse）字样，但这种票据在市场上难以流通转让。

【案例8-1】远期票据遭拒付案

甲交给乙一张经付款银行承兑的远期汇票，作为向乙订货的预付款，乙在票据上背书后转让给丙以偿还原先欠丙的借款，丙于到期日向承兑银行提示取款，恰遇当地法院公告该行于当天起进行破产清理，因而被退票。丙随即向甲追索，甲以乙所交货物质次为由予以拒绝，并称10天前通知银行止付，止付通知及止付理由也同时通知了乙。在此情况下丙再向乙追索，乙以汇票系甲开立为由推委不理。丙遂向法院起诉，被告为甲、乙与银行三方。你认为法院将如何依法判决？理由何在？

[案例评析]

法院应判甲向丙清偿被拒付的汇票票款、自到期日或提示日起至清偿日止的利息，以及丙进行追索所支付的相关费用。甲与乙的纠纷则另案处理。

理由：（1）由于票据具有流通性、无因性、文义性、要式性，因此只要丙是票据的合法持有人，就有权要求票据债务人支付票款，并且此项权利并不受其前手乙的权利缺陷（甲交付的货物质次）的影响；（2）丙在遭到主债务人（承兑银行）退票后，即有权向其前手进行追索，也可以直接向当前主债务人（出票人）追索。同样由于票据特性，甲不能以抗辩乙的理由抗辩丙。

除上述出票、背书、提示、承兑、付款、拒付、追索等票据行为外，汇票在使用和流通过程中，有时还会产生承兑、保证等其他票据行为。

（二）本票

本票（Promissory Note）和汇票在许多方面相同或相似。汇票中有关出票、背书、提示、付款、拒付及追索等票据行为的法律规定均适用于本票。

1. 本票的定义

英国《票据法》关于本票的定义是："本票是一人向另一人签发的，保证即期或定期或在可以确定的将来时间，对某人或其指定人或持票来人支付一定金额的无条件书面承诺。"

我国《票据法》关于本票的定义是："本票是出票人签发的，承诺自己在见票时无条件支付确定的金额给收款人或者持票人的票据。"

简言之，本票是出票人对持票人承诺无条件支付一定金额的票据。

2. 本票的必要项目

一般来说，本票必须具备以下项目：（1）写明其为"本票"字样；（2）无条件支付承诺；（3）收款人或其指定人；（4）出票人签字；（5）出票日期和地点；（6）付款期限（未载明付款期限者，视为见票即付）；（7）一定货币金额；（8）付款地点（未载明付款地点者，出票地视为付款地）。

3. 本票的种类

本票可按出票人的不同分为商业本票和银行本票两种。

（1）商业本票。商业本票（Commercial Promissory Note）又称一般本票（General Promissory Note），出票人一般是公司、商号或个人。商业本票根据付款时间的不同，又可分为即期本票和远期本票。即期本票就是见票即付的本票，而远期本票则是承诺于未来可以规定的或可以确定的日期支付票款的本票。由于本票是无条件的付款承诺，出票人就是付款人，所以这种远期本票不需要办理承兑手续，这点与远期汇票不同。但是，对于见票后确定付款日期的本票，持票人需要事先向出票人提示"签见"以确定付款日期。

（2）银行本票。由银行签发的本票为银行本票（Banker's Promissory Note，Cashier's Order）。银行本票只有即期的。银行本票如果开成不记载收款人的本票，或来人抬头本票，即可代替现钞流通。为了限制银行本票的签发，控制通货膨胀，有的国家对本票的发行规定最低限额，只许开出一定金额以上的大额本票，以免当作纸币在市场上流通；有的国家则禁止发行来人抬头的银行本票，从而稳定金融市场。在国际贸易结算中使用的本票，大都是银行本票。

我国《票据法》规定："本法所称本票，是指银行本票"，所以在我国不承认银行以外的企事业、其他组织和个人签发的本票。此外，我国《票据法》还规定："本票出票人的资格由中国人民银行审定"，说明在我国不是所有的银行都可签发本票。

【例 8-1】银行本票范例

ASIA INTERNATIONAL BANK, LTD.
18 Queen's Road，Hongkong
CASHIER'S ORDER

Hongkong，Aug. 8,2007

Pay to the order of Dockfield ＆ Co.··
the sum of Hongkong Dollars Eighty Thousand and Eight Hundred Only. ···············

··

For Asia International Bank，Ltd.

HK＄80 800.00

Manager

（三）支票

在国际贸易中，支票（Cheque，Check）常代替现钞作为一种结算工具而加以使用。

1. 支票的定义

英国《票据法》关于支票的定义是："支票是以银行为付款人的即期汇票。它是银行存款人（出票人）对银行（付款人）签发的授权银行对某人或其指定人或持票来人即期支付一定金额的无条件书面背书命令。"

我国《票据法》关于支票的定义是："支票是出票人签发，委托办理支票存款业务的银行或其他金融机构在见票时无条件支付确定的金额给收款人或者持票人的票据。"

2. 支票的必要项目

支票必须具备以下几项项目：（1）写明其为"支票"字样；（2）无条件支付命令；（3）付款银行名称和地点；（4）出票人签字；（5）出票日期和地点（未写明出票地点者，出票人名字旁的地点为出票地）；（6）付款地点（未写明付款地点者，以付款银行所在地为付款地点）；（7）写明"即期"字样，如未写明即期者，仍视为见票即付；（8）一定金额；（9）收款人或其指定人名称。

3. 支票的种类

（1）按抬头的不同性质，可分为记名支票、不记名支票。记名支票（Check to Order）是在支票的收款人一栏内写明具体收款人姓名，如"限付××人"，取款时需由收款人签章。不记名支票（Check to Bearer），又称空白支票。这种支票上不记载收款人姓名，只写"付持票人"（Pay Bearer），持票人无须在支票上签章即可支取票款。

（2）按支票本身的基本特征，可分为划线支票、保付支票、空头支票等。

划线支票（Crossed Check）。为防止支票的遗失、被窃及冒领等意外情况的发生，出票人或持票人可在支票正面左上角划出两道平行线，即成为划线支票。未划线支票则为一般支票。划线支票与一般支票不同，一般支票可以委托银行收款，也可由持票人自己提取现款；而划线支票只能委托银行收款。由于划线支票只能用于银行间收付，不易被冒领票款，即使支票被遗失或被窃，失票者还可以通过银行代收的线索查出冒领者，追回票款，从而保障了持票人和出票人的利益安全。

保付支票（Certified Check）。为了避免出票人开出空头支票，保证在支票提示时付款，支票的收款人或持票人可以要求银行对支票"保付"（To Certify）。保付是由付款银行在支票上加盖"保付"戳记，以表明在支票提示时一定付款。支票一经保付，付款责任即由银行承担，付款银行就成为主债务人，而出票人、背书人都可免于追索。付款银行对支票保付后即将票款从出票人账户转入另一账户，以备付款，所以保付支票提示时，不会退票。

空头支票。它是指出票人在超过其银行存款额或透支限额时而签发的不能从银行提取款项的支票。签发空头支票是被各国法律所禁止的。

在我国出口贸易中采用票汇方式付款时，偶尔会收到国外进口商寄来的支票作为付款凭证。

【例 8-2】一般支票范例

Cheque for　£10 000.00 London, 30th, May, 2007
Pay to the order of United Trading Co.
The sum of **TEN THOUSAND POUNDS**
To: Midland Bank
London
For ABC Corporation
London
（Signed）

（四）汇票、本票、支票的异同比较

汇票、本票、支票的异同点详见表 8-1。

表 8-1　　　　　　　　　　　汇票、本票、支票的异同点

种类	汇票	本票	支票
作用	支付、信用两种作用	支付、信用两种作用	仅有支付作用
性质	委托支付证券。出票人给予付款人无条件支付命令，二者之间不必先有资金关系	自付证券。出票人约定自己付款，是一种无条件付款承诺	委托支付证券。出票人与付款人之间先有资金关系，支票只是一种提款的证券
当事人	出票人、收款人、付款人	出票人、收款人	出票人、收款人、付款人
主债务人	承兑前是出票人，承兑后是承兑人	出票人	出票人
付款人	承兑人、保证人、参加付款人	出票人	具有一定资格的银行或者其他金融机构
出票人责任	担保承兑和付款	自负付款责任	担保付款
种类	1. 即期汇票和远期汇票。远期汇票需提示承兑和办理承兑手续 2. 商业汇票和银行汇票	商业本票和银行本票。商业本票有即期和远期之分，远期本票不需要承兑	只有即期支票 无须承兑
份数	一套（一式两份或数份），有副本	一份正本，无副本	一份正本，无副本
相同要求	出票、背书、付款、追索权、拒付证书		

第二节

结算方式

结算方式根据资金的流向与结算工具的传递方向，可以分为顺汇和逆汇两种方法。顺汇是由债务人或付款人主动通过银行将款项支付给债权人或收款人的结算方式，因其资金的流动方向与结算工具的传递方向相同，故称为顺汇，如汇付。逆汇是由债权人以出具票据的方式，委托银行向国外债务人收取款项的结算方式，因其资金的流动方向与结算工具的传递方向相反，故称为逆汇，如托收和信用证业务。

国际贸易中使用的结算方式是在长期的国际贸易业务实践中产生和发展起来的。当前国际货物买卖中使用的结算方式主要是汇付、托收和信用证三种。这三种方式虽然都是通过银行办理，但银行的作用并不相同。在汇付和托收方式下，银行不承担进口人付款和出口人提供货运单据的任务，而是由买卖双方根据贸易合同相互提供信用，所以属商业信用；而信用证是银行有条件的保证付款的凭证，属银行信用。

一、汇付

汇付（Remittance）即汇款，是债务人或付款人通过银行，将款项汇交债权人或收款人的结算方式。在对外贸易中采用汇付方式结算货款时，卖方将货物发运给买方后，有关货运单据由卖方自行寄送买方；而买方则径直通过银行将货款汇交给卖方；银行只涉及款项划拨，不处理单据。

（一）汇付方式的当事人

汇款方式涉及四个基本当事人，即汇款人、收款人、汇出行和汇入行。

汇款人（Remitter）即汇出款项的人。在进出口贸易中，汇款人通常是进口商。

收款人（Payee or Beneficiary）即收取款项的人。在进出口贸易中，收款人通常是出口商。

汇出行（Remitting Bank）即受汇款人的委托汇出款项的银行。在进出口贸易中，汇出行通常是进口地的银行。

汇入行（Receiving Bank）即受汇出行委托解付汇款的银行，又称解付行（Paying Bank）。在进出口贸易中，汇入行通常是出口地银行。

汇款人在委托汇出行办理汇款时，要出具汇款申请书。此项申请书是汇款人与汇出行之间的契约。汇出行有义务按照汇款申请书的指示，用信汇、电汇或票汇方式通知汇入行。汇出行与汇入行之间，事先订有代理合同，在代理合同规定的范围内，汇入行对汇出行承担解付汇款的义务。

（二）汇付方式的种类及其流转程序

国际通用的汇付方式有电汇、信汇和票汇三种。不同的汇付方式对于卖方收汇的时间和买方的费用负担有不同的影响。所以，在采用汇付时，应就汇付的具体方式做出明确规定。

1. 电汇

电汇（Telegraphic Transfer，T/T）指汇出行应汇款人的委托和申请，拍发加密电报或电传给其在国外的分行或代理行（汇入行），指示其解付一定金额给收款人的一种汇款方式。

汇出行在发电后，为防止传递电文有误，通常还应立即以航空信件向汇入行寄发"电汇证实书（T/T Confirmation）"，供汇入行查对。

电汇方式具有收款快捷、资金安全的优点，但汇款人要承担较高的国际电信费。

2. 信汇

信汇（Mail Transfer，M/T）是汇出行应汇款人的委托和申请，用邮寄信汇委托书或支付委托书的方式，授权汇入行解付一定金额给收款人的一种汇款方式。

相对于电汇，信汇方式费用较低廉，但邮寄速度慢，收款人收款较迟。

电汇和信汇的收付程序如图 8-3 所示。

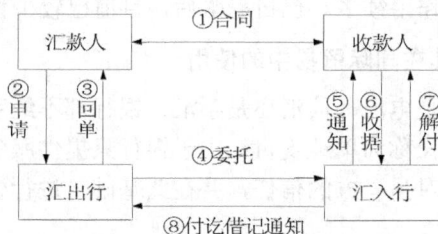

图 8-3　电汇与信汇方式收付程序图

说明：①买卖双方订立合同，并规定采用电汇/信汇方式付款。②汇款人填写电汇/信汇申请书，委托汇出行使用电汇/信汇方式汇款；同时，向汇出行交付金额款项，并支付相关费用。③汇出行交汇款人回单。④汇出行根据电汇/信汇申请书的指示，向汇入行电发电汇通知单/航邮信汇委托书，委托汇入行向指定收款人解付汇款。电汇方式下，汇出行在使用电报电传时要注意加注与汇入行事先约定的密押（Test Key）；信汇方式下，委托书需有有权签字人员的签名或印鉴。⑤汇入行在收到电报电传/信汇委托书并核对密押/签名或印鉴无误后，向收款人发出汇款通知。⑥收款人出示凭据和适当证明文件向汇入行取款。⑦汇入行付款。⑧汇入行向汇出行收回垫款或邮寄付讫借记通知进行转账，并将凭据交汇出行或转交汇款人，作为款项已付的凭证。

3. 票汇

票汇（Remittance by Banker's Demand Draft，D/D）是指汇出行应汇款人的申请，开立以汇出行的海外分行或代理行为付款人的银行即期汇票，列明收款人名称、金额等，交由汇款人自行寄交给收款人，再由收款人凭票向付款行取款的一种汇付方式。

票汇的收付程序如图 8-4 所示。

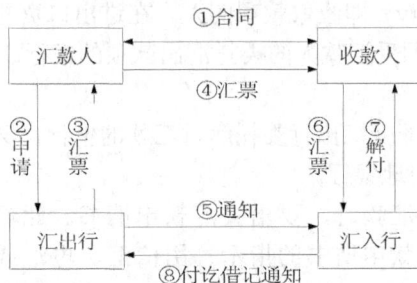

图 8-4　票汇收付程序图

说明：①买卖双方订立合同，并规定采用票汇方式付款。②汇款人填写票汇申请书后，向汇出行交付金额款项及支付一定费用。③汇出行向汇款人开出以其分行或代理行为付款人的银行即期汇票，列明收款人名称、汇款金额等。④汇款人自行将银行即期汇票寄给收款人。⑤汇出行在开出汇票的同时，要向付款行邮寄一份票汇通知书（通常称票根），以供付款行核对。⑥收款人收到汇票后，需先在汇票上背书，然后向汇入行提示汇票，要求付款。⑦付款行核验收款人身份后，对其付款。⑧付款行向汇出行邮寄付讫借记通知并进行转账。

票汇与电汇、信汇有两点不同：（1）结算工具——汇票的传递不通过银行，汇入行即汇票的付款行无须通知收款人取款，而由收款人自行持票向汇入行提示，请求解付票款；而电汇、信汇的汇入行在收到汇出行的委托或支付通知书后，必须通知收款人取款。（2）票汇的收款人可以通过背书转让汇票，到银行领取汇款时，很可能不是汇票上的收款人本人或其委托代收的往来银行，而是其他人，因此，票汇方式可能涉及较多的当事人；而电汇、信汇的收款人不能将收款权转让，所以涉及的当事人较少。

采用票汇方式时，银行利用汇款资金的平均时间较电汇、信汇长，因为汇票在到达付款行手中时，可能经过许多人的转让。因此，票汇为银行提供了更多的利润，手续费也相对要低些。

无论采用电汇、信汇还是票汇，其所使用的结算工具（委托通知或汇票）的传送方向与资金的流动方向相同，因此都属于顺汇。从付款速度看，电汇最快，信汇次之，票汇历经环节多，因而最慢。所以，电汇最受卖方欢迎，也是目前采用的主要汇付方式，但银行收取的费用也最高。而信汇方式由于资金在途时间长，操作手续多，已日趋落后，目前已较少使用。

（三）汇付方式的性质及其在国际贸易中的使用

在国际贸易支付中，无论是电汇、信汇还是票汇，银行都不经手货运单据，而由出口人自行寄交进口人，所以这种结算方式又称为单纯支付。由于银行只提供服务而不提供信用，使用汇付方式完全取决于买卖双方中的一方对另一方的信任，并在此基础上进行资金流通，因此，汇付属商业信用性质，风险较大。

在国际贸易中，以汇付方式结算买卖双方债权债务时，根据货款汇付和货物运送时间顺序的不同，汇付可分为先付款后交货和先交货后付款两种。

1. 预付货款和随订单付款

预付货款（Payment in Advance）是指卖方（出口商）要求买方（进口商）先将货款的全部或一部分通过银行采用电汇、信汇或票汇的方法汇交卖方。卖方收到货款后，根据买卖双方事先签订的合同，在一定时间内或立即将货物发运至买方的结算方式。

预付货款方式对出口商来说，是预收货款，风险小并可以利用对方资金，所以对出口商最为有利。但对进口商来说，预付货款不但积压了资金，而且要承担出口企业可能不按合同规定交货的风险。进口商为了保障自己的权益，减少预付货款的风险，一般要通过银行与出口商达成解付款项的条件协议，常称为"解付条件"。其内容是：收款人取款时，要出具银行保函，担保在收款后如期履行交货义务，否则退还已收到货款并加付利息。还有一种做法，是进口商要求出口商给予折扣或取得优惠价，以抵补预付货款造成的资金损失。

预付货款往往用于以下情况：①买卖的商品是进口商市场上急需的抢手货，进口商为取得高额利润，不惜预付货款；②进出口双方关系十分密切，有时进口商是出口商在国外的联号；③卖方货物紧俏，但卖方对买方资信不了解，为了收汇安全，卖方提出预付货款作为发货的前提条件。

随订单付款（Cash with Order），是指买方把现金或银行汇票随订单一起寄给卖方。此方式多应用于客户提出特殊加工要求的特殊商品，如手工艺品等，或是小额贸易。买方对于那些市场畅销而又稀缺的商品，也乐意采用这种方法以优先取得供应。

2. 货到付款

货到付款（Payment after Arrival of Goods）的做法正好与预付货款相反，是指在签订合同后，出口商先发货，进口商收到货后立即或在一定时期内将货款汇给出口商的一种结算方式。

采用货到付款方式，对买方极为有利；而对卖方来说，不仅要占压资金，还要承担货物已发出而货款不能收回或不能按时收回的风险。此种付款方式对卖方风险较大。采用货到付款时，出口商为了减少自己收汇的风险，有时在合同条款中规定买方需向卖方缴纳一定数额的押金，或者在卖方指定的银行存有一定额度的存款作为担保金。但这种做法不利于买方资金周转，故难为买方接受。较多的做法是在合同条款中写明："如买方不履行付款或不按时付款，应负责赔偿卖方由此而造成的一切损失。"

货到付款常用于记账交易（Open Account，O/A）、寄售（Consignment）等贸易方式中。记账贸易通常是指交易双方达成协议，由卖方先行向买方发运货物，货款一季、半年或一年结算。以记账方式结算货款时，通常货物的价格以及付款时间均是确定的。寄售则是出口商先将货物运至国外，委托国外商人在当地市场按照事先规定的条件代为出售，买方要等到货物售出后才将货款汇给卖方。

采用货到付款方式的主要原因有：新产品销售、拓展新市场；大公司内部交易。

3. 凭单付汇

凭单付汇（Remittance against Documents）是进口人通过银行将款项汇给出口人所在地银行（汇入行），并指示该行凭出口人提供的某些商业单据或某种装运证明即可付款给出口人。汇入行根据汇出行的指示向出口人发出汇款通知书，作为有条件付汇的证明。

这种方式较之一般的汇付方式对买卖双方都有保证作用，容易为进出口双方所接受。对进口人来说，凭单付汇是"有条件的汇款"，要比在预付汇款时多了一层保证，可以防止出口人支取货款后不交货或不按合同的有关规定交货；而对出口人来说，只要及时按合同交货，便可立即凭货运单据和其他单据向汇入行支取全部货款。但是，由于汇款在尚未被收款人支取之前是可以撤销的，进口人有权在出口人向汇出行交单取款前通知银行将汇款退回。所以，出口人在收到汇入行的汇款通知后应尽快发运货物，并及时向汇入行交付单据支取货款。

凭单付汇适用于现货商品交易或空运交易，进口人由此可迅速取得货物，资金易于周转。

4. 凭单付现

凭单付现（Cash against Documents，CAD）是指交易双方采取"一手交钱、一手交单"的结算方法。通常的做法是出口方在发货之后将代表货物所有权的凭证——货运单据寄交进口人所在地的代理人或直接交给进口人，进口人在收到货运单据后即用电汇或其他形式将货款汇给出口人。这种单到付款的方式对于出口人来讲，在很大程度上减少了货到付款时的资金负担，收款时间也大大加快。但出口人还是要承担寄交单据后进口人不付款的风险。因此，凭单付现的另一种做法是出口人在发运货物取得代表物权的货运单据后将单据传真给进口人，进口人收到传真后立即以电汇方式将货款汇交出口人，出口人在收到电汇款项后将货运单据寄交进口人。这种款到交单的做法可以大大降低出口人的收款风险，但进口人也许会面临付款后无法获得货运单据的风险。

5. 付现提货

付现提货（Cash on Delivery，COD）是指卖方将货物运出，货物到达目的地时，买方需将全部货款交付卖方或其代理人，才可取得货物。国际贸易中采用此种付款方式的甚为少见，一般仅见于空运出口情况。买卖双方约定以 COD 方式付款，卖方托运货物时，委托承运人代收货款，航空公司将货物运到目的地后，即通知买方付款提货，然后再由航空公司将代收货款转交卖方。

二、托收

（一）托收的定义

托收（Collection）是指债权人（一般为出口商）开具汇票，委托本地银行通过它在进口地的分行或代理行向债务人（一般为进口商）收取货款的一种结算方式。由于使用的结算工具（托收指示书和汇票）的传送方向与资金的流动方向相反，所以，托收方式属于逆汇。

（二）托收方式的当事人

托收方式的基本当事人有四个，即委托人、托收行、代收行和付款人。

委托人（Principals）是委托银行办理托收业务的人，是债权人。由于委托人通常开具汇票委托银行向国外债务人收款，所以也是汇票出票人。

托收行（Remitting Bank）是受委托人委托办理托收的银行，通常是出口地银行。按照一般国家的银行做法，委托人在委托银行办理托收时，需附具一份托收委托书，在托收委托书中明确各种提示。银行接受委托后，则按照委托书的提示内容办理托收。

代收行（Collecting Bank）是指接受托收行的委托向付款人收取票款的银行，通常是进口地银行，并且多数是委托行在进口地的分行或代理行。

付款人（Payer）是指汇票中指定的付款人，也就是代收银行向之提示汇票和单据的债务人，通常是进口商。

除了上述基本当事人外，采用托收方式还可能有提示银行和需要时的代理两个当事人。

提示银行（Presenting Bank），是指向付款人提示汇票和单据请求其付款的银行。通常，代收行就兼有提示的责任，但有时代收行可以委托与付款人有往来账户关系的银行作为提示行。

需要时的代理（Principal's Representative in Case of Need）是委托人为了防止因为付款人拒付而发生无人照料货物情形而在付款地事先指定的代理人。这种代理人通常只被授权当发生拒付时代为料理货物存仓、转售或运回等事宜。按《托收统一规则》规定，委托人如需制定需要时的代理人，应对授予该代理人的具体权限在托收申请书和托收委托书，统称托收指示书（Collection Order）中做出明确和充分的指示。否则，银行对需要时的代理人的任何指示可以不予受理。

上述委托人与托收银行的关系以及托收银行与代收银行的关系都是委托代理关系。不同之处在于，前者委托的内容以及双方承担的责任范围，都需在托收委托书中列明；而后者双方之间通常订有代理合同。付款人和代收行之间不存在任何契约关系，付款人也不受代收行的任何约束。付款人之所以向代收行付款，是根据代收行或提示行所提示的汇票及其他托收单据或凭证而履行付款的责任。如果付款人拒付，代收行除将拒付情况通知托收行并由托收行通知委托人外，不负付款责任。

（三）托收的种类及其流转程序

在托收业务中，银行处理的单据有两类：一类是资金单据，另一类是商业单据。前者指的是汇票、期票、支票、付款收据或其他取得付款的类似凭证，而后者指的是发票、装船单据、所有权凭证或其他类似的单据。

根据资金单据是否跟随商业单据划分，托收可分为光票托收和跟单托收两种。

1. 光票托收

光票托收（Clean Collection），是指不附有商业单据的资金单据或仅附有发票等不包括运输单据的一般商业单据的托收。在国际贸易中，光票托收主要使用于小额交易付款、部分预付货款、分期支付货款以及贸易从属费用的收取。

2. 跟单托收

跟单托收（Documentary Collection），是指附有包括货运单据在内的商业单据的托收。跟单托收可以是带有资金单据（汇票）的跟单托收，也可以是不带有资金单据的跟单托收，即以发票代替汇票连同有关的货运单据交给银行托收，以避免印花税的负担。

在国际贸易支付中采用托收方式时，通常都是跟单托收。其中的货运单据代表了货物的所有权，交单即等于交货，因而对于交单的规定非常重要。

根据代收行向进口商交付货运单据的条件的不同，跟单托收的交单方式可分为付款交单和承兑交单两种。

（1）付款交单

付款交单（Documents against Payment，D/P），指出口商的交单是以进口商的付款为条件，即出口商在托收委托书中指示银行，只有在进口商付清货款后，才能向进口商交出货运单据。按付款时间不同，付款交单又可分为即期付款交单和远期付款交单两种。

① 即期付款交单（Documents against Payment at Sight，D/P at Sight），指出口商按照买卖合同发运货物后开具即期汇票，连同货运单据，通过银行向进口商提示；进口商见票审核无误后，立即付款；进口商付清货款后向银行领取货运单据。这种票款和单据两讫的手续，就进口人来说，也称付款赎单。即期付款交单的一般业务程序如图 8-5 所示。

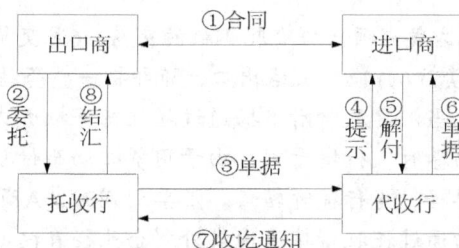

图 8-5　即期付款交单一般业务程序图

说明：①进出口商在贸易合同中，规定采用即期付款交单方式支付。②出口商按照合同规定装货并取得货运单据后，填写托收申请书，开具即期汇票，连同全套货运单据交托收银行，委托代收货款。③托收行按照托收指示书中的规定，核实所收到的单据；确定单据表面与托收指示书所列一致时，寄送进口地代收行。④代收行收到全套单据后，按托收委托书指示立即向进口商提示付款。⑤进口商审单无误后立即付清全部货款。⑥代收行将全套货运单据交进口商。⑦代收行电告或邮告托收行款项已收妥转账。⑧托收行收到全部货款，通知出口商结汇。

② 远期付款交单（Documents against Payment after Sight，D/P after Sight），指出口商发货后开具远期汇票，连同货运单据通过银行向进口商提示。进口商审核无误后先在汇票上承兑，于汇票到期日付清货款后再领取货运单据。远期付款交单的一般业务程序如图 8-6 所示。

不论是即期付款交单还是远期付款交单，进口商必须在付清货款之后，才能取得单据，提取或转售货物。在远期付款交单的情况下，如果付款日期与实际到货日期基本一致，则不失为是一种对进口商融通资金的方法。但如果到货日期早于付款日期，进口商想提前取得货运单据以便及时转售或使用，进口商可采取以下两种做法：一是在付款到期日之前提前付款赎单，扣除提前付款日至原付款到期日之间的利息；二是进口商开立信托收据交给代收银行，凭以借出单据，先行提货。所谓信托收据（Trust Receipt，T/R），就是进口商借单时提供的一种书面信用担保文件，用来表示愿意以代收行的受托人身份代为提货、报关、存仓、保险、出售，并承认货物所有权仍属银行，保证取得的货款应于汇票到期日交银行。这种做法是代收行自己给予进口商的一种资金融通方式，与出口商无关。因此，如果代收行借出单据后，汇票到期不能收到货款，则代收行应对委托人负全部责任。在实际操作中，也有出口商在委托时主动授权银行凭信托收据借单给进口商，即付款交单凭信托收据借单（D/P·T/R）。如果进口商在汇票到期时拒付，则与银行无关，由出口商自己承担风险。这种方式只有在出口商对进口商的资信、偿款能力等情况十分了解并确信能如期付款时才采用。

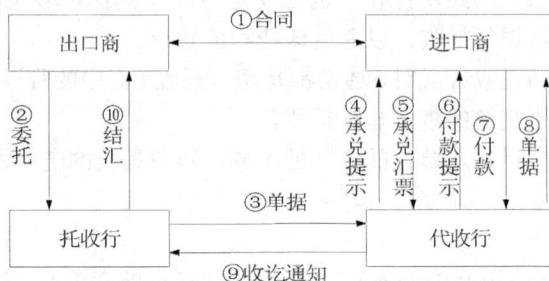

图 8-6 远期付款交单一般业务程序图

说明：①进出口商在贸易合同中，规定用远期付款交单方式支付。②出口商按照合同规定装运并取得货运单据后，填写托收委托书，声明"付款交单"，并开出远期汇票，连同全套货运单据送交托收行代收货款。③托收行将远期汇票连同货运单据，根据委托书的指示，寄交代收行。④代收行收到汇票和货运单据后，向进口商做出承兑提示。⑤进口商验单无误后承兑汇票，代收行保留汇票及全套货运单据。⑥在汇票到期日，代收行做出付款提示。⑦进口商付清货款。⑧代收行将全套货运单据交进口商。⑨代收行通知（电告或函告）托收行，款已收妥转账。⑩托收行将货款交给出口商。

【案例 8-2】代收行凭信托收据放单案

我某外贸企业与德国A商达成一项出口冷轧钢板的交易，6月交货，合同金额为18万美元，付款条件为D/P见票后45天付款。卖方6月15日装运出口，随即将一整套结汇单据和以买方为付款人的45天远期汇票向银行办理托收。当汇票及所附单据通过托收行寄抵进口地代收行后，A商及时在汇票上履行了承兑手续。货抵目的港时，行情看好，由于用货心切而付款期未到，A商经代收行同意，出具信托收据从代收行借得单据，先行提货转售。汇票到期时，A商因经营不善，失去偿付能力。代收行以汇票付款人拒付为由通过托收行建议由我外贸企业径直向A商索取货款。你认为我外贸企业应如何处理？

［案例评析］

我公司应通过托收行向国外代收行索偿货款。因为代收行允许进口商凭信托收据借单先行提货并非我方授权，进口人未能如期付款的责任应由代收行承担。据此，我方应通过托收行要求代收行付款。

（2）承兑交单

承兑交单（Documents against Acceptance，D/A），是指出口商的交单以进口商在汇票上的承兑为条件。即出口商在按照买卖合同发运货物后开具汇票，连同货运单据，通过银行向进口商提示；进口商在审核无误后，应立即在汇票上承兑。进口商在承兑汇票后即可向银行领取货运单据，于汇票到期日再行付款。承兑交单的一般业务程序如图8-7所示。

因为只有远期汇票才需办承兑手续，所以承兑交单仅限于远期汇票的托收。这种方式对进口商极为有利。进口商只要承兑汇票，即可取得货运单据凭以提取货物。进口商往往不必自备资金，而以出售货物所得的货款，到期履行付款。但这种方式对出口商来说风险很大，一旦付款人汇票到期时拒付，出口商的货、款可能全部落空。即使出口商凭付款人承兑的汇票依法起诉，但如遇付款人确实无实际偿付能力，货款仍无法追回。因此，出口商对接受这种结算方式一般都采取慎重的态度，除非进口商资信很好。

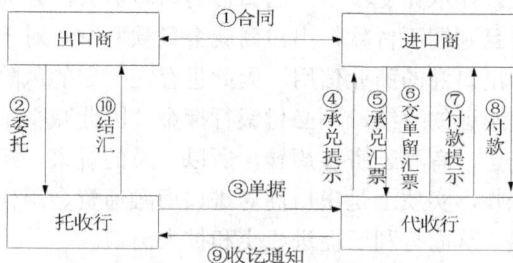

图 8-7　承兑交单一般业务程序图

说明：①进出口商在贸易合同中，规定用承兑交单的方式支付。②出口商按合同规定装货并取得货运单据后，填写托收委托书，声明"承兑交单"，并开出远期汇票连同全套货运单据，送交托收行代收货款。③托收行将汇票及货运单据，根据委托书的指示寄交代收行。④代收行收到汇票及货运单据后，即向进口商提出承兑提示。⑤进口商承兑汇票。⑥代收行交单，并保留汇票。⑦在汇票到期日代收行再进行付款提示。⑧进口商付清货款。⑨代收行电告或邮告托收行，款已收妥并转账。⑩托收行将货款交给出口商。

【案例 8-3】D/A 托收落空案

某年6月6日，某托收行受理了一笔付款条件为 D/P at sight 的出口托收业务，金额为 USD100 000，托收行按出口商的要求将全套单据整理后撰打了托收函一同寄给英国一家代收行。单据寄出5天后委托人声称进口商要求托收行将 D/P at sight 改为 D/A at 60 days after sight，最后委托行按委托人的要求发出了修改指令，此后一直未见代收行发出承兑指令。当年8月19日委托行收到代收行寄回的单据发现3份正本提单只有两份。委托人立即通过英国有关机构了解到，货物已经被进口商提走。此时，委托行据理力争，要求代收行要么退回全部单据，要么承兑付款，但是代收行始终不予理睬。货款始终没有着落。

［案例评析］

（1）对托收的商业信用性质的把握。根据《托收统一规则》（URC522）的有关规定：只要委托人向托收行做出了清楚明确的指示，银行对由此产生的任何后果不负责任，后果由委托人自行承担。

（2）对D/A与D/P之间的法律风险的区分。承兑交单比付款交单的风险大。在承兑交单条件下，进口人只要在汇票上承兑后，即可取得货运单据。

（3）此外还存在银行与外商相互串通，造成出口人货物与财务的双重损失。

（四）托收的性质及其在国际贸易中的应用

托收按其性质讲，是一种商业信用。在跟单托收中，不论是付款交单，还是承兑交单都是由出口商先行发货，然后才委托银行收取货款。但银行办理托收业务时，只承担其代理人的责任，按委托人的指示办事，并无承担付款人必定付款的责任。而且，按照国际惯例，货到目的地，如买方拒不付款赎单，在未经银行事先同意的情况下，银行对货物也无提货、存仓及保险等义务。此外，对于单据，根据国际商会《托收统一规则》的解释，银行只需核实所收到的单据在表面上与托收委托书所列内容一致；除此之外，银行没有进一步检查单据的义务。所以说，在托收方式下，银行只是作为委托人按照委托书的内容行事，对于出口商所交单据的真伪、货款能否收回等问题，概不负责。出口商能否安全及时地收回货款，完全取决于进口商的信用。

在托收方式中，出口商在出运货物以后，依赖进口商的信用才能收到货款，所以在一定程度上失去了货物和资金两方面的主动权,因此托收方式对出口商风险较大。这些风险主要有:在货物出运后,进口商倒闭或无力付款,出口商可能收不回或晚收到货款,如进口商拒不付款赎单。除非事先约定,银行没有义务代为保管货物。在货物抵达目的地时,还会产生在目的地存仓、转售或不得已运回出口地的费用和损失。在承兑交单下,出口商的风险更大,因为进口商只要办理了承兑,即可取得单据,提取货物,一旦到期不付款,出口商就会货款两空。对于进口商来说,进口商付款后能否取得合格的货物取决于出口商的商业信用,因此也存在一定的风险。但是,由于托收方式费用低廉,进口商可免去开立信用证的手续,不必付银行押金,因此减少了资金支出。如果采用远期托收,还可以不必占用自有资金,有利于资金周转。所以,总的说来,托收方式对进口商比较有利。因此,在出口业务中采用托收,实质上是出口商对进口商融通资金用作竞争的一种手段,有利于调动进口商采购货物的积极性,从而有利于促进成交和扩大出口。

在出口贸易中,为了防范和避免风险或者尽量减少风险,确保安全收汇,充分发挥托收方式促进出口规模扩大的作用,应特别注意以下几个问题。

(1)事先充分调查,详细了解进口商的资信状况和经营作风。针对客户的具体情况,掌握授信额度和交单条件,对信誉不好或不太了解的客户,尽量不使用托收方式。

(2)熟悉进口国的有关规定,如许可证制度、外汇管理的规章制度、海关商业惯例等。对于进口管制和外汇管制较严的国家的出口交易,原则上不使用托收方式。

(3)选择合适的代收行。信誉良好的代收行会有利于安全收款。在实际业务中,通常选择出口地银行的海外联行或资信良好、实力雄厚的外国大银行为代收行,以便进口商可以有融资便利,尽快付款。国外代收行最好不由进口人指定,若确有必要,应事先征得托收行同意。

(4)采用 D/P after Sight 方式要慎重。因 D/P 有 D/P at Sight 和 D/P after Sight 之分。《URC522》第七条中特别指出:"托收不应含有凭付款交付商业单据的远期汇票。"其用意是劝阻出口人采用远期付款交单方式,因有的国家把远期 D/P 当作 D/A 处理。

(5)争取以 CIF 价格条件成交,由出口方办理保险,以保障出口方权益。万一进口商拒付或在运输途中遭到意外损失时,出口商可向保险公司索赔。若以 FOB 或 CFR 条件成交,出口方应考虑另加保"卖方利益险",以求得买方拒付、货又受损时的保险保障。

(6)每批托收的金额不宜太大,期限不宜太长,争取以付款交单方式成交。对于承兑交单方式,除非确有把握,一般不予接受。

(7)对托收业务应建立健全管理和检查制度,注意定期检查、及时催收清理。托收单据如果遭到客户拒付,出口人通常应首先了解拒付原因、货物的状况,尽快联系客户或新的买家。如果在付款交单条件下货物被提走,应当追究代收行的责任;如果货物到港客户拒不赎单,出口人应及时处理货物或组织回运也可减少损失。

(8)可采用国际保理或出口信用保险两种事前控制风险的措施以及委托追账公司追收账款的事后补偿措施。

【案例8-4】托收中的外汇风险案

我某公司向日本出口一批土特产品。合同价值300万日元,采用D/P 6个月远期付款。签约后,日本政府公布的统计数据显示,日本前一季度的财政赤字规模大幅度上升,国际收支逆差明显加大,通货膨胀也显著加剧。为了减少风险,我公司应如何争取调整货款的收取时间?为什么?

[案例评析]

我公司为了减少外汇风险,应采取提前收取这笔货款的办法。

理由：（1）从日本政府公布的各项统计数字中可以看出，未来日元汇率将趋于下浮，因此，软币结汇将会减少我公司的人民币收入，我公司应加速软币的应收账的收进。（2）资料显示，日本前一季度国际收支逆差明显加大，通货膨胀加剧，则可推测出日元汇率下跌幅度可能要大于我公司提前结汇所发生的各项相关费用，故我公司应尽快收回这笔货款。

【案例 8-5】托收中检查不严案

我某进出口公司向拉丁美洲地区出口一批货物160包，合同规定5月装运，结算方式为30天付款交单。5月14日卖方备齐全部单据向托收行办理30天远期付款交单手续。7月4日代收行称，6月20日汇票到期时买方拒绝付款，据称因货物水分超过标准，甚至有部分霉粒，所以不肯接受。我进出口公司甚感奇怪，最后证实，买方早已提货，后因经营不善，资金周转出现困难，借故不付款。且并非向代收行借单提货，该国对远期付款交单托收一律按承兑交单方式处理，这是事实。最后我进出口公司与买方几次磋商，折价15%收回货款而结案。问：我方应从此事件中吸取什么教训？

［案例评析］

从本案例来看，我方应吸取的教训是：①采用托收结算方式的卖方首先要做好对买方资信的调查工作，因为托收完全是依靠商业信用，不像信用证方式那样有银行付款保证。②以托收方式结算还要了解对方国家的商业习惯和银行的惯例。例如，有些国家按本国的习惯将远期付款交单视同承兑交单处理，本案就是这种情况，我进出口公司对此缺乏掌握。③采用托收方式要建立管理和定期检查制度。每笔托收都应有专人负责管理及催收清理。本案中，汇票于6月20日到期，货款收到与否，我进出口公司一直没有反应，直到7月4日代收行来电通知买方拒付才开始警觉，实不应该。

在我国的进口业务中，也有采用跟单托收方式支付货款的，这可以节省费用，有利于资金周转；但进口方应特别注意付款交单时，对方使用假单据或货物不合格的诈骗行为，最好能采用 FOB 术语，可通过选择承运人来降低风险。

（五）《托收统一规则》

在托收业务中，银行与委托人之间，托收行与代理行之间，往往由于各方当事人对各自的权利、义务及责任解释不同，各个银行间的做法也不统一，从而容易导致误会、纠纷和争议。国际商会为调和各有关当事人之间的矛盾，以利于商业和金融活动的开展，曾于 1958 年草拟了一套《商业单据托收统一规则》，建议各国银行使用，并于 1967 年公布、1978 年修改，定名为《托收统一规则》第 322 号出版物（Uniform Rules for Collections，ICC Publication No. 322）。1996 年 1 月 1 日再次修订实施最新《托收统一规则》第 522 号出版物（简称为"URC522"），它是现在各个银行和委托人在办理托收时应遵循和参考的国际惯例。

URC522 共分 7 个部分 26 条，主要内容简述如下。

（1）委托人应受国外法律和惯例规定的义务和责任约束，并对银行承担该项义务和责任，承担赔偿责任。

（2）银行必须核实所收到的单据在表面上与托收指示书所列一致，发现不一致应立即通知其委托人。除此之外，银行对单据没有其他义务。银行对单据的形式、完整性、准确性、真实性或法律效力及单据上规定的或附加的一般和/或特殊条件概不负责。

（3）除非事先征得银行同意，货物不能直接发给银行或以银行为收货人。如果未经同意就将货物发给银行或以银行为收货人，银行无义务提取货物，货物的风险和责任仍由发货人承担。

（4）跟单托收使用远期汇票时，在托收委托书中必须指明单据是凭承兑还是凭付款交付。如无此项指明，银行按付款交单处理。

（5）当汇票遭到拒付时，代收行应及时通知托收行转告委托人，而托收行应在合理的时间内做出进一步处理单据的指示。如代理行发出拒付通知 60 天内未接到任何指示，可将单据退回托收行。

（6）托收不应包含有凭付款交付商业单据指示的远期汇票。如果托收含有远期付款的汇票，该托收指示书中应注明商业单据是凭承兑交单（D/A）还是凭付款交单（D/P）。如果无证明，商业单据仅能凭付款交付，代收行对因迟交单据而产生的任何后果不负责任。

（7）托收委托书应明确且完整地注明，在付款人拒付时，委托人在进口地的代理权限；没注明的，银行将不接受该代理人的任何指示。

《托收统一规则》自公布实施以来，被各国银行采纳和使用。但应当指出的是，作为国际惯例，《托收统一规则》并不是国际上公认的法律，只有在有关当事人事先约定的条件下，才受该惯例的约束。我国银行在进出口业务中使用托收方式时，也参照这个规则的解释办事。

三、信用证

信用证结算方式是随着国际贸易的发展，在银行参与国际结算的过程中逐步形成的。信用证自 19 世纪初出现以来，在实践中日益被广泛应用，至今已成为国际贸易中最主要的一种结算方式。

（一）信用证的含义

信用证（Letter of Credit，L/C），是开证银行根据开证申请人的请求和指示，或开证行以自身的名义，向受益人开立的，具有一定金额，在一定期限内凭规定的单据实现支付的书面保证文件。

简言之，信用证是一种银行开立的有条件的保证付款的文件。这里的"条件"就是受益人必须提交符合信用证规定的各种单据。

知识链接

《UCP600》第二条"定义"关于信用证的定义为："信用证是指一项不可撤销的安排，无论其名称或描述如何，该项安排构成开证行对相符交单予以交付的确定承诺。"

《UCP600》第三条"解释"规定："就本惯例而言，信用证是不可撤销的，即使未如此表明。"

（二）信用证的当事人

信用证业务中基本当事人有三方，即开证申请人、开证行和受益人。在运转过程中，根据不同情况，又产生了通知行、议付行、付款行、偿付行和保兑行等其他当事人。

开证申请人（Applicant），又称开证人（Opener）。即指向银行申请开立信用证的人，通常是进口商，也即买卖合同的买方。

开证行（Opening Bank，Issuing Bank）。即指接受开证人的委托以其自身名义开立信用证并承担付款责任的银行，一般是进口地的银行。开证人与开证行的权利和义务以开证申请书为据。开证申请书属委托契约性质，开证人通过申请书委托开证行向受益人提供信用，同时代为行使根据买卖合同应由开证人享有的请求受益人交付单据的权利。

受益人（Beneficiary）。即指信用证上所指定的有权开具汇票向开证银行或其指定的付款银行索取货款的人，通常是出口商，也即买卖合同的卖方。

通知行（Advising Bank，Notifying Bank）。即指受开证行的委托将信用证转交或通知出口商的银行，一般是出口人所在地的银行，而且通常是开证行的代理行（Correspondent Bank）。它只负有证明信用证表面真实性的责任，并不承担其他义务。

议付行（Negotiating Bank）。即指根据开证行的授权买入或贴现受益人开立和提交的符合信用证规定的跟单汇票的银行。议付行可以是信用证上指定的银行，也可以是非指定的银行。议付行若遭受开证行的拒付，有权向受益人追索。

付款行（Paying Bank，Drawee Bank）。如果开证行在信用证中指定另一家银行为信用证项下汇票上的付款人或是付款信用证下执行付款的银行，这个银行就是付款行。付款行一般就是通知行。付款行一经付款，不得对受益人进行追索，风险较议付行要大，因此一般银行的付款手续费要比议付手续费高些。由于付款行是开证行在信用证中指定的，付款行本身未做付款承诺，因而付款行有权不付款。但这种情况不多见，只有在开证行资金情况极差，付款行没有可能获得偿付时才会发生。

偿付行（Reimbursing Bank）。即指信用证指定的代开证行向议付行或付款行清偿垫款的银行。偿付行的出现往往是由于开证行的资金调度集中在该第三国银行的缘故。由于偿付行不负责审核单据并且不受追索，开证行收到单据发现与信用证条款不符而拒付时，则自行向有关银行追回已付款项。

保兑行（Confirming Bank）。即指根据开证行的请求在信用证上加具保兑的银行。保兑行对信用证独立负责，承担必须付款或议付的责任。在付款或议付后，不论开证行倒闭或无理拒付，都不能向受益人追索。在实际业务中，保兑行通常由通知行兼任，但也可由其他银行加具保兑。被邀请的银行有权不加保，但根据《UCP600》第八条 d 款规定："如果开证行授权或要求一银行对信用证加具保兑，而该银行并不准备照办，则其必须毫不延误地通知开证行，并仍可通知此份未加具保兑的信用证。"

承兑行（Accepting Bank）。即指对承兑信用证项下的票据，经审单确认与信用证规定相符时，在汇票正面签字承诺到期付款的银行，承兑行可以是开证行本身，也可以是通知行或其他指定的银行。倘若承兑行在承兑汇票后倒闭或丧失付款能力，则由开证行承担最后付款责任。

转让行（Transferring Bank）。即指应受益人（在转让信用证时又称第一受益人）的委托，将可转让信用证转让给信用证的受让人（即第二受益人）的银行。转让行一般为通知行，也可以是议付行、付款行或保兑行。

第二受益人（Second Beneficiary）。即指接受转让的可转让信用证的受益人，又称信用证的受让人或被转让人（Transferee）。一般为提供货物的生产者或供应商。而可转让信用证的转让人（Transferor）即第一受益人（First Beneficiary）则通常是中间商或买方驻卖方所在地的代理人。第二受益人受让信用证后，不能再将可转让信用证转让给其他人使用，但允许转让给信用证的第一受益人，即信用证的原受益人。

此外，信用证还可能出现一些其他的当事人，如转开行、局外议付行等。

在上述信用证的当事人中，付款行、承兑行、议付行、偿付行和转让行均为开证银行的指定银行（Nominated Bank）。

（三）信用证的内容

信用证的内容，随不同交易的需要而定，各开证行习惯使用的格式也各不相同。因此，形式纷杂，处理费事，而且容易引起误解，影响业务的顺利进行。有鉴于此，国际商会曾先后设计并介绍过几种不同的标准格式，其中包括议付信用证、承兑信用证、即期付款信用证和延期付款信用证。但是，目前，除已广泛使用 SWIFT 格式外，采用国际商会标准格式的银行不是很多，在实际业务中，有些银行采用的是在本身原用格式基础上参照标准格式略加修改的格式。

信用证虽然至今尚无统一格式，但其基本内容大致相同，总的说来，就是国际货物买卖合同的有关条款与要求受益人提交的单据，再加上银行保证。通常主要包括以下内容。

（1）信用证本身方面的说明：如信用证的编号、开证日期、到期日和到期地点、交单期限等。

（2）兑付方式：是即期付款、延期付款、承兑，还是议付。

（3）信用证的种类：是否经另一银行保兑、可否转让等。

（4）信用证的当事人：开证申请人、开证行、受益人、通知行等。此外，有的信用证还有指定的付款行、偿付行、承兑行、指定议付行等。

（5）汇票条款：包括汇票的种类、出票人、受票人、付款期限、出票条款及出票日期等。凡不需汇票的信用证无此内容。

（6）货物条款：包括货物的名称、规格、数量、包装、价格等。

（7）支付货币和信用证金额：包括币别和总额，币别通常应包括货币的缩写与大写，总额一般分别用大写文字与阿拉伯数字书写。信用证金额是开证行付款责任的最高限额，有的信用证还规定有一定比率的上下浮动幅度。

（8）装运与保险条款：如装运港或启运地、卸货港或口的地、装运期限、可否分批装运、可否转运以及如何分批装运、转运的规定、以 CIF 或 CIP 贸易术语达成的交易项下的保险要求、所需投保的金额和险别等。

（9）单据条款：包括①对汇票的要求，信用证上如规定出口商提交汇票，则应列明汇票的必要项目；②对货运单据的要求，涉及商业发票、海关发票、提单或运输单据、保险单证等；③对官方单据的要求，主要有普惠制产地证、一般产地证、海关发票、领事发票等。对单据的要求不仅要明示种类，而且还要规定正副本份数及缮制的特殊要求。

（10）特殊条款：视具体交易的需要而异。常见的有要求通知行加保兑，限制由某银行议付，限装某船或不许装某船，不准在某港停靠或不准选取某条航线，俟具备规定条件信用证方始生效等。

除此以外，信用证通常还有开证银行的责任条款，根据《跟单信用证统一惯例》开立的文句，以及信用证编号、到期地点和日期、开证行签字和密押等。

（四）信用证结算方式的一般支付程序

进出口交易双方签订买卖合同，合同中规定以信用证方式支付货款，这是开展信用证业务的前提条件。

使用信用证方式支付货款，从开证申请人向银行申请开立信用证到开证行付清货款，需要经过很多业务环节，并需办理各种手续。由于信用证种类不同，信用证条款有着不同的规定，其业务环节和手续也不尽相同，但是从信用证方式支付的一般程序来看，大体要经过申请、开证、通知、议付（付款）、索偿、偿付和赎单等环节。现以最常见的即期跟单议付信用证为例，简要说明信用证的业务程序，如图 8-8 所示。

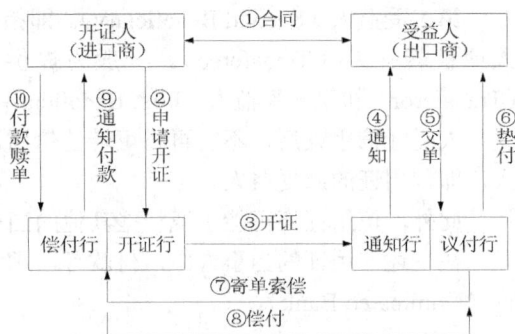

图 8-8　即期跟单议付信用证业务程序图

各环节的具体内容分述如下。

1. 订立买卖合同

进出口人双方先就国际货物买卖的交易条件进行磋商，达成交易后订立国际货物买卖合同，明确规定进口人以信用证方式支付货款。其中一般还应规定开证银行的资信地位，信用证的类型、金额、到期日，信用证开立并送达卖方的日期。

2. 申请开证

开证人在合同规定的期限内，按照合同内容填写开证申请书，向开证行申请开立以出口商为受益人的信用证。开证申请书是体现开证人与开证行权利与义务关系的契约性文件，它包括两个部分内容。第一部分是要求开证行在信用证上列明的条款，是开证行凭以向受益人或议付行付款的依据。第二部分是开证人对开证行的声明，用以明确双方的责任，其基本内容是承认在其付清货款前，开证行对单据及其所代表的货物拥有所有权；若到期不付款，开证行有权没收一切抵押物，作为应付款项的一部分。

开证人申请开证时，开证行根据开证人的资信状况，要求开证人支付一定比例的押金及手续费。

3. 开证

开证行审核开证申请书及开证人资信情况并认可后，按要求开出信用证，交出口地的通知行，请其通知受益人。

开证行开立信用证的方法有信开、全电开和简电开三种。信开是指开证行将信函形式的信用证航邮寄交通知行。全电开是指开证行通过 SWIFT 系统（Society for Worldwide Inter-bank Financial Telecommunication，环球银行金融电信协会）或电报电传等电信方式将信用证内容传至通知行。信开和全电开信用证都是完整的信用证，可用作交单议付的依据。简电开是指开证行通知已经开证，并将主要内容简要通知通知行，并附有"详情后告"等词语，详细条款另外航寄通知行。简电开在法律上不足以作为交单议付的依据，仅仅是一个通知，一切以航寄信用证为准。

4. 通知

通知行收到信用证后，应立即核对信用证的密押（全电开）或签字印鉴（信开），确认其真实性后，需迅速将信用证通知受益人。

银行将信用证通知受益人后，如果受益人认为开证行的资信不可靠，接受信用证有风险，可以要求开证行另找一家受益人认可的银行对该信用证加具保兑；也可以是开证行在开立信用证时，主动要求另一家银行加具保兑。保兑行通常由通知行兼任。

5. 审证、交单

受益人收到信用证后，应立即审核信用证。如发现其内容有与合同条款不符之处，应及时要求开证人通过开证行对信用证进行修改。如开证人提出修改，经开证行同意后，修改通知书由开证行通过通知行传达到受益人。受益人同意接受后，修改通知书方为有效。

受益人对信用证认可后，即按信用证规定的条件装运发货；同时，缮制并取得信用证所规定的全部单据，开立汇票，连同信用证正本和修改通知书，在信用证的有效期内，交至当地的议付行要求议付。

6. 审单、议付

议付行对出口商提交的单据与信用证核对，确认单证相符、单单相符后，同意议付，购进汇票和所附单据。议付行将汇票金额扣除议付日到估计收到票款日的利息和手续费后，把垫款给受益人。议付行议付并购入汇票单据后，即成为票据意义上的正当持票人，有权向汇票的付款人提示付款；若遭拒付，议付行可向出口商追索议付垫款。

7. 寄单索偿

议付行议付票款后，按信用证规定的寄单和索汇方式，将汇票和单据寄交指定的偿付行索偿。偿付行可以是开证行指定的银行，也可以是开证行本身。

8. 索偿

开证行（或其指定的偿付行）收到议付行寄来的汇票和单据后，根据信用证审核单据。如单证或单单不符，开证行有权拒付，但需迅速将拒付事实通知当事银行。如单证及单单相符，应无条件付款给议付行。如被指定的偿付行拒绝开证行的指示时，由开证行保证付款。

9. 通知付款

开证行对外付款后，通知开证人付款赎单。

10. 付款赎单

开证人核验单据，确认无误后，将全部票款及有关费用，一并向开证行付清并赎回单据。开证人如发现单据有误，有权拒绝付款赎单。但此时的开证行对议付行或付款行没有追索权。开证行可转让单据或出售货物以弥补损失。

开证人赎取单据后，即享有单据的权利，可凭此向运输部门提取货物。如发现任何有关货物的问题，进口商不得向开证行提出索赔，应分具体情况向出口商、保险公司或运输部门索赔。索赔不成，可提交仲裁或诉讼；但均与信用证业务中各方银行无任何关系。

（五）信用证结算的特点

根据 UCP600 规定，信用证结算方式具有以下三个主要特点。

1. 开证银行负首要付款责任（Primary Liabilities for Payment）

信用证是由开证银行以自己的信用做出付款的保证。在信用证付款条件下，开证行对出口商交来的符合信用证条款规定的跟单汇票承担首要的即第一性的付款责任。出口商可凭信用证及合格单据向开证行要求支付，而无须先向进口商进行付款提示。开证行的付款责任是首要的、独立的、终局的，即使进口商在开证后失去偿付能力，只要出口商提交的单据符合信用证条款，开证行也要负责付款，开证行付了款如发现有误，也不能向受益人和索偿行进行追索。信用证的这一特征突出体现了银行信用的可靠性。

【案例 8-6】开证申请人倒闭案

我某国际贸易开发公司在春交会上与日本CD株式会社成交一笔银耳出口贸易，合同规定7月装船，不可撤销即期信用证付款。6月20日，我公司收到中国银行转来由日本东京银行开立的不可撤销即期信用证，证中规定偿付行为纽约花旗银行。6月底我公司正待发货时，得知买方公司因资金问题濒临破产倒闭的消息。问：这种情况下，我方应如何处理？

[案例评析]

分析：信用证结算方式属银行信用，开证行承担第一性付款责任。即使开证申请人，即买方已经倒闭，开证行在收到符合信用证各项条款规定的单据后仍应承担付款责任。据此，本案中开证行和偿付行又均为知名银行，我公司应抓紧时间于7月初发货并严格按照信用证要求制作、提交全套合格单据，然后向中行办理议付后由中行向偿付行索偿，以顺利收汇，货物也不致积压。

2. 信用证是一项独立自足的文件（Self-Sufficient Document）

在国际货物买卖下，信用证通常都是以买卖合同为基础开立的。作为受益人，也有权要求信用证内容与买卖合同规定相符。但是信用证一经开出，就成为独立于买卖合同之外的另一种契约，不受买卖合同的约束。在信用证业务处理过程中，银行只对信用证负责，至于合同是否存在、合同条款是否与信用证条款一致，一概与银行无关。所以，信用证是一项独立自足的文件，开证银行和参与信用证业务的其他银行只按信用证规定履行自己的义务。

【案例 8-7】单据未按信用证规定标注文句案

我某进出口公司向国外S公司出口一笔大麻籽。对方开来信用证规定，150公吨大麻籽，杂质及水分与第DHF98403号合同规定一致。我公司完成装运后随即向议付行交单议付。不久，开证行称，"我信用证规定货的杂质和水分必须与第DHF98403号合同规定一致。从你方发票和其他有关单据上都无法确定杂质及水分的含量已符合上述合同规定。因而拒付"。我即去电反驳。开证行回电仍然拒付，称"虽然你解释发票上所表明的杂质含量最高3%，水分最高12%，实际与合同规定一致。但我银行处理的仅仅是单据，单据上表现不出与合同相符的记载文句，就是单证不符，我银行不管你货物实际情况或合同如何规定"。问：本案中银行拒付是否有理？为什么？

[案例评析]

银行拒付是有理的。首先，信用证是一个独立自足的文件，它不依附于买卖双方的合同，银行处理信用证业务不受合同的约束。其次，信用证有关当事人处理的是单据，而不是与单据有关的货物或其他行为，开证行凭单据表面上是否与信用证规定相符而决定是否付款。因此，本案中，信用证规定杂质和水分必须与合同规定一致，银行不管实际是否一致，只管单据是否表现了信用证规定的字句，即在单据上表示，"杂质和水分与第DHF98403号合同规定一致"，即是单证相符，开证行就必须履行付款责任。我公司虽然发票上所表明的杂质含量最高3%，水分最高12%，实际与合同规定一致，但没有表明"与第DHF98403号合同规定一致"的文句，也是无用的，仍然不符合信用证要求，因此，银行有权拒付。

3. 信用证是一种纯单据交易（Pure Documentary Transaction）

UCP600 第五条规定："银行处理的是单据，而不是单据所涉及的货物、服务或其他行为。"所以，信用证业务是一种纯粹的单据业务。在信用证付款条件下，银行凭单付款，只要受益人提交了与信用证规定表面相符的单据，做到了"单证相符"，银行就要履行付款责任。至于单据的真伪、法律效力以及单据所代表的货物状况等，银行概不负责。

知识链接

关于单证审核。

UCP500第十三条a款规定："银行必须合理审慎地审核信用证规定的一切单据以确定其表面上是否符合信用证条款……单据之间出现的表面上的彼此不一致，将被视为单据表面上与信用证条款不符。"

UCP600第十四条d款规定："单据中内容的描述不必与信用证、信用证对该项单据的描述以及国际标准银行实务完全一致，但不得与该项单据中的内容、其他规定的单据或信用证相冲突。"

在UCP600中，验单的标准更加宽松，可减少不符点，提高效率，将有利于信用证业务的发展。

【案例8-8】开证行不接受开证申请人拒付要求案

我A公司从外国B公司进口某种商品。合同规定分两次交货，分批开证，买方应于货到目的港后60天内进行复验，若与合同规定不符，A公司凭所在国的商检证书向B公司索赔。A公司按照合同规定，申请银行开出首批货物的信用证。B公司履行装船并凭合格单据向议付行议付，开证行也在单证相符的情况下，对议付行偿付了货款。在第一批货物尚未到达目的港之前，第二批的开证日期临近，A公司又申请银行开出信用证。此时，首批货物抵达目的港，经检验发现货物与合同规定不符，A公司当即通知开证行："拒付第二份信用证项下的货款，并请听候指示。"但开证行收到议付行寄来的第二批单据后审核无误，再次偿付议付行。当开证行要求A公司付款赎单时，该公司拒绝付款赎单。试分析：①开证行和A公司的处理是否合理？②A公司应该如何处理此事？

[案例评析]

①开证行处理是合理的，A公司拒绝付款赎单是无理的，因为信用证方式下，银行处理的是单据业务，开证行在单证相符时必须付款，不管货物是否与合同相符。A公司作为开证申请人，在单证相符、开证行已付款的情况下，必须付款赎单。②有关卖方交货品质不符，A公司应根据合同有关规定，直接向卖方索赔。

（六）信用证结算的性质和作用

1. 信用证结算的性质

在国际贸易结算中，使用建立在商业信用基础上的汇付和托收方式存在不少风险。在采用汇付方式预付货款情况下，进口人担心出口人不交货或所交货物不符合合同规定；如先发货后付款，出口人又担心对方不付款或不如期付款。如通过银行托收，也可能遭到拒付；即使采用 D/P 方式，在对方付款前还掌握着代表物权的单据，但此时货已发运，不仅处理费事，而且风险较大，难免造成损失。

随着国际贸易的发展，在 19 世纪后期开始出现了由银行保证付款的信用证。采用信用证方式，只要出口人按信用证的要求提交单据，银行即保证付款，所以，信用证的性质属银行信用，是建立在银行信用基础上的。由于银行信用一般优于商业信用，故较易被出口人接受，有利于交易的达成和国际贸易的发展。但是，进口人办理了开立信用证手续，并不等于已经付了款，如果开证行倒闭，失去偿付能力，进口人仍需重新开证或用其他方式付款。因而，实际是，出口人获得了商业信用保证之外又增加了银行信用保证。

2. 信用证结算方式的作用

采用信用证方式结算，有关当事人可分别得到以下好处。

（1）对出口人的好处

① 收取货款有保障。出口人只要按信用证规定发运货物，向指定银行提交单据，收取货款就有了保障。

② 有利于资金周转。出口人在货物装运前有时还可凭信用证向银行申请打包贷款（packing credit），在货物装运后将汇票和单据交议付行议付，通过押汇可及时收取货款，有利于加速资金周转。

（2）对进口人的好处

① 减少资金占用。进口人申请开证时只需缴纳少量押金或凭开证行授予的授信额度开证，有些国家的银行对信誉良好的开证人还可免收押金，大部分或全部货款俟单据到达后再行支付，这就减少了资金的占用。如开证行在履行付款义务后，进口人筹措资金有困难，还可开立信托收据要求开证行准予借单先行提货出售或他用，以后再向开证行付款。

② 可促使卖方履行合同。通过信用证上所列条款，进口人可以控制出口人的交货时间，以及所交货物装运前的质量和数量等检验要求，并按规定的方式交付货物和所需的单据和证件，以保证收到的货物符合买卖合同的规定。

（3）对银行的好处

① 增加结算受益。开证行只承担保证付款责任，它贷出的只是信用而不是资金，在对出口人或议付行交来的跟单汇票偿付前，已经掌握了代表货物的单据，加上开证人缴纳的押金，故并无多大风险，即使尚有不足，仍可向进口人追偿。至于出口地的议付行，议付出口人提交的汇票及/或单据有开证行担保，只要出口人交来的汇票、单据符合信用证条款规定，就可以对出口人进行垫款、叙做出口押汇，还可从中获得利息和手续费等收入。

② 增加其他业务。通过信用证业务，可带动其他开户往来、保险、仓储等业务，为银行增加收益。

综合而言，信用证方式在国际贸易结算中可以起到以下两个主要作用。

一是安全保证作用。由于银行信用一般优于商业信用，通过信用证方式就可缓解买卖双方互不信任的矛盾，而且可以使本来彼此不熟悉或并不很了解的买卖双方，以及资历和声誉一般的中小企业，只要采用信用证方式结算货款，也能顺利地进行交易。

二是资金融通作用。在信用证业务中，银行不仅提供信用和服务，而且还可以通过打包贷款、叙做出口押汇（即议付）向出口人融通资金，可以通过凭信托收据借单、叙做进口押汇向进口人进行资金融通。

但是，应当指出，信用证方式在国际贸易结算中也并不是完美无缺的。例如，买方不按时开证、不按合同规定条件开证或故意设下陷阱使卖方无法履行合同，或履行交货、交单后因不符信用证规定被拒付而使出口人遭受损失。再如，受益人如果变造单据使之与信用证条款相符，甚至制作假单据，也可从银行取得款项，从而使进口人成为欺诈行为的受害者。此外，使用信用证方式在具体业务操作上一般手续较之汇付和托收烦琐，费用也较多，业务成本高。而且无论是申请开证，还是审证、审单，技术性均较强，稍有不慎，容易产生疏漏、差错，以致造成损失。

在我国对外贸易中，信用证是应用最多的一种结算方式。在出口中使用这种方式要加强对国外进口商和开证银行的资信及偿付能力的调查，以保障安全和及时收汇；在进口业务中，要警惕国外不法商人以假单据进行诈骗，以次充好。

（七）《跟单信用证统一惯例》

信用证结算方式是国际贸易发展的产物，需要有一个完善统一的过程。信用证的初始阶段，由于各国、各地区的差异，对信用证条款的解释也存在着一定的差异，当事人之间常有争议出现，不利于国际贸易的发展，因此急需有一个共同遵守的统一准则。为此，国际商会在 1929 年制定了《商业跟单信用证统一规则》（Uniform Regulations for Commercial Documentary Credits），并于 1930 年公布实施，为国际商会第 74 号出版物，对跟单信用证有关当事人的权利、责任以及有关条款和术语进行了统一解释。1933 年，国际商会以第 82 号出版物颁布了第一个跟单信用证的惯例，更名为《商业跟单信用证统一惯例》（Uniform Customs and Practice for Commercial Documentary Credits）简称《统一惯例》（UCP），建议各国（地区）银行采用。以后，随着国际贸易的发展，先后于 1951 年（151号）、1962 年（222 号）、1974 年（290 号）、1983 年（400 号）、1993 年（500 号）和 2007 年（600号）多次进行修订，其中 1962 年惯例又更名为《跟单信用证统一惯例》（Uniform Customs and Practice for Documentary Credits，UCP）并沿用至今，而 2007 年修订本《UCP600》则是目前国际贸易中绝大部分信用证业务的行为准则。

在 2006 年 10 月召开的国际商会（ICC）巴黎年会上，顺利通过了 UCP600（2007 年修订版），新版本于 2007 年 7 月 1 日起实施。作为信用证领域最权威、影响最为广泛的国际商业惯例，新修订的 UCP600 至少会在接下来的 10 年当中主宰全球范围内的信用证业务。

1. UCP600 的产生过程

2003 年 5 月，ICC 银行技术与惯例委员会批准对 UCP 进行修改。修改稿经 9 人起草小组的 15次会议初拟，并参考了来自 26 个国家和地区的 41 位银行和运输业专家组成的资信小组的意见。在复杂的磋商过程中，起草小组共收到来自各 ICC 国家和地区委员会的 5000 多份意见书。国际商会中国国家委员会（ICCCHINA）参与了修订的全过程，而且是最主要的几个参与国家之一。对于其每次修订稿，我国银行界在 ICCCHINA 的组织下，都进行了深入研究，并提出了详细的建设性意见，其中很多已经反映在目前的版本中。3 年中，ICC 银行技术与惯例委员会每年的春、秋例会上，UCP都是重要讨论的议题。许多争议较大的条款，都是在例会上由各国家和地区委员会以投票的方式来决定的。有的条款更是以微弱优势确定的，足见话语权的力量。

2006 年 10 月 25 日，在巴黎举行的 ICC 银行技术与惯例委员会 2006 年秋季例会上，以点名（Roll Call）形式，经 71 个国家和地区 ICC 委员会以 105 票赞成（其中，7 个国家各有 3 票权重，20 个国家和地区各有 2 票权重，44 个国家和地区各有 1 票。值得一提的是，中国大陆有 3 票、中国香港地区有 2 票、中国台湾地区有 2 票），UCP600 最终得以通过。

2. 跟随 UCP600 而进行的相关规则的改变

在国际贸易和结算领域，围绕 UCP 为核心，还有许多配套的规则。由于 UCP 的改进，必然会做相应的改变，其中最主要的是以下三个规则。

（1）跟单信用证电子交单统一惯例（the Uniform Customs and Practice for Documentary Credits for Electronic Presentation，eUCP）。根据 ICC 国家委员会的建议，由于 eUCP 使用有限，升级后的 1.1 版 eUCP 仍作为 UCP600 的补充。eUCP1.1 版是专门对 UCP600 所做的升级版本。如今后技术发展而需要修订，可以早于 UCP600 而单独进行修改。所以使用 1.1 版本的名称，为的是方便以后的版本升级。需要注意的是 UCP 很多条款并不对电子交单产生影响，所以要与 eUCP 一起使用。在电子交单或电子和纸制单据混合方式提交单据时，要同时使用 eUCP 和 UCP 两个规则。

（2）国际审单标准银行实务（International Standard Banking Practice，ISBP）及其修改。现行 ISBP 是针对 UCP500 制订的，对 UCP600 不适用。2007 年 7 月 1 日前将通过与 UCP600 精神相一致的新版 ISBP。新版 ISBP 全文 199 条，非常全面。

（3）SWIFT 的升级。SWIFT 是为国际结算提供电信电信服务的，所以它的修改一直同步跟进，并且得到了 UCP 修改小组的具体指导。SWIFT 修改已得到 SWIFT 各国家用户小组和 SWIFT 董事会的批准，并将于 UCP600 生效时同时上线。SWIFT 修改原则是"最小的影响，最少的费用"。升级包括在 SWIFT 的开证格式中增加 40E 场，来规定信用证适用的 UCP 规则等，这些改变都是与信用证的使用者息息相关的。

（八）信用证的种类

在国际贸易买卖中所使用的信用证种类很多，而且从不同的角度可做不同的划分，在业务中使用较多的信用证有以下几种。

1. 跟单信用证和光票信用证

按信用证项下的汇票是否附有货运单据，可以将信用证划分为跟单信用证和光票信用证。

（1）跟单信用证（Documentary L/C），是指凭跟单汇票或仅凭货运单据付款的信用证。这里的货运单据，是指代表货物所有权的单据，如海运提单、多式联运单据，或证明货物已经发运的单据，如铁路运单、航空运单、邮包收据等。在贸易结算中，大都使用跟单信用证。

（2）光票信用证（Clean L/C），是指不凭货运单据，仅凭汇票付款的信用证。光票信用证通常仅被用于总分公司间货款清偿和非贸易的费用结算等。

2. 付款信用证、承兑信用证和议付信用证

按付款方式不同，信用证可分为付款信用证、承兑信用证和议付信用证。

（1）付款信用证（Payment L/C）。凡是在信用证上明确指定某一家银行付款的信用证就称为付款信用证。当受益人凭这种信用证向指定的付款银行提交规定的单据时，付款行即行付款。付款信用证一般不要求受益人开具汇票，而仅凭受益人提交的单据付款。付款信用证根据付款时间的不同又有即期付款信用证和延期付款信用证之分。

（2）承兑信用证（Acceptance L/C）。凡是在信用证上明确指定某一银行承兑的信用证就称为承兑信用证。当受益人向指定银行开具远期汇票并提示时，指定银行即行承兑，并于汇票到期日履行付款义务。

（3）议付信用证（Negotiation L/C）。凡在信用证中明确指示受益人可以在某一指定的银行或任何银行议付的信用证就叫议付信用证。所谓议付是指在单据相符的情况下，银行买下跟单汇票，扣除利息和手续费后，将货款付给受益人。议付信用证又可按是否限定议付行分为两种：凡限定由某一银行议付的，称为限制议付信用证（Restricted Negotiation L/C）；凡任何银行有权议付的，称为公开议付信用证（Open Negotiation L/C）或自由议付信用证。

"议付"和"付款"的主要区别在于议付行如因开证行无力偿付等原因而未能收回款项时，可向受益人追索，而开证行或付款行一经付款就无权向受款人及其前手进行追索。

3. 即期信用证和远期信用证

信用证按照付款时间的不同，可分为即期信用证和远期信用证。

（1）即期信用证（Sight L/C），指开证行或付款行在收到符合信用证规定的跟单汇票或单据时，立即履行付款义务的信用证。这种信用证的特点是出口商收汇迅速安全，有利于资金周转。

在即期信用证中，有时加列电汇索偿条款（T/T Reimbursement Clause），这是指开证行允许议付行用电报或电传通知开证行或指定付款行，说明各种单据与信用证要求相符，开证行或指定付款行接到电报或电传通知后，有义务立即用电汇将货款拨交议付行。

（2）远期信用证（Usance L/C），是指开证行或付款行收到远期汇票和单据后，在规定的期限内保证付款的信用证。

远期信用证主要有以下几种。

① 银行承兑远期信用证（Banker's Acceptance L/C），是指以开证行作为远期汇票付款人的信用证。开证行或付款行对受益人按规定提交的远期跟单汇票先行承兑，待汇票到期日再行付款。如出口商要求贴现汇票，则议付行或其代理人将汇票在提示承兑后送交贴现公司办理贴现。贴现公司扣除贴息后，将净款交给议付行转交出口商。汇票到期时，由贴现公司向开证行提示汇票，要求付款。

② 商业承兑远期信用证，是以开证人为远期汇票的付款人的信用证，汇票由开证人承兑。

③ 延期付款信用证（Deferred Payment L/C），指在信用证上规定货物装运后若干天付款，或收到符合信用证的单据后若干天付款的信用证。这种信用证与一般远期信用证最大的区别在于不要求受益人开立远期汇票，没有远期汇票承兑的票据行为，也不准贴现，所以出口商不能利用贴现资金，只能自行垫款或向银行借款。也正因为如此，采用这种信用证的货价应比银行承兑远期信用证略高。

④ 远期议付信用证，指开立远期汇票的议付信用证。出口商发货后，将全套单据提交给议付行，议付行审单无误后，立即向受益人议付。开证行见票、审单无误后则先向议付行承兑，在汇票到期日才进行偿付。开证申请人在承兑后即可取得单据。以往，远期议付信用证存在争议。UCP500 第十条 b 款 ii 项对议付定义为："议付是指被授权议付的银行对汇票及/或单据付出对价的行为。只审核单据而不付出对价并不构成议付。"而 UCP600 第二条关于议付的定义修改为："指指定银行在相符交单下，在其应获偿付的银行工作日当天或之前向受益人预付或者同意预付款项，从而购买汇票（其付款人为该指定银行以外的其他某个银行）及/或单据的行为。"在新的定义中，明确了议付是对票据及单据的一种买入行为，并且明确是对受益人的融资——预付或承诺预付。定义上的改变承认了有一定争议的远期议付信用证的存在，同时也将议付行对受益人的融资纳入了受惯例保护的范围。

⑤ 假远期信用证是指信用证规定受益人开立远期汇票，由开证行或其他指定银行负责贴现，并规定贴现息和贴现费用由开证人负担。这种信用证从开立的汇票看属于远期信用证，但出口商却可以获得即期收益，所以一般称为"假远期信用证"或"远期汇票即期付款信用证"（Usance L/C Payable at Sight）。由于这种信用证的贴现费用由买方负担，所以又称为"买方远期信用证"（Buyer's Usance L/C）。一般的远期信用证，贴现费用由卖方负担。使用假远期信用证，受益人能够即期十足收款，但要承担汇票遭拒绝后被追索的风险。

4. 保兑信用证和不保兑信用证

信用证按照是否有另一家银行对此信用证加具保兑，可以分为保兑信用证和不保兑信用证。

（1）保兑信用证（Confirmed L/C），是指开证行开出的信用证，由另一家银行保证对符合信用证条款规定的单据履行付款义务。对信用证承担保证兑付义务的银行叫保兑行（Confirming Bank）。信用证一经保兑，保兑行与开证行一样均负第一性的付款责任。对受益人来说，就同时取得了两家银行的付款保证，安全收汇更有保障。保兑行通常是通知行，有时也可以是出口地的其他银行或第三国银行。保兑的手续一般是由保兑银行在信用证上加列保兑文句。

（2）不保兑信用证（Unconfirmed L/C），是未经其他银行保证兑付的信用证，仍由开证行独立承担付款责任。一般在信用证上不注明。

5. 可转让信用证和不可转让信用证

按受益人对信用证的权利可否转让，可将信用证分为可转让信用证和不可转让信用证。

（1）可转让信用证（Transferable L/C），指特别注明"可转让"字样的信用证。可转让信用证可应受益人（第一受益人）的要求转为全部或部分由另一受益人（第二受益人）兑用。这种信用证的受益人，往往是中间商，要求国外进口商开立可转让信用证，以转让给实际供货人（第二受益人），由实际供货人办理装运交货取款。

（2）不可转让信用证（Non-transferable L/C），指受益人不得将信用证的权利转让给第三者的信用证。凡未在信用证上注明"可转让"者，将被视为不可转让信用证。

【案例8-9】不可转让信用证卖方分开出口案

广州A、B两家贸易公司共同对外出口水泥6 000公吨，双方约定分别交货60%和40%，各自结汇，由A公司按CIF Ex SHIP'S HOLD曼谷条件对外签订出口合同。合同签订后，泰国亚洲银行开来以A公司为受益人的即期信用证，证中规定不迟于8月22日装运允许分批装运，但未注明"可转让"字样。A公司收到该信用证后经审核，认为证中条款与合同规定相符，因此凭以发货，在信用证规定的装运期限内按各自约定各出口了60%和40%的货物，并以各自名义制作了有关的结汇单据。问：A、B公司这样做有无问题？为什么？

[案例评析]

这样做有问题，银行将以单证不符为由对两家公司予以拒付。因为，《UCP600》中规定，只有信用证中明确注明"可转让"字样的信用证才可转让，信用证中如未注明"可转让"，则应视为"不可转让"信用证。本案中，国外开证行开来的信用证中未注明"可转让"，则该信用证是一份不可转让的信用证。A、B公司可各自交货，但必须是仅由A公司以A公司的名义制作并提交符合信用证规定的全套单据，否则，银行必定以单证不符拒付货款。

6. 循环信用证

循环信用证（Revolving L/C），是指信用证在金额部分或全部使用后，其金额又恢复到原金额并再度使用，周而复始，直至达到该证规定的次数或总金额为止的信用证。这种信用证一般适用于定期分批均匀供货、分批结汇的长期合同。对进口商来说，可免去逐笔开证的开证费用和节省开证押金；对出口商来说，可减少逐笔催证和审证的手续。

循环信用证有按时间循环和按金额循环两种。按时间循环是受益人在一定的时间内可多次支取信用证规定的金额。按金额循环是受益人在按规定金额向议付行交单议付后，可以恢复到原金额再使用，直至用完规定的总额为止。恢复到原金额的具体做法有三种：①自动循环，受益人在每次装货议付后，不需开证行通知，信用证可自动恢复到原金额继续使用；②非自动循环，受益人每次装货议付后，必须经过开证行通知，才能恢复原金额继续使用；③半自动循环，受益人在每次装货交单议付后，开证行在规定期限内未做出不能恢复原金额的通知，即可自动恢复原金额继续使用。

此外，循环信用证还可有可累积使用（Cumulative）和不可累积使用（Non-cumulative）的做法。前者允许受益人在一批货物因故未交时，在下一批补交，并可连同下一批可交货物一起议付。如信用证未明确允许可累积使用的，则为不可累积使用。因故未能及时装出的部分以及原来规定的以后各批，未经开证行修改信用证，均不能再出运。

7. 对开信用证

对开信用证（Reciprocal L/C），是指在对等贸易中，交易双方互为买卖双方，对其进口部分，各以对方为受益人所开出的信用证。这两个信用证叫对开信用证。其特点是：第一张信用证的受益人和开证申请人就是第二张回头信用证的开证人和受益人；第一张信用证的开证行和通知行分别是第二张信用证的通知行和开证行。两证金额可以相等，也可以不等。两证可以同时生效，也可以先后生效。

对开信用证多用于易货贸易、来料加工和补偿贸易。因为交易双方都担心对方凭第一张信用证出口或进口后不再履行进口或出口义务，所以，双方乐意接受和采取这种互相联系、互相约束、互为条件的开证办法。

8. 背对背信用证

背对背信用证（Back to Back L/C），是指中间商在收到进口商开来的信用证后，以该证作为抵押，要求该证的通知行或自己的往来银行以该证为基础，另行开立以实际供货人为受益人的新信用证，即背对背信用证。两个信用证在出口地银行是"背对背"的形式，原证的受益人成为新证的开证申请人。

背对背信用证的内容一般与原证相同，但有些条款可以变动。例如，背对背信用证的装运期和议付期一般比原信用证提前，以便中间商能及时换单办理议付；背对背信用证的单价一般也比原证低，以使中间商有一定的利润可得。背对背信用证往往用于信用证的受益人是中间商，而进口商要求开证行开出的是不可转让信用证。

9. 预支信用证

预支信用证（Anticipatory L/C），是指开证行授权付款行在受益人交单以前向受益人预先垫付信用证金额的全部或部分，待受益人交单议付时，再从议付金额中扣还预先垫款的本息，将余款付给受益人。如遇出口商事后不交单议付，出口地垫款银行可向开证行追索，开证行保证偿还并负担利息，然后再向开证申请人追索。由于预支是开证行应开证申请人要求授权的，所以其后果全由开证申请人承担，与开证行和付款行无关。预支信用证可分全部预支或部分预支，预支信用证凭出口人开具的光票付款，有的也要求出口人附一份负责补交信用证规定单据的声明书。

传统的预支货款的条款都是用红字显示的，故习惯上称为"红条款信用证"（Red Clause L/C）。现在的预支条款不一定采用红色表示，但效力相同。

（九）SWIFT 信用证

"SWIFT"是环球同业银行金融电信协会（Society for Worldwide Inter-bank Financial Telecommunication）的简称。该组织是一个国际银行同业间非盈利性的国际合作组织，于 1973 年 5 月在比利时成立，董事会为最高权力机构，专门从事传递各国之间非公开性的国际间的金融电信业务，其中包括：外汇买卖、证券交易、开立信用证、办理信用证项下的汇票业务和托收等，同时还兼理国际间的账务清算和银行间的资金调拨。该组织的总部设在布鲁塞尔，并在荷兰阿姆斯特丹和美国纽约分别设立交换中心（Swifting Center），及为各参加国开设的集线中心（National Concentration），为国际金融业务提供快捷、准确、优良的服务。目前，已有数千家分设在包括我国在内的不同国家和地区的银行参加该协会并采用该协会电信业务的信息网络系统，使用时必须依照 SWIFT 使用手册规定的标准，否则会被自动拒绝。因此，SWIFT 具有安全可靠、高速度、低费用、自动加核密押等特点，能为客户提供快捷、标准化、自动化的通信服务。

凡依据国际商会所制定的电信信用证格式设计，利用 SWIFT 网络系统设计的特殊格式（Format），通过 SWIFT 网络系统传递的信用证的信息（Message），即通过 SWIFT 开立或通知的信用证称为 SWIFT 信用证，也称为"环银电协信用证"。

采用 SWIFT 信用证，必须遵守 SWIFT 使用手册的规定，使用 SWIFT 手册规定的代号（Tag），而且信用证必须按国际商会制定的《跟单信用证统一惯例》的规定，在信用证中可以省去银行的承诺条款（Undertaking Clause），但不能免去银行所应承担的义务。

过去进行全电开证时，都采用电报或电传开证，各国银行标准不一，条款和格式也各不相同，而且文字烦琐。采用 SWIFT 开证后，信用证具有标准化、固定化和统一格式的特性，且传递速度快捷，成本也较低，同样多的内容，SWIFT 的费用只有 TELEX（电传）的 18%左右，只有 CABLE（电报）的 2.5%左右，因此银行乐于在开立信用证时使用，现已在全球广泛使用。在我国银行的电开信用证或收到的信用证电开本中，SWIFT 信用证也已占很大比重。

SWIFT 系统报文格式包括 MT700/701 开立跟单信用证、MT705 跟单信用证的预先通知、MT707 跟单信用证的修改、MT710/711 通知由第三家银行开立的信用证、MT720/721 跟单信用证的转让、MT740 偿付授权。相关内容表示方式为：

1. 项目表示方式

SWIFT 由项目（Field）组成，如：59 BENEFICIARY（受益人），就是一个项目，59 是项目的代号，可以两位数字表示，也可以两位数字加上字母来表示，如 51a APPLICANT（申请人）。不同的代号，表示不同的含义。项目还规定了一定的格式，各种 SWIFT 电文都必须按照这种格式表示。在 SWIFT 电文中，一些项目是必选项目（MANDATORY FIELD），一些项目是可选项目（OPTIONAL FIELD），必选项目（M）是必须要具备的，如 31D DATE AND PLACE OF EXPIRY（信用证有效期），可选项目（O）是另外增加的项目，并不一定每个信用证都有，如 39B MAXIMUM CREDIT AMOUNT（信用证最大限制金额）。

2. 日期表示方式

SWIFT 电文的日期表示为 YYMMDD（年月日）。如 1999 年 5 月 12 日，表示为 990512；2000 年 3 月 15 日，表示为 000315；2001 年 12 月 9 日，表示为 011209。

3. 数字表示方式

在 SWIFT 电文中，数字不使用分格号，小数点用逗号","来表示。如 5,152,286.36 表示为 5152286，36；4/5 表示为 0，8；5%表示为 5 PERCENT。

4. 货币表示方式

澳大利亚元 AUD，奥地利元 ATS，比利时法郎 BEF，加拿大元 CAD，人民币元 CNY，丹麦克朗 DKK，德国马克 DEM，荷兰盾 NLG，芬兰马克 FIM，法国法郎 FRF，美元 USD，港元 HKD，意大利里拉 ITL，日元 JPY，挪威克朗 NOK，英镑 GBP，瑞典克朗 SEK。

MT700 和 MT707 常见项目表示方式如表 8-2、表 8-3 所示。

表 8-2　　　　　　　MT 700 Issue of a Documentary Credit 跟单信用证的开立

M/O	Tag 代号	Field Name 栏位名称	Content/Options 内容	
M	20	DOCUMENTARY CREDIT NUMBER（信用证号码）	16x	16 个字
O	23	REFERENCE TO PRE-ADVICE（预先通知号码）	16x	16 个字
M	27	SEQUENCE OF TOTAL（电文页次）	1n/1n	1 个数字/1 个数字
O	31C	DATE OF ISSUE（开证日期）	6n	6 个数字
M	31D	DATE AND PLACE OF EXPIRY（信用证有效期和有效地点）	6n29x	6 个数字/29 个字
M	32B	CURRENCY CODE, AMOUNT（信用证结算的货币和金额）	3a15n	3 个字母 15 个数字
O	39A	PERCENTAGE CREDIT AMOUNT TOLERANCE（信用证金额上下浮动允许的最大范围）	2n/2n	2 个数字/2 个数字
O	39B	MAXIMUM CREDIT AMOUNT（信用证最大限制金额）	13x	13 个字
O	39C	ADDITIONAL AMOUNTS COVERED（额外金额）	4*35x	4 行×35 个字
M	40A	FORM OF DOCUMENTARY CREDIT（跟单信用证形式）	24x	24 个字
M	40E	APPLICABLE RULE（适用规则）	24x	24 个字
M	41A	AVAILABLE WITH…BY…（指定的有关银行及信用证兑付的方式）	A or D	A 或 D

续表

M/O	Tag 代号	Field Name 栏位名称	Content/Options 内容
O	42A	DRAWEE（汇票付款人）	A or D　A 或 D
O	42C	DRAFTS AT…（汇票付款日期）	3*35x　3 行×35 个字
O	42M	MIXED PAYMENT DETAILS（混合付款条款）	4*35x　4 行×35 个字
O	42P	DEFERRED PAYMENT DETAILS（延期付款条款）	4*35x　4 行×35 个字
O	43P	PARTIAL SHIPMENTS（分装条款）	1*35x　1 行×35 个字
O	43T	TRANSSHIPMENT（转运条款）	1*35x　1 行×35 个字
O	44A	PLACE OF TAKING IN CHARGE/DISPATCH FROM…/PLACE OF RECEIPT（接受监管地/发运地/收货地）	1*65x　1 行×65 个字
O	44E	PORT OF LOADING/AIRPORT OF DEPARTURE（装运港/出发机场）	1*65x　1 行×65 个字
O	44F	PORT OF DISCHARGE/AIRPORT OF DESTINATION（卸货港/目的地机场）	1*65x　1 行×65 个字
O	44B	PLACE OF FINAL DESTINATION/FOR TRANSPORTATION TO…/PLACE OF DELIVERY（最终目的地/运往……/交货地）	1*65x　1 行×65 个字
O	44C	44C LATEST DATE OF SHIPMENT（最后装船期）	6n　6 个数字
O	44D	SHIPMENT PERIOD（船期）	6*65x　6 行×65 个字
O	45A	DESCRIPTION OF GOODS AND/OR SERVICES（货物描述）	50*65x　50 行×65 个字
O	46A	DOCUMENTS REQUIRED（单据要求）	50*65x　50 行×65 个字
O	47A	ADDITIONAL CONDITIONS（特别条款）	50*65x　50 行×65 个字
O	48	PERIOD FOR PRESENTATION（交单期限）	4*35x　4 行×35 个字
M	49	CONFIRMATION INSTRUCTIONS（保兑指示）	7x　7 个字
M	50	APPLICANT（信用证开证申请人）	4*35x　4 行×35 个字
O	51A	APPLICANT BANK（信用证开证的银行）	A or D　A 或 D
O	53A	REIMBURSEMENT BANK（偿付行）	A or D　A 或 D
O	57A	"ADVISE THROUGH" BANK（通知行）	A, B or D　A, B 或 D
M	59	BENEFICIARY（信用证的受益人）	[/34x]4*35x　[/34 字]4 行×35 个字
O	71B	CHARGES（费用情况）	6*35x　6 行×35 个字
O	72	SENDER TO RECEIVER INFORMATION（附言）	6*35x　6 行×35 个字
O	78	INSTRUCTION TO THE PAYING/ACCEPTING/NEGOTIATING ANK（给付款行、承兑行、议付行的指示）	12*65x　12 行×65 个字

　　注：（1）31C 如果没有填，开证日期为电文发送日期；（2）39A 与 39B 不能同时出现；（3）42A 必须与 42C 同时出现；（4）44C 与 44D 不能同时出现；（5）41A 如果是自由议付信用证，对该信用证的议付地点不做限制，该项目代号为 41D，内容为 ANY BANK IN…

表 8-3　　　　　MT 707 Amendment to a Documentary Credit 跟单信用证的修改

M/O	Tag 代号	Field Name 栏位名称	Content/Options 内容
M	20	SENDER'S REFERENCE（送讯行编号）	16x　16 个字
M	21	RECEIVER'S REFERENCE（收报行编号）	16x　16 个字
O	23	ISSUING BANK'S REFERENCE（开证行的号码）	16x　16 个字
O	26E	NUMBER OF AMENDMENT（修改序号）	2n　2 个数字
O	30	DATE OF AMENDMENT（修改日期）	6n　6 个数字
O	31C	DATE OF ISSUE（开证日期）	6n　6 个数字
O	31E	NEW DATE OF EXPIRY（信用证新的有效期）	6n　6 个数字
O	32B	INCREASE OF DOCUMENTARY CREDIT AMOUNT（信用证金额的增加）	3a15n　3 个字母 15 个数字
O	33B	DECREASE OF DOCUMENTARY CREDIT AMOUNT（信用证金额的减少）	3a15n　3 个字母 15 个数字

续表

M/O	Tag 代号	Field Name 栏位名称	Content/Options 内容	
O	34B	NEW DOCUMENTARY CREDIT AMOUNT AFTER AMENDMENT（信用证修改后的金额）	3a15n	3 个字母 15 个数字
O	39A	PERCENTAGE CREDIT AMOUNT TOLERANCE（信用证金额上下浮动允许的最大范围的修改）	2n/2n	2 个数字/2 个数字
O	39B	MAXIMUM CREDIT AMOUNT（信用证最大限制金额的修改）	13x	13 个字
O	39C	ADDITIONAL AMOUNTS COVERED（额外金额的修改）	4*35x	4 行×35 字
O	44A	PLACE OF TAKING IN CHARGE/DISPATCH FROM…/PLACE OF RECEIPT（接受监管地/发运地/收货地）	1*65x	1 行×65 字
O	44E	PORT OF LOADING/AIRPORT OF DEPARTURE（装运港/出发机场）	1*65x	1 行×65 字
O	44F	PORT OF DISCHARGE/AIRPORT OF DESTINATION（卸货港/目的地机场）	1*65x	1 行×65 字
O	44B	PLACE OF FINAL DESTINATION/FOR TRANSPORTATION TO …/PLACE OF DELIVERY（最终目的地/运往……/交货地）	1*65x	1 行×65 字
O	44C	LATEST DATE OF SHIPMENT（最后装船期的修改）	6n	6 个数字
O	44D	SHIPMENT PERIOD（装船期的修改）	6*65x	6 行×65 字
O	52A	APPLICANT BANK（信用证开证的银行）	A or D	A 或 D
M	59	BENEFICIARY（BEFORE THIS AMENDMENT）（信用证的受益人）	[/34x]4*35x	[/34 个字]4 行×35 字
O	72	SENDER TO RECEIVER INFORMATION（附言）	6*65x	6 行×65 字
O	79	NARRATIVE（修改详述）	35*50x	35 行×50 个字

注：（1）30 和 31C 如果没有填，相关日期为电文发送日期；（2）39B 与 39A 不能同时出现；（3）44C 与 44D 不能同时出现；（4）59 为原信用证的受益人，如果要修改信用证的受益人，则需要在 79 NARRATIVE（修改详述）中写明。

四、银行保证书和备用信用证

进出口业务中，在交易标的特殊、金额较大、交货期限较长的贸易中，交易条件较为复杂，不宜采用信用证方式结算，而在贸易的一方对另一方所做的履约承诺又缺乏信任的情况下，可以要求对方出具银行保证书或备用信用证，以约束对方履约。

（一）银行保证书

银行保证书（Letter of Guarantee，L/G），又称银行保函，是指银行（保证人）根据委托人（被保证人）的申请，向受益人开立的担保委托人履行某项契约义务的、承担有条件的经济赔偿责任的书面担保。

1. 银行保证书的当事人

银行保证书的主要当事人有以下三个。

（1）委托人（Principal），又称申请人、被保证人，是要求银行开立银行保证书的人。

（2）保证人（Guarantor），又称担保人，是应委托人请求开立银行保证书的银行或其他金融机构。保证人根据委托人的申请，并在由委托人提供一定担保的条件下向受益人开立保证书，担保在保证书规定的付款条件满足时即行向受益人付款。

（3）受益人（Beneficiary），是收到银行保证书并凭以要求保证人担保的人。即当委托人未履行合同时可通过保证书取得货款或赔款的人。

2. 银行保证书的种类

银行保证书根据不同用途，可分为投标保证书、履约保证书和还款保证书三类。

（1）投标保证书（Tender L/G），是指银行或其他金融机构（保证人）根据投标人（委托人）的申请，向招标人（受益人）做出的保证投标人在开标前或中标后履行其责任或保证在投标人违约时承担约定的赔偿责任的书面担保。

（2）履约保证书（Performance L/G），是指银行或其他金融机构（保证人）根据经济合同的一方当事人（委托人）的申请，向经济合同的另一方当事人（受益人）做出的保证委托人履行该经济合同责任或保证在委托人不履行该经济合同时承担约定的赔偿责任的书面担保。

在对外贸易中，履约保证书又分为进口保证书和出口保证书两种。其中，进口保证书（Import L/G）是指银行或其他金融机构应进口商的申请，向出口商做出的保证进口商履行按期付款责任，或在进口商不履行按期付款责任时承担约定的赔偿责任的书面担保；出口保证书（Export L/G）是指银行或其他金融机构应出口商的申请，向进口商做出的保证出口商履行按期交货责任，或保证在出口商不履行按期交货责任时承担约定的赔偿责任的书面担保。

（3）还款保证书（Repayment L/G），是指银行或其他金融机构（保证人）根据经济合同的一方当事人（委托人）的申请，向经济合同的另一方当事人（受益人）做出的保证在委托人不履行该合同时承担约定的退款或还款责任的书面担保。

3. 银行保证书的基本内容

银行保证书的内容随具体交易的不同而异，但就其基本方面而言，一般包括以下各项：

（1）基本栏目。包括保证书的编号，开立日期，各当事人的名称、地址和所在国家或地区，有关工程项目或其他标的物的名称，有关合同或标书的编号和签约或签发日期等。

（2）责任条款。即开立保证书的银行在保证书中承诺的责任条款，这是银行保证书最主要的内容。

（3）保证金额。保证金额是出具保证书的银行所承担责任的最高金额，可以是一个具体金额，也可以是有关合同金额的某个百分率。如果保证人可以按委托人履行合同的程度减免责任，则必须做出具体说明。

（4）有效期。即最迟的索赔期限，或称到期日（Expiry Date），它既可以是一个具体的日期，也可以是在有关某一行为或某一事件发生后的一个时期到期，例如，在交货后 3 个月或 6 个月、工程结束后 30 天等。

（5）索偿方式。即索偿条件，是指受益人在何种情况下方可向保证人提出索赔。对此，国际上有两种不同的说法：一种认为是无条件的，或称"见索即偿"（First Demand Guarantee）；另一种认为银行保证书应是附有某些条件的保证书（Accessary Guarantee）。显然，这两种说法基于两种不同的立场和利益，前者对受益人有利，后者对委托人有利。但事实上完全无条件的保证书是没有的，只是条件的多少，严宽程度不同而已。即使按照国际商会《见索即偿保函统一规则》，受益人索偿时，也要递交一份声明书。因此，银行保证书通常均按不同情况，规定不同的索偿条件。

4. 银行保证书与信用证的区别

银行保证书与信用证虽然都是银行应申请人的要求开出的银行信用文件，但却有本质的区别。

（1）就银行的责任而言，在信用证中，开证行承担第一性付款责任；而银行保证书是在委托人不履行合同义务的情况下，银行才负责偿付，因此，银行保证书的开证行一般只负第二性的付款责任。

（2）在信用证业务中，开证行只负责根据信用证的规定办事。它处理的是有关货运单据，而与买卖合同无关。但出具银行保证书的银行，当受益人以对方不履行合同义务，提交书面陈述或证明，要求银行履行赔偿诺言时，银行一般需要证实不履约的情况，从而会被牵连到交易双方的合同纠纷中去。

（3）在信用证业务中，受益人通常可通过议付取得资金融通。在保证书业务中，单据不成为索汇的根据，受益人不能通过议付取得资金。

（二）备用信用证

备用信用证（Standby L/C），又称商业票据信用证（Commercial Paper L/C）、担保信用证、保证信用证（Guarantee L/C）或履约信用证（Performance L/C），是指开证行根据开证申请人的要求，向受益人开立的保证在开证人未能履行其应履行的义务时，承担有条件的偿付责任的一种特殊的信用证。

备用信用证属于跟单信用证，适用《跟单信用证统一惯例》。受益人在信用证的有效期和金额内，如开证人未履约，应开具汇票（或不开汇票）并随附关于开证申请人不履约的书面证明或证件，提交开证行要求付款以取得补偿。如开证人按期履约，则该证备而不用，这也就是"备用"（Standby）的由来。

备用信用证是在有的国家，如美国、日本等禁止银行开具银行保证书，以免介入商事纠纷的情况下应运而生的，所以与银行保证书类似，同是银行信用，又都是银行为其被保证人提供担保；但两者在性质上有所不同。

（1）付款责任不同。在备用信用证下，银行承担第一性付款责任，受益人只要符合信用证规定的提交声明书或证件的条件，就可取得款项；而银行保证书下，银行承担第二性付款责任，只有当被保证人，即主债务人不履行付款或其他义务时，才履行付款责任。

（2）付款依据不同。备用信用证的付款依据是受益人提交信用证规定的声明书或证件，银行与开证申请人和受益人之间的合同无关；银行保证书的付款依据是有关合同或某项诺言未被履行，可能会被牵连到合同中去。

备用信用证和一般的跟单信用证一样，银行都承担第一性付款责任，但两者还是有一定区别。具体表现在：①跟单信用证通常只作为货物买卖的支付；而备用信用证不仅适用于货物买卖的支付，还适用于投标担保、还款担保等。②备用信用证的付款行凭受益人出具的证明开证人已经违约的证明书，承担付款责任；而跟单信用证付款行凭受益人提交符合信用证要求的货运单据付款。③备用信用证具备"备而不用"的性质，适用于开证人不履约；而跟单信用证适用于履约，受益人履行了信用证规定的条件，开证行即付款。

第三节 不同结算方式的选择使用

本章已分别介绍了汇付、托收、信用证、银行保证书和备用信用证五种不同的结算方式。在一般的国际货物买卖合同中，通常只单独使用某一种方式。但在特定情况下，也可在同一笔交易中把两种甚至两种以上不同的方式结合起来使用。总之，在实际业务中，根据不同国家和地区、不同客户、不同交易的实际情况，正确和灵活地选用货款结算的方式是一个关系到交易成败的重要问题。

一、选择结算方式应予考虑的因素

综上所述，各种不同的结算方式，对国际货物买卖中的进出口人而言，各有利弊优劣。因此，在实际业务中，应针对不同国家（地区）、不同客户、不同交易的具体情况全面衡量，取长补短、趋利避害，力求做到既能达成交易，又能维护企业的权益，最终达到确保外汇资金安全，加速资金周转，扩大贸易往来的目的。

在影响不同结算方式利弊优劣的诸因素中，安全是第一重要问题，其次是占用资金时间的长短，至于办理手续的繁简、银行费用的多少也应给予适当的注意。以下是我们在选择结算方式时经常需要考虑的一些问题。

（一）客户信用

在国际货物买卖中，依法订立的合同能否顺利完满地得到履行，客户的信用是决定性的因素。

因此，要在出口业务中做到安全收汇，在进口业务中做到安全用汇，即安全收到符合合同的货物，就必须事先做好对国外客户即交易对手的信用调查，以便根据客户的具体情况，选用适当的结算方式，这是选用结算方式成败的关键和基础。对于信用不是很好或者尚未对他有充分了解的客户，进行交易时，就应选择风险较小的方式，例如在出口业务中，一般可采用跟单信用证方式，如有可能也可争取以预付货款方式支付。若与信用很好的客户交易，由于风险较小，就可选择手续比较简单、费用较少的方式。例如，在出口业务中可以采用付款交单（D/P）的托收方式等。至于承兑交单（D/A）的托收方式或赊账交易（例如货到目的地后以电汇，即 T/T 方式付款），应仅限于本企业的联号或分支机构，或者确有把握的个别对象，对一般客户应从严掌握，原则上不能采用。

（二）经营意图

选用支付方式，应结合企业的经营意图。在交易磋商过程中，支付条件仅次于价格条件，也是买卖双方需要反复磋商，而且经常要影响交易能否达成的重点问题。在货物畅销时不仅可以提高售价，而且卖方还可选择对己最有利的结算方式，包括在资金占用方面最有利的方式；而在货物滞销时或竞争激烈的商品，不仅售价可能要降低，而且在结算方式上也需做必要让步，否则就可能难以达成交易。

（三）贸易术语

如前所述，国际货物买卖合同中采用不同的贸易术语，它所表明的交货方式与适用的运输方式是不同的。而在实际业务中，也不是每一种交货方式和运输方式都能适用于任何一种结算方式。例如，在使用 CIF、CFR、CIP、CPT 等属于象征性交货或称推定交货术语的交易中，采用的是凭单交货、凭单付款的方式，卖方交货与买方收货不在同时发生，转移货物所有权是以单据为媒介，就可选择跟单信用证方式。在买方信用较好时，也可采用跟单托收，如付款交单（D/P）方式收取货款。但在使用 E 组、D 组等属于实际交货方式术语的交易中，由于是卖方或通过承运人向买方直接交货，卖方无法通过单据控制物权，因此一般不能使用托收。因为如果通过银行向进口方收款，其实质是一笔货到付款，即属赊销交易性质，卖方承担的风险极大。即使是以 FOB、FCA 条件达成的买卖合同，虽然在实际业务中也可凭运输单据，例如凭提单和多式联合运输单据交货与付款，但这种合同的运输由买方安排，由卖方将货物装上买方指定的运输工具，或交给买方指定的承运人，卖方或接受委托的银行很难控制货物，所以也不宜采用托收方式。

（四）运输单据

如货物通过海上运输或多式联合运输，出口人装运货物后得到的运输单据一般为可转让的海运提单或可转让的多式联运单据。因这些单据都是货物所有权凭证，是凭以在目的港向轮船公司或联运承运人提取货物的凭证，在交付给进口人前，出口人尚能控制物权，故可适用于信用证和托收方式结算货款。如若货物通过航空、铁路或邮政运输，出口人装运货物后得到的运输单据为航空运单、铁路运单或邮包收据，这些都不是货物所有权凭证，收货人提取货物时也不需要这些单据。即使通过海上运输，但如运输单据为不可转让的海运单，由于它也不是物权凭证，提货时也无须提交这种单据。因此，在这些情况下，都不适宜做托收。在采用信用证方式情况下，全套运输单据均应直接向开证行或其指定银行递交，除非信用证有特别规定，出口人也不能将其中的一份径寄进口人，其目的是便于银行控制货物。

二、汇付、跟单托收和跟单信用证的比较

在上述多种结算方式中，汇付、跟单托收和跟单信用证三种方式较为常用。因此，我们应对这三种方式在手续、收费、买卖双方的资金占用以及买卖双方的风险等方面加以比较和掌握，并在实

际业务中根据情况灵活应用，以求取得好的经济效果。这三种方式的比较如表 8-4 所示。

一般而言，即期 L/C 结算方式，最符合安全及时收汇的原则；远期 L/C 结算方式，收汇安全有保证，但不及时，因此汇率发生波动的概率就高，从而削弱了收汇的安全性。至于托收结算方式，由于商业信用代替了银行信用，安全性大大减弱。D/A 方式的安全性和及时性最差，自不待言；D/P 方式在贸易对手国家出口商品行情下跌、外汇管制加强的情况下，进口商往往不按时付汇，收汇落空的风险也很大。但如果出口商品库存积压，款式陈旧，国际市场价格疲软，在贸易对手资信可靠，该出口商品在对方国家尚有一定销路，并且对方国家付汇控制相对不严的情况下，也可接受托收方式。

表 8-4　　　　　　　　　　　　　三种主要结算方式的比较

结算方式		手续	银行收费	买卖双方的资金占用	买方风险	卖方风险
汇付	预付货款	简单	最少	不平衡	a. 卖方不交货； b. 卖方不按时交货； c. 货物与合同规定不符	买方不按时付款
	货到付款	简单	最少	不平衡	卖方不按合同规定交货	a. 买方不收货； b. 买方收货后不付款； c. 买方拖延付款； d. 买方要求降价
跟单托收	付款交单（D/P）	稍繁	稍多	不平衡	收到的货物与单据不符	a. 买方不付款赎单； b. 买方要求降价后才付款赎单； c. 进口国政治、经济局势恶化； d. 代收行按 D/A 处理，导致钱货两空
	承兑交单（D/A）	稍繁	稍多	不平衡	收到的货物与单据不符	a. 买方不承兑； b. 买方要求降价后才承兑收货； c. 买方承兑收货后不付款； d. 买方承兑后要求降价才付款
跟单信用证		最繁	最多	较平衡	a. 付押金后，开证行倒闭； b. 卖主伪造单据； c. 收到的货物与单据不符	a. 买方不开证或不按期开证； b. 开证行失去偿付能力； c. 信用证规定有卖方无法做到的或不能接受的"软条款"； d. 开证行、开证人对单据无理挑剔，借口拒付； e. 收到伪造信用证

三、不同结算方式的结合使用

在对外贸易实际业务中，一笔交易一般只使用一种支付方式。但有时也根据具体情况采用几种不同的支付方式结合使用的办法，以确保安全收汇和妥善付汇，加速资金周转和促成交易。

1. 信用证和汇付的结合使用

信用证和汇付的结合使用有两种情况：先汇付后信用证和先信用证后汇付。

（1）先汇付后信用证。这种支付方式多用于成套设备。先由进口方以汇付方式支付定金，其余货款在货物装运前由进口商申请开立信用证，在货物装运后，出口商凭信用证和规定的单证收取。这种支付方式，发票金额大于信用证金额。

（2）先信用证后汇付。这种支付方式多用于交货数量不易控制的初级产品贸易上，一部分货款在货物装运后即采用信用证支付，另一部分货款在货物运抵目的地并经过商品检验确定其品质或数量后，根据检验结果计算出余额再进行汇付。

2. 信用证与 D/P 托收的结合使用

该方式指部分货款以信用证支付，余数用托收结算。一般做法是信用证规定出口商开立两张汇票，受益人凭光票支取信用证款项，凭跟单汇票采用 D/P 方式支取余款。为了防止在远期付款交单的条件下发生开证行提前交单给进口方可能造成的托收款项落空的情况，信用证上必须订明"在发票金额全部付清后才交单"的条款。采用这种做法，主要是为了减轻进口商资金周转的压力，减少开证的押金。对出口商来说，开证行待全部货款付清后交单，保证了安全收汇。即使发生进口商拒付 D/P 款项时，出口商也可以凭光票收回信用证项下金额后将货物就地出售或运回国内。

【案例 8-10】信用证加 D/A 结算案

我某公司与一日商按CIFC3东京条件成交猪肉罐头1万箱，总金额50万美元，合同规定总金额的50%以即期信用证方式付款，其余50%以D/A见票后30天付款。事后对方开来金额为25万美元的信用证，规定凭受益人开立的不超过本证规定金额的即期汇票，随附1万箱猪肉罐头之全套单据付款，并在证内申明："我们被告知，发票总金额的50%将以托收方式付款。"我方凭证装运出口交单，如期结回信用证项下的25万美元，其余25万美元亦按照来证申明制妥汇票通过银行光票托收。事隔一个多月，忽接银行通知，进口人倒闭、失踪。由于这项托收是根据信用证申明所办，属"证下托收"，请问开证行是否应保证付款？我方是否有失误之处？经验教训又是什么？

［案例评析］

开证行不保证付款。因为损失是因我方选择支付方式不妥造成的。信用证与托收两种支付方式虽然都是通过银行办理，但两种支付方式性质不同，前者属于银行信用，而后者属于商业信用。

托收按交单条件不同分D/P与D/A两种，前者以付款人付款为交单条件，后者付款人以承诺到期付款即可先获得单据。以出口方安全收汇这一点来分析，采用托收方式出口方承担的风险比采用信用证方式要大，采用D/A又比D/P的风险大。在本案中，我方使用信用证与托收相结合的做法，来证金额只有总金额的50%，而要提交总金额100%的全套单据，这就是说，我方必须按合同交足1万箱罐头，而货款只有50%的保证，显然对我方不利。虽然信用证内对其余50%货款做了将按托收付款的声明，表面上看来似乎与合同规定相符，但这并非开证行的一项付款保证。对托收部分，我方仍要承担付款人不付款的风险。所谓"证下托收"之说纯属一种错误的概念，既然是托收银行就不承担保证付款的责任。

结合本例中我方失误得出的教训是，在今后具体业务中，如采用信用证与托收相结合的做法时要注意：①托收部分不能用D/A方式，只能用D/P方式；②全套单据应随附于托收下的汇票，信用证部分凭光票付款；③在合同和信用证内，均应订明"在发票金额全部付清后才交单"的条款。

3. 跟单托收与汇付的结合使用

该方式指在跟单托收方式下，出口商要求进口商以汇付方式支付一定金额的预付货款或押金（Down Payment）作为保证。在货物出运后，出口商可从货款中扣除已预付的款项，其余金额通过银行托收。如托收金额被拒付，出口商可将货物运回而以预收金额来抵偿运费、利息等一切损失。预付货款或押金多少，视客户资信和商品在该市场上供销情况而定。

4. 跟单托收与备用信用证或银行保证书结合使用

跟单托收对出口人来说有一定的风险。如果在使用跟单托收时，结合使用备用信用证或银行保证书，由开证银行进行保证，则出口商的收款就基本得到保障。如果跟单托收项下的货款被拒付，就可利用备用信用证或银行保证书以光票与受益人签具的声明书向银行收回货款。使用这种方式时，备用信用证的有效期必须晚于托收付款期限后一定时间，以便被拒绝后能有足够的时间办理追偿手续。

5. 汇付与备用信用证或银行保证书的结合使用

这种支付方式一般用在大型设备、成套设备以及大型运输工具等生产周期较长的商品交易中。由于这类交易成交金额大，买方一时难以付清全部货款，故可采用按工程进度和交货进度分若干期付清货款，即分期付款和延期付款的方法，同时结合使用汇付、备用信用证或银行保证书。分期付款（Payment by Installments），是指在买方支付了一定的预付金或定金后，按工程进度在交货前分若干期支付货款。延期付款（Deferred Payment），是指在买方支付了一定的预付金或定金后，按工程进度直到交货后的一段时间分若干期付清货款。

采用此类支付方式时，买方一般采用电汇或信汇方式支付定金或货款。在首次支付前，通常要求卖方开立备用信用证或银行保证书，以保证合同货物的交付。如卖方不能履行合同义务，由开证银行负责退回已交的定金、货款和利息。同时，尤其是在延期付款情况下，卖方要求买方开立以出口商为受益人的备用信用证或银行保证书，以保证按期付款。除此之外，在每次付款前，卖方还应提交必要的证明文件，如出口许可证影印本和制造进度的证明文件。

分期付款和延期付款有相似之处，但又有区别。

（1）买方付清货款的时间不同。分期付款是在交货时付清货款，是即期付现交易；而延期付款是交货后相当长的时间内大部分货款才被分期付清，具有赊销性质，属信贷交易。

（2）货物所有权转移的时间不同。分期付款是在付清货款时转移货物的所有权，而延期付款是在付款期间随着货物的交付而转移货物所有权。

（3）分期付款是即期交易，不存在利息问题；而延期付款是出口商给予进口商部分商业信贷，进口商要承担延期付款的利息。

第四节 出口信用风险防范

传统的国际贸易支付方式如前所述主要有三种：汇付、托收和信用证。其中，汇付和托收属于商业信用，出口商承担着收款风险，而对进口商则相对有利。信用证方式克服了汇付和托收方式商业信用的不足，对出口商收款给予了银行信用的保证；但进口商要办理开证手续，支付开证费用，尤其要占压资金，因此给进口商带来诸多不便。随着国际贸易买方市场的普遍形成，贸易竞争已发展到了付款条件方面，越来越多的进口商拒绝使用信用证方式，以托收和赊销方式结算货款的比重和绝对金额在逐渐提高和发展，远期信用证结算也占据了相当的比重，这就增加了出口商的风险和资金的沉重负担。这里介绍几种防范出口信用风险的手段。

一、利用国际保理

1. 国际保理的含义和内容

国际保理（Factoring），是国际保付代理的简称，又称保理、保付代收或承购应收账款业务等。它是指在国际贸易中，在以托收、赊账等商业信用方式结算货款的情况下，保理商（Factor）向出口方提供的一项包括进口商资信调查、百分之百的风险担保、催收账款、财务管理以及贸易融资等在内的综合性服务项目。

国际保理业务主要包括以下几方面的内容。

（1）对海外进口商进行商业资信调查和信用评估，并根据出口商的要求确定进口方的信用额度。

（2）为出口商承担百分之百的买家信用风险。出口商将票据卖断给保理商后，由保理商承担全部的信贷风险和汇价风险。

（3）负责应收账款的追收并负责账务管理。保理商买断出口商的票据后，对应收账款进行管理并负责催收。此外，保理商向出口商提供账务处理。

（4）提供出口商所需的资金融通，收到出口商票据后，保理商可按照出口商需要预付 80% 左右的货款，余款在进口商付清全部货款后支付。

2. 国际保理业务的当事人及基本程序

国际保理业务的当事人通常有出口商、进口商、出口保理商和进口保理商。其中，出口保理商是接受出口商委托收款的保理公司，进口保理商是出口保理商在买方所在地的保理代理人，负责买方的资信调查，与出口保理商有契约关系。国际保理业务的基本程序如图 8-9 所示。

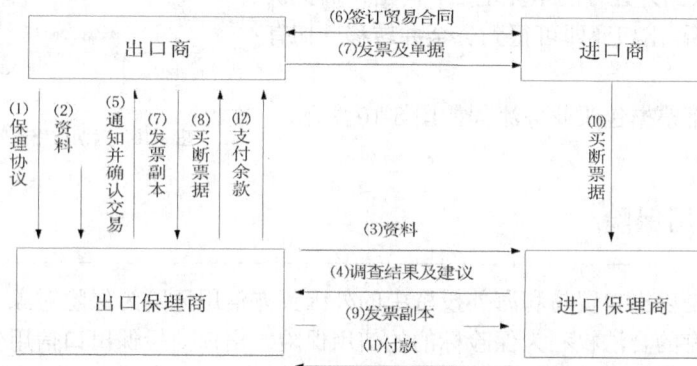

图 8-9 国际保理业务的基本程序

说明：（1）出口商与出口保理商签订保理协议。（2）出口商将进口商的有关情况及交易资料提交出口保理商。（3）出口保理商将资料整理后转送给进口商所在国内的保理商。（4）进口保理商对进口商的资信进行调查和评估，确定进口商的信用额度，并将调查结果及可提供信用额度的建议通知出口保理商。（5）出口保理商转通知出口商。如果该进口商资信可靠，则出口保理商对进出口双方间的交易加以确认。（6）进出口双方签订以国际保理方式结算的贸易合同。（7）出口商按合同规定备货装运后，将发票及有关货运单据送交进口商，同时将一份发票副本交出口保理商。（8）出口保理商按出口商要求，预付 80% 左右的货款；或采用买断票据形式，按票面金额扣除利息等各项费用后无追索权地付与出口商。（9）出口保理商随即将发票副本转寄进口保理商，后者将发票入账，并负责催收账款。（10）进口商在付款到期日向进口保理商交付发票全部金额，并支付保理费。（11）进口保理商将发票金额拨交给出口保理商。（12）出口保理商扣除预付货款、保理费、银行转账及其他费用后，将余款交给出口商。

二、利用福费廷

1. 福费廷的含义

福费廷（Forfeiting）业务是指在资本性物资交易，例如，大型成套设备的国际贸易中，当出口商以赊销方式卖出商品后，将经过其预先选定的贴现行或大金融公司认可的担保行担保过的本票（或经过进口商承兑、担保行担保过的汇票）卖断给贴现行或大金融公司，以提前取得现款的一种资金融通形式。也称包买、买单信贷、丧失追索权的贴现。

福费廷业务一般是银行为出口商远期信用证项下贸易融资提供的一种金融服务。银行向出口商无追索权地买断开证银行（保兑银行）承兑的远期汇票，为出口企业提供融资支持。

对出口商而言，叙做福费廷可获得无追索权的中短期贸易融资。将应收账款变成现金销售收入，有效地解决了应收账款资金占用问题；在交货或提供服务后可立即得到付款，增加出口商资金流动性、改善企业清偿能力；最大限度地避免收汇风险；不占用出口商在银行的授信额度；可提前办理出口核销和退税；这类业务通常是保密的，没有商业贷款那种公开性，有利于保护出口商利益。

2. 福费廷业务的操作流程

福费廷业务的流程大体可分三个阶段：

（1）出口商对某地区有出口意向，在洽谈业务和签订合同前，向包买银行咨询出口项下票据包买的价格，并提供拟出口业务的相关信息：进口方国家、开证行、合同金额、融资期限、货物名称等。此价格根据开证行所在国家、地区和自身资信状况及市场条件变化有所不同。

（2）出口商收到进口方银行开立的远期信用证后，出运货物，并向包买银行提交相应单据，包买银行向开证行提示出口单据。

（3）包买银行收到开证行的承兑电后，向出口商提供无追索权的票据买断。出口商即可得到资金并转移一切有关风险和义务。

远期信用证项下票据包买业务流程如图 8-10 所示。

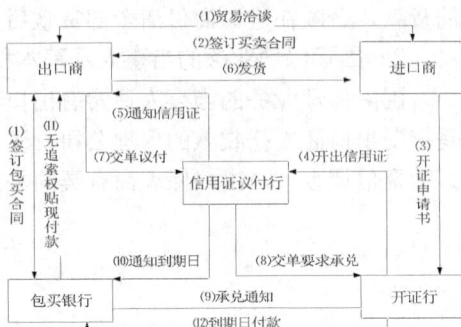

图 8-10　远期信用证项下票据包买业务流程

三、利用出口信用保险

出口信用保险是以出口贸易和海外投资中的外国买方信用风险为保险对象、以出口企业在执行出口合同中应当享有的合法权利为保险标的的信用保险。出口商投保出口信用保险不仅可以保障收汇安全，而且能够提高在国际市场中的竞争地位和能力。

1. 出口信用保险类别

出口信用保险分为以下三种。

（1）短期出口信用保险（简称短期险）。短期险承保放账期在 180 天以内的收汇风险，主要用于以付款交单（D/P）、承兑交单（D/A）、赊销（O/A）等商业信用为付款条件的出口。根据实际情况，短期险还可扩展承保放账期在 180 天以上、360 天以内的出口，以及银行或其他金融机构开具的信用证项下的出口。

（2）中长期出口信用保险（简称中长期险）。中长期险可分为买方信贷保险、卖方信用保险和海外投资保险三大类。中长期险承保放账期在一年以上，一般不超过 10 年的收汇风险，主要用于大型机电产品和成套设备的出口。

（3）与出口相关的履约保证保险（简称保证保险）。保证保险分为直接保证保险和间接保证保险。直接保证保险包括开立预付款保函、出具履约保证保险等；间接保证保险包括承保进口方不合理没收出口方银行保函。

2. 出口信用保险的申办

我国目前经办出口信用保险的机构是中保财产保险有限公司和中国进出口银行。企业投保出口信用保险业务，由这两家经办机构办理。

（1）短期出口信用保险的申办。短期险是以买方信用限额为责任上限，由经办机构承担企业收汇风险责任。买方信用限额是经办机构根据付款方式对进口方的资信情况进行调查，根据调查的结果对出口企业向进口方就某一付款方式将承担的最高保险责任余额。经批准后的买方信用限额可循环使用，即如不发生保险赔偿责任，出口企业可以在收到买方付款后，继续按原定付款方式和约定限额向该进口方出口发货。

为此，企业如需办理短期信用保险，应在对外签订出口合同前，向经办机构投保短期险，并将进口方和开证行的英文名称、地址、负责人、联系电话及传真，以及已获知的进口方资信情况提供给经办机构，并办理买方信用限额申请手续。待买方信用限额批准后，企业可在该限额内组织发货。

（2）中长期出口信用保险的申办。由于中长期险的保险金额较大，还款期限较长，风险程度相对短期险要大得多，因此，企业在安排中长期出口项目时，要特别注意按规定预先落实保险事宜。出口企业投保中长期险需按下列程序逐一落实。

第一步：企业在对外投标或草签中长期出口合同前，至少提前一个月，向经办机构递交《投保申请书》，同时提供相关材料。

第二步：经办机构在收到上述《投保申请书》及所附文件后，即对投保项目进行初步审评，如符合国家政策性出口信用保险支持条件，将在四周内出具《承保意向书》。企业可凭此意向书向银行申请信贷。

第三步：在进出口双方就商务合同条件、贷款银行与借款人就有关出口信贷协议条款达成一致后，经办机构将对整个项目和全部合同文件进行审定，核定保险费率，并按国家有关规定履行报批手续后出具保险单或签订保险协议。

第五节 国际货物买卖合同中的支付条款

国际货物买卖合同中有关货款收付的规定通常以"支付条款"（Terms of Payment）出现，合同中的支付条款是一项不亚于价格的重要条款，所以，必须认真对待。

订好买卖合同中的支付条款，首先要选好结算方式。而综上所述，不同的结算方式涉及不同的信用，对双方当事人的利益和各自承担的风险有明显的区别。而在国际贸易中，绝对安全的结算方式可以说是没有的，而且不同的方式，往往还涉及支付的时间和地点。因此，正确选用货款的结算方式非常重要。在实践中，结算方式也往往是买卖双方在交易磋商中经常需要反复磋商的重点问题。总的说来，我方在选用结算方式时，如前文所述，应在贯彻我国的外贸方针政策、确保外汇资金安全、有利于扩大贸易和资金周转的前提下，结合费用负担、汇率风险等因素进行综合考虑。至于具体的支付条款，则需视不同的交易，特别是所选用的结算方式而有所不同。除前文已经说明的以外，本节再就实际业务中常用支付条款的规定方法分别扼要介绍。

一、汇付条款

汇付方式通常用于预付货款和赊账交易。为明确责任，防止拖延收付款时间，影响及时发运货物和企业的资金周转，对于使用汇付方式结算货款的交易，在买卖合同中应当明确规定汇付的时间、具体的汇付方法和金额等。以下是四个实例：

【例8-3】The Buyers shall pay the total value to the Sellers in advance by T/T（M/T or D/D） not later than …

【例8-4】The Buyers shall pay 100% of the sales proceeds in advance by T/T to reach the Sellers not later than …

【例8-5】…% of the total contract value as advance payment shall be remitted by the Buyer to the Seller through telegraphic transfer within one month after signing this contract.

【例8-6】Payment by T/T: Payment to be effected by the Buyer shall not be later than … days after receipt of the documents listed in the contract.

二、托收条款

跟单托收的单据中通常包括有凭以提取货物的物权凭证，如可以转让的海运提单，持有人可凭以向承运人提取货物，在何种情况下将单据交付给买方，对买卖双方的权益、责任和风险都关系重大。因此，凡以托收方式结算货款的交易，在买卖合同的支付条款中，必须明确规定交单条件和付款、承兑责任以及付款期限等内容。其具体的规定方法，一般可先列明由卖方负责在装运货物后，开立汇票连同货运单据办理托收，如 After shipment, the Seller shall send through the Seller's bank a draft drawn on the Buyer together with the shipping documents to the Buyer through the Buyer's bank for collection. 之后，再按不同交单条件、付款期限，和买方的付款、承兑责任等做具体明确规定。以下分别是即期付款交单、远期付款交单和承兑交单的四个实例：

【例8-7】即期付款交单

Upon first presentation the Buyers shall pay against documentary draft drawn by the Sellers at sight. The shipping documents are to be delivered against payment only.

【例8-8】远期付款交单1

The Buyers shall duly accept the documentary draft drawn by the Sellers at … days sight upon first presentation and make payment on its maturity. The shipping documents are to be delivered against payment only.

【例8-9】远期付款交单2

The Buyers shall pay against Documentary draft drawn by the Sellers at … days after date of B/L. The shipping documents are to be delivered against payment only.

【例8-10】承兑交单

The Buyers shall duly accept the documentary draft drawn by the Sellers at … days sight upon first presentation and make payment on its maturity. The shipping documents are to be delivered against acceptance.

对于买卖双方经过长期交往，对跟单托收已确立习惯做法的交易，买卖合同采用托收方式的支付条款，也可适当从略，使合同文字简化。如把用即期付款交单方式的支付条款简写成"D/P at sight"；把远期付款交单简写成"D/P at … days' sight""D/P at … days after sight"或"D/P … days"；把承兑交单简写为"D/A at … days' sight"或"D/A at … days after sight"。但是，由于对这些简化的订法，不同的客户、不同的国家可能有不同的理解，有的按当地习惯，对 D/P、D/A 还有与众不同的理解，例如有的把 D/P、D/A 分别解释成"付款交货"（Delivery against Payment）和"承兑交货"（Delivery against Acceptance），这就可能使我们在出口业务中处于被动，以致造成损失。所以，除非对方客户与我往来多年，对各种跟单托收方式表述的含义和具体做法，特别是对此类简化的订法已有共识，在一般的买卖合同中都应做具体详尽的规定，以明确责任，防止被动和损失。

三、信用证支付条款

在国际货物买卖中，特别是在出口业务中，如采用跟单信用证方式结算，一般应在买卖合同的支付条款中，就开证时间，开证银行，信用证的受益人、种类、金额、装运期、到期日等做出明确规定。

1. 开证时间

按国际贸易惯例和法律规则，在信用证支付条件下，按时开立信用证，是买方在货物买卖合同中的主要义务。所谓按时开证，是指按合同规定的时间开证，以便卖方有充分时间做备货、装运、制单等履约工作。如买卖合同未规定开证时间，按一般的惯例和法律规则，买方应在"一个合理的时间"内开立，这个合理时间应从合同规定的装运期的第一天往回推算。即买方必须在装运期的第一天以前一个充裕的时间内开证，以使卖方在把货物运到装运地或交付给承运人以前就能获知他的货款将由信用证所规定的内容予以保证。如果合同对装运期规定了一定的期限或一段期间，在没有相反规定的情况下，买方不得在卖方备妥货物待运时才开证，而应把整个装运期的机动权都给予卖方，使卖方在买卖合同规定的整个装运期内都可以利用这份信用证。据此，如买方不按时开证并送达卖方，即构成买方的违约，卖方有权撤销合同并要求损害赔偿。

鉴于迄今为止，各国法律均未对开证的"合理时间"做出具体解释，为了防止可能由于对此理解不同而引起纠纷，同时也为了明确买方的开证责任，最好的办法是在买卖合同中，特别是出口合同中具体规定开证时间，如 to be opened to reach the Sellers … days before the month of shipment.

值得注意的是，有些国家的法律认为，买方逾期开证，卖方只能提出损害赔偿要求，而不能同时撤销合同。为此，在必要时，可对有权撤销合同做明确规定，如 failing which the Sellers shall not be responsible for shipment as stipulated and shall have the right to rescind this contract and claim for damages against the Buyers.

2. 开证银行

为确保收汇安全，在买卖合同特别是出口合同中，一般还应对开证银行的资信地位做必要的规定。例如，规定信用证应通过"卖方可接受的银行"（Bank Acceptable to the Sellers）或"第一流银行"（First Class Bank）来开立，其中，后者的含义比较笼统。

3. 受益人

在一般情况下，可规定"以卖方为受益人"（In Favour of the Seller）。但如在异地装运，或代理其他企业达成的交易，也可规定装运地或被代理的企业为受益人。

4. 信用证种类

如前所述，信用证种类繁多，且随着具体交易的不同情况，对信用证种类的要求也有所不同。因此，每个买卖合同均需明确订定信用证的类别。首先要确定 L/C 的兑付方式；其次规定信用证是即期的，还是远期的，如为远期的，还应列明付款期限的计算方法；此外，是否还需要除开证行以外的其他银行加具保兑，是否需要加注"可转让"，是否需要预支或部分预支等，也应根据不同交易的需要做出具体规定。

5. 信用证金额

信用证金额是开证行承担付款责任的最高金额，应在买卖合同中做出规定。在实践中一般规定为发票价值的 100%。但如果涉及额外费用需在信用证金额外支付者，则必须在合同中明确有关信用证应做相应的规定，以免影响收汇。例如，按 CFR 或 CIF 价格条件出口，港口拥挤费由买方负担，则可要求买方在信用证中规定有关港口拥挤费可超出信用证的金额收取，并在合同中订明。又如在出口合同中对装运数量订有"约"数或"溢短装条款"的，则应要求买方在信用证内规定装运数量多交或少交的百分率或注明"约"数，同时，对信用证金额做相应的增加或在金额前注明"约"数（about）字样，以利于货物溢装时能收足货款。

6. 到期日和到期地点

信用证的到期日（Expiry Date）习称信用证的有效期（Validity），是指开证银行承担即期付款、延期付款、承兑或议付责任的期限。在我出口业务中，一般都要求买方来证规定：valid for negotiation until the 15th day after the month of shipment.

与到期日有密切关联的到期地点，是指被交付单据并要求付款、承兑或议付的银行的所在地，即在信用证有效期内应向何地的指定银行交单为准。

信用证到期有三种情况，即议付到期、承兑到期和付款到期。议付到期的地点一般在出口地，承兑和付款到期的地点则为开证行或其指定付款行所在地。为了便于掌握时间及时向银行交单议付，我出口合同一般都规定信用证到期地点在我国或在我国某地（出口或议付地点）。

以上为买卖合同中信用证支付条款所涉及的一些主要内容。现将出口合同中信用证支付条款的具体订法举例如下：

【例8-11】即期信用证

The Buyers shall open through a bank acceptable to the Sellers a sight letter of credit to reach the Sellers ×× days before the month of shipment, valid for negotiation in China until the 15th day after the month of shipment.

【例8-12】远期信用证

The Buyers shall arrange with ×× Bank for opening a （transferable）banker's acceptance letter of credit in favour of the Sellers before … （or within … days after receipt of Sellers' advice; or within … days after signing of this contract）. The said letter of credit shall be available by draft(s) … days after sight（or after date of shipment）and remain valid for negotiation in China until the 15th day after the aforesaid time of shipment.

【例8-13】循环信用证

The Buyers shall open through a bank acceptable to the Sellers a revolving letter of credit at sight to reach the Sellers ×× days before the month of first shipment. The credit shall be automatically available during the period of 20×× for ××（value）per month and remain valid for negotiation in Beijing until Apr.15, 20××.

思考题

1．汇票的付款期限有哪几种规定方法？

2．简述汇票的使用程序。

3．试比较汇票、本票和支票的异同。

4．汇付分哪几种方式？

5．跟单托收业务中有哪几种交单方式？

6．为什么说汇付和托收分属顺汇和逆汇，但又都属商业信用性质？

7．试比较凭单付汇与一般汇付和跟单托收的异同。

8．在出口业务中采用跟单托收方式通常应注意哪些问题？

9．何谓信用证？试简述其一般的收付程序。

10．试简述信用证的主要内容。

11．试简述国际贸易结算中信用证方式的主要特点。

12．信用证结算的性质和特点是什么？

13．相对于 UCP500，UCP600 有哪些主要变化？

14．信用证可从哪些不同的角度进行分类？

15．SWIFT 是个什么组织？用 SWIFT 系统开立或通知的信用证有什么特点和优点？

16．何谓银行保证书？在国际贸易中使用的主要有哪几种？

17．何谓备用信用证？其用途何在？

18．在进出口贸易中，选择结算方式应考虑哪些因素？

19．试比较分析汇付、托收和信用证三种结算方式。

20．简述国际保理、福费廷业务的基本含义。

21．何谓出口信用保险？其保险类别有哪几种？

22. 信用证方式下，国际货物买卖合同规定支付条款时，主要涉及哪些内容？

案例分析题

1. 出口合同规定的支付条款为装运月前 15 天电汇付款，买方延至装运月中始从邮局寄来银行汇票一张，为保证按期交货，出口企业于收到该汇票次日即将货物托运，同时委托银行代收票款。1个月后，接银行通知，因该汇票系伪造，已被退票。此时，货已抵达目的港，并已被买方凭出口企业自行寄去的单据提走。事后追偿，对方早已人去楼空。

问题：对此损失，我方的主要教训是什么？

2. 我某外贸进出口公司与比利时某贸易公司洽商某商品的出口交易，我方提出付款条件为 30%金，货物装运后凭提单传真 T/T 付款，比利时商人要求降价，否则付款条件应修改为 D/P90 天，并通过其指定的代收行代收方可接受。

问题：比利时商人提出修改付款条件的意图是什么？

3. 我某贸易公司向非洲某进口商出口一批冻野味食品。合同规定 3 月装船，付款条件为 D/A见票后 30 天付款。卖方 3 月 5 日装船完毕，3 月 8 日向托收行办理 D/A30 天托收。3 月 17 日买方在汇票上履行了承兑手续。货抵目的港后，买方提取货物并售出，但亏损严重。4 月 16 日汇票到期时，买方借故提出拒付。我方只好委托我驻外机构直接与之谈判，最终该批货物折价 25%，货款在第二年分四次偿还而结案，我公司损失严重。

问题：我方应从此事件中吸取什么教训？

4. 我方一笔出口货款请银行按 D/P 即期托收，在托收申请书中我方没有增加银行责任。该项托收货款被买方拒付，银行随即告知我方。时隔数周，我方向银行交待货物处理办法，此时货物已有部分被盗。我方认为银行没有保管好货物，并要求赔偿。银行断然拒绝。

问题：银行这样做是否有道理？我方从此事中应吸取哪些教训？

5. 我某公司向巴基斯坦 TB 公司出口 1 100 箱去骨鸡罐头。合同规定 7 月 15 日前装运，即期信用证付款。合同签订后，买方按时开来即期信用证，该证由设在我国境内的 A 银行通知并加保兑。我公司在货物装运后，将信用证要求的单据送交 A 银行议付，A 银行审单无误，向我公司支付货款。A 银行随即向开证行寄单索偿，但此时，开证行因经营不善已宣布破产。于是，A 银行要求我公司将议付的货款退还，并建议我方可委托其向买方 TB 公司直接索取货款。

问题：对此我公司应如何处理？为什么？

6. 某外贸公司出口某货物一批，数量为 1 000 公吨，每公吨 USD78CIF Rotterdam。国外买方通过开证行按时开来信用证，证内规定：总金额不得超过 USD78 000，有效期为 11 月 30 日。外贸公司于 11 月 4 日将货物装船完毕，取得提单，签发日期为 11 月 4 日。

问题：①外贸公司最迟应在何日将单据送交银行议付？为什么？②本批货物最多、最少能交多少公吨？为什么？

技能实训题

1. 对照本书附件，解读汇票的基本内容。
2. 对照本书附件，解读信用证的基本内容。
3. 自己设计托收和信用证业务的程序图表。

第九章 | 商品检验、索赔、不可抗力和仲裁

在国际货物买卖中，买卖双方往往会因各自的权利、义务问题而引起争议（Dispute），甚至导致发生仲裁、诉讼等情况。争议的原因很多，例如：合同是否成立；对合同条款规定不明确和双方理解不一致；卖方或买方违约；履约中出现了不是当事人责任的因素，以致合同无法履行或无法继续履行，而双方对能否取消合同或延迟履行合同的看法不一致等。

为了在合同履行中尽量减少争议，或者在发生争议时能妥善解决，以使交易得以继续顺利地进行，并保持和发展双方当事人之间的良好关系，在国际货物买卖合同中通常都要订立一些预防发生争议以及一旦发生争议时如何进行处理的条款。

国际货物买卖合同中关于预防发生争议的条款，可视不同商品不同交易情况选定不同的内容。例如，以信用证方式结算货款的交易，在合同中通常要结合交货时间规定买方负责开立信用证并保证送达卖方的期限；由买方安排运输接运货物的合同，应在合同中规定买方安排运输工具，或指定承运人以及事先通知卖方的期限；由买方在订立合同后指定图案、样式、花色，提供辅料、原材料、包装装饰材料的交易，应当根据交货时间要求，结合生产或加工、包装工期规定买方指定或提供的最后期限。这些规定，通常还需同时明确如有违反或延误的责任。除了根据个别交易情况需要规定的特定的预防性条款外，还有一般交易通常都需规定的如何认定卖方交付货物的质量、数量和包装是否符合合同规定的检验条款，对货物不符合同提出异议及/或索赔的条款，以及因不可抗力原因造成的不能履行或不能如期按约履行合同的免责条款等。

本章集中介绍国际货物买卖合同普遍需要规定的货物检验、索赔与不可抗力条款的订立以及有关的知识，还介绍了国际商务仲裁的有关知识、具体做法与国际货物买卖合同中的仲裁条款。

第一节 | 商品检验

一、商品检验的意义

商品检验（Commodity Inspection），是指在国际货物买卖中，对卖方交付给买方商品的质量、数量和包装进行检验，以确定合同标的是否符合买卖合同规定；有时还对装运技术条件或货物在装卸运输过程中发生的残损、短缺进行检验或鉴定，以明确事故的起因和责任的归属；商品检验还包括根据一国法律或行政法规对某些进出口货物实施强制性检验或检疫。

在国际货物买卖中，由于买卖双方分处两个国家（地区），一般不是当面交接货物，且进出口货物需要经过长途运输，多次装卸，如到货出现品质缺陷、数量短缺等，容易引起有关方面的争议。为了保障买卖双方的利益，避免争议的发生，以及发生争议后便于分清责任和进行处理，就需要由一个有资格的、有权威的，独立于买卖双方以外的公正的第三者，即专业的检验机构负责对卖方交付的货物的质量、数量、包装进行检验，或对装运技术、货物残损短缺等情况进行检验或鉴定。检验机构检验或鉴定后出具相应的检验证书，作为买卖双方交接货物、支付货款和进行索赔、理赔的重要依据。因此，进出口货物检验是买卖双方交接货物过程中必不可少的重要业务环节。

此外，商品检验也是有关部门管理进出口贸易的内容之一。根据《中华人民共和国进出口商品

检验法》的规定，我国商检机构和国家商检部门应对进出口商品实施检验；凡未经检验的进口商品，不准销售、使用；凡未经检验合格的商品不准出口。在出口业务中，我国检验检疫机构通过加强对重要进出口商品的检验，较好地把住了出口商品的质量关，促进了我国商品质量的提高，增强了我国出口商品的国际市场竞争能力。我国检验检疫机构对出口商品或我国生产加工企业的检验检疫与监管认证，突破了国外的贸易技术壁垒，取得国外市场准入，使我国商品能在国外顺利通关入境。在进口业务中，我国检验检疫机构通过对进口商品按合同和有关标准规定严格检验，以把好进口商品质量关，有效地维护国家和人民的利益。同时，我国检验检疫机构采用国际通行的技术贸易壁垒的做法，加强对进口商品的检验检疫，以合理的技术规范和措施保护国内产业和国家经济的顺利发展。

二、 检验的时间和地点

关于买方的检验权，各国法律和《联合国国际货物销售合同公约》都做了相似的规定：除非合同另有规定，当卖方履行交货义务以后，买方有权对货物进行检验，如果发现货物与合同规定不符，而的确属卖方的责任，买方有权向卖方表示拒收，并有权索赔。但是，具体到应在何时何地检验，各国法律并无统一规定。由于货物的检验权直接关系到买卖双方在货物交接过程中的权利和义务，为了明确责任，买卖双方通常都在买卖合同中就买方是否行使和如何行使检验权的问题，做出明确规定，其中的核心就是检验的时间和地点。检验的时间和地点涉及检验权、检验机构以及有关的索赔问题，因而关系着买卖双方的切身利益。实务中，检验的时间和地点通常与合同中使用的贸易术语、商品的特性、使用的包装方式以及当事人所在国的法律、行政法规的规定等有着密切的联系。

在国际货物买卖合同中，关于检验的时间和地点的规定，基本做法有三种。

1. 在出口国检验

这种做法可分为在产地检验和装运前或装运时在装运港（地）检验。

（1）在产地检验。即在货物离开生产地点（如工厂、农场或矿山等）之前，由卖方或其委托的检验机构人员或买方的验收人员或买方委托的检验机构人员对货物进行检验。在货物离开产地之前进行检验或验收为止的责任，由卖方承担。检验合格后，卖方不再对货物的质量负责，离产地后运输途中的风险，由买方负责。

（2）装运前或装运时在装运港（地）检验。即以离岸质量、重量（或数量）为准。货物在装运港（地）装运前或装运时由双方所约定的检验检疫机构进行检验，出具检验证书，作为双方交货品质或数量的依据。货物运抵目的港（地）后，即使发现问题，买方也无权拒收货物或提出异议与索赔。此种规定对卖方比较有利。

2. 在进口国检验

即货物运抵目的港（地）卸货后检验，或在买方营业处所以及最终用户的所在地检验。

（1）在目的港（地）卸货后检验。即以到岸质量和重量为准。据此规定，在货物运抵口的港（地）卸货后的一定时间内，由双方约定在目的港（地）的检验机构进行检验，并出具检验证书作为双方交货品质、重量或数量等的依据。

（2）在买方营业处所以及最终用户所在地检验。此种规定方法是将检验延伸或推迟到货物运抵买方营业处所以及最终用户所在地后的一定时间内进行，并以双方约定的该地的检验机构出具的检验证书作为决定交货品质和数量的依据。这种做法主要适用于那些需要安装调试的成套设备、机电仪产品以及在口岸开包检验后难以恢复原包装的商品。

3. 在出口国检验，在进口国复验

这是当前国际贸易中使用最为广泛的检验方法。按此订法，装运地的检验机构验货后出具检验证明，作为卖方收取货款的单据之一，但不作为买方收货的最后依据。货到目的地后的一定时间内，买方有权请双方约定的检验机构进行复验，出具复验证明。复验中如发现到货品质、重量或数量与合同规定不符而属于卖方责任时，买方可凭复验证明向卖方提出索赔，但应注意在索赔期内提出。

除非另有约定，买方有权要求合理的机会检验货物，在这之前不能认为买方已经接受货物，也没有丧失拒收货物的权利。如果买方收到货物后未经复验便先行使用，此后发现货物的品质、重量或数量与合同规定不符就不能提出索赔。复验期限实际上就是索赔期限，超过复验期限买方就丧失了索赔的权利。

【案例 9-1】转运最终目的地检验案

广东某茶叶进出口公司与印度某贸易公司签订出口一批茶叶的买卖合同，订约时，印度贸易公司告知我茶叶进出口公司该批货物要转销英国，并要出口公司在包装上根据英国市场做特别处理。当茶叶到达印度后，为赶上船期，印度贸易公司立即转运英国。事后，印度贸易公司来电称，出口公司提供的茶叶净重短少。并提供由英国商检机构签发的在英国检验的证明书，向出口公司提出索赔。问：印度贸易公司的索赔是否有理？为什么？

[案例评析]

印度贸易公司的索赔有理。《公约》第三十八条第3款规定："如果货物在运输途中改运或买方需再发运货物，没有合理机会加以检验，而卖方在订立合同时已知道或理应知道这种改运或再发运的可能性，检验可推迟到货物到达新目的地后进行。"根据上述规定，印度贸易公司提交的英国检验证书应是有效的。

除上述检验方式外，在近年来的外贸实践中还有一些新的做法，如装运前预检验：在买卖合同中规定货物在出口国装运前由买方派自行检验或委托检验机构人员对货物进行预检验，货物运抵目的港或目的地后，买方有最终检验或索赔权。有的还伴以允许买方或其指定的检验机构人员在产地或装运港或装运地实施监产或监装。

三、检验机构和检验证书

检验机构是指接受委托对商品进行检验或公证鉴定的专门机构。检验机构的选定，关系到交易双方的利益，故交易双方应商定检验机构，并在买卖合同中订明。

检验机构有官方机构、非官方机构、由私人或同业公会（协会）等开设的检验机构、工厂企业、用货单位或买方等。在我国检验检疫机构为"中国出入境检验检疫局"及其设在全国各地的分支机构，前者主管全国进出口商品的检验工作，后者负责其所辖地区内的进出口商品检验工作，具体职责是实施法定检验、鉴定业务及对进出口商品的检验工作实施监督管理。

进出口商品经商检机构检验、鉴定后出具的证明文件，称为检验证书（Inspection Certificate）。检验证书可以证明出口商是否按合同规定的品质、数量、包装和卫生条件交付货物，是出口商出口结汇的单据之一。根据不同的商品及规定、要求，商检证书分为多种。目前在我国常用的商检证书有 13 种，详见表9-1。

表9-1　　　　　　　　　　　　　我国检验检疫机构签发的检疫证书

名称	用途	备注
品质检验证书 （Inspection Certificate of Quality）	用于证明进出口商品的质量、规格、等级等实际情况。具体证明进出口商品的质量、规格是否符合买卖合同或有关方面的规定	

续表

名称	用途	备注
重量或数量检验证书（Inspection Certificate of Weight or Quantity）	用于证明进出口商品的重量或数量。对包装商品的容器计重，一般证明毛重、皮重、净重。其内容为货物经何种计重方法或计量单位得出的实际重量或数量，以证明有关商品的重量或数量是否符合买卖合同的规定	
包装检验证书（Inspection Certificate of Packing）	用于证明进出口商品的包装及标志情况	一般列入品质检验证书或重量（数量）检验证书中证明
兽医检验证书（Veterinary Inspection Certificate）	用于证明冻畜肉、冻禽、禽畜肉罐头、冻兔、皮张、毛类、绒类、猪鬃、肠衣等出口动物产品经过检疫合格	凡有卫生检验内容的，称兽医卫生检验证书
卫生检验证书（Sanitary Inspection Certificate）	用于证明肠衣、罐头、冻鱼、冻虾、食品、蛋品、乳制品等可供人类食用或使用的出口动物产品、食品经过卫生检验检疫合格	
消毒检验证书（Inspection Certificate of Disinfection）	用于证明猪鬃、马尾、皮张、山羊毛、羽毛、人发等出口动物产品经过消毒处理，保证卫生安全	也可在品质检验证书中附带证明
熏蒸检验证书（Inspection Certificate of Fumigation）	用于证明出口粮谷、油籽、豆类、皮张等商品，以及包装用木树与植物性填充物等，已经过熏蒸灭虫。主要内容包括使用的药物、熏蒸的时间等情况	如国外客户不需要单独出证，可将其内容列入品质检验证书中
温度检验证书（Inspection Certificate of Temperature）	用于证明出口冷冻商品温度	如国外客户仅需证明货物温度，不一定需要单独的温度证书，可将测温结果列入品质证书
残损检验证书（Inspection Certificate on Damaged Cargo）	用于证明进口商品残损情况，主要内容为确定商品的受损情况和对使用、销售的影响，估定损失程度，判断致损原因	
船舱检验证书（Inspection Certificate on Tank/Hold）	用于证明承运出口商品的船舱清洁、牢固、冷藏效能及其他装运条件是否符合保护承载商品的质量和数量完整与安全的要求	
货载衡量检验证书（Inspection Certificate on Cargo Weight & Measurement）	用于证明进出口商品的重量、体积、吨位	
价值证明书（Certificate of Value）	用于证明发票所列商品的价格真实正确	适用于文物等商品的检验
产地证明书（Inspection Certificate of Origin）	用于证明出口商品原产地。该证书是各国实行贸易管制、差别关税、进口配额制和海关统计所必须的证件。按国际惯例，产地证明一般要由进口国的使领馆签发或认证，或由出口国官方公证鉴定机构与商会团体根据对外贸易关系人的申请，按贸易合同或信用证规定的要求，对出口商品的产地进行核实后签发	我国规定，普通的产地证书由检验检疫机构或中国国际贸易促进委员会负责签发，一般对出口商品证明中国产或中国加工制造。国外客户如需要证明具体产地的，经核实后也可予以证明

四、检验标准和方法

对同一商品，使用不同的检验标准和检验方法，可得出不同的检验结果，因此，买卖双方在拟订合同的检验条款时，应规定具体的检验标准和方法。

1. 检验标准

商品检验的标准主要有生产国标准、进口国标准、国际通用标准以及买卖双方协议的标准等。实务中，检验标准依据的顺序首先是按法律规定的强制性标准检验，无强制性标准的，按合同或信用证规定的标准检验，合同或信用证没规定的，出口商品按国家标准检验，无国家标准的按部颁标准检验，无部颁标准的按企业标准检验。进口商品首先采用生产国标准检验，无生产国标准的采用国际通用标准检验，既无生产国标准又无国际通用标准的采用进口国标准检验。

2. 检验方法

检验方法主要有感官检验法、物理检验法、化学检验法、微生物检验法等。

（1）感官检验法。检验人员用人体的感觉器官，对货物的外观及内在品质进行检验。如眼看、耳听、鼻嗅、口尝、手摸等方法。

（2）物理检验法。检验人员利用力学、电学、光学、声学等仪器仪表进行物理方面的检验。

（3）化学检验法。检验人员利用化学分析方法对货物的化学成分、有害元素含量进行检验。

（4）微生物检验法。检验人员利用微生物学的方法对货物中的细菌、致病菌、微生物进行检验。

五、商品质量认证的种类

1. ISO 认证

ISO（International Standard Organization）标准是国际标准化组织制定的标准，其认证机构为合格评定委员会。在 ISO 认证中，ISO9000 系列（质量管理和质量保证系列国际标准）认证是最畅销的认证。

（1）ISO9001 体系认证。当企业具有产品设计、开发功能，同时又希望对外承揽设计业务时，可申请 ISO9001（等同 GB/T19001）的体系认证。

（2）ISO9002 体系认证。当企业具有设计、开发功能，但不对外承揽设计任务，或者没有设计功能，但产品的制造比较复杂时，可申请 ISO9002（等同 GB/T19002）体系认证。

（3）ISO9003 体系认证。当企业生产的产品十分简单时，则可申请 ISO9003（等同 GB/T19003）体系认证。

2. CE 认证

CE 是法语 Conformite Europeene（欧洲合格评定）的缩写。CE 是欧洲联盟实行的安全认证，用以证明电气设备产品符合指令规定的安全合格标志所要求的内容。

CE 标志是工业产品进入欧洲市场的"通行证"，产品贴附 CE 标记表明其符合欧盟新方法指令和基本要求。指令中的基本要求指的是：公共安全、卫生、环保及对消费者的保护。按欧盟规定，凡进入欧盟市场的工业产品，需经指定的认可机构进行安全性能检验合格后，加贴 CE 标志，才能进入欧盟市场。

3. UL 认证

UL 是保险商实验所（Underwriter Laboratories Inc.）的英文简写，也称安全实验所。UL 是美国民间的检验机构，由于它在世界上建立了良好的检验声誉而成为一个专业检验认证公共安全产品的权威机构。美国进口商或外国厂商销往美国市场的产品要向 UL 申请认证检验。

UL 标准几乎涉及所有种类的产品，它是鉴定产品之基础。UL 出版了 800 多种标准，其中 70% 被美国国家标准协会（ANSI）采纳为美国国家标准。目前，UL 在美国本土有五个实验室，总部设在芝加哥北部的 Northbrook 镇，同时在我国台湾和香港地区分别设立了相应的实验室。

4. BSI 认证

BSI 是英国标准学会（British Standard Institution）的英文简写，它是英国认证机构委员会认可的民间认证机构，从事工业产品认证工作的历史最悠久，认证的产品涉及面最广，是英国最大的认证机构。

BSI 由四大部分组成，即标准部、质量保证部、检验部、出口商技术服务部，认证工作由质量保证部负责。认证的产品范围是：机械、电子、电工、化工、建筑、纺织。产品认证标志有风筝标志、安全标志。获得风筝标志的产品属于 BS（英国标志）中规定的结构、性能、安全和尺寸参数。获得安全标志的家电产品符合 BS 有关安全的要求。

六、国际货物买卖合同中的商品检验条款

在与外商签订的国际货物买卖合同中，需要"科学、明确、具体、合理"地确定以下内容。

1. **确定商品检验的时间和地点**

在国际货物买卖合同中一般采用出口国检验、进口国复验的办法，由于买方只有在复验期限内复验并取得证书，才能作为提出索赔的依据，所以要对复验的期限予以明确。

2. **确定检验方式**

从理论上讲，可分为自验、共验、出口商品预先检验、驻厂检验、产地检验、出口商品内地检验与口岸查验、出口商品的重新检验、免验、复验等多种方式。

不同的商检机构有不同的要求，所以在与外商签订合同时，事先就要搞清楚客户所要求的出证机构将会采取哪种方式检验。特别是当外商要求我方不熟悉的检验机构对商品进行检验时，应要求外商提供这家机构的详细介绍和联系方式。然后在签约前与其联系，询问清楚他们在检验方式上的要求、有关费用等情况。虽然检验方式主要由检验机构确定，但与外商一起商定也不可忽视。在出口贸易中，如果能向商检局或其他公证机构争取到企业自验的方式，就能省去很多的麻烦。

3. **确定检验内容**

检验内容包括检验的项目、类别、所用的标准、检验的方法等方面。对同一种商品来讲，不同的标准或不同的检验方法将会检验出不同的结果。对于金额大、交货周期长的交易，将这些内容清清楚楚地写在合同上肯定是明智之举。然而，在大部分业务中，一些业务人员总是按照历史或行业习惯方式操作，这往往会给合同的履行带来额外支出和风险。

4. **选择检验机构**

国际贸易领域的各类商品检验、鉴定机构有 1 000 多家，在挑选时，应体现"以我为主"的原则。不同的检验机构的服务态度、工作作风和质量、收费标准千差万别。"公正性"应是选择检验机构的首要条件。其次，要看检验机构检验物品的技术水平和其他方面的硬件实力。

5. **明确检验费用由谁承担**

在出口贸易中，检验费用一般由出口商自己承担。但是，当买方提出额外的商检方面的要求时，出口商应考虑费用该由谁承担，同时还要考虑额外的工作所占用的时间对整个出口流程的影响。

下面是一个商品检验条款的实例。

【例9-1】商品检验条款示例

It is mutually agreed that the Inspection Certificate of Quality and Quantity（weight）issued by the General Administration of Quality Supervision, Inspection and Quarantine of the People's Republic of China at the port of shipment shall be part of the documents to be presented for negotiation under the relevant L/C. The Buyers shall have the right to reinspect the quality and quantity（weight）of the cargo. The reinspection fee shall be borne by the Buyers. Should the quality and/or quantity（weight）be found not in conformity with that of the contract, the Buyers are entitled to lodge with the Sellers a claim which should be supported by survey reports issued by a recognized surveyor approved by the Sellers. The claim, if any, shall be lodged within 45 days after arrival of the cargo at the port of destination.

【案例 9-2】商品检验条款规定不明确案

某粮油食品进出口公司以FOB广州向国外B公司出口2 000公吨油籽产品。合同规定商品规格为含油量最低28%，杂质最高3%，未规定检验方法、检验时间和地点及检验权事项。粮油食品进出口

公司装运前取得我商检局出具的品质检验证书，证明货物含油量29.3%。卖方在买方指派的船只到达广州港时即装运出口。货到目的港后不久，卖方收到买方索赔函件，声称货物到港后复验结果是含油量只有27.2%，与合同规定不符。卖方对此提出异议，坚持交货品质合格，双方争执不下。问：本案合同中关于商品检验的规定有何失误？

[案例评析]

从本案例看，合同中有关商品检验条款的规定有两点失误：①合同中对含油量的具体规格做了规定，但却未明确检验的方法。实际上，按该商品的专业要求，含油量的检验方法有以湿态、乙醚浸出物和干态、乙醚浸出物两种方法。不同的检验方法得出的检验结果不同，因此在签订合同时必须明确。本案合同没有明确规定检验方法。因此我方以干态检验结果是29.3%，对方以湿态检验是27.2%，从而产生纠纷。②商品检验权的确定问题。合同中必须明确品质检验是以卖方装运前检验机构的检验还是买方的复验为最后依据。本案合同没有做类似规定，因此一方坚持检验合格，另一方坚持不合格，必然引起纠纷。

第二节 索赔

国际货物买卖履约时间长，涉及面广，业务环节多，一旦在货物的生产、收购、运输、资金移动等任何一个环节发生意外或差错，都可能给合同的顺利履行带来影响。加上国际市场变幻莫测，一方当事人往往有可能在市场行情发生不利变化时，不履行合同义务或不完全履行合同义务，致使另一方当事人的权利受到损害，从而导致索赔和理赔。

一、违约责任

违约（Breach of Contract），是指买卖双方之中，任何一方违反合同义务的行为。买卖合同是对缔约的双方具有约束力的法律性文件。一方违约，就应承担违约的法律责任。而受害方有权根据合同或有关法律规定提出损害赔偿要求。但是，违约的情况不同，其所引起的法律后果和承担的责任也不相同。下面介绍几种有代表性的法律对违约的法律后果所做的规定。

1. 英国法律的规定

英国法律按合同条款划分，把违约分为违反要件（Condition）和违反担保（Warranty）两类。所谓违反要件是指违反合同的主要条款；违反担保指违反合同的次要条款。两者的法律后果是不同的。一般来说，违反"要件"，对方有权解除合同，并有权提出损害赔偿；违反"担保"，则对方只能要求损害赔偿，不能解除合同。至于在每个具体合同中，哪些条款属于"要件"，哪些条款属于"担保"，法律上并无明确界定，要由法官在审理案件时根据合同的内容和推定双方当事人的意思做出规定，因此有较大的任意性。在买卖合同中，一般认为商品的品质、数量和交货期等条件都属于合同的要件。

在实际业务中，受损害的一方对于另一方的违反要件，可以放弃作为要件处理，即不要求解除合同，而只要求损害赔偿。英国的法律也允许当事人不把另一方的违反要件作为解除合同的理由。此外，如果买方在法律上已被视为接受了货物，并且因此而丧失了拒收货物的权利，买方就必须将对方的违反要件作为违反担保处理。

值得注意的是，近年来，英国法院在司法实践中已承认了一种新的违约类型，称为"违反中间性条款或无名条款"（Breach of Intermediate/Innominate Terms）。所谓中间性或无名条款，是一种既不是要件，也不是担保的合同条款。违反这类条款应承担的责任需视违约的性质及其后果是否严重而定。如果性质及后果严重，受损害的一方有权解除合同，并可要求损害赔偿，否则，就只能要求损害赔偿。

2. 美国法律的规定

美国法律把违约划分为重大违约（Material Breach）和轻微违约（Minor Breach）。一方当事人违约，以致使另一方无法取得该交易的主要利益，为重大违约。在此情况下，受损害的一方有权解除合同，并要求损害赔偿。如果一方违约，情况较为轻微，并未影响对方在该交易中取得的主要利益，则为轻微违约，受损害的一方只能要求损害赔偿，而无权解除合同。

3. 《联合国国际货物销售合同公约》的规定

《联合国国际货物销售合同公约》把违约区分为根本性违约（Fundamental Breach）和非根本性违约（Non-fundamental Breach）两类。《联合国国际货物销售合同公约》第二十五条指出："一方当事人违反合同的结果，如使另一方当事人蒙受损害，以至于实际上剥夺了他根据合同规定有权期待得到的东西，即为根本违反合同，除非违反合同一方并不预知而且一个同等资格、通情达理的人处于相同情况中也没有理由预知会发生这种结果。"可见，一方当事人违反合同的结果，给另一方当事人造成实质性的损害，即为根本性违约，而且这种损害需由当事人的主观行为所致；如果当事人并不预先知道，就不能构成根本性违约。造成根本性违约，受损害方不仅可以要求赔偿损失，而且可以宣布解除合同。相反，如果违约情况并未达到根本性违约的程度。则受害方只能要求赔偿损失，不能宣布解除合同。

4. 我国《合同法》的规定

我国《合同法》第九十四条规定："当事人一方迟延履行合同义务或者有其他违约行为致使不能实现合同目的，对方当事人可以解除合同；当事人一方迟延履行主要债务，经催告后在合同期间内仍未履行的，对方当事人可以解除合同。"我国《合同法》第九十七条又规定："合同解除后，尚未履行的，终止履行；已经履行的，根据履行情况和合同性质，当事人可以要求恢复原状、采取其他补救措施，并有权要求赔偿损失。"

综上所述，世界各国的法律和国际惯例对违约的区分是不同的。为了防止争议发生后在利用法律时，可能引起不利于我方的后果，我们必须认真订好索赔条款，并严格履行合同。

【案例9-3】

有一美国公司A向外国一贸易商B购买一批火鸡，供应圣诞节市场。合同规定卖方应在9月底以前装船。但是卖方违反合同，推迟到10月7日才装船。结果圣诞节销售时机已过，火鸡难以销售。因此，买方A拒收货物，并主张撤销合同。请问，在这种情况下，买方有无拒收货物和撤销合同的权利？

［案例评析］

根据《联合国国际货物销售合同公约》，贸易商B的违反合同构成根本性违约，A公司有权拒收货物和撤销合同。

二、索赔与理赔

索赔（Claim）是指受损害的一方要求违约方赔偿的行为，理赔则是违约方对索赔的处理行为。因此，索赔和理赔是一个问题的两个方面。

（一）索赔的类型

根据损失的原因和责任的不同，索赔有三种不同的情况。

1. 向贸易违约方索赔

凡属买卖合同当事人的责任造成的损失，可向责任方提出索赔。索赔的基础为双方签订的货物买卖合同。

（1）向卖方索赔的情况主要有：原装数量不足；货物的品质、规格与合同规定不符；包装不良致使货物受损；未按期交货或拒不交货；FOB、CFR情况下，卖方没有及时发出装运通知，买方没有及时投保，致使货物在运输途中受损而得不到保险公司的赔偿；FOB情况下，买方指派的船舶已按期到达指定的装运港，而卖方未备妥货，造成滞期费、港口费等费用的增加。

（2）向买方索赔的情况主要有：买方无理不按期收货或拒不收货；FOB情况下，买方指派的船舶未按期到达指定的装运港，造成卖方货物在港口仓管等费用的增加；在托收、汇付方式下，买方已受领货物，但不按期付款。

2. 向保险公司索赔

如果是承保范围内的货物损失，应向保险公司索赔。如由于自然灾害、意外事故或运输途中其他事故致使货物发生承保险别范围以内的损失；有关损失既在承保范围之内，又属于船公司的责任，但船公司赔偿金额不足以抵补损失的。

3. 向承运人索赔

如果是承运人的责任造成的货物损失，则应向承运人索赔。如收货数量少于提单所载数量；提单是清洁的，而货物却有残损短缺情况，并属于船方责任造成的；货物所受的损失，根据租船合约有关条款应由船方负责的。

（二）索赔依据

索赔依据包括两个方面：法律依据和事实依据。法律依据是指当事人之间签订的合同。合同中未明确的，则以合同适用的法律或国际惯例作为解释依据。事实依据是指违约事实的证明。买卖合同中对索赔依据的规定，主要是事实依据方面的，即索赔时要具备的证明文件，以及出具证明文件的机构。如果索赔时证据不全、证据不足或出证机构不符合要求等，都可能遭到对方的拒赔。

索赔时所需要的证明文件和出证机构要根据违约情况来确定。在合同中，一般不作具体规定。例如，交货时间不符，以船公司签发的提单作为证明；交货品质不符，以合同规定的商品检验机构出具的检验证书作为证明；不付货款，以银行出具的买方拒付证书作为证明；等等。但在合同索赔条款中，一般规定有关品质方面索赔时的出证机构和证明文件，并将此与品质检验条款联系起来。

（三）索赔期限

索赔期限（Duration for a Claim）是指受损害方向违约方提出索赔的期限。在规定的期限内，受损害方有权向违约方提出索赔；过了规定期限，受损害方就无权向违约方提出索赔。因此，对索赔期限的确定很重要。

索赔期限的确定有两种方法——约定索赔期和法定索赔期。

约定索赔期是指买卖双方在合同中规定的索赔期。索赔期的长短，由买卖双方根据买卖货物的性质、运输、检验的繁简等情况通过磋商确定，然后在合同中加以规定。容易变质的商品，例如食品、新鲜水产、新鲜蔬菜等，一般规定货到目的港（地）后1～10天。普通商品一般规定货到目的港（地）后30～45天，特殊商品如机械设备等可规定货到目的港（地）后60天以上，但一般不得超过6个月。

法定索赔期是指合同适用的法律所规定的索赔期。例如，联合国《国际货物买卖合同公约》规定的索赔期为自买方实际收到货物之日起两年内。我国的《合同法》规定的索赔期为自当事人知道或者应当知道其权利受到侵犯之日起计算四年内。法定索赔期只有在买卖合同中未规定索赔期时才起作用。

一般来说，约定期限比较短，法定索赔期比较长。但在法律上，约定索赔期的长度可以超过法定索赔期。

（四）索赔金额

索赔金额是指受损害方向违约方索取损害赔偿的金额。由于违约的情况比较复杂，究竟在哪些业务环节上违约和违约造成受损害方受损的程度如何等，订约时是难以预计的，因此，对于违约的索赔金额也难以事先确定。所以，通常在合同中只做一般笼统的规定。违约后，确定损害赔偿金额的原则是：（1）赔偿金额应与因违约而遭受的包括利润在内的损失额相等；（2）赔偿金额应以违约方在订立合同时能预料到的合理损失为限；（3）由于受损害一方未采取合理措施使有可能减轻而未减轻的损失发生，就在赔偿金额中做相应的扣除。

三、合同中的索赔条款

进出口合同中的索赔条款有两种规定方式，一种是异议和索赔条款（Discrepancy and Claim Clause）；另一种则是罚金（Penalty Clause）条款。在一般的商品买卖合同中，多数只签订异议和索赔条款，但是在大宗商品和机械设备一类商品的合同中，除订明异议与索赔条款外，需再另订罚金条款。

1. 异议与索赔条款

异议和索赔条款的主要内容，除了明确规定买卖双方在履约过程中，如一方违反合同时，另一方有权提出索赔外，还应订明索赔的依据、索赔的期限、赔偿损失的办法和金额等。

【例9-2】Any claim by the Buyer regarding the goods shipped should be filed within 60 days after the arrival of the goods at the port of destination specified in the relative Bill of Lading and/or transport document and supported by a survey report issued by a surveyor approved by the Seller. Claims in respect of matters within responsibility of insurance company, shipping company/other transportation organization will not be considered or entertained by the Seller.

由于异议与索赔条款与检验条款有密切的联系，有的合同将这两种条款结合起来订立，称为"检验与索赔条款"（Inspection & Claim Clause）。

2. 罚金条款

罚金又称违约金（Damages for Breach Contract），是合同当事人一方未履行合同义务而向对方支付约定的违约金。罚金条款目的是防止一方违约不履行合同义务，或延迟履行，或履行中有缺陷，如卖方延迟交货、买方延期接货、买方延期开立信用证等。

【例9-3】Should the Seller fail to make delivery on time as stipulated in the contract, the Buyer shall agree to postpone the delivery on the condition that the Seller agree to pay a penalty which shall be deducted by the paying bank from the payment under negotiation, or by the Buyer direct at the time of payment. The rate of penalty is charged at 0.5% of the total value of the goods whose delivery has been delayed for every seven days, odd days less than seven days should be counted as seven days. But the total amount of penalty, however, shall not exceed 5% of the total value of the goods involved in the late delivery. In case the Seller fail to make delivery ten weeks later than the time of shipment stipulated in the contract, the Buyer shall have the right to cancel the contract and the Seller, in spite of the cancellation, shall still pay the aforesaid penalty to the Buyer without delay.

应当指出的是，对于合同中的罚金条款，各国法律有不同的解释和规定。有些国家的法律对于罚金条款是给予承认和保护的。他们认为，合同当事人事先可约定一方当事人如不履行或不适当履行合同，另一方可要求其支付一定金额的违约金，作为惩罚或作为预先约定的损害赔偿。但有些国家的法律则认为，对于违约只能要求赔偿，而不能予以惩罚。例如，英美等国的法院对于合同中订有固定赔偿金额条款，区分为两种性质：一种是作为预定的损害赔偿（Liquidated Damages），另一种是作为罚金。如法院认为双方当事人约定支付的金额是属预定的损害赔偿，则不管损失金额的大小，均按合同规定的固定金额判付；反之，如属罚金，则不予承认，而是根据受损方所遭受的实际损失确定赔偿金额。至于双方当事人事先约定的赔偿金额，究竟属于预定的损害赔偿还是罚金，全凭法院根据具体案情做出它认为适当的解释，而不在于双方当事人在合同中采用什么措辞。

《合同法》第一百一十四条规定："当事人可以约定一方违约时应根据违约情况向对方支付一定数额的违约金，也可以约定因违约产生的损失赔偿的计算方法。约定的违约金低于造成的损失的，当事人可以请求人民法院或者仲裁机构予以增加；约定的违约金过分高于造成的损失的，当事人可以请求人民法院或仲裁机构予以适当减少。当事人延迟履行约定的违约金的，违约方支付违约金后，还应当履行债务。"

除上述两种索赔条款外，在采用信用证方式结算货款的合同中，针对国外买方不开立或不按时开立信用证，在出口 FOB、FCA 合同中，针对买方不派船或不按时派船，不指定承运人或不按时指定承运人，还可以规定卖方有权接触合同或延期交货，并要求给予损害赔偿。

第三节 | 不可抗力

不可抗力（Force Majeure），是指在合同签订后，发生了不是由于任何一方当事人的过失或疏忽，当事人既不能预见和预防，又无法避免和克服的意外事件。在此种情况下，合同不能履行或不能按期履行，遭受意外事件的当事人可免除其不履行或不按期履行合同的责任。这些意外事件称作不可抗力。合同中的不可抗力条款是一种免责条款。

不可抗力是国际贸易中的一个业务术语，也是许多国家法律的一个原则。在英美法中称作"合同落空"（Frustration of Contract），在大陆法中称作"情势变迁"或"契约失效"。尽管各国对不可抗力有不同的叫法与说明，但其精神原则大体相同。

一、不可抗力的认定

一项致使合同不能履行或不能按期履行的意外事件能否被视作不可抗力，不是由当事人说了算的，而是要看该项意外事件是否符合构成不可抗力的三个条件：（1）意外事件是在签订合同之后发生的；（2）不是由于任何一方当事人的过失、疏忽或故意造成的；（3）意外事件是当事人不能预见和预防，其后果又无法避免和克服的。一项意外事件必须同时满足这三项条件才能视作不可抗力。

不可抗力事件的原因有两类：一类是自然原因引起的，如水灾、火灾、冰灾、雪灾、暴风雨、地震等。在国际贸易中，除非故意纵火，火灾一般都作为不可抗力事故处理，如闪电或雷击引起的火灾、黄麻或煤块等货物本身特性引起的自燃、战争引起的火灾、不明原因引起的火灾等都可作为不可抗力事故处理。另一类是社会原因引起的，如战争、罢工、政府宣布某些商品不许进口的禁令等。不是所有的自然原因或社会原因引起的意外事件都属于不可抗力。对哪些属于不可抗力，哪些不属于不可抗力，在国际上也没有一个统一的解释，各国法律一般都允许当事人在合同中订立不可抗力条款时自行商定。

二、不可抗力的处理

1. 不可抗力的处理方式

不可抗力发生后，对合同的处理主要有两种方式：一种是解除合同，另一种是延迟履行合同。至于在什么情况下可以解除合同，在什么情况下不能解除合同而只能延迟合同的履行，要看不可抗力对履行合同的影响，也可以由双方当事人在合同中具体加以规定。如果合同中对此没有做出明确的规定，一般的解释是：如果不可抗力使合同的履行成为不可能，则可解除合同；如果不可抗力只是暂时阻碍了合同的履行，则只能延迟履行合同。

2. 处理不可抗力事件应注意的几个问题

不可抗力事件的处理，关键是对不可抗力事件的认定，尽管在合同的不可抗力条款中做了一定的说明，但在具体问题上，双方会对不可抗力事件是否成立出现分歧。通常应注意下列事项。

（1）要注意不可抗力条款的措施及其不同解释。例如，当不可抗力阻止了合同的履行或是妨碍了合同履行时，遭受不可抗力的一方方可免责。由于阻止和妨碍的含义是不一样的，妨碍一词比阻止一词解释起来要宽松得多，采用什么措施，订约双方当事人应结合自己的意图加以斟酌。

（2）区分商业风险和不可抗力事件。商业风险往往也是无法预见和不可避免的，但是它和不可抗力事件的根本区别在于一方当事人承担了风险损失后，有能力履行合同义务，典型情况是对"种类货"的处理，此类货物可以从市场中购得，因而卖方通常不能免除其交货责任。

（3）重视"特定标的物"的作用。对于包装后刷上唛头或通过运输单据等已将货物确定为某项合同的标的物，称为"特定标的物"，此类货物由于意外事件而灭失，卖方可以确认为不可抗力事件。如果货物并未特定化，则免责的依据不足。例如，3 万米棉布在储存中由于不可抗力损失了 1 万米，若棉布分别售予两个货主，而未对棉布做特定化处理，则卖方对两个买主都无法引用不可抗力条款免责。

（4）应避免把罢工算作不可抗力。一般来说，罢工多是由于工人工资、福利等问题引起的。在西方国家，罢工是经常发生的，但不一定不可避免、不可克服，如不分情况，笼统将罢工算作不可抗力事件，就将给当事人以可乘之机，以罢工为由，援引不可抗力条款，来推卸对合同应履行的责任。

（5）正确援引不可抗力条款。交易一方援引不可抗力条款免责时，另一方当事人应按合同规定，严格进行审查，以确定其援引的内容是否属于不可抗力条款规定的范围。

【案例 9-4】不可抗力处理案

我国某企业以FOB厦门从国外进口一批货物，合同规定9月15日前装船。8月10日卖方所在地发生地震，但卖方储存货物的仓库距离震心比较远，因此未受到严重损坏，仅因交通受严重破坏，所以货物不能按时出运。事后，卖方以不可抗力为由通知我方，要求解除合同，免除交货责任，但我方不同意。问：卖方解除合同的要求是否合理？为什么？

［案例评析］

卖方解除合同的要求不合理。卖方只能要求延期履行合同，而不能主张解除合同。遭受不可抗力事故的一方，应根据不可抗力事故对其履约所造成的影响，决定解除合同或者延期履行合同。本案中，地震并未使货物受到严重损坏，只是因为交通中断，卖方无法按时装运，这种情况下，卖方只能要求延期交货，而不能免除交货责任。

三、不可抗力的通知

按照国际惯例，当发生不可抗力影响合同履行时，当事人要取得免责的权利，必须及时通知另一方，并在通知中提出处理的意见。对此，《公约》第七十九条第（4）款明确规定："不履行义务的一方，必须将障碍及其对他履行义务能力的影响通知另一方。如果该项通知在不履行义务的一方已知道，或理应知道此一障碍后一段合理时间内，仍未为另一方收到，则他对由于另一方未收到通知而造成的损害，应负赔偿责任。"另一方也应在接到通知后及时答复，如有异议也应及时提出。尽管如此，买卖双方为明确责任起见，一般在不可抗力条款中还规定一方发生不可抗力后通知对方的期限和方式。一方接到对方关于不可抗力的通知或证明文件后，无论同意与否都应及时答复，否则，按有些国家的法律，将被视作默认。

【案例9-5】不可抗力事件未及时通知案

卖方A工厂向国外B公司出售一批服装，合同规定5月交货。合同签订后，4月15日A工厂发生火灾，生产设备及仓库全部烧毁。6月1日买方未见来货，便向A工厂查问，并催促交货。这时A工厂才把失火的情况通知买方，并以不可抗力为由要求解除合同。买方因急需用货，于是立即以比原合同价高出30%的价格从市场补进替代品。问：就此差价损失，买方可否向A工厂索赔？为什么？

［案例评析］

买方有权就此差价损失向A工厂索赔，A工厂应承担赔偿差价损失的责任。A工厂发生火灾事故，并导致卖方不能履约，应构成不可抗力，因而本可以援引不可抗力条款，免除A工厂继续履约的责任。但是，A工厂在发生不可抗力事故后没有及时把事故及不能履约的情况通知买方，致使买方损失扩大，卖方对此应承担赔偿责任。

四、不可抗力的证明

在国际贸易中，当一方援引不可抗力条款要求免责时，都必须向对方提交证明文件，作为发生不可抗力的证据。在国外，证明文件一般由当地的商会或合法的公证机构出具；在我国，由中国国际贸易促进委员会或其设在口岸的分会出具。对出具证明的机构，最好也在合同中订明。

五、合同中的不可抗力条款

合同中不可抗力条款的内容主要有不可抗力的范围、对不可抗力的处理原则和方法、不可抗力发生后通知对方的期限和方法，以及出具证明文件的机构等。

根据不可抗力范围的确定方法不同，不可抗力条款有以下三种订立方法。

1. 概括式

概括式即在合同条款中不具体订明哪些意外事故是不可抗力事故，只做概括的规定。例如："由于人力不可抗拒事故影响而不能履行合同的一方，在与另一方协商同意后，可根据实际受影响的时间，延长履行合同的期限或解除合同，对方对由此而产生的损失不得提出赔偿要求。"这种方式的优点是包括的范围广，但具体到某一事件是否为不可抗力，很难判断。

2. 列举式

列举式即在合同条款中明确规定出哪些意外事故是不可抗力事故，凡合同中没有列到的，均不能作为不可抗力事故处理。例如，"由于战争、洪水、火灾、地震、雪灾、暴风的原因致使卖方不能全部或部分装运或延迟装运合同货物，卖方对于这种不能装运或延迟装运合同货物不负责任。但卖方需用电报或电传通知买方，并需在 15 天以内以航空挂号信件向买方提交发生此类事故的证明书，该证明书由中国国际贸易促进委员会出具。"这种方式的优点是比较明确，但容易遗漏，也不可能一一列举。

3. 综合式

综合式即将概括和列举两种方式结合使用，尽量多地列举有可能遇到的不可抗力，然后再概括性地加以定义。例如，"因战争、地震、严重风灾、雪灾、水灾、火灾以及双方同意的其他人力不可抗拒的原因，致使任何一方不能在本合同规定的有效期内履行合同。如此种行为或原因在合同规定的有效期后继续存在三个月，则本合同未交货部分即视为取消。遭受事故影响的一方，不负任何责任，但应用电报通知对方，并提供发生此类事故的证明书。该证明文件由卖方提供时，应由中国国际贸易促进委员会出具；如由买方提出，应由×××出具。"

以上三种规定方法，由于综合式既明确具体，又有一定灵活性，比较科学实用。在我国业务实践中，多采用这一种规定方法。此外，在实践中，无论我方还是对方援用不可抗力条款时，均应按合同规定严格进行审查，以确定其所援引的内容是否属于不可抗力范围，明确其法律后果，并及时通知另一方和提供必要的证明。

第四节 仲裁

在国际贸易中，由于各种原因，在合同的当事人之间经常发生争议。实际业务中，当发生争议时，一般首先采用双方当事人和解的方式，即友好协商方式解决。如果协商得不到解决，则分别视情况而采取通过第三者的调解（Conciliation）、提交仲裁机构仲裁（Arbitration）及进行司法诉讼（Litigation）等方式进行处理。其中，仲裁是解决国际贸易争议的一种重要方式。

一、仲裁的含义和特点

仲裁也称公断，指买卖双方按照在争议发生前或发生后签订的协议，自愿将有关争议交给双方同意的仲裁机构进行裁决（Award）。

仲裁既不同于诉讼，也不同于协商和调解，因为它比诉讼强调自愿性，比协商和调解强调强制性。仲裁的自愿性主要表现在向仲裁机构提起仲裁必须要有双方达成的协议，它的强制性则体现在仲裁裁决是终局性的，双方当事人必须遵照执行。此外，与诉讼相比，采用仲裁方式解决争议还具有如下的好处。

（1）当事人双方可以选择仲裁员，仲裁员通常是各行业资深的专家、学者或知名人士，裁决案件较为中肯和及时。

（2）仲裁机构是非官方机构，审理案件不受外界干预，可以有效地保证裁决的公正性。这就进一步增强了当事人对采用仲裁方式解决争议案件的信心。

（3）仲裁案件的审理一般不公开，可以有效地保守商业机密，维护当事人商业信誉。

（4）仲裁程序比诉讼程序简单，而且仲裁裁决一般都是终局性的。因此，采用仲裁方式解决争议通常比采用诉讼要迅速、及时，而且当事人所支出的仲裁费用也较低。

（5）跨国仲裁的裁决，执行起来比较有保障。

正是由于以上原因，当争议双方通过友好协商或调解不能消除分歧、达成一致时，一般都愿意提交仲裁予以解决。

二、仲裁的形式和机构

仲裁有临时仲裁和机构仲裁两种。

临时仲裁是指由争议双方共同指定的仲裁员自行组织成临时仲裁庭所进行的仲裁。临时仲裁庭是为审理某一具体案件而组成的，案件审理完毕，仲裁庭即自动解散。采用临时仲裁，仲裁协议需就指定仲裁员的办法、人数、是否需要首席仲裁员以及采用的仲裁规则等问题做出明确规定。现今的仲裁起源于临时仲裁。

机构仲裁是指向一个由双方当事人约定的常设仲裁机构提出申请，并按照这个仲裁机构的仲裁规则或双方选定的仲裁规则所进行的仲裁。所谓常设仲裁机构是指根据一国的法律或者有关规定设立的，有固定名称、地址、仲裁员设置和具备仲裁规则的仲裁机构。仲裁规则是规定进行仲裁的程序和具体做法，如如何申请仲裁，如何答辩、反请求，如何指定仲裁员，如何审理，如何做出裁决和裁决的效力等。仲裁规则为仲裁机构、仲裁员和争议双方提供一套进行仲裁的行为准则。仲裁规则与仲裁机构有密切联系。一般地说，双方当事人约定由某个常设仲裁机构仲裁，就按照该机构仲裁规则进行仲裁。但不少国家也允许双方当事人自由选用他们认为合适的仲裁规则，例如，我国现行的《中国国际经济贸易仲裁委员会仲裁规则》规定："凡当事人同意将争议提交仲裁委员会仲裁的，均视为同意按照本仲裁规则进行仲裁。但当事人另有约定且仲裁委员会同意的，从其约定。"常设的仲裁机构能为仲裁工作提供必要的服务和便利，有利于仲裁工作的顺利进行。因此，近年来，国际商事仲裁绝大部分采用机构仲裁。双方当事人如约定采用仲裁方式解决争议的，应当明确在哪个仲裁机构进行仲裁。

国际商事仲裁机构一般是民间组织。世界上很多国家、地区和一些国际性、区域性组织都设有从事国际商事仲裁的常设机构。例如，瑞典斯德哥尔摩仲裁院、瑞士苏黎世商会仲裁院、英国伦敦国际仲裁中心、美国仲裁协会、日本国际商事仲裁协会以及中国香港地区国际仲裁中心等。这些常设的仲裁机构不少与我国仲裁机构已有业务上的联系，在仲裁业务中进行过合作。

我国常设的涉外商事仲裁机构是中国国际经济贸易仲裁委员会，又称中国国际商会仲裁院，隶属于中国国际贸易促进委员会（中国国际商会）。仲裁委员会总会设在北京，在深圳和上海分别设有分会。中国国际经济贸易仲裁委员会受理案件的范围是：产生于契约性或非契约性的经济贸易等争议，这些争议包括国际的或涉外的争议；涉及中国香港、澳门两个特别行政区或中国台湾地区的争议；外商投资企业相互之间以及外商投资企业与中国其他法人、自然人及/或经济组织之间的争议；涉及中国法人、自然人及/或其他经济组织利用外国的、国际组织的或中国香港、澳门两个特别行政区、中国台湾地区的资金、技术或服务进行项目融资、招标投标、工程建筑等活动的争议；以及我国法律、行政法规特别规定或特别授权由仲裁委员会受理的争议。中国国际经济贸易仲裁委员会设立仲裁员名册，仲裁员由仲裁委员会从对法律、经济贸易、科学技术等方面有专门知识和实践经验的中外人士中聘任，其中包括一些中国香港、澳门两个特别行政区和台湾地区及外国籍的仲裁员。

此外，我国《中华人民共和国仲裁法》（以下简称《仲裁法》）自1995年9月1日施行以来，不少城市根据该法的规定先后成立了地方仲裁委员会。这些仲裁委员会不仅可以受理国内仲裁案件，也可以受理涉外仲裁案件。因此，我国企业在订立国际货物买卖合同中的仲裁条款时，如双方同意在我国仲裁，既可以规定由中国国际经济贸易仲裁委员会仲裁，也可规定由地方仲裁委员会仲裁。

三、仲裁协议

仲裁协议（Arbitration Agreement）是双方当事人共同约定将可能发生或已经发生的争议提交仲裁机构解决的书面协议。

1. 仲裁协议的作用

按照我国和多数国家的仲裁法的规定，仲裁协议的作用主要表现在以下三个方面。

（1）表明双方当事人自愿提交仲裁，订立仲裁协议的双方当事人均需受该协议的约束。如果发生了争议，应以仲裁的方式加以解决，不得向法院起诉。任何一方当事人，如果违反协议向法院提起诉讼，另一方当事人可以根据仲裁协议予以抗辩，要求法院停止诉讼程序。

（2）作为仲裁机构受理争议案的依据。没有仲裁协议，仲裁机构是不予受理争议案的。若发生争议后，一方当事人提请仲裁，另一方在规定的期限内不指定仲裁员或不答辩的，仲裁庭有权进行缺席审理并做出缺席裁决。需要指出的是，如果当事人的仲裁要求事项或反诉请求事项超出了仲裁协议中约定的范围，仲裁庭是不能审理并做出裁决的。

（3）可排除法院对争议案的管辖权。凡订有仲裁协议的，法院不得强制管辖。即使一方当事人违反协议向法院提起诉讼，法院亦不得立案受理。如果当事人对裁决不服，当事人向法院起诉或上诉的，法院也不得立案受理。

2. 仲裁协议的形式

仲裁协议的形式有以下三种。

（1）双方当事人在争议发生前订立的，表示愿意将他们之间将来可能发生的争议提交仲裁解决的协议。这种协议一般包括在合同中作为合同的一项条款，被称为"仲裁条款"（Arbitration Clause）。

（2）双方当事人在争议发生后订立的，表示愿意将他们之间已经发生的争议提交仲裁解决的协议（Submission）。这种协议必须是双方以书面形式订立的，包括通过共同签署或者通过信件、电报、传真或其他电子传送系统来达成协议。

【例9-4】比利时一家公司与新疆一家公司因买卖啤酒花发生争议，比利时公司则向新疆公司发去一份传真："我们提议，将此纠纷提交中国国际经济贸易仲裁委员会依其仲裁程序仲裁。贵公司是否同意，请速答复。"第二天，新疆公司就传真答复："如贵方执意要提交仲裁。我们也同意贵方的意见。"这种仲裁协议虽然双方没有在同一文本上共同签署，但双方的意思表示一致，两份传真构成了有效的仲裁协议。

（3）当事人在争议发生前或发生后通过"援引"（Reference）的方式达成的仲裁协议，即当事人不必直接去草拟仲裁协议的内容，而是同意将他们之间的争议按照某公约、双边条约、多边条约或标准合同中的仲裁条款所述的方式进行仲裁裁决。

需要注意，我国仲裁规则确认了仲裁协议的独立性，明确规定，合同中的仲裁条款应视为与合同其他条款分离地、独立地存在的条款，附属于合同的仲裁协议也应视为与合同其他条款分离地、独立地存在的一个部分；合同的变更、解除、终止、失效或无效以及存在与否，均不影响仲裁条款或仲裁协议的效力。

四、仲裁程序

仲裁程序是进行仲裁的程序和做法，其内容包括如何申请，如何答辩、抗辩和反诉，如何指定仲裁员，如何进行审理，如何采取保全措施，如何做出裁决，如何收取仲裁费等。仲裁程序的各项规定都列在各仲裁机构的仲裁规则中。各仲裁机构的仲裁规则是有所不同的。下面以我国仲裁规则的有关规定为主，介绍仲裁的基本程序。

1. 仲裁申请

仲裁申请是仲裁机构立案受理的前提。根据我国涉外仲裁机构仲裁规则的规定，仲裁申请有如下要求。

（1）提交仲裁申请书。仲裁申请书是争议一方的当事人即申诉人，根据仲裁协议将已发生的争议正式提请仲裁机构审理裁决以保护其合法权益的法律文书，也是争议的另一方当事人即被诉人应诉答辩的基本依据。仲裁申请书上应当写明申诉人和被诉人的名称、地址、电话、传真及法人代表；申诉人所依据的仲裁协议；申诉人的要求及所依据的事实和证据；委托代表人办理仲裁事项或参与仲裁的，应当提交书面委托书。申诉人和被诉人应是订立含有仲裁条款的合同或仲裁协议的当事人；不是当事人的，即使与争议有关的也不得列为第二申诉人或第二被诉人。当事人的名称有变更的，应出具有关变更证明。仲裁申请书还必须有签名或盖章，并写明日期。

（2）提交仲裁申请所依据的事实证明文件。申诉人提出仲裁申请，负有举证的责任。证据包括书面证据、实物证据和视听证据等。提交仲裁申请书，有关书面证据和证明文件均应一式五份。

（3）指定或委托代为指定一名仲裁员。当事人有权在仲裁机构的仲裁员名册中指定一名自己信任的，根据其争议的性质认为对这方面有专长或有经验的仲裁员。申诉人也可委托仲裁机构代为指定一名仲裁员。

（4）预交规定的仲裁费。仲裁规则所附的仲裁费用表是按争议金额的大小采取百分比递减的方法计算的。

2. 仲裁庭的组成

按照我国涉外仲裁规则，仲裁机构收到仲裁申请书及其有关附件后，经过审查认为手续完备，即予立案，并将申诉人的仲裁申请书及其附件连同仲裁规则和仲裁员名册各一份寄送被诉人。被诉人应在收到仲裁申请书之日起 20 天内指定一名仲裁员。仲裁机构收到其指定书后，另指定一名首席仲裁员，由这三名仲裁员组成仲裁庭。被诉人不按期指定仲裁员的，仲裁机构有权代为指定一名仲裁员。

按照我国的涉外仲裁规则，也可采用独任仲裁员的方式，即由一名仲裁员单独成立仲裁庭，审理案件并做出裁决。该仲裁员可由双方当事人共同选定，或由双方当事人共同委托仲裁机构代为指定。如果双方当事人约定由一名独任仲裁员审理案件，但在被诉人收到仲裁通知之日起 20 天内未能就独任仲裁员的人选达成一致的意见，则由仲裁机构指定。

3. 仲裁审理

仲裁庭成立后，便对争议案件进行审理。审理的内容主要是在当事人之间组织答辩，收集和审定证据。

按照我国的涉外仲裁规则，被诉人在收到仲裁机构寄交的仲裁申请书及其附件和仲裁规则、仲裁员名册后，除了在 20 天内需指定一名仲裁员外，还需在 45 天内提交答辩书及有关证明文件。答辩是仲裁案件的被诉人为维护自己的权益，对申诉人在仲裁申请书提出的要求及所依据的事实证据和理由所做的答复和辩护。答辩要针对申诉人提出的仲裁要求一一予以答辩，承认其要求，或反对其要求，或部分承认、部分反对。反对的或反驳的，要有事实、有证据。

我国对仲裁审理有两种方式：一是开庭审理，是指仲裁庭召开全体仲裁员，当事人及/或其代理人和其他有关人士，如证人、专家、鉴定人员等参加的会议，听取当事人的口头陈述和辩论，对案件的事实和法律进行调查的审理活动。开庭日期一般由仲裁机构在开庭前 30 天通知双方当事人。当事人有正当理由请示延期的，由仲裁庭做出是否延期的决定。开庭时，如果一方当事人不出席，仲裁庭可以进行缺席审理和做出缺席裁决。

二是书面审理，指仲裁庭不举行开庭，只根据双方当事人提供的书面材料和证据，如仲裁申请书、答辩书、合同、双方来往函电等，以及证人、专家、鉴定人的书面证据材料，对争议案件进行审理。我国规定进行书面审理必须经双方当事人同意或双方当事人提出书面审理申请，否则是不能进行书面审理的。在书面审理中，双方当事人必须在仲裁规定的日期内提交材料，否则会被认为是当事人放弃提交进一步材料的权利。

在仲裁审理过程中，当事人双方应提供必要的证据，由仲裁庭审定。仲裁庭认为必要时，可以自行调查事实和收集证据，也可以就案件中的专门问题向有关专家咨询或指定鉴定人进行鉴定。

4. 保全措施

保全措施是指在仲裁程序进行前或进行中，根据一方当事人的申请，由仲裁机构提请法院对另一方当事人的财产采取临时性的强制措施，如临时扣押财产，防止财产转移或变卖；冻结银行账户；对有争议的易变质的货物先行出售等，以便仲裁裁决的执行。申请保全措施要有正当的理由，而且申请人要提供担保，以防止保全错误造成的损失无人承担的情况出现。

5. 仲裁裁决

仲裁裁决是仲裁庭按照仲裁规则审理案件后，根据查明的事实和认定的证据，对当事人提交仲裁的有关争议的请示事项做出的予以支持或驳回，或者部分支持、部分驳回的书面决定。根据各国仲裁规则的规定，仲裁裁决必须采用书面形式。我国的仲裁规则规定，仲裁庭应在组庭后 9 个月内以书面形式做出仲裁裁决。裁决书除了阐述裁决决定外，还要说明理由，并由仲裁庭全体或多数仲裁员署名，加盖仲裁机构的印章，写明做出裁决的日期和地点。仲裁裁决书做出的日期即为仲裁裁决生效的日期。

仲裁裁决是终局的，一般是不能再改变的。但按照世界大多数仲裁机构仲裁规则的规定和仲裁的习惯做法，仲裁裁决在特定情况下是可以变更或修正的。这些特定的情况是：裁决书中任何计算错误，任何抄写、排印错误或任何类似的错误，当事人可以要求改正；当事人在仲裁程序中提出但在裁决书中遗漏的申诉，或者仲裁庭在其意见中陈述过但裁决中遗漏了的应裁事项，当事人可以要求追加裁决；裁决事项模棱两可或表达不清的，当事人可以要求解释。

五、仲裁裁决的承认和执行

仲裁裁决做出后，当事人最关心的是执行问题。在一般情况下，败诉方能够自动地履行裁决；但是由于各种各样的原因，败诉方拒不履行裁决的情况也是不少的。当败诉方拒不履行仲裁裁决时，由于仲裁机构或仲裁庭本身没有强制执行的权力，胜诉方只能向法院提出申请，要求予以强制执行。裁决的承认是指法院根据当事人的申请，依法确认仲裁裁决具有可执行的法律效力。裁决的执行是指当事人自动履行裁决事项，或法院根据一方当事人的申请依法强制另一方当事人执行裁决事项。

但是，国际商事仲裁可能发生这样的情况，即在甲国进行仲裁，而败诉方在乙国，这样胜诉方在向外国的法院申请强制执行时，就可能存在困难。为了解决各国在承认和执行外国仲裁裁决问题上所存在的分歧，国际上曾缔结过多个有关承认和执行外国仲裁裁决的国际公约。其中，在联合国主持下于 1958 年在纽约缔结的《承认和执行外国仲裁裁决公约》（Convention of the Recognition and Enforcement of Foreign Arbitrial Awards，以下简称为《1958 年纽约公约》），是最重要的一个国际公约。截止到 1995 年 5 月，已有 105 个国家批准参加了《1958 年纽约公约》。我国是在 1987 年 1 月 22 日批准加入的。该公约的主要内容是要求所有缔约国承认当事人之间订立的书面仲裁协议（包括合同中的仲裁条款）在法律上的效力，并根据公约的规定和申请执行地的程序，承认和执行外国仲裁裁决。按照《1958 年纽约公约》的规定，缔约国在加入时可做两项保留，即"互惠保留"和"商事保留"。我国在加入时也做了这两项保留，即中华人民共和国只在互惠的基础上对在另一缔约国领土内做出的仲裁裁决予以承认和执行；中华人民共和国只对根据中国法律认定为属于契约性的和非契约性的商事法律关系所引起的争议适用该公约。

我国涉外仲裁机构做出的仲裁裁决，其强制执行分为国外执行和国内执行两种。由于我国已加入《1958 年纽约公约》，我国涉外仲裁机构的仲裁裁决可以在世界上已加入该公约的国家和地区得到承认和执行；此外，我国政府与外国政府签订的贸易协定、航海协定和其他双边协定，一般也都订有互相承认和保证执行仲裁裁决的条款。我国企业在与这些协定对方国家的当事人发生争议时，也可据以办理。至于对方所在国既未参加《1958 年纽约公约》，又未与我国签订双边条约，只要对方所在国执行外国仲裁裁决无特殊限制，当事人也可以直接向有管辖权的外国法院申请承认和执行，一般也可获得执行。如在国内执行，则可根据我国法律的规定，向被申请人所在地或者财产所在地的中级人民法院申请执行。

至于外国仲裁机构的裁决，需要我国法院承认和执行的，一方当事人可直接向被执行人住所地或其财产所在地的中级人民法院申请。我国法院依照我国缔结或参加的国际公约，或者按照互惠的原则办理。

六、国际货物买卖合同中的仲裁条款

合同中的仲裁条款，主要包括提请仲裁的争议范围、仲裁地点、仲裁机构、仲裁规则、仲裁效力，有时还规定仲裁员人数、指定仲裁员的方式以及仲裁费用的分担等内容。

其中，仲裁地点的选择是一个关键问题。在我国的国际贸易实践中，仲裁地点大致有三种订法：在我国仲裁、在被告所在国仲裁、在双方同意的第三国仲裁。若选择在第三国仲裁，应考虑该第三国必须在政治上对我友好，该国法律允许受理外国的争议案件，而且该国的仲裁机构态度公正，有业务能力，能胜任此项工作，同时，也要求我们对该国的仲裁规章和法律有所了解。

下面是一个规定在我国仲裁的条款实例。

【例9-5】All disputes in connection with this contract or arising from the execution of there shall be amicably settled through negotiation. In case no settlement can be reached between the two parties, the case under disputes shall be submitted to China International Economic and Trade Arbitration Commission, Beijing, for arbitration in accordance with its Rules of Arbitration. The arbitral award is final and binding upon both parties. The arbitration fee shall be borne by the losing party unless otherwise awarded by the arbitration court.

在仲裁所在地的选择上不能抱无所谓态度，因为在一般情况下，在何国仲裁即采用何国的仲裁规则或相关法律。

【例9-6】上海一进出口公司与香港地区某机械公司达成30万美元的设备买卖后产生质量纠纷，双方根据协议，向瑞典斯德哥尔摩商会仲裁院申请仲裁。仲裁院开庭时，上海的这家企业觉得无胜诉绝对把握，自认倒霉，放弃仲裁，既未出具答辩书，也不出庭。结果，仲裁院裁决上海的这家企业败诉，并通知上海市中级人民法院执行赔偿费、仲裁费共600万美元（30万美元设备贸易标的的20倍）。原来，瑞典斯德哥尔摩商会仲裁院的仲裁费就高达240万美元。经了解，这宗仲裁若选择国内仲裁，赔偿费和仲裁费不超过32万美元，其中仲裁费不超过6 000美元。

思考题

1. 为什么要安排商品检验？
2. 国际贸易中如何规定商检的时间和地点？
3. 国际货物买卖合同中的检验条款一般包括哪些内容？
4. 国际上关于违约责任有哪些规定？
5. 实务中，索赔分哪几种类型？

6．什么叫不可抗力？不可抗力是如何认定的？

7．对不可抗力事件该如何处理？

8．在合同中如何规定不可抗力条款？

9．什么是仲裁？仲裁有哪些优点？

10．仲裁协议有什么作用？

11．简述仲裁的一般程序。

案例分析题

1．我出口公司 A 向新加坡公司 B 以 CIF 新加坡条件出口一批土特产品，B 公司又将该批货物转卖给马来西亚公司 C。货到新加坡后，B 公司发现货物的质量有问题，但 B 公司仍将原货转销至马来西亚。其后，B 公司在合同规定的索赔期限内凭马来西亚商检机构签发的检验证书，向 A 公司提出退货要求。

问题：A 公司应如何处理？为什么？

2．某年 4 月，我某外贸公司与加拿大进口商签订一份茶叶出口合同，并要求采用合适的包装运输，成交术语为 CIF 渥太华，向中国人民保险公司投保一切险。生产厂家在最后一道工序将茶叶的湿度降低到了合同规定值，并用硬纸筒盒作为容器装入双层纸箱，在装入集装箱后，货物于 2003 年 5 月到渥太华。检验结果表明：全部茶叶变质、湿霉，总共损失价值达 10 万美元。但是当时货物出口地温度与湿度适中，进口地温度与湿度也适中，运输途中并无异常发生，完全为正常运输。

问题：以上货物的损失该由谁来赔偿？为什么？

3．某贸易商以 FOB 价向我国某厂订购一批货物，在买卖合同中定明若工厂未能于 7 月底之前交运，则工厂应赔付货款 5%的违约金。后工厂交运延迟 5 天，以致贸易商被其买方索赔货款的 3%。

问题：贸易商是否可向工厂索赔？索赔 5%还是 3%？

4．A 公司以较优惠的价格从国外 B 公司进口一批食糖。合同规定 9 月交货。在合同履行的过程中，不料出口国政府于当年 9 月 20 日宣布禁止食糖出口，禁令从宣布之日十天后生效执行。国外 B 公司于是以不可抗力为由要求解除合同。

问题：B 公司能否主张这种权利？

5．国内某公司于 1990 年 11 月 2 日与伊朗签订了一份进口合同，交易条件为 FOB。后因海湾战争爆发，我方接货货轮无法驶抵伊朗，到 1991 年 4 月海湾战争结束后，我方方能派船接货，而外商以我方未能按时派船接货为由，要求我方赔偿其仓储费。

问题：外商这一要求是否合理？

6．我国 A 公司与韩国 B 商社签订一份工艺品出口合同，合同规定信用证付款，仲裁条款规定："凡因执行本合同引起的争议，双方同意提交仲裁，仲裁在被诉人所在国家进行，仲裁裁决是终局的，对双方都有约束力。"在合同履行过程中，B 商社收货后提出 A 公司所交货物品质与样品不符，A 公司认为交货品质符合样品规定，双方产生争执，于是双方将争议提交中国国际经济贸易仲裁委员会仲裁。经仲裁庭调查审理，认为 B 商社举证不实，裁决 B 商社败诉。B 商社不服，事后向本国法院提请上诉。

问题：B 商社可否向本国法院提请上诉？为什么？

技能实训题

根据教材内容设计出国际商务仲裁的流程图。

第十章 国际贸易方式

随着国际贸易的发展，国际贸易方式也日趋多样化。传统的逐笔售定方式虽然占有主导地位，但已无法适应国际销售市场和销售渠道的变化和要求。于是其他各种新颖、灵活的贸易方式便应运而生，极大地丰富了国际贸易的内容和方式。目前常用的其他贸易方式包括包销、代理、拍卖、寄售、招标与投标、商品交易所交易、易货、补偿贸易和加工贸易等。本章介绍的是除逐笔售定方式外的其他各种贸易方式的基本特征和一般做法。

第一节 包销、代理和寄售

一、包销

（一）定义

包销（Exclusive Sales）：又称"经销"（Distribution），指出口商与国外进口商达成协议，把某种或某类商品在约定的地区和一定期限内的独家经营权给予该进口商的贸易方式。

（二）包销的特点

（1）出口商与包销商的关系为买卖售定关系。包销商自购自销、自负盈亏。包销商品一般分批作价。

（2）包销商在一定地区、一定时期内对出口商的某种或某类商品享有独家专营权。包销协议规定的地区和时间内，出口商不能将包销协议规定的包销商品再向其他客商出售。

（3）规定包销商在一定时期内完成一定的包销数量和金额。如果完不成协议规定的指标，包销人应该受到罚款；如果超额，则应该受到奖励。

（4）包销商对其所包销的商品负有保护商标、宣传广告及进行市场报道等义务。其相关费用的承担视包销协议的具体规定而论。

各当事人之间的关系如图 10-1 所示。

| 出口企业 | ◀— 买卖关系 —▶ | 包销商 | ◀— 买卖关系 —▶ | 客户 |

图 10-1　包销方式中各当事人之间相互关系的示意图

（三）包销的利弊分析

包销的好处如下。

（1）避免了同一产品在同一地区的自相竞争，利于提高经营利润，延长产品的生命周期。因为同一时间、同一地区，只有包销商一家统一经营所包销的出口商品，这就排除了多家经营、互相竞争、竞相杀价的可能性。如果把握得好，就可以使出口商在相当长的一段时间内保持该项商品在这一地区稳定的销售数量和利润水平。

（2）利于调动包销人的积极性，扩大和巩固产品的销售市场。包销商获得某项商品在特定时间和范围内的独家经营权以后，为了实现他自身商业利润的最大化，就必然会想方设法使他的销售市场不断扩大，也必然会尽量把他获得的销售市场控制得更长久一些。

包销的弊端如下。

（1）容易使包销商垄断和操纵包销市场，给出口商造成利润流失。包销商身在异国他乡，如果他为了自身的私利，在销量和售价上有意地做出一些损害出口商的事情，出口商往往会毫无知情或鞭长莫及。

（2）如果包销商的经营能力不强，最终会限制出口产品的生产和销售。本来包销产品的品质很好，价格也适中，顾客的反映也不错，可是因为包销商疏于广告宣传，对顾客的意见听之任之，售后服务也是空白，导致商品的销售量受到很大的限制。

（3）包销商作风不正、居心不良，凭借专营权压低价格或包而不销，就会使出口企业受到限制，不能向其他商人销售，从而蒙受损失。

（四）包销的注意事项

（1）事先做好市场调研，慎重决定采用包销方式。

（2）慎重选择包销商。

（3）适当确定包销的产品范围、时间和地区。

① 产品过多过杂，包销商容易垄断市场或分散其精力。

② 包销时间太短、地区太小，起不到调动包销商积极性的作用。

③ 包销时间太长、地区太广，出口商所承担的风险和损失就会加大。

④ 在包销协议中规定终止和索赔条款，以防止包销商包而不销、包而少销、垄断市场、操纵价格等情况。

（五）包销协议的主要内容

（1）包销商品的范围。这要视出口商的产品规模而定，如果是单一产品，则为一种；如果是系列产品，则为一类。

（2）包销商品的地区和时间。如果开始对包销商和其市场还不十分了解，可以规定得范围小一些、时间短一些，以后再视具体情况重新商定。另外，协议中还应明确规定出口商有权因故中止包销协议，如包销商在履约时发生违约行为而不听劝阻、不纠正、不整改等情况时，出口商可以立即停止或取消执行未到期的包销协议。

（3）包销的数量和金额。规定在一定的时期内包销商应该承购包销货物的最低数量和金额，并规定低于此限额时出口商的处罚措施以及高于此限额时的奖励办法。

（4）作价办法。视包销商品的规模和频率而定，如果每次发货的批量小、频率高，可实行阶段性定价；如果批量大、频率较低，则可逐笔协商定价。在定价的同时，还应明确规定每一批货物的支付方式。

（5）其他规定。如包销商品的宣传广告及其费用，专利权、商标权的注册、保护及其费用的支付问题等。

二、代理

（一）定义

代理（Agency）：指委托人（Principal）即出口商与国外代理商（Agent）即中间商签订代理协议，授予其在特定地区和一定的时期内享有代销指定商品的权利。

代理人接受委托，代表委托人与第三人（买方）订立合同后，由委托人自己负责由此产生的权利和义务；如果在履行合同的过程中发生了纠纷，由委托人与第三人共同解决。《中华人民共和国民法通则》第六十三条也规定："代理人在代理权限内，以被代理人的名义实施民事法律行为。被代理人对代理人的代理行为，承担民事责任。"

（二）代理的特点

（1）代理商与委托人的关系属于委托代办关系。代理商自己并不作为买卖合同的一方参与交易。如果由代理人参与的买卖合同在执行过程中发生了法律问题，只要委托人没有违规，则一切责任、义务和权利都由委托人和委托人的客户享受和承担。

（2）代理商通常运用委托人的资金进行业务活动。

（3）代理商一般不以自己的名义与第三方签订合同。他只是受委托人的委托，并以委托人的名义与客户从事买卖业务。

（4）代理商赚取的报酬是佣金。

（三）代理的种类

（1）总代理（General Agency）：代理商在指定地区内不仅享有独家代理指定的商品，还有代表委托人从事商务活动和处理其他事务的权利，如清欠、商务咨询、接待来访等。

（2）独家代理（Exclusive/Sole Agency）：在特定地区、特定时期享有代销指定商品的专营权，同时不得再代销其他来源的同类商品。独家代理与包销的区别如表 10-1 所示。

表 10-1　　　　　　　　　　　　　独家代理与包销的主要区别

	区别	独家代理	包销
1	业务关系不同	委托人与代理人属于委托代理关系	出口商与包销商属于买卖关系
2	专营权内容不同	代理人享有代销专营权，但委托人仍可自销	包销人享有包销专营权，出口商不得自销
3	盈亏负担和经营目的不同	代理人不担风险、不负盈亏，只赚取佣金	包销人自担风险、自负盈亏，谋取利润

在总代理和独家代理方式下。

① 委托人不得在代理协议规定的地区和时间内再委托同类商品的其他代理人，但委托人可以自己在该地区直接销售已经指定代理的商品。假设，美国微软（Microsoft）公司已经委托 A 公司为其中国内地市场的计算机软件"总代理"或"独家代理"，那么，微软公司就不得再在中国内地聘请其他公司作为其计算机软件产品的代理人，但微软公司仍然可以自己将其计算机软件直接销售给中国内地的进口商。

② 代理人不得再承接其他代理协议中规定的同类商品的代理业务。

③ 凡是在规定的地区和期限内做成的该项商品的交易，除非另有约定，无论是代理商做成的，还是委托人直接同进口商做成的，委托人都应该向上述两种代理商支付佣金。

（3）一般代理（Agency）：又称为"佣金代理"（Commission Agency），指在同一地区、同一时期内，委托人可以选定多个客户作为代理商，根据推销商品的实际金额付给佣金。

（四）代理协议的主要内容

（1）代理协议的商品、地区和期限。

（2）代理人的权利和义务。

① 代理人是否有权代表委托人与其他人订立合同；

② 代理人在一定时期内推销产品的最低限量或限额；

③ 代理人不得与委托人压价竞销代理产品；

④ 代理人有保护代理产品知识产权的义务；

⑤ 代理人对代理产品有市场调研、广告宣传的义务。

（3）委托人的权利和义务。

① 委托人有权拒绝客户订单；

② 委托人应按规定向代理人支付佣金；

③ 委托人应该补偿代理人因其代理法律事务而发生的正常费用。

（4）佣金的支付。佣金比例、支付的业务范围、支付方式、支付时间等。

（五）外贸代理

1. 概念

外贸代理（Foreign Trade Agency）：指委托人拥有现存的进出口商品和进出口客商，但他自己不直接以"进出口贸易商"的名义自办进出口业务，而是另请一家拥有进出口贸易经营权的公司代其进口或者出口某批货物的贸易行为。

2. 特点

这些企业之所以要请外贸代理，有的是因为本身没有进出口贸易经营权，有的是因为没有从事进出口贸易的专门人才，有的是缺乏资金等。代理进出口贸易又通常是被业内人士称为"三不见的换单业务"，"三不见"是指外贸代理人在其代理进出口贸易的整个过程中，始终见不到工厂、见不到商品、见不到国外的客户。

三、寄售

（一）定义

寄售（Consignment）是指出口人即寄售人（Consigner）先将准备销售的货物运往国外寄售地，委托当地代销商（Consignee）按销售协议规定的条件和办法代为销售，最后由代销商向寄售人结算货款的贸易方式。

寄售是一种先出运后出售商品的委托代售的贸易方式。寄售人是卖方，也可以称为委托人或货主，代销商也可以称为受托人。通过寄售出售的商品，要待货物出售后才由代销商将货款交付寄售人。

在国际贸易中，寄售是寄售人为开拓商品的销路，委托国外代销商，扩大出口而采用的一种贸易方式。

（二）寄售的特点

（1）寄售是由寄售人将货物运至目的地市场，再经过代销商向买主销售，因此，它是凭实物进行的现货交易。

（2）不是出售，而是"代销"。寄售货物在售出之前，所有权仍然属于寄售人；代销人如果破产，寄售人仍然可以收回货物。

（3）寄售人与代销人的关系不是买卖关系，而是委托代售关系。但代销人在寄售人的授权范围之内，可以用自己的名义出售、收款、执行与买主的合同。因为销售涉及代销国家的法律问题，如果代销人以"寄售人"的名义在代销国从事商业活动，很可能会受到某些法律法规的限制，这样运作起来多有不便，严重的还会违法。

（4）代销人不承担寄售的风险和费用，只收取佣金作为报酬。

（三）寄售的利弊

1. 寄售的好处

（1）开拓市场，扩大销路。寄售方式可以在当地市场出售现货，有利于卖方根据市场的供求情况，掌握销售时机，提高商品的竞争能力并使商品卖更好的价格。同时，货物和买主直接见面，买主可以看货成交，及时采购，对开辟新市场、推销新产品有一定好处。

（2）代销人不垫付资金，除在出售前要负责保管货物外，不担风险，多销多得，可以充分调动其积极性。

（3）看货成交、现款现货，方便买主。

2. 寄售的弊端

（1）寄售人的风险很大。收汇不安全，特别是货物到达目的地后，如遇到市场价格大幅下跌，货物一时销售困难，或代销商有意压低价格，就很被动。

（2）资金周转时间长。因为寄售人要先把货物运输到国外市场，等代销商卖货后再付款，对于寄售人而言，占用资金的时间就比较长，费用也比较高，如资金利息开支就很大。所以这种贸易方式不太适合贸易型企业。

现在，有不少国内企业纷纷到国外开办贸易公司，国内企业利用"寄售"的方式把出口货物源源不断地发运到国外自己开办的公司，其国外公司将货物售出以后再分期分批地把外汇货款汇入国内出口企业，这样的出口生意越做越红火。这种做法，不失为一种最佳的寄售方式，因为国内外贸公司与国外贸易公司在法律上是两家公司，而实质上却是一个经济实体。这样，既开拓了公司在国际市场上的业务，又基本上消除了出口信用风险。

（四）寄售与代理的主要区别

代销商只能以自己的名义处理寄售货物，而代理人既能以自己的名义，又能以委托人的名义处理代理业务。

（五）寄售协议的主要内容

（1）协议名称及双方的义务和责任。一般明确列明"寄售协议"（Agreement of Consignment），以表示协议的性质。在协议中，应明确规定双方的义务、责任以及在出售前货物的所有权仍属寄售人，风险和费用一般也由寄售人承担；并规定寄售货物售出时，所有权由寄售人直接转移给买方。

（2）寄售区域及寄售商品。寄售协议必须具体规定委托代销的商品及销售的指定地区。

（3）作价办法。

① 规定最低限价。代销人不得以低于限价的价格出售代销货物；如果售价高于限价，超出部分的价款归代销人自得。

② 随行就市，不作限价。外贸公司与其在国外的分公司之间的寄售贸易多采用这种作价办法。

③ 在销售前逐笔征求寄售人的同意。这种办法弹性较大，实践中使用较多，适用于货物批量不是很大，而且市场行情也不错的商品寄售。

（4）寄售人与代销人之间的货款收付时间。寄售货物售出后收到的货款，一般由代销商扣除佣金及代垫费用后汇付给寄售人。因此为了保证及时收汇，以利于资金周转，在寄售协议中应规定汇付货款的方式和时间。

（5）佣金的数额与支付办法。在寄售业务中，代销商是以收取委托人付给的佣金作为报酬的。因此佣金率的高低直接关系到双方的利益和代销商的经营积极性。

此外，寄售协议中还应规定货物的保险、各种费用的负担等预防性条款，以避免发生纠纷。为减少风险，必要时还可规定由代销人提供银行保证函或备用信用证，如代销人不履行协议规定，由银行承担偿付一定金额的责任。

第二节 补偿贸易、加工贸易和对等贸易

一、补偿贸易

（一）定义

补偿贸易（Compensation Trade）：一般是指一方在信贷的基础上，从国外另一方买进机器、设备、技术、原材料或劳务，约定在一定期限内，用其生产的产品、其他商品或劳务，分期清偿贷款

的一种贸易方式。

（二）特点

补偿贸易是从 20 世纪 60 年代末、70 年代初，逐渐发展起来的一种新的贸易方式。其主要特点如下。

（1）贸易与信贷结合，一方购入设备等商品是在对方提供信贷的基础上，或由银行介入提供信贷。

（2）贸易与生产相联系。设备进口与产品出口相联系，出口机器设备方同时承诺回购对方的产品，大多数情况下，交换的商品是利用其设备制造出来的产品。

（3）贸易双方是买卖关系，设备的进口方不仅承担支付的义务，而且承担付息的责任，对设备拥有完全的所有权和使用权。补偿贸易购入的是机器设备，出口的是产品，可以说是一种进出口相结合的特殊的信贷交易，具有明显的利用外资的作用。它对于设备进口方，可少动用外汇或不动用外汇，进口所需设备和较先进的技术，既有利缓和对外支付手段不足的矛盾，又可提高本国的生产能力，扩大出口，增收外汇；同时也给产品的出口建立了长期的比较稳定的销售渠道和市场。对于设备供应方而言，可突破进口方支付能力不足的障碍，扩大产品销售市场；获得比较固定的原材料供应来源。故补偿贸易多用于外汇支付能力困难的国家与发达国家之间，而且较多地出现在生产原材料的部门，或产品为对方所需要，或产品有出口前途的产业部门。

（三）形式

目前，补偿贸易的做法有两种形式。

（1）返销（Buy-back），由设备进口方利用对方提供的设备和技术制造的产品，包括直接产品或有关产品（Resultant or Related Product），偿付进口设备的货款。

（2）互购（Counter Purchase），即设备进口方支付设备的货款，不是用直接产品，而是用双方商定的其他产品或劳务来偿付。所以，这种情况下的交易，为两笔互有联系而分别进行的交易。此外，补偿的形式还可采用部分产品或劳务补偿部分现汇补偿的方法，这种方法被称为部分补偿；或者因第三方参与补偿贸易，例如由第三方接受并销售补偿产品，或由第三方承担或提供补偿产品等，称为多边补偿。

不论哪种形式，双方磋商达成协议后，一般都要签订补偿贸易的书面文件，主要有补偿贸易协定、设备进口合同、返销或互购合同等，作为补偿贸易当事人执行协议的依据。在上述模式下，决定交易的主要因素已不是商品的价格和质量，而是取决于回购的承诺。这就不可避免地削弱了市场机制的作用。

（四）补偿贸易的补偿办法

（1）用直接产品补偿。就是用进口设备生产出来的产品全部或部分地抵偿机械设备款项。

（2）用间接产品补偿。就是用其他产品全部或部分地偿还进口设备款项。"间接产品"就是指与进口的机械设备没有什么关联的产品。

（3）用劳务补偿。下面将要谈到的"来料加工"其实也是一种"劳务"。

（4）混合补偿。就是进口设备的一方用资金、产品和劳务等各按一定的比例逐步偿还进口设备款项。

（五）补偿贸易的利弊

（1）进口设备的一方可以利用外资，引进国外比较先进的技术和设备。

（2）进口设备的一方可以扩大生产和出口，扩大就业，增加外汇收入，改善国家的国际收支状况。

（3）回购产品的价格往往压得很低，因为赊销机械设备，对于设备出口方是要冒较大风险的。风险高，利润和收益就必定会高，而这利润就来自抬高设备售价，同时压低补偿产品的进口价格。

（4）外商容易以"补偿贸易"为幌子，高价出售过时的机械设备。

二、加工贸易

（一）加工贸易的含义

加工贸易是国际上普遍采用的一种贸易方式。人们俗称的"三来一补"，是指"来样成交"（Processing as per Customers' Styles）、"来料加工"（Processing with Customers' Materials）、"来件装配"（Assembling with Customers' Parts）和"补偿贸易"（Compensation Trade）。前三者加上进料加工，即构成我国对外加工贸易的形式。

（二）类型

（1）进料加工，又叫以进养出，指用外汇购入国外的原材料、辅料，利用本国的技术、设备和劳力，加工成成品后，销往国外市场。这类业务中，经营的企业以买主的身份与国外签订购买原材料的合同，又以卖主的身份签订成品的出口合同。两个合同体现为两笔交易，它们都是以所有权转移为特征的货物买卖。进料加工贸易要注意所加工的成品在国际市场上要有销路，否则，进口原料外汇很难平衡，从这一点看进料加工要承担价格风险和成品的销售风险。

（2）来料加工。它通常是指加工一方由国外另一方提供原料、辅料和包装材料，按照双方商定的质量、规格、款式加工为成品，交给对方，自己收取加工费。有的是全部由对方来料，有的是一部分由对方来料，一部分由加工方采用本国原料的辅料。此外，有时对方只提出式样、规格等要求，而由加工方使用当地的原、辅料进行加工生产。这种做法常被称为"来样加工"。

（3）装配业务。指由一方提供装配所需设备、技术和有关元件、零件，由另一方装配为成品后交货。来料加工和来料装配业务包括两个贸易进程，一是进口原料，二是产品出口。但这两个过程是同一笔贸易的两个方面，而不是两笔交易。原材料的提供者和产品的接受者是同一家企业，交易双方不存在买卖关系，而是委托加工关系，加工一方赚取的是劳务费，因而这类贸易属于劳务贸易范畴。它的好处是：加工一方可以发挥本国劳动力资源丰裕的优势，提供更多的就业机会；可以补充国内原料不足，充分发挥本国的生产潜力；可以通过引进国外的先进生产工艺，借鉴国外的先进管理经验，提高本国技术水平和产品质量，提高本国产品在国际市场的适销能力和竞争能力。当然，来料加工与装配业务只是一种初级阶段的劳务贸易，加工方只能赚取加工费，产品从原料转化为成品过程中的附加价值，基本被对方占有。由于这种贸易方式比进料加工风险小，目前在我国开展得比较广泛，获得了较好的经济效益。

（4）协作生产。它是指一方提供部分配件或主要部件，而由另一方利用本国生产的其他配件组装成一件产品出口。商标可由双方协商确定，既可用加工方的，也可用对方的。所供配件的价款可在货款中扣除。协作生产的产品一般规定由对方销售全部或一部分，也可规定由第三方销售。

三、对等贸易

（一）定义

对等贸易（Counter Trade）：又叫"对销贸易"和"互抵贸易"，是指由两个或多个贸易方达成协议，规定一方的进口产品可以部分或全部用出口产品来支付的贸易方式。

（二）对等贸易的形式

（1）易货贸易（Barter/Barter Trade）：以货换货。甲公司用某种商品交换乙公司等价的另一种商品。

① 直接易货（以货换货）。

② 对开信用证易货：互以对方为受益人，且以收到并接受对方的备用信用证或银行保函为条件。

交易的双方都害怕对方不履行以货易货的贸易合同，都要求对方的银行出面为买卖合同提供信用担保。两证担保金额大致相等。

③ 记账贸易（On Account）：在政府协议下进出口货物，在一定时期后双方结算，以达到进出平衡。记账贸易在"冷战"时期的社会主义国家之间使用得比较多，如中国与东欧国家之间的贸易，多为政府部门之间的贸易。在双边贸易协定和协议下，平时彼此以货易货，互相逐笔记账，每过一年或几年结算平衡一次；结算后的差额，或用外汇偿付，或约定在下期用指定的货物抵偿。

（2）互购贸易（Counter Purchase）：又叫"平衡贸易"和"互惠贸易"，贸易双方根据一份议定书下的两份单独合同，甲公司购买乙公司的机械设备，乙公司再用出口机械设备收入的全部或部分款项用于购买甲公司的与机械设备没有关联的其他产品或劳务。例如，甲国 A 公司购买乙国 B 公司的飞机，价格 EUR100 万，用现汇支付；乙国 B 公司然后用出售这批飞机的外汇 EUR60 万或 EUR100 万购买甲国 A 公司的石油或铁矿石。

（三）对等贸易的管理

对等贸易在全世界被广泛采用并得到迅速发展是在第二次世界大战以后，这是因为战后贸易保护主义盛行，某些国家国际收支恶化，苦于进口无外汇，出口又少渠道，所以不得不求助于进口与出口相结合的对等贸易。我国自 1949 年以来，对苏联、东欧等国家的贸易，长期在政府间签订贸易协定的基础上，以记账方式进行。1951 年，我国政府曾先后颁布过《易货贸易管理暂行办法》及其实施细则。为了开展补偿贸易，国务院于 1978 年颁发试行办法，后又于 1979 年 9 月颁发了《开展对外加工装配和中小型补偿贸易办法》，1981 年 7 月国家进出口管理委员会又颁发了《关于执行〈开展对外加工装配和中小型补偿贸易办法〉的几项规定》。这些文件对补偿贸易的范围、项目的审批程序、在补偿期间免缴税利和外汇结算等问题做了具体而明确的规定。

第三节　招标与投标、拍卖和展销

一、招标与投标

（一）招标与投标的概念

招标（Invitation to Tender）：指招标人（买方）发出招标通知，说明采购的商品名称、数量及其他条件，或准备兴建的工程项目以及有关条件和要求，邀请投标人（卖方）按一定程序前来投标承卖或承建（包），并与条件最优越的投标人达成交易的行为。

投标（Submission of Tender）是投标人（卖方或承包商）应招标通告的邀请，根据招标人规定的要求和条件，在规定的期限和地点，以填投标单的形式，向招标人发盘，争取中标以达成交易。投标是针对招标而来的后续行动，有招标才有投标，因此，招标和投标是一种贸易方式的两个方面。

招标一般是买方（或招包人）组织卖方（或承包商）竞买的一种形式。由于它是通过许多投标人参加竞争而进行买卖的交易方式，所以对招标人来说，就能选择最有利的条件达成交易或兴建工程。招标的组织者主要是国家的某些部门或机构，也可以是事业单位，如学校，还可以是工商企业。

（二）招标与投标的特点

1. 投标人的报价属于发盘，报价对于投标人在一定时间内具有约束力

这里所说的"一定时间"是指下列情况之一。

（1）对于所有的投标人而言，在投标项目开标之前，或投标项目开标之后、招标人仍未正式宣

布中标结果之前。因为在这段时间内，任何投标人在理论上都存在着中标的可能性。

（2）对于已经中标的投标人而言，招标人正式宣布某投标人已经中标，但中标人仍未与招标人签订履约合同、履行签约手续（如开立履约保函等）之前。

2. 招标属于"竞卖"，便于招标人多项、优化选择

在排除了腐败、违法因素的真正意义上的招标方式下，招标人可以摆脱众多的行政干预，克服取舍范围狭小的弊端，从众多的竞争者中选择最优质而价格又最优惠的产品或者最优秀的承包商中标，从而达到采购商品或建设项目的最佳效益。

3. 招标投标与拍卖的区别（见表 10-2）

表 10-2 招标投标与拍卖的主要区别

	主要区别	招标投标	拍卖
1	竞争的标的不同	商品采购、工程或项目承包	商品出售
2	竞争的目的不同	竞卖	竞买
3	竞争的价格不同	竞低	竞高
4	竞争获胜的条件不同	低价+综合指标均合格者才能中标	出最高价者必获胜

（三）招标的方式

国际竞争性招标（International Competitive Bidding）：招标人邀请数家投标人投标，通过竞争，选择其中对招标人最有利的投标成交。具体有三种办法。

（1）公开招标（Open Bidding）：登报刊登招标公告，将招标的意图和基本要求公布于众，邀请有关企业和组织参与投标。

（2）选择招标（Selected Bidding）：又称"邀请招标"，这是一种非公开的招标方式。招标人不公开发布招标公告，而是根据自己所掌握的业务信息，特邀相关企业参与投标。被特邀的企业一般被认为是生产或建设经验丰富，技术、设备精良，在同行业中享有较高声誉的企业和部门。

（3）两段招标（Two-stage Bidding）：一项招标分两步进行。第一步，公开初审。邀请社会所有愿意参加竞标的企业和部门参与投标。第二步，筛选数家进入第二轮投标。挑选一部分资质和条件都比较优秀的第一轮投标人再进行一次投标，并最终确定招标的中标人。

（四）招标投标的基本程序

1. 招标

（1）制定招标规则、文件和标的。招标文件就是指招标的技术条件和贸易条件，它们是投标人编制投标文件的依据，同时也是招标人与未来中标的投标人签订买卖合同的基础和条件。

（2）发布招标公告（Announcement of Tender）。

（3）对投标人的资格进行预审（Prequalification）。预审的内容主要包括投标人的基本情况、资质等级、信誉、技术水平、财务状况、经营能力和业绩等。

2. 投标

指投标人取得招标文件资料，编制投标书，在规定的期限内将投标书送达招标人，并提交违约保证金（Bid Surety Money）。

投标书一般包括以下四部分的内容。

（1）投标人对于项目标的的总价格的预算。一旦中了标，投标人和业主将严格按照此价格签约和履约。

（2）银行开立的投标保函。该保函确保如果投标人中标以后不履行其投标时的承诺，将由担保银行向招标人交付一定数量的赔偿金。

（3）关于投标项目标的的详细技术数据和资料。

（4）反映投标人资质、能力、资信、业绩的文件和资料。

3. 开标（Opening of Tender）和评标（Evaluation of Bids）

（1）开标：招标人启封投标书，可公开或不公开。

（2）评标：招标人对投标书进行评审、比较和选择。评标的基本原则是公正性、准确性和保密性，所以，一切投标的评议程序都是保密的。具体来说，评标要做以下三项工作：

① 审核投标文件内容是否符合招标条件的要求，包括招标文件的贸易条件和技术条件；

② 比较各投标人的投标内容的优劣利弊，包括价格、质量、交货期等；

③ 审核中标候选人的履约能力。

（3）招标人如果对投标情况不满意，他还可以拒绝全部投标，宣布招标失败。

招标失败的主要原因有：

① 投标企业少于 3 家，缺乏竞争性；

② 所有投标价格过高，与国际市场的价格水平或业主的专家小组评估的期望值有差距；

③ 所有投标书的内容不符合招标的要求。

4. 签订合同

签订协议是一项招标和投标的最后阶段，具体有以下工作要做：

（1）招标人向中标的投标人发出中标通知书；

（2）招标人与中标人签订商品或工程项目承包合同；

（3）中标人向招标人缴纳履约保证金（Performance Bond），约占标的总值的 3%～10%。

（五）国际招标的作用

（1）有利于引进先进技术和管理经验。如德国人到中国来修建地铁（Subway）和磁悬浮铁路（Magnetic Suspension Rail Line），中国人无疑会从德国工程技术人员和管理人员那里学习到不少自身先前并不具备的技术和方法。

（2）有利于提高进口产品的质量。因为招标充分使用了竞争机制，招标人得以在众多的投标人提供的优质产品中优中选优，这就为招标人购买最优质的产品提供了必要的条件和保障。

（3）有利于节省进口资金。在真正意义上的招标采购（Procurement）下，供货商即投标人是不可能死抱着他们的垄断价格不放而又能中标的。他们要想中标，就必须报出具有竞争力的售价，以便阻止其竞争对手中标。这样，招标人就能够以最优惠的价格采购自己需要的商品了。

（六）国际投标的作用

（1）国家可以获得大量的外汇收入。

（2）中标可以带动出口。在一般情况下，中标企业都是以其独特的优势才在竞标中获胜的，而优势不外乎两大类，一是先进的技术，二是物美价廉的货物。一旦中了标，例如工程项目建设所需的大量技术人力资源和物质，当然会源源不断地出口到建设项目所在的国家或地区去。

（七）招标投标适用的范围

（1）物质采购。如办公设施和用品、教育器材、医疗设施、各种实用技术、成套机械设备等。

（2）承包工程。

① 工程或项目的整体承包。如坦赞铁路的设计、建设、运行和维护的整体工程等。

② 工程或项目的个体项目承包。如三峡水利枢纽工程中的道路及桥梁建设工程项目、大江截留工程项目、船闸工程项目、库区移民工程项目、发电机组的生产及安装调试运行项目。

二、拍卖

（一）拍卖的定义

拍卖（Auction）：指由拍卖行接受货主的委托，在规定的地点和时间，按照一定的章程和规则，用公开叫价的方法，将货物卖给出价最高的买主的一种贸易方式。

拍卖在法律上不适用《联合国国际货物销售合同公约》。

（二）拍卖的范围

通过拍卖进行交易的商品，大多是一些品质不易标准化，或难以久存的，或有拍卖习惯的商品，或是罚没财产等。

（1）品质不易标准化或难以久存的商品，如毛皮、茶叶、烟叶、咖啡等。

（2）价值昂贵、具有收藏价值但价格变化较大的商品，如名人字画、古董、艺术品、金银首饰等。

（3）破产倒闭企业的设备及资产。

（4）罚没财产。

（三）拍卖的程序

1. 准备阶段

（1）备货、分级、分类。货主在拍卖之前的一定时间将拍卖货物运至拍卖指定的地点，由拍卖人对拍卖货物进行挑选、分级和归类。

（2）拍卖人编制拍卖商品目录、进行广告宣传。

（3）买主看货、申请参拍。由于拍卖是看货成交的现货交易，买主必须事先对拍卖货物进行察看。买主既可察看拍卖人提供的样品，也可以到仓库看货物本身，或到仓库随机抽取一定数量的样品，以供分析和试用。

申请参拍的人一定要履行一定的手续，如办理信用担保等，才能取得参拍的资格。

2. 拍卖阶段

在拍卖商品目录所规定的地点、时间按秩序进行。

拍卖的三种方式。

① 增价拍卖：拍卖人宣布起拍价后，由买主喊价。

② 减价拍卖（Dutch Auction）：由拍卖人喊价。

③ 密封递价拍卖（Sealed Bid）：又称"招标式拍卖"，密封递价，定期开标。

3. 成交、交割阶段

拍卖人发送成交通知，买主对成交通知书上的相关内容和条件进行核对，如果符合拍卖时的规定，就在通知上确认、签字。

4. 付款、提货阶段

按照规定的期限和金额付款并提货。

（四）拍卖的利弊

拍卖是公共竞买的方式，对卖方来说，看货出价，而且会定出底价，卖方往往处于垄断地位，可以卖得好价格，如果价格不好，可以流标；对于买方来说，可以按照自己愿出的价格，购买符合自己需要的货物，但是总的来说，买方在公共竞买里处于相对被动地位。

三、展销

（一）展销的定义

展销（Fair and Sales），指利用展览会和博览会及其他交易会形式对展品实行展销结合的一种贸易方式。随着贸易的国际化和深入化，这种贸易方式越来越重要，也越来越被进出口企业所重视。

（二）展销的形式

（1）作价卖断，由国外客户参与展销。出口商把自己拟参展的商品卖断给国外客户，再由客户自己把这批商品陈列到某展览会或博览会上去展览和销售。

（2）双方合作。出口商先把拟参展商品发送给国外客户，客户先不支付货款。由国外客户在展览会上把货物卖出去以后，再与出口商结算货款，卖方向客户支付约定的代办手续费，并将少数没有卖出去的商品折价卖断给客户。

（三）展销的优点

（1）低成本接触合作客户，公司要接触到合格的客户，参加展会是最有效的方式。根据展览调查公司的一项研究，展销会上的每一个参观者被接触到的平均成本为 177 美元，而通过销售电话接触一个客户的平均成本为 295 美元。

（2）工作量少质量高。在展销会上接触到合格客户后，后继工作量较少。展览调查公司的调查显示，展会上接触到一个合格的客户后，平均只需要给对方打 0.8 个电话就可以做成买卖。相比之下，平时的典型业务销售方式却需要 3.7 个电话才能完成。根据麦克格罗希尔调查基金的另一项研究，客户因参观展销会而向展商下的所有订单中，54%的单子不需要个人再跟进拜访。

（3）竞争力优势。展览会为同行的竞争对手显示自身提供了机会。通过训练有素的展台职员、积极的展前和展中的促销、引人入胜的展台设计以及严谨的展台跟进，参展公司的竞争力可以变得光芒四射。而且，展会的参观者还会利用这个机会比较各参展商。因此，这是一个让参展商展示产品的优异功能的公开机会。同时，展览会是参展商为潜在客户测试产品的好地方，可以手把手教客户试用产品，提高成交的概率。无论一家公司的规模有多大，展会都为之提供一个很好的业务机会。美国一家调查公司根据对美国公司参展情况的统计，指出参展是一种高效的营销方式。

（4）融洽客户关系。客户关系是许多公司的热门话题，展览会是加强现存客户的关系的好地方。参展商可以用下列方式对客户表达谢意：热情的招待、一对一的晚餐、特殊的服务等。

（5）开展市场调研。听取消费者意见，改进质量，提高竞争力。展览会现场提供了研究竞争形势的机会，这个机会的作用是无法估量的。在这里，有关竞争对手提供的产品、价格以及市场营销战略等方面的信息，参展商通过观察和倾听就可以了解很多。

当然展销对参展企业要求比较高，同时成本比较高。

（四）参展方式

1. 参加国际博览会

国际博览会（International Fair）：也称"国际集市"，指在一定地点定期或不定期举办的由一国或多国联合组办，邀请多国商人参加的贸易形式。

国际博览会的种类如下。

（1）水平型：属综合性的，如 2010 年上海世博会。

（2）垂直型：属专业性的，如法兰克福国际航空博览会。

国际博览会的特点如下。

（1）有定期的也有不定期的。如德国莱比锡裘皮博览会就是定期的，每年举行一次；2002 年昆明世博园（园艺、花卉）就是属于不定期的，只是偶尔在什么地方举办一两次。

（2）以订单贸易为主、现货买卖为辅。"订单贸易"为大宗货物的买卖，它是以展销产品的广告宣传为基础和起点的，它同时也是企业参与展销的根本目的；"现货买卖"只是企业展销的"次要目的"，批量少，数额也小，企业主要是为了宣传自己的产品。但是，参展企业为了避免把样展品运来运去而花费费用，一般还是在展览结束时，尽量把它们处理掉。

2. 参加中国出口商品交易会

中国出口商品交易会（Chinese Export Commodities Fair）又叫"广交会"（Cantonfair），它是我国规模最大、在世界上也颇有名气的综合性、定期举行的大型展览会。中国出口商品交易会从 1957 年开始，固定在广州举行。每年春、秋各一次，一直延续至今。广交会的优点是出口产品极为丰富，规模大，影响深远，参展企业和到会客商都特别多，成交金额也特别大。详细情况可以参见 http://www.cantonfair.org.cn。

（五）展销的操作实务

（1）凡事预则立，不预则废。展销期间的住宿和交通总是紧张的，故宜及早预订旅馆和飞机票。

（2）事先应做好广泛的广告宣传，可以通过邮件或其他方式通知主要的客户使他们都知道你公司将参加某次展销。可以请公司在当地的代理人做广告或决定邀请哪些潜在的客户来观展。这样，有利于客户或潜在客户做出相关安排。

（3）要及时预订展室和安排展位并确保展览符合当地客户守则的规定或其他条例及许可证的要求。在租用展室前应检查陈设产品的设施是否齐全，如能源、电压、水、空调设备、废物处理、天花板适宜的高度以及楼层的负载情况都要一应考虑周全。

（4）及早安排运输以确保展品在开幕前抵达展地，通常情况下，展销期间港口和机场都比较拥挤，故应提早安排并做好保险事宜。

（5）在布置展位前应为大型和重型展品留有余地。最好是用实物陈设。切记：图片不如模型，模型不及实物。用实物陈设时，不宜将展台塞得很满，显得很拥挤，必要时可酌情增加展台和一些辅助设施以及必要的家具和展橱。可以请一位专业设计师设计展位以使展品产生最大的影响力。展位上的文字和图表应用当地文和英文两种文字表示。

（6）展销期内，应保证让公司的部分代理人适当地兼任展位职员。还应安排适当的午休时间，并准许职员离开展厅到别处洽谈生意。值得注意的是不要让所有职员都拥在展台前，以使观展人感到他们是受欢迎的而不是受到打扰。要保证随时有人能够现场解答所有技术问题，也可对展品进行适当地示范说明。展台前的职员应对公司的经销种类和服务范围了如指掌，并且能够协商贷款、成交订单和安排必要的后备工作等。此外，还必须有一位合格的翻译，这对开展工作至关重要。尽可能迅速答复展销期内收到的咨询信函，以赢得用户对公司的绝对信任。

（7）要保证参展人员适时抵达展销地并及时布置展品，必要时在开幕前做一次检查。同样，展销闭幕后还要留下一人监督检查展品的善后清理工作。

（8）善于总结，不犯同样的错误。即展销结束后，必须认真分析此次展销的实绩，总结经验，了解哪些环节应予以注意，免于重蹈覆辙。这是每一个公司成长的必经之路。

第四节 租赁贸易

一、定义

国际租赁贸易（International Lease Trade）：指出租人（Lessor）根据与承租人（Lessee）订立的契约，以收取一定租金为条件，把某种商品出租给承租人，让其在一定期限内专用的一种贸易方式。

二、国际租赁的特点

（1）承租人用运营设备的收入购买设备的使用权，以取代自筹资金购买设备的所有权。承租人先把出租人的机器设备借来投入生产，然后用生产的收入去向出租人支付租金，这样，承租人就不用自己筹措资金去购买这种机器设备了。

（2）在租赁期内，设备的所有权归出租人，使用权归承租人。

（3）租赁期为 3~5 年，也可长达 10 年以上。

（4）出租人可以享受税赋优惠，承租人也可获得延期支付税款的待遇。

有些国家规定，购买本国生产的资本货物的企业可以享受退税和加速折旧的优惠使出租人获得的租金少交或免交赋税；承租人分期支付的租金可以冲减他的经营利润，从而降低承租人的所得税。

三、国际租赁的方式

（一）金融租赁

1. 概念

金融租赁（Finance Lease），又叫"融资租赁"或"资本租赁"（Capital Lease），出租人垫付机器设备款项或筹措融资（利用信贷）生产或购买设备供承租人租用。也就是说，出租人出租的机器设备可以是自己生产出来的，也可以是向别人购买的；而在生产或购买机器设备所使用的资金上，他可以使用自己的自有资金，也可以使用贷款，还可以兼而用之。流程参见图 10-2。

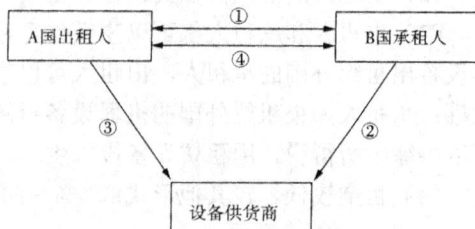

图 10-2　金融租赁示意图

说明：①双方签订租赁合同；②承租人选定承租设备；③出租人融资购买出租设备；④出租人向承租人出租设备，承租人向出租人支付租金。

2. 金融租赁的特点

（1）承租人可以取得全部设备款项的融资。承租人在租用机器设备时，不需要自己垫付一分钱的款项。

（2）设备租期为长期。

（3）租赁期内不能终止合同。

（4）租赁总额等于设备价款、价款利息、保险费、税赋、手续费和出租人的利润之和。

（5）租赁期满后，承租人获得租赁货物的所有权。

（二）杠杆租赁

1. 概念

杠杆租赁（Leverage Lease），也叫"衡平租赁"或"减税租赁"，出租人自筹部分设备价款（20%~25%），其余大部分资金向金融机构借款，以购买设备供承租人租用。流程如图 10-3 所示。

"衡平租赁"名称的由来。杠杆租赁的交易所涉及的当事人及相关的经济合同比较多，因此，在英、美两国，杠杆租赁交易不仅要适用普通法，还要适用衡平法，所以这种租赁方式又叫作"衡平租赁"。

衡平法（Equity）：英国法传统中与普通法平行发展的一种法律，只适用于民事案件。"衡平"为"公平"之意，即根据国王的"公平与正义"来审理案件。1875 年以后，衡平法与普通法由统一的法院合并实施。

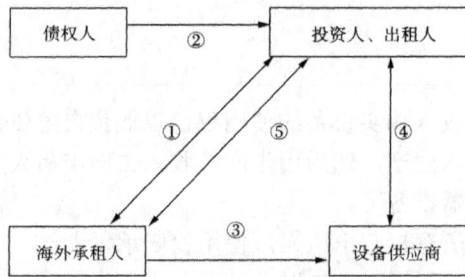

图 10-3　杠杆租赁的程序示意图

说明：①出租人与承租人签订租赁合同；②债权人向出租人提供贷款；③承租人选定承租设备；④出租人购买租赁设备；⑤出租人向承租人出租设备，承租人向出租人支付租金。

2. 杠杆租赁的特点

（1）涉及当事人多，关系复杂。出租人向贷款人借钱购买设备出租给承租人，分期收取设备租金，分期偿还贷款本息，并以租赁的设备以及租赁合同（权益）作为其借款的抵押。

（2）出租人的借款需以其设备、租赁合同及租金做抵押。

（3）出租人和承租人都可以享受优惠税赋待遇。在很多国家里，出租人如果购买本国制造的机器设备出租给外国的承租人，出租人可以享受出口退税的待遇，其收取的租金可以享受减免税赋的优惠；承租人如果租赁外国的机器设备投入生产，承租人将生产经营的一部分用于支付租金，因此可以少缴纳所得税。用租赁设备投入生产，可享受本国税赋减免待遇。

（4）租金较低。较其他形式低 5%～10%。

（三）经营租赁

1. 概念

经营租赁（Operating Lease），也叫"业务租赁"或"使用租赁"，出租人将设备直接租赁给承租人使用，所有权不转移，出租人要负责保养、维修和管理等项义务。

2. 经营租赁的主要特点

（1）租期较短。出租人每一次出租机器设备所收取的租金不足以补偿其购买设备所支付的款项、利息及预期利润。出租人需要把设备多次出租，才能收回全部投资和利润。

（2）租赁的货物一般有用途广泛、技术更新速度快、保养管理要求高等特征，如电子计算机、卫星系统、精密仪器。承租人为防止技术落后、承受无形磨损损失，不愿租赁太久。

（四）维修租赁

1. 定义

维修租赁（Maintenance Lease），也叫"服务租赁"，出租人在出租设备的同时，还要派技术人员负责租赁商品的牌照登记、年审、保险、缴纳税费、维修、检验以及某些特殊燃料、零配件的供应等项服务。维修租赁适用于飞机、船舶、汽车等交通运输工具租赁。

2. 维修租赁的特点

（1）租赁期满后，承租人一般要将租赁货物归还给出租人；

（2）租金中包含着租赁设备的维修和保险等项费用。

（五）回租租赁

1. 定义

回租租赁（Sale & Back Lease），是指制造厂家将自己生产的机器设备先出售给租赁公司，所有权发生转移，然后再从租赁公司将其回租使用。

2. 流程示意图（见图 10-4）

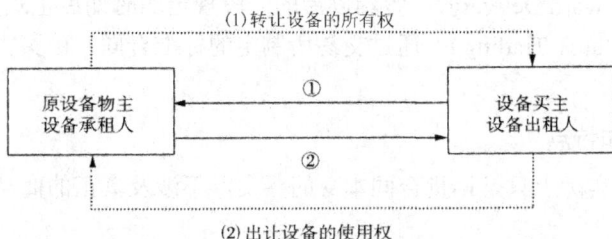

图 10-4 回租租赁示意图

说明：①出租人购买承租人的设备；②承租人租用出租人的设备。

第五节 商品期货交易

商品期货交易是在专门的商品交易场所由特定的人员进行的，集中买卖某种期货合同的交易合同的交易活动，已经有一百多年的历史了，是当今国际市场中的重要组成部分。

一、商品期货交易的概述

（一）商品期货交易的概念

商品期货交易（Futures Trading）是一种在特定类型的固定场所，即商品交易所（Commodity Exchange），又称"期货市场"（Futures Market），按照严格的程序和规则，通过公开喊价的方式，买进或卖出某种商品交易合同的交易。

交易所的商品主要为初级产品，如谷物、油料、可可、咖啡、棉花、橡胶、羊毛、有色金属、皮毛等。

（二）交易所的交易方式

交易所是一种有组织的交易场所，规定只有交易所的正式会员才能进入交易场所进行交易，非会员的交易只能委托经纪人代为办理。

（三）交易所的会员

交易所内的会员有：

（1）经纪人（Broker）：代客从事买卖，以赚取佣金为主要目的。

（2）职业投机商（Professional Speculator）：交易量大，交易品种多。

（3）场内交易人（Pit Trader）：资本实力雄厚，交易量较大。

"职业投机商"和"场内交易人"类似中国股市里那些所谓的"机构"和"战略投资者"。他们一方面引诱别人踊跃入市，激活市场；另一方面，他们不断散布谣言、制造假象，引诱别人上套。

（4）商人（Scalper）：从事小投机买卖，谋取薄利。这种人类似中国股市里的"散户"。

世界较著名的交易所有美国的芝加哥谷物交易所、我国有 1990 年开办的郑州粮食批发市场和1992 年开办的深圳有色金属交易所。

（四）交易的种类

（1）实物交易（Commodity Transaction）：从事实物的买卖，20 世纪 60 年代以前以此种交易为主。

（2）现货交易（Spot）：又称即期交割（Prompt/Immediate Delivery），成交后3～5天内办理交割手续。

（3）远期交割（Forward Delivery）：签约以后的一段规定的时期后正式交割。

（4）期货交易（Futures Trading）：通过交易所制定的标准合同，由买卖双方在交易所内达成远期交割的交易方式。

（五）期货的性质和特点

（1）期货合同交易实际上只是期货合同本身的买卖，不涉及真正的商品，故被称为"纸合同"或"纸面交易"。

买卖双方达成期货交易合同后，并没有买进或卖出现货商品的需求，即并没有真正实现商品的转移，卖方不必到期交货，买方也不必到期提货，他们可以在交割期限届满之前，通过买进或卖出另外一份交货时间、数额相同，交易方向相反的期货合同来抵消原合同项下的义务，而从先后两次交易的价格变化中获得利润或补齐差价。

（2）期货合同只需缴纳合同金额的5%～10%的押金和佣金，无须全额支付。当然，从期货合同达成到交割或"对冲"之前的这段时间内，如果交易的一方盈利了，他可以随时从交易所提取"赚头"；如果亏了本，并且超过了押金的数额，他就得随时补齐差额。

（3）商品的品质、规格、数量等均系统一，双方只定价格、合同份数和交货期等。期货合同属于"标准合同"，商品的品名、规格、品质，合同的数量等指标都是事先印就了的，不容更改，客户只有权利决定是买进还是卖出，是不买还是不卖。至于数量，客户只有权利决定买卖多少份整份合同，无权自己随便选择任意的数量。

（4）期货合同可以是即期，也可以是远期。即期和远期的价格不尽相同；即期可以随时交割，远期到期时必须交割。在探讨期货问题的时候，把它想得抽象一点，就把它想象成一种单纯的买卖。

①"期货合同"的买卖不是指"某一种实实在在的货物买卖"，虽然这种以某种货物名称作为标的的合同行市会与这种名称的货物的实际价格的涨跌有一定的关联。

②"期货合同"的买卖不只是指"远期到期后必须交割的买卖"，"期货合同"也可以是即期交割的。

③"期货合同"的买卖，客户可以任意买进或卖出任意的合同份数，不必担心自己交易的"客户"（对方）是谁。自己想买时，不必担心对方卖不卖；自己想卖时，不必担心对方买不买。交易所任何期货交易者都是客户。客户要买进或卖出任何整数份数的合约，交易所都会给予满足，它绝不会拒买或拒卖，唯一的制约就是买卖价格的涨跌。譬如，小麦3个月的期货价格本来是USD4.80/Bushal，客户就无法以"USD4.75/Bushal"的价位买进。

④ 并非只有手头上先有了某种"期货合同"才能卖出。只要是远期交割，现货买卖也是如此。因为合同到期时，卖方可以先在市场上即期购进，然后将其用于远期合同货物的交割。

二、期货交易的做法

（一）投机（Speculation）的几个概念

（1）对冲（Offsetting / Counteraction）：又叫"平仓"，指交易者在期货合同到期之前做一笔方向相反、交割时间和数量相同的期货交易，以解除期货合同的义务，如表10-3所示。

（2）牛市（Bull）：指呈上涨趋势的市场行市。

（3）熊市（Bear）：指呈下跌趋势的市场行市。

（4）买空（Longs）：俗称"做多头"，指投机者预计某一期货商品上涨而预先买进期货，待价格上涨后再抛出，以赚取低买高卖的差价。

（5）卖空（Short）：俗称"做空头"，指投机者预计某一期货商品下跌而预先卖出期货，待价格下跌后再补进"对冲"，以赚取高卖低买的差价。

表 10-3 期货交易举例

时间	期货交易
×年 7 月×日	卖出 10 月份交货的某商品 10 万磅合同一份，成交单价 USD1.00/lb，交易总值 10 万美元
×年 10 月×日	买进 10 月份交货的该商品 10 万磅合同一份进行对冲，成交价格 USD0.90/lb，交易总值 9 万美元
结果	获利 1 万美元（不计交易手续费、佣金、税金等）

（二）套期保值的做法

根据买卖双方交易目的不同，期货市场上的交易分为性质不同的两种交易形式，即投机交易和套期保值形式。在这里我们主要介绍套期保值。

1. 套期保值的类型

套期保值（Hedging）又称"海琴"，指在卖出（或买入）实际货物（即现货）的同时，再在期货市场上买入（或卖出）同等数量的期货作为保值。

由于期货市场和实货市场的价格趋势一般来说是一致的，涨时同涨，跌时同跌，所以实货市场的亏（盈），可以从期货市场的亏（盈）得到弥补或抵消。套期保值分为卖期保值（Selling Hedgjng）和买期保值（Buying Hedging）两种。

（1）卖期保值（Selling Hedging）：一些手头持有实货的个人或企业或丰收在望的农场主和拥有大量库存的经销商，担心新货登场而价格可能下跌而蒙受损失，便可在期货市场卖出期货合同以达到保值的目的。举例，某公司收购了 10 万蒲式耳小麦准备出口，但又担心小麦价格下跌，于是该公司就做了表 10-4 所示的套期保值交易。

表 10-4 卖期保值举例

时间	现货市场	期货市场
×年 8 月 10 日	购买现货小麦 10 万 Bushel 以备出口，价格 USD4.75/bu，计 47.5 万美元	卖出 12 月小麦期货 20 份合同合 10 万 Bushel，价格 USD4.80/bu，计 48 万美元
×年 10 月 10 日	出售现货小麦 10 万 Bushel，价格 USD4.65/bu，计 46.5 万美元	买进 12 月小麦期货 20 份合同合 10 万 Bushel，价格 USD4.70/bu，计 47 万美元
结果：持平	亏损 USD1 万元	盈利 USD1 万元

（2）买期保值（Buying Hedging）：指预期某种商品的行情将要上涨时，交易者买进期货的同时卖出现货的保值方法。例如，某企业拟在 9 月进口一批钢材，为了预防到时候钢材价格上涨，于是，该公司就做了表 10-5 所示的套期保值交易。

表 10-5 买期保值举例

时间	现货市场	期货市场
×年 4 月 12 日	钢材价格：EUR280.00/MT	买进 10 月钢材期货 10 份合同合 1 000M/T，价格 EUR290.00/MT，计 29 万欧元
×年 9 月 12 日	买入现货钢材 1 000MT，价格 EUR240.00/MT，计 24 万欧元	卖出 10 月钢材期货 10 份合同合 1 000M/T，价格 EUR250.00/MT，计 25 万欧元
结果：持平	理论上盈利 4 万欧元	亏损 4 万欧元

2. 套期保值的性质和特征

（1）现货与期货的行市大致相等，一涨俱涨，一跌俱跌。

（2）现货与期货都有即期与远期。

（3）现货与期货的交易都会有盈亏，而最终却会基本持平。

（4）套期保值的目的只是为了转移价格风险，而不是为了盈利。最终一般也不能盈利，只能略有亏空。

套期保值既适用于商品市场的保值，也适用于金融市场的保值，其做法基本相同。

第六节 电子商务在国际贸易中的应用

随着网络技术应用的快速普及，电子商务无论是作为一种交易方式、传播媒介还是作为企业组织的进化，都在广度与深度等各方面取得了前所未有的进展，渗透到了社会的各个方面。在国际贸易领域，电子商务作为一种新兴的贸易操作方式，以其特有的优势为世界上众多国家及不同行业所接受和使用，其发展已经引起了国际贸易领域的重大变革。

一、电子商务的含义和特点

（一）电子商务的含义

电子商务（E-Commerce）是指通过电子信息技术、网络互联技术和现代通信技术，使得交易涉及的各方当事人借助电子方式联系，而无须依靠纸面文件、单据的传输，实现整个交易过程的电子化。

（二）电子商务的特点

与传统商务形式相比，电子商务有以下几个特点。

1. 市场全球化

凡是能够上网的人，不论在南非上网还是在北美上网，都被网在一个市场中，都有可能成为上网企业的客户。

2. 交易快捷化

电子商务能在世界各地瞬间完成传递与计算机自动处理，而且无须人员干预，加快了交易速度。

3. 交易虚拟化

通过以互联网为代表的计算机网络进行的贸易，双方从开始洽谈、签约到订货、支付等，无须当面进行，均通过计算机网络完成，整个交易完全虚拟化。

4. 成本低廉化

由于通过网络进行商务活动，信息成本低，足不出户，可节约交通费，减少中介费用，因此整个商务活动成本大大降低。

5. 交易透明化

电子商务中双方洽谈、签约等整个交易过程都在电子屏幕上显示，因此显得比较透明。

6. 交易标准化

国际互联网的网页，可以实现 24 小时的在线服务，为全球客户提供不间断的信息源。

二、电子商务的分类

根据电子商务发生的对象不同，可以将电子商务分成四种类型。

1. 商业机构对商业机构的电子商务

商业机构对商业机构的电子商务（Business-to-Business，B2B）是指企业与企业之间使用 Internet 或各种商务网络进行的向供应商订货、接收票证和付款等的商务活动。

2. 商业机构对消费者的电子商务

商业机构对消费者的电子商务（Business-to-Consumer，B2C）是指企业与消费者之间进行的电子商务活动。这类电子商务主要是借助于国际互联网所开展的在线式销售活动。

3. 商业机构对行政机构的电子商务

商业机构对行政机构的电子商务（Business-to- Administrations，B2A）是指企业与政府机构之间进行的电子商务活动。例如，政府将采购的细节在国际互联网上公布，通过网上竞价方式进行招标，企业也通过电子的方式进行投标。除此之外，政府还可以通过这类电子商务实施对企业的行政事务管理，如政府用电子商务方式发放出口许可证、开展统计工作，企业可以通过网络办理交税和退税等。

4. 消费者对行政机构的电子商务

消费者对行政机构的电子商务（Consumer-to-Administrations，C2A）是指政府对个人的电子商务活动。这类电子商务活动目前还没有真正形成。

三、电子商务在国际贸易中的应用

利用现代化的计算机技术和网络通信技术，逐步实现国际贸易活动的信息化和无纸化，已成为现代国际贸易发展的一大趋势。电子商务近年来在国际贸易领域越来越显示出它的重要作用。

（一）国际电子商务的概念

国际电子商务是指企业利用电子商务运作的各种手段所从事的国际贸易活动，或者说国际电子商务是一般电子商务在国际贸易领域内的具体应用。它所反映的是现代信息技术所带来的国际贸易过程的电子化。国际电子商务与传统国际贸易的比较如表 10-6 所示。

表 10-6 国际电子商务与传统国际贸易的比较

项目	传统国际贸易	国际电子商务
运行场所	不同的场所	网上进行
主体	买方、卖方加中间商	买方和卖方可以直接交易
运行机制	受时间和地域的限制	信息网络成为世界市场的联系纽带
营销手段	传统营销方式	网络营销
管理效率	传统监管手段	用网络监督

（二）电子商务在国际贸易中的作用

1. 方便寻找贸易伙伴

在传统的国际贸易方式下，买卖双方要寻找到合适的贸易伙伴往往要付出很大的代价。而利用电子商务物色贸易伙伴，既可以节省大量的人力、物力的投入，又不受时间、地点的限制。企业一方面可以通过建立自己的网站或借助于相关电子商务平台向全球范围内的潜在客户提供产品和服务的供求信息；另一方面也可以上网搜索有关经贸信息，寻找到理想的贸易伙伴。

2. 促进买卖双方进行交易洽商

在传统的国际贸易方式下，买卖双方一般共同选择某个确定的时间和地点，当面进行协商、谈判活动。这种口头洽商形式容易受时间和空间的限制，过程漫长又不经济，特别是因为受时差的影响，给双方的交往带来很大的不便，即使是采用书面的形式，利用电话、传真等通信手段来协助洽商，也会由于高额的通信费用和信息的不完整而难以适应业务活动的需要。而利用国际电子商务的因特网，其便捷、低成本的通信功能和高效、强大的信息处理能力，能极大地促进买卖双方的交易磋商活动。同时交易双方还可借助电子邮件等方式适时地讨论、了解市场信息，洽商交易事务。如有进一步的需求，还可用网络和白板会议来交流即时的图形信息。因此，国际电子商务方式下的交易洽商是一种方便的异地交流方式。

3. 电子签约及网上支付

在传统的国际贸易方式下，交易的各个环节都需要人工的参与，交易效率相对较低，错误发生率高。而利用电子商务开展国际贸易，双方可采用标准化、电子化的格式合同，借助网站中的电子邮件实现瞬间的交互传递，及时完成交易合同的签订，并可通过银行和信用卡公司的参与实现网上支付。国际贸易中的网上支付，对于可以直接通过互联网传递交付的软件、影音、咨询服务等无形产品交易来说极为便利，可节省很多人员的开销。随着网络安全技术的不断发展，网上支付对国际贸易的作用将会更加突出。

4. 简化交易管理

国际贸易业务涉及政府的多个职能部门，如工商、税务、金融、保险、运输等部门。因此，对国际贸易的管理包括了有关市场法规、税务征管、报关、交易纠纷仲裁等多个环节。在传统的国际贸易方式下，企业必须单独与上述相关单位打交道，要花费大量的人力、物力，也要占用大量的时间。而电子商务使国际贸易的交易管理无纸化、网络化，企业可直接通过因特网办理与银行、保险、税务、运输等各方有关的电子票据和电子单证，完成部分或全部的结算以及索赔等工作，从而大大节省交易过程的时间和费用。

（三）国际电子商务的交易过程

1. 交易前的准备

交易前的准备主要指买卖双方在交易合同签订之前的准备活动。这些活动包括交易双方在电子商务网上寻找交易机会和交易伙伴；进行价格等成交条件的比较；了解各个国家或地区的贸易政策、政治和文化背景。买卖双方可以借助电子技术发布自己需要的信息，并选择有信誉的网络提供者和交易伙伴。

2. 交易磋商和签订合同

交易磋商和签订合同主要指买卖双方对所有交易细节进行谈判，将双方磋商的结果以书面形式确定下来，即以书面文件和电子文件形式签订合同。电子商务是可以签订电子贸易合同的。交易双方可以利用现代电子通信手段进行签约，也可以通过数字签字等方式签订合同。

3. 办理交易前的手续

办理交易前的手续主要指买卖双方签订合同后合同开始履行之前办理各种手续的过程。其他参加交易的各方，如中介、银行、海关等也都要为进行电子商务交易做好准备工作。买卖双方可以利用国际互联网与有关各方进行各种电子单证的交换，直至办理完可以将所购商品从卖方按合同规定开始向买方发货的一切手续为止。

4. 交易合同的履行和索赔

交易合同的履行是指从买卖双方办完所有各种手续之后开始，卖方办理备货，进行货物报关、保险、取得信用证，将合同项下的商品交付运输公司起运、发货，买卖双方通过电子商务服务器跟踪发运的货物，银行和金融机构按照合同以电子方式处理双方收付款，进行结算，出具相应的银行单据等，直到买方收到所购商品，完成整个交易。索赔是指买卖双方在交易过程中发生违约时，需要进行违约处理工作，受损方向违约方索赔。

四、电子商务在国际贸易应用中面临的主要法律问题

电子商务在国际贸易应用中面临的法律问题，从狭义上讲，只属于商法或国际商法的范畴，主要涉及在电子商务活动中出现的各方当事人之间的法律关系，即电子合同、电子身份认证、电子证据的确认、网上支付、物流配送、消费者权益保护等方面所引起的法律问题。不过，由于商务活动

涉及社会经济生活的方方面面，电子商务也不例外，并且电子商务是以网络为运作平台的，其交易场所虚拟化、表现形式多样化、交易范围国际化，因而从广义上讲，它还包括税收征管、知识产权的保护、管辖权的确定、网络安全和管理、网上拍卖、市场准入、法律冲突、发展中国家电子商务发展等多方面的法律问题。总之，需电子商务立法解决的法律问题是十分庞杂的。这里简单分析目前电子商务在国际贸易应用中存在并需通过立法来解决的几个主要问题。

1. 电子合同问题

电子合同是合同双方当事人以计算机网络为媒介，通过在网上发出发盘和接受，达成意思表示一致而订立的合同。电子合同从根本上改变了传统合同的订立方式。因此，对于法律法规来说，就有一个怎样修改并发展现存合同法，以适应新的贸易形式的问题。

(1) 发盘的撤回与撤销。在传统贸易中，发盘可以撤回，只要撤回通知早于或与该发盘同时到达受盘人。即使发盘已经达到受盘人处，只要撤销通知于受盘人发出接受通知之前到达发盘人，发盘人也可通过发盘的撤销将发盘取消。在电子合同的订立过程中，发盘的撤回和撤销是十分复杂的问题。首先，撤回几乎是不可能的，因为在网络中发盘的传递和接受几乎是同时发生的，目前还没有一种传递方式，能让自由文本的撤回通知先于发盘到达或同时到达受盘人。在传统贸易中，发盘在一定条件下是可以撤销的。但在网络交易的环境中，发盘人没有撤销通知的标准格式，只有用自由文本来撤销，不能使撤销通知在受盘人发出接受通知之前到达发盘人。

(2) 接受的生效和撤回。根据《联合国国际货物销售合同公约》的规定，接受必须送达发盘人时生效。传统贸易中接受是可以撤回的，只要撤回通知先于或与原接受通知到达发盘人。而在网上贸易中，由于电子计算机发出的接受在瞬间就送达对方，在过程中没有停留时间，接受一经送达发盘人，合同就已成立，再撤回接受就等于撤销合同，因此接受是不能撤回的。

(3) 合同的形式问题。电子合同相对于传统合同，其形式发生了很大的变化。首先，传统合同的口头形式在贸易上常常表现为店堂交易，并将商家所开具的发票作为合同的依据。而在电子商务中，标的额较小、关系简单的交易没有具体的合同形式，表现为直接通过网络订购、付款，例如利用网络直接购买软件。但这种形式没有发票，电子发票目前还只是理论上的设想。其次，订立合同的双方或多方都在虚拟市场上运作，其信用依靠密码的辨认或认证机构的认证，表示合同生效的传统签字、盖章方式被数字、签字所代替。电子合同的条款，不可能像传统的书面合同那样齐全、措辞严密，在这种情况下如何避免可能发生的商业纠纷，就需要法律进一步明确规定。

(4) 电子合同证据的保全问题。电子合同的一个主要特点就在于销毁、更改或补充非常方便，一旦电子合同遭到篡改或破坏，很难复原，即使发现留有备份，也很难判定备份的内容是否也被篡改过，以此类推，原件的内容也就无从知晓。纸质书面文件则不然，如果当事人能出示原件，其真实性很容易被论证。即便纸质文件的原件丢失，法院对书面复印件真实性的确认要比对电子文件的真实性确认容易得多。因此，尽管现代科学技术对电子合同使用了管理和技术上的防范措施，但很多国家仍然怀疑由于这些技术的不当使用或出现失灵，可能会使电子合同的不确定性和不可靠性大大增加，作为证据则更加难上加难。因此，电子证据的确定就需要由严格的法律审查制度来规定。

2. 电子身份认证问题

传统合同中签名或盖章的行为有两种功能：一是表明合同各方的身份；二是表明签名者已确认文件所载的内容。各国法律主要是把签名作为一种认证的手段。而书面形式是签名的物质基础，换言之，签名的实现是以书面文件的存在为前提的。

在电子商务活动中，交易和通信均在网上进行，参与交易的各方可能在整个交易过程中自始至终不见面，无法当面进行身份识别，不可能通过电子数据来传递亲笔签名，传统的签名方式很难应用于这种网上交易，这就产生了在计算机上以何种方式签名才能为法律所认同的问题。按照信息发达国家的做法，在网络上通过电子签名的方式来确定交易方的身份。这种电子签名是由符号及代码组成的，它具备了上述签名的特点和作用。对每一方来讲，具体采取什么符号或代码，将根据现有的技术、相关经验、可应用标准的要求及使用的安全程序来做出决定。任何一方的电子签名可以不时地改变，以保护其机密的特征。因此，电子签名的产生和广泛运用给电子商务立法带来了两个新的课题，即电子签名是怎样认证和电子签名是否有效的问题。

数据电信的商业化应用，除了需要电子签名作为认证手段之外，在因特网等开放性网络环境下，认证中心的服务也是必不可少的。电子签名侧重于解决身份辨别与文件归属问题，而电子认证解决的是密钥及其持有人的可信度问题，因为密钥并不是万无一失的，它存在着丢失、被盗、被破译等风险，这就产生了公开密钥的辨别与认证的有效性问题。即需要由一个权威的机构对公开密钥进行管理，以减少密钥丢失、被盗、被冒用而造成的损失。电子身份认证机构通过对公钥密码体制、数字签名、数字信封等密码功能的运用建立起了一套严密的认证系统，从而在技术上对电子商务起到了安全保障的作用。但是，由谁来管理认证机构，由谁来充当认证机构，认证机构应具体有哪些权利，承担何种责任，就成了必须解决的问题，电子认证的法律效力也仍需通过立法得到确认和保障，电子身份认证机构行为规则以及涉及交易各方当事人的权利、义务等需要通过立法来规范。因此，要使电子身份认证机构能真正发挥其在电子商务中的安全作用，促使电子商务真正走向国际贸易应用，必须通过立法加以保障，或者做严格的法律规范。

3. 电子提单转让问题

物权凭证是海运提单的一个最重要的作用，传统的纸张型海运提单可通过背书转让货物的所有权。电子提单与传统的纸面提单相比发生了质的变化，它是利用电子数据交换系统传送出来的关于海上货物运输合同和转让货物所有权的电子数据，是电子数据交换与提单相结合的一种形式。通过计算机，提单信息被转换为数字信息后，在网络间高速传递，最后由接收方计算机处理为原信息。在流转上，电子提单快捷便利，顺应着国际贸易的时代要求，成了传统提单的当然替代物。但是电子提单不可能背书签名来进行转让。如何转让电子提单不仅成了一个技术问题，也带来了法律解释的问题。票据法中票据的转让和承兑以及信用证转让也存在着相似问题。

4. 电子支付问题

支付方式是真正决定电子商务意义的环节，也是电子商务最终得以实现的关键，任何一笔成功的商务都要归结到资金的支付与结算上来。电子商务在我国的发展不是很快，其瓶颈之一就是电子支付。电子支付所产生的法律问题包括了各种支付工具（信用卡、电子货币、电子支票等）的发行应用标准和条件、电子支付当事人之间的权利义务关系、电子支付命令的签发与接受、执行，以及风险责任的承担等。电子支付涉及当事人众多，包括消费者、商家、银行和认证中心等，各当事人之间的法律关系较复杂，有买卖合同关系、金融服务合同关系、电子身份认证关系，如在立法上不加以明确，会阻碍电子支付在电子商务中的运用。

5. 税收问题

税收是一个国家重要的财政来源，是一个国家经济主权的最基本的体现。由于电子商务的交易活动是在没有固定场所的国际信息网络环境下进行，造成国家难以控制和收取电子商务的税金。

（1）常设机构的概念和范围界定遇到了困难。许多客户通过互联网购买外国商品和劳务，外国销售商并没有在该国拥有固定的销售场所，其代理人也无法确定。这样，就不能依照传统的常设机构标准进行征税。

（2）国际税收管辖权的冲突。在一国对非居民行使什么样的税收管辖权的问题上，目前国际上一般都坚持收入来源地税收管辖权优先的原则。随着电子商务的出现，各国对所得来源地的判定发生了争议。美国作为电子商务发源地，1996 年 11 月发表了《全球电子商务选择性的税收政策》一文，声称要加强居民（公民）税收管辖权。这样，发达国家凭借其技术优势，在发展中国家属地会强占其原属本国的税源，使发展中国家蒙受税收损失。

（3）国际投资所得避税问题将更加严重。电子商务的日益完善，导致网上国际投资业务的蓬勃发展，设在某些避税地的网上银行可以对客户提供完全的"税收保护"。假定某国际投资集团获得一笔来自全球的证券投资所得，为躲避所得税，就可以将其以电子货币的形式汇入此类银行。因此，在制定与电子商务有关的政策法规时，需要重新审视传统的税收政策和手段，建立新的、有效的税收机制。否则会影响到电子商务的正常管理和有关部门的支持态度。

思考题

1. 何谓包销？何谓独家代理？
2. 独家代理与包销的主要区别有哪些？
3. 包销与代理各主要包含哪些内容？
4. 包销应该注意哪些问题？
5. 外贸代理主要有哪些潜在风险？
6. 外贸代理应该注意哪些问题？
7. 何谓拍卖？拍卖的形式主要有哪几种？
8. 什么是寄售？寄售对寄售人最大的风险是什么？
9. 什么是补偿贸易？补偿贸易中"补偿"的办法通常有哪几种？
10. 对等贸易与补偿贸易的主要区别是什么？
11. 来料加工和进料加工的主要区别是什么？
12. 简述电子商务在国际贸易中的作用。
13. 利用电子商务开展国际贸易存在哪些法律问题？

案例分析题

1. 甲国 A 公司与乙国 B 公司签订了一份代理协议书，B 公司委任 A 公司为某种化妆品在甲国市场的独家代理。随后，A 公司积极对此化妆品进行宣传和推广销售工作，但 B 公司不久又独自在甲国市场发展了几家代理商。

问题：B 公司的做法是否妥当？为什么？

2. 某手表厂与外商签订了一份补偿贸易合同，规定外商向该手表厂出口生产表壳的技术设备，合同总价为 EUR28.5 万元，外商承诺：合同期的前两年每年向该厂回购 9 万只表壳，两年后降为每年 5 万只。该手表厂在签订合同后即向银行申请开立了以该外商为受益人的银行保函。外商交付设备后，该手表厂生产出了经外商确认的合格产品。但此后不久，外商破产，他要求该手表厂退还设备，否则，将向担保银行索赔保证金。此外，外商还以手表厂生产的产品质量不合要求为由拒绝回购产品。

问题：外商的做法是否合理？

技能实训题

选择一个具体的跨境电子商务案例，分析跨境电子商务的特点。

附件A　销售确认书

销售确认书
SALES CONFIRMATION

卖方 **SELLER:**	YANGFAN TRADING CO., LTD. NO. 2866 ZHONGSHAN WEST ROAD NINGBO ZHEJIANG, CHINA

编号 NO.:	SJ-1512
日期 DATE:	NOV. 26, 2015
地点 SIGNED IN:	NINGBO, CHINA

买方 BUYER:	JASON'S TOY CO. LTD. 256 MADISON ROAD NEW YORK PA 18006 U. S. A.

买卖双方同意以下条款达成交易：

This contract is made by and agreed between the BUYER and SELLER , in accordance with the terms and conditions stipulated below.

品名及规格 Commodity & Specification	数量 Quantity	单价 Unit Price	金额 Amount
TELECONTROL RACING CAR		CIF NEW YORK	
ART. 721	1200 PCS	USD 31.66	USD 37992.00
ART. 663	1000 PCS	USD 19.70	USD 19700.00
TOTAL:	2200 PCS		USD 57692.00

允许　5% With	溢短装，由卖方决定 More or less of shipment allowed at the sellers' option
总值 Total Value	SAY US DOLLARS FIFTY SEVEN THOUSAND SIX HUNDRED AND NINETY TWO ONLY
包装 Packing	ART. NO. 721 PACKED IN 100 CARTONS OF 12 PIECES EACH ART. NO. 663 PACKED IN 50 CARTONS OF 20 PIECES EACH ALL IN ONE 20′ CONTAINER
唛头 Shipping Marks	JASON'S TOY/SJ-1512/NEW YORK/1-150
装运期及运输方式 Time of Shipment & Means of Transportation	SHIPMENT IN JANUARY 2016 WITH PARTIAL SHIPMENT AND TRANSHIPMENT ALLOWED
装运港及目的地 Port of Loading & Destination	FROM NINGBO, CHINA TO NEW YORK, U. S. A.
保险 Insurance	TO BE COVERED BY THE SELLER FOR 110% OF TOTAL INVOICE VALUE AGAINST ALL RISKS AND WAR RISK AS PER THE OCEAN MARINE CARGO CLAUSES OF THE PEOPLE'S INSURANCE COMPANY OF CHINA, DATED JAN. 1ST, 1981.
付款方式 Terms of Payment	THE BUYER SHALL OPEAN AN IRREVOCABLE L/C IN FAVOR OF THE SELLER BEFORE DECEMBER 15TH, 2015. THE L/C SHALL BE PAYABLE AT SIGHT FOR FULL INVOICE VALUE AND

REMAIN VALID FOR NEGOTIATION IN CHINA FOR 15 DAYS AFTER SHIPMENT.

备注
Remarks

1.Under L/C payment terms, the Buyer shall have the covering letter of credit reach the Seller 15 days before shipment, failing which the Seller shall reserve the right to rescind without further notice, or to regard as still valid whole or any part of this contract not fulfilled by the Buyer, or to lodge a claim for losses thus sustained, if any.

2. In case of any discrepancy in quality, claim should be filed by the Buyer within 30 days after the arrival of the goods at the port of destination; while for quantity discrepancy, claim should be filed by the Buyer within 15 days after the arrival of the goods at the port of destination.

3. For transactions concluded on C. I. F. basis, it is understood that the insurance amount will be for 110% of the invoice value against the risks specified in the Sales Confirmation. In case of additional insurance amount or coverage required by the Buyer, the Seller's consent should be acquired before shipment, and the additional premium thus incurred shall be borne by the Buyer.

4. The Seller shall not be hold liable for non-delivery or delay in delivery of the whole or any part of the contracted goods by reason of natural disasters, war or other causes of Force Majeure. However, the Seller shall notify the Buyer as soon as possible and furnish the Buyer within 15 days by registered airmail with a certificate issued by the China Council for the Promotion of International Trade attesting such event (s).

5. All disputes arising out of the performance of, or relating to this contract, shall be settled through negotiation. In case no settlement can be reached through negotiation, the case shall then be submitted to China International Economic and Trade Arbitration Commission for arbitration in accordance with its arbitration rules. The arbitration shall take place in Beijing of China. The arbitral award shall be taken as final and binding upon both parties.

6.The Buyer is requested to duly sign and return one copy of this contract made in two originals, or shall be deemed as to have accepted the terms and conditions of this contract, unless any objections be raised within 2 days after receipt of them.

7. Special conditions (which shall prevail over the relevant terms printed above in case of conflict):

7.1 It is mutually agreed that the certificate of quality/ quantity issued by China Entry and Exit Inspection and Quarantine Bureau shall be regarded as final and binding upon both parties.

The Buyer	The Seller
YANGFAN TRADING CO., LTD.	JASON'S TOY CO. LTD.
(signature) 扬凡	(signature) *JACK JONES*

附件B SWIFT信用证（MT700）

ZCZC BDQ123QHD999

PS SDAAOC

HJ HOC

FROM：THE FIRST CITIZEN BANK OF NEW YORK, NEW YORK

ADVISING BANK:

　　　　BANK OF CHINA NINGBO BRANCH

　　　　NO. 139 YAOHANG STREET

　　　　NINGBO 315000 CHINA

WE HEREBY ISSUE THE DOCUMENTARY CREDIT IN YOUR FAVOUR. IT ENGAGES US IN ACCORDANCE WITH THE TERMS THEREOF. THE NUMBER AND THE DATE OF THE CREDIT AND THE NAME OF OUR BANK MUST BE QUOTED ON ALL DRAFTS REQUIRED. IF THE CREDIT IS AVAILABLE BY NEGOTIATION, EACH PRESENTATION MUST BE NOTED ON THE REVERSE OF THIS ADVICE BY THE BANK WHERE THE CREDIT IS AVAILABLE.

27:　　SEQUENCE OF TOTAL

　　　　1/1

40A:　FORM OF DOCUMENTARY CREDIT

　　　　IRREVOCABLE

20:　　DOCUMENTARY CREDIT NUMBER

　　　　LCC600201500941

31C:　DATE OF ISSUE

　　　　151210

40E:　APPLICABLE RULES

　　　　UCP LATEST VERSION

31D:　DATE AND PLACE OF EXPIRY

　　　　160215IN CHINA

50:　　APPLICANT

　　　　JASON'S TOY CO. LTD.

　　　　256 MADISON ROAD NEW YORK

　　　　PA 18006 U. S. A.

59:　　BENEFICIARY

　　　　YANGFAN TRADING CO., LTD.

　　　　NO. 2866 ZHONGSHAN WEST ROAD NINGBO

　　　　ZHEJIANG, CHINA

32B:　CURRENCY CODE, AMOUNT

　　　　USD57692.00　（SAY US DOLLARS FIFTY SEVEN THOUSAND SIX HUNDRED

　　　　AND NINETY TWO ONLY）

41D: AVAILABLE WITH⋯BY⋯
ANY BANK IN CHINA
BY NEGOTIATION

42C: DRAFTS AT⋯
AT SIGHT FOR 100PCT INVOICE VALUE

42A: DRAWEE
THE FIRST CITIZEN BANK OF NEW YORK, NEW YORK

43P: PARTIAL SHIPMENTS
ALLOWED

43T: TRANSHIPMENT
ALLOWED

44E: PORT OF LOADING/AIRPORT OF DEPARTURE
NINGBO PORT, CHINA

44F: PORT OF DISCHARGE/AIRPORT OF DESTINATION
NEW YORK PORT, U. S. A.

44C: LATEST DATE OF SHIPMENT
160131

45A: DESCRIPTION OF GOODS AND/OR SERVICES
TELECONTROL RACING CAR
ART. 721 1200 PCS
ART. 663 1000 PCS
CIF NEW YORK

46A: DOCUMENTS REQUIRED
1. SIGNED COMMERCIAL INVOICE IN ONE ORIGINAL AND THREE COPIES INDICATING L/C NO. AND CONTRACT NO.
2. FULL SET （3/3） OF ORIGINAL CLEAN ON BOARD MARINE/OCEAN BILLS OF LADING MADE OUT TO ORDER AND BLANK ENDORSED, MARKED "FREIGHT PREPAID" AND NOTIFYING APPLICANT
3. SIGNED PACKING LIST/WEIGHT MEMO IN ONE ORIGINAL AND THREE COPIES INDICATING QUANTITY /GROSS AND NET WEIGHT OF EACH PACKAGE AND PACKING CONDITIONS
4. INSURANCE POLICY/CERTIFICATE FOR FULL CIF VALUE PLUS 10% ENDORSED IN BLANK STIPULATING CLAIMS PAYABLE
5. CERTIFICATE OF QUALITY IN 3 COPIES ISSUED BY BENEFICIARY

47A: ADDITIONAL CONDITIONS
+THIRD PARTY AS SHIPPER IS NOT ACCEPTABLE. SHORT FORM/BLANK BACK B/L IS NOT ACCEPTABLE. ON DECK SHIPMENT IS NOT ALLOWED
+THIS L/C TO BE ADVISED TO THE BENEFICIARY UPON REALIZATION OF NECESSARY ADVISING CHARGES AND HERE ARTICLE NO.37（C） OF UCPDC, ICC PUBLICATION NO.600 （REVISED IN 2007） SHOULD NOT BE APPLICABLE

+DISCREPANCY FEE USD55.00 OR EQUIVALENT WILL BE DEDUCTED
FROM THE PROCEEDS OF EACH PRESENTATION OF DOCUMENTS WITH
DISCREPANCY（IES） FOR PAYMENT/REIMBURSEMENT
+ALL DOCUMENTS TO BE DISPATCHED TO ISSUING BANK IN ONE LOT BY
DHL COURIER

71B: CHARGES
ALL BANKING CHARGES AND INTEREST IF ANY OUTSIDE THE ISSUING BANK
INCLUDING REIMBURSEMENT CHARGE ARE FOR ACCOUNT OF BENEFICIARY

48: PERIOD FOR PRESENTATION
DOCUMENTS TO BE PRESENTED WITHIN 15 DAYS AFTER THE DATE OF
SHIPMENT BUT WITHIN THE VALIDITY OF THE CREDIT

49: CONFIRMATION INSTRUCTIONS
WITHOUT

78: INSTRUCTIONS TO THE PAYING/ACCEPTING/NEGOTIATING BANK
ON RECEIPT OF DOCUMENTS CONFORMING TO THE TERMS OF THE
DOCUMENTARY CREDIT, WE SHALL REIMBURSE THE NEGOTIATING BANK
IN ACCORDANCE WITH THEIR INSTRUCTIONS

72: SENDER TO RECEIVER INFORMATION
THIS IS THE OPERATIVE CREDIT INSTRUCMENT AND NO AIRMAIL
CONFIRMATION WILL FOLLOW
EXCEPT AS OTHERWISE EXPRESSLY STATED HEREIN, THIS CREDIT IS
SUBJECT TO UCP FOR DOCUMENTARY CREDITS（2007 REVISION）
INTERNATIONAL CHAMBER OF COMMERCE, PUBLICATION NO.600

附件C　商业发票

YANGFAN TRADING CO., LTD.
NINGBO, CHINA

COMMERCIAL INVOICE

To:　JASON'S TOY CO. LTD. 256 MADISON ROAD NEW YORK PA 18006 U. S. A.	Invoice No.:　SJ-1512-IV-023 Invoice Date:　JAN.17, 2016 S/C No.:　SJ-1512 S/C Date:　NOV. 26, 2015
From:　NINGBO, CHINA	To:　NEW YORK, U. S. A.
Letter of Credit No.:　LCC600201500941	Issued by:　THE FIRST CITIZEN BANK OF NEW YORK, NEW YORK

Marks and Numbers	Number and Kind of Package Description of Goods	Quantity	Unit Price	Amount
JASON'S TOY SJ-1512 NEW YORK 1-150	TELECONTROL RACING CAR		CIF NEW YORK	
	ART. 721 (CTN 1-100) 12 PCS EACH CARTON	1200 PCS	USD 31.66	USD 37992.00
	ART. 663 (CTN 101-150) 20 PCS EACH CARTON	1000 PCS	USD 19.70	USD 19700.00
	TOTAL:			USD 57692.00

SAY TOTAL:　　US DOLLARS FIFTY SEVEN THOUSAND SIX HUNDRED AND NINETY TWO ONLY

YANGFAN TRADING CO., LTD.

(AUTHORIZED SIGNATURE)

附件D　装箱单

YANGFAN TRADING CO., LTD.
NINGBO, CHINA
PACKING LIST

To:	JASON'S TOY CO. LTD. 256 MADISON ROAD NEW YORK PA 18006 U. S. A.	Invoice No.:	SJ-1512-IV-023
		Invoice Date:	JAN.17, 2016
		S/C No.:	SJ-1512
		S/C Date:	NOV. 26, 2015

| From: | NINGBO, CHINA | | To: | NEW YORK, U. S. A. |
| Letter of Credit No.: | LCC600201500941 | Date of Shipment: | |

Marks and Numbers	Number and Kind of Package Description of Goods	Quantity	G.W	N.W	Meas.
	TELECONTROL RACING CAR		OF EACH CARTON		
JASON'S TOY SJ-1512 NEW YORK 1-150	ART. 721 (CTN 1-100) 12 PCS EACH CARTON	1200 PCS	12.5 KGS	12 KGS	0.124 M3
	ART. 663 (CTN 101-150) 20 PCS EACH CARTON	1000 PCS	16.5 KGS	16 KGS	0.249 M3
TOTAL:	150 CTNS	2200 PCS	2075KGS	2000KGS	24.85M3

SAY TOTAL:　　　　　ALTOGETHER ONE HUNDRED AND FIFTY CARTONS IN ONE 20′ CONTAINER

YANGFAN TRADING CO., LTD.

(AUTHORIZED SIGNATURE)

附件E 海运提单

1. Shipper Insert Name, Address and Phone	许可证号 JTL0008

YANGFAN TRADING CO., LTD.

NO. 2866 ZHONGSHAN WEST ROAD NINGBO ZHEJIANG, CHINA

B/L No.	**NY3008**

2. Consignee Insert Name, Address and Phone

TO ORDER

中远集装箱运输有限公司
COSCO CONTAINER LINES

TLX: 33057 COSCO CN

FAX: +86(021) 6545 8984 **ORIGINAL**

Port-to-Port or Combined Transport BILL OF LADING

3. Notify Party Insert Name, Address and Phone

(It is agreed that no responsibility shall attach to the Carrier or his agents for failure to notify)

JASON'S TOY CO. LTD.

256 MADISON ROAD NEW YORK PA 18006 U. S. A.

RECEIVED in external apparent good order and condition except as otherwise noted. The total number of packages or unites stuffed in the container, the description of the goods and the weights shown in this Bill of Lading are furnished by the Merchants, and which the carrier has no reasonable means of checking and is not a part of this Bill of Lading contract. The carrier has issued the number of Bills of Lading stated below, all of this tenor and date, one of the original Bills of Lading must be surrendered and endorsed or signed against the delivery of the shipment and whereupon any other original Bills of Lading shall be void. The Merchants agree to be bound by the terms and conditions of this Bill of Lading as if each had personally signed this Bill of Lading.

SEE clause 4 on the back of this Bill of Lading (Terms continued on the back hereof, please read carefully).

*Applicable Only When Document Used as a Combined Transport Bill of Lading.

4. Combined Transport * Pre - carriage by	5. Combined Transport* Place of Receipt
6. Ocean Vessel Voy. No. **JINRONG V.217**	7. Port of Loading **NINGBO, CHINA**
8. Port of Discharge **NEW YORK, U. S. A.**	9. Combined Transport * Place of Delivery

Marks & Nos. Container / Seal No.	No. of Containers or Packages	Description of Goods (If Dangerous Goods, See Clause 20)	Gross Weight Kgs	Measurement
JASON'S TOY **SJ-1512** **NEW YORK** **1-150** COS06782341/936293	**150 CTNS** 20' FCL	**TELECONTROL RACING CAR** **FREIGHT PREPAID** CY/CY	**2075KGS**	**24.85M3**
		Description of Contents for Shipper's Use Only (Not part of This B/L Contract)		

10. Total Number of containers and/or packages (in words)
Subject to Clause 7 Limitation   **SAY ONE HUNDRED AND FIFTY CARTONS ONLY**

11. Freight & Charges	Revenue Tons	Rate	Per	Prepaid	Collect
Declared Value Charge	**AS ARRANGED**				

Ex. Rate:	Prepaid at	Payable at	Place and date of issue **NINGBO JAN.26, 2016**
	Total Prepaid	No. of Original B(s)/L **THREE**	Signed for the Carrier, COSCO CONTAINER LINES

LADEN ON BOARD THE VESSEL
DATE **JAN. 26, 2016**   BY
(COSCO STANDARD FORM 9803)
AS AGENT FOR THE CARRIER NAMED ABOVE
中国外轮代理公司宁波分公司
CHINA OCEAN SHIPPING AGENCY, NINGBO BRANCH
陈克
GENERAL MANAGER

AS AGENT FOR THE CARRIER NAMED ABOVE
中国外轮代理公司宁波分公司
CHINA OCEAN SHIPPING AGENCY, NINGBO BRANCH
陈克
GENERAL MANAGER

附件F　货物运输保险单

PICC 中国人民保险公司宁波市分公司
The People's Insurance Company of China，Ningbo Branch

总公司设于北京　　一九四九年创立
Head Office Beijing　　Established in 1949
ORIGINAL

货物运输保险单
CARGO TRANSPORTATION INSURANCE POLICY

发票号(INVOICE NO.)　**SJ-1512-IV-023**
合同号(CONTRACT NO.)　**SJ-1512**
信用证号(L/C NO.)　**LCC600201500941**

保单号次
POLICY NO.　**NB03/PYCK2016310100000000007**

被保险人：
INSURED:　**YANGFAN TRADING CO., LTD**

中国人民保险公司（以下简称本公司）根据被保险人的要求，由被保险人向本公司缴付约定的保险费，按照本保险单承保险别和背面所载条款与下列特款承保下述货物运输保险，特立本保险单。

THIS POLICY OF INSURANCE WITNESSES THAT THE PEOPLE'S INSURANCE COMPANY OF CHINA (HEREINAFTER CALLED "THE COMPANY") AT THE REQUEST OF THE INSURED AND IN CONSIDERATION OF THE AGREED PREMIUM PAID TO THE COMPANY BY THE INSURED, UNDERTAKES TO INSURE THE UNDERMENTIONED GOODS IN TRANSPORTATION SUBJECT TO THE CONDITIONS OF THIS POLICY AS PER THE CLAUSES PRINTED OVERLEAF AND OTHER SPECIAL CLAUSES ATTACHED HEREON.

标　记 MARKS&NOS	包装及数量 QUANTITY	保险货物项目 DESCRIPTION OF GOODS	保险金额 AMOUNT INSURED
JASON'S TOY SJ-1512 NEW YORK 1-150	**150 CARTONS**	**TELECONTROL RACING CAR**	**USD63462.00**

总保险金额
TOTAL AMOUNT INSURED:　**SAY US DOLLARS SIXTY THREE THOUSAND FOUR HUNDRED AND SIXTY TWO ONLY**

保费：　**AS ARRANGED**
PERMIUM:

启运日期　**AS PER B/L**
DATE OF COMMENCEMENT:

装载运输工具：　**JINRONG V. 217**
PER CONVEYANCE:

自　　**NINGBO, CHINA**
FROM:

经
VIA

至　**NEW YORK, U. S. A.**
TO

承保险别：
CONDITIONS:

COVERING ALL RISKS AND WAR RISKS AS PER OCEAN MARINE CARGO CLAUSES (1/1/1981) OF THE PEOPLE'S INSURANCE COMPANY OF CHINA (ABBREVIATED AS C.I.C.-ALL RISKS & WAR RISKS) . (WAREHOUSE TO WAREHOUSE CLAUSE IS INCLUDED)

所保货物，如发生保险单项下可能引起索赔的损失或损坏，应立即通知本公司下述代理人查勘。如有索赔，应向本公司提交保单正本（本保险单共有 **3** 份正本）及有关文件。如一份正本已用于索赔，其余正本自动失效。

IN THE EVENT OF LOSS OR DAMAGE WHICH MAY RESULT IN A CLAIM UNDER THIS POLICY, IMMEDIATE NOTICE MUST BE GIVEN TO THE COMPANY'S AGENT AS MENTIONED HEREUNDER. CLAIMS, IF ANY, ONE OF THE ORIGINAL POLICY WHICH HAS BEEN ISSUED IN **3** ORIGINAL(S) TOGETHER WITH THE RELEVANT DOCUMENTS SHALL BE SURRENDERED TO THE COMPANY. IF ONE OF THE ORIGINAL POLICY HAS BEEN ACCOMPLISHED. THE OTHERS TO BE VOID.

PICC Liaison Office
400 Madison Ave. Suite 17C New York Ny 10017
Tel: 212-355-4030 Fax: 212-355-3990

中国人民保险公司宁波市分公司
The People's Insurance Company of China
Ningbo Branch

地址/ADD: 宁波市药行街 151 号
NO. 151, Yaohang Street, Ningbo, China
电话/TEL: 86-0574- 87196111

赔款偿付地点
CLAIM PAYABLE AT　**NEW YORK, U. S. A.**
出单日期
ISSUING DATE　**JAN. 22, 2016**

Authorized Signature: 夏宇
Manager

附件G 汇票

凭 Drawn under	THE FIRST SITIZEN BANK OF NEW	信用证 L/C NO	LCC600201500941

日期
Dated .... 10TH DEC. 2015 .... 支取 Payable with interest @........%......按....息....付款

号码 NO	NYL-A008	汇票金额 Exchange for	USD 57692.00	宁波 Ningbo,............... 28TH JAN. 2016

见票...............................日后（本汇票之副本未付）付交

AT.........sight of this **FIRST** of Exchange(Second of Exchange being unpaid)

Pay to the order of **BANK OF CHINA NINGBO BRANCH** the sum of

US DOLLARS FIFTY SEVEN THOUSAND SIX HUNDRED AND NINETY TWO ONLY

款已收讫
Value received ....

.... **YANGFAN TRADING CO., LTD.**

此致
TO: **THE FIRST CITIZEN BANK OF NEW YORK**

General Manager

扫一扫：扩展阅读

中华人民 共和国合同法	联合国国际货物销售 合同公约	国际贸易术语解释 通则 2010	《跟单信用证统一惯 例》（2007 年修订本）	《托收统一规则》 （1995 年修订版）

参 考 文 献

[1] 吴百福等. 进出口贸易实务教程（第 5 版）[M]. 上海：上海人民出版社，2007.
[2] 叶劲松等. 国际贸易实务[M]. 北京：中国纺织出版社，2008.
[3] 钟昌标等. 国际贸易实务——知识与本土化案例[M]. 北京：化学工业出版社，2011.
[4] 钟昌标等. 国际贸易实务[M]. 北京：中央广播电视大学出版社，2010.
[5] 冷柏军. 国际贸易实务（第 3 版）[M]. 北京：高等教育出版社，2013.
[6] 傅龙海等. 国际贸易理论与实务[M]. 北京：对外经济贸易大学出版社，2015.
[7] 李画画，顾立汉. 国际贸易实务[M]. 北京：清华大学出版社，2014.
[8] 陈岩. 国际贸易理论与实务（第 3 版）[M]. 北京：清华大学出版社，2014.
[9] 陈平等. 国际贸易实务[M]. 北京：中国人民大学出版社，2013.
[10] 陈红蕾. 国际贸易实务[M]. 广州：暨南大学出版社，2001.
[11] 彭福永. 国际贸易实务教程（修订版）[M]. 上海：上海财经出版社，2000.
[12] 侯海英等. 国际贸易业务实训[M]. 北京：经济科学出版社，2007.
[13] 王斌义，顾永才. 出口贸易操作 20 步[M]. 北京：首都经济贸易大学出版社，2006.
[14] 王斌义，顾永才. 进口贸易操作 15 步[M]. 北京：首都经济贸易大学出版社，2006.
[15] 罗农. 进出口贸易实训及案例分析[M]. 北京：中国人民大学出版社，2006.
[16] 余世明. 国际贸易实务[M]. 广州：暨南大学出版社，2005.
[17] 孟祥年等. 国际贸易实务操作教程[M]. 北京：对外经济贸易大学出版社，2005.
[18] 余世明，丛凤英. 国际商务单证[M]. 广州：暨南大学出版社，2003.
[19] 韩常青等. 新编进出口贸易实务[M]. 北京：电子工业出版社，2005.
[20] 黎孝先. 国际贸易实务[M]. 北京：对外经济贸易大学出版社，2000.
[21] 袁永友，柏望生. 新编国际贸易实务案例评析[M]. 北京：中国商务出版社，2004.
[22] 祝卫. 出口贸易模拟操作教程[M]. 上海：上海人民出版社，2002.
[23] 安徽. 进出口业务模拟实用教程[M]. 北京：北京大学出版社，2006.
[24] 卓乃监. 服装出口实务[M]. 上海：东华大学出版社，2006.
[25] 汤宇虹，王小英. 茶叶对外贸易实务[M]. 杭州：浙江摄影出版社，2004.
[26] 李成钢. 国际贸易岗位综合实训[M]. 上海：上海财经大学出版社，2006.
[27] 姚新超. 国际贸易惯例与规则实务[M]. 北京：对外经济贸易大学出版社，2005.
[28] 刘文广，张晓明. 国际贸易实训[M]. 北京：高等教育出版社，2005.
[29] 陈国武. 跟单信用证统一惯例（2007 年修订本）[M]. 天津：天津大学出版社，2007.
[30] 曾鸣. UCP600 的主要变化及对实务的影响[M]. 大连：东北财经大学出版社，2007.
[31] 林泽拯，林毅. 出口业务程序案例和国际惯例[M]. 北京：中国商务出版社，2005.
[32] 田运银. 国际贸易实务精讲[M]. 北京：中国海关出版社，2007.
[33] 易露霞，陈原. 实用英文商业信函[M]. 广州：广东经济出版社，2004.
[34] 魏钰春，李颖. 在电子商务形势下看国际贸易的变化[M]. 辽宁经济，2007（2）.
[35] 朱春兰. 电子商务在国际贸易应用中面临的主要法律问题[M]. 物流科技，2006（9）.
[36] 蓝振峰等. 国际贸易实务教程[M]. 北京：经济科学出版社，2009.
[37] 阿里巴巴网 http://www.china.alibaba.com.
[38] 中国包装联合会 http://www.cpta.org.cn.
[39] 合众外贸论坛 http://bbs.tradeknow.com/.
[40] TOOUOO 外贸网 http://www.toouoo.com/.